U0869107

大学体育理论与实践

主　编　许水生
副主编　赵培禹　庞雪林
主　审　李　凯

哈尔滨工程大学出版社
Harbin Engineering University Press

内容简介

本教材结合国家要求和高校体育教学实际编写。教材分理论篇和实践篇两部分，共计二十四章。理论篇阐述了大学生科学锻炼的知识和方法，实践篇以各项目简介、基本技术和基本战术为主线，介绍了大学生经常从事的运动项目。各章内容简洁明了、通俗易懂。

本教材适于普通高等学校公共体育课教学，也可作为体育锻炼者的指导性书籍。

图书在版编目(CIP)数据

大学体育理论与实践 / 许水生主编. — 哈尔滨：哈尔滨工程大学出版社，2023.8(2024.8 重印)
ISBN 978-7-5661-4049-4

Ⅰ. ①大… Ⅱ. ①许… Ⅲ. ①体育-高等学校-教材 Ⅳ. ①G807.4

中国国家版本馆 CIP 数据核字(2023)第 121159 号

大学体育理论与实践
DAXUE TIYU LILUN YU SHIJIAN

选题策划 宗盼盼
责任编辑 宗盼盼
封面设计 李海波

出版发行 哈尔滨工程大学出版社
社　　址 哈尔滨市南岗区南通大街 145 号
邮政编码 150001
发行电话 0451-82519328
传　　真 0451-82519699
经　　销 新华书店
印　　刷 哈尔滨市海德利商务印刷有限公司
开　　本 787 mm×1 092 mm　1/16
印　　张 24
字　　数 607 千字
版　　次 2023 年 8 月第 1 版
印　　次 2024 年 8 月第 2 次印刷
定　　价 47.80 元
http://www.hrbeupress.com
E-mail:heupress@hrbeu.edu.cn

前　言

大学体育作为学校体育与终身体育衔接的桥梁和重要部分，是培养全面发展的高素质人才的重要内容和手段。《高等学校体育工作基本标准》明确要求，大学体育的目标是使学生掌握两项以上能够终身从事的运动项目，使学生终身受益。本教材结合国家要求和高等学校体育教学实际编写，共分上、下两篇。上篇是理论篇，结合党的二十大精神阐述了大学生科学锻炼的方法和终身体育意识的培养，以及课程思想政治内容；下篇是实践篇，围绕各项目简介、基本技术和基本战术这一主线，结合大学生的身心特点和实际，同时注重运动技能的实用性和健身性，介绍了大学生经常从事的运动项目，以满足大学生和健身爱好者以及高校教师教学的需要。

本教材由许水生担任主编，赵培禹、庞雪林担任副主编。全书由许水生、赵培禹统稿，李凯主审。全书共二十四章，其中，许水生编写第三章，赵培禹编写第四章、第十三章，张正则编写第一章，苏庆富编写第二章、第六章，董宇编写第五章、第十七章，庞雪林编写第七章、第九章，纠延红编写第八章，马杨编写第十章，李尚滨编写第十一章，冯狄编写第十二章，张守忠编写第十四章，刘云斐编写第十五章，张志伟编写第十六章，祝凯编写第十八章，焉石编写第十九章，吴立新编写第二十章，庞博韬编写第二十一章，杨俊编写第二十二章、第二十三章，黄洪利编写第二十四章。

本教材的编写借鉴了诸多专家的研究成果和资料，在此向这些专家表示衷心的感谢！本教材的编写还得到了哈尔滨工程大学出版社、哈尔滨工程大学有关部门的大力支持，在此一并表示感谢！

由于编者水平有限，书中难免有疏漏之处，恳请广大读者批评指正。

编　者

2023 年 4 月

目　　录

上篇　理　论　篇

下篇　实践篇

上篇　理 论 篇

第一章　生活方式、体育与健康

第一节　生活方式概述

一、生活方式的概念

一百多年前,马克思、恩格斯在《德意志意识形态》一书中最早使用了“生活方式”这个概念,并在他们以后的著作中多次使用这一概念。对于生活方式,马克思、恩格斯指出:“人们用以生产自己的生活资料的方式,首先取决于他们已有的和需要再生产的生活资料本身的特性。这种生产方式不仅应当只从它是个人肉体存在的再生产这方面加以考察,更确切地说,它是这些个人的一定的活动方式,是他们表现自己生命的一定方式,他们的一定的生活方式。”现实就是人们从个体到群体在寻找生存的物资保障生产等实践过程中创造的一定的生活、活动条件,这种条件培养了人的一定的生活方式。

生活方式是一种特定的行为模式,这种行为模式受个体特征和社会关系所制约。因此,生活方式是在一定的社会经济条件和环境下,由多种因素相互作用所形成的;是建立在文化继承、社会关系、个性特征和遗传等综合因素基础上的一种稳定的行为模式。生活方式包括狭义和广义两个概念:狭义的概念是指个人由情趣、爱好和价值取向决定的活动行为的独特表现形式;广义的概念是指日常生活领域的活动形成与行为特征。

生活方式与人们的健康息息相关,生活方式的变化会引起个人乃至社会的健康问题。人的一生中,生活方式不可能一成不变。随着生活方式的改变,其在内容上丰富或贫乏,在领域里开阔或狭窄,在质量上提高或降低,在节奏上加快或减慢,都会给健康带来正面或负面的影响。有人曾举过这样一个例子:某个发达国家由于财政原因决定停止研制某种飞机,致使数以万计的工程技术人员和工人失业,给许多家庭造成经济和情绪上的紧张。不少人需要重新学习新的技能,改变早已习惯的生活模式。新的模式使人身体各系统的输入节律紊乱,继而发生了一系列的嗜睡、疼痛、恶心等病症。

人们为了根治各种由于生活方式改变造成的社会疾病而把体育运动纳入医学的研究范畴。体育运动是在整个生活方式之中起着调节作用的成分,它调节并改善着人们由于饮食、营养、体重、作息等方面长期的不合理所造成的生活方面的健康效应。美国不仅把有规律地参加体育活动看成一种消遣娱乐的手段,也将其看成一种戒除生活恶习的有力措施。在许多大学出现的“生活方式与身体健康”的自我评价系统,受到人们的广泛重视。

二、生活方式的种类

生活方式与人类社会的各层面有着千丝万缕的联系,因此它的分类也是多方位的。

（一）按生活主体的层面进行分类

这是一种以生活方式的实践主体为标准的分类方法。按此方法，生活方式可分为社会生活方式（不同社会制度有不同的生活方式，如资本主义生活方式、社会主义生活方式）、群体生活方式（如民族生活方式，某一阶段、阶层的生活方式）和个人生活方式（如内向型与外向型生活方式、奋发型与颓废型生活方式、自立型与依附型生活方式、进步型与守旧型生活方式）等。

（二）按生活方式的不同领域进行分类

按此分类方法，可以将生活方式划分为劳动生活方式、消费生活方式、余暇生活方式、交往生活方式、政治生活方式和宗教生活方式等。

（三）按人们的生活社区进行分类

按此分类方法，可以将生活方式划分为城市生活方式、农村生活方式、学区生活方式、游牧生活方式、林区生活方式、渔船生活方式和商业生活方式等。

（四）按地理气候环境进行分类

按此分类方法，可以将生活方式划分为寒带人的生活方式、热带人的生活方式、地中海人的生活方式、青藏高原人的生活方式等。

（五）按人们的经济状况进行分类

按此分类方法，可以将生活方式划分为富有阶层的生活方式、中产阶层的生活方式、贫困阶层的生活方式。

另外，生活方式还可按地区划分为东部沿海经济发达地区的生活方式和中西部经济欠发达地区的生活方式；也可按国家划分为经济发达国家的生活方式和发展中国家的生活方式等。

三、生活方式的构成要素

（一）行为习惯

行为习惯对人体健康的影响十分明显。良好的行为习惯有利于促进身体健康，不好的行为习惯会危害身体健康。现代生活节奏快、工作负荷高、精神压力大，使人们的行为习惯发生了改变，一些不良的行为习惯已经成为人类健康的主要“杀手”。由于人们对体育的爱好、对体育的关注和对体育运动的参与本身就是一种行为习惯，因此体育行为习惯也是生活方式的重要构成要素。

（二）余暇时间

恩格斯认为，余暇是“参加有益的社会活动，为了确保充分的自由时间而缩短劳动时间”。第一个对余暇开展正式研究的杜姆斯泰博士认为，余暇是“反映时代要求”超越“工作之上”的休息、消遣和自由。余暇时间为人们自由安排自己的生活提供了时间保障。因此，余暇时间也是生活方式的一个重要构成要素。在现代社会,余暇时间发展的趋势是余暇时间越来越多,余暇时间与非余暇时间的界限越来越清晰。

(三)生活节奏

人们通常用三个指标来衡量一个城市生活节奏的快慢:一是看城市公共时钟的准确程度,二是看邮电事业的发达程度,三是看街上行人的步行速度。

在劳动成果既定的前提下,要想获得更多的余暇时间,就必须付出生活节奏加快的代价。生活节奏的加快提高了生命的效率,使尽可能多的社会成员通过高速的合理调配,为社会创造出更多的物质财富和精神财富。同时,生活节奏的加快也给现代人带来了健康方面的麻烦。每天工作日程安排过多,会使人的精神一直处于紧张状态而容易诱发身心疾病,导致头疼、头晕、失眠、胃痛等症状。生活节奏太快还容易引发各种意外事故。由于人类的生物节律具有一定的自主性和可塑性,大多数人通过一段时间的适应,充分做好生理上和心理上的准备,对快节奏的生活是能够接受的。

(四)生活空间

生活空间是指人居环境,它是社会中维护人们活动所需的各种物质和非物质结构的有机结合体——以人为中心的社区环境。它不仅包括住宅关系、基础设施、公共设施、交通状态,以及建筑与环境的协调、空气质量、绿化美化、卫生条件等硬件设施构成的硬环境,还包括家庭氛围、邻里关系、居住区是否和谐、安全归属感、社会制度和秩序、人际关系等心理感受构成的软环境。

生活空间是我们生活方式不可忽视的一个重要构成要素,也是我们生活质量提高的一个重要前提条件。空间过于狭小会使生活在其中的人们产生封闭感和惩罚感;而生活空间过大会使人们感到空旷、孤独、寂寞,所以生活空间必须适度。

(五)生活消费

生活消费是指使物质资料用于满足人们的物质和文化生活的需要。消费作为人类生存、延续和发展所必要的物质及价值消耗,是社会生活过程中的一个环节,是人们生存和恢复劳动能力必不可少的条件。

第二节　体育的概念

一、体育的概念

体育作为一种人类社会活动早已存在。然而有文字记载的“体育”一词最早出现在18世纪中后期。1760年,法国在报纸上首先使用“体育”一词来论述儿童的教育问题。18世纪末,德国的古茨穆茨把当时的一些身体活动综合成一个完整的体系——“教育体操”。1818年,英国著名教育家托马斯·阿诺德第一次把体育运动列为他自己创建的橄榄球学校的课程。他把原来学校中开展的各种身体活动作为教育的内容,以课程的形式固定下来,对学生进行有计划的教育,建立起了“以身体活动为主要手段的教育”这一“体育”新概念。

这对学校体育的发展起到了决定性的作用。在之后相当长的一段时期内,“体操”和“体育”两词并存、混用,直到20世纪初,才逐渐在世界范围内统称为“体育”,并将其作为全面教育的三根支柱(德育、智育、体育)之一。

体育(体育运动)在我国是指广义的体育,它是以身体练习为基本手段,以增强体质、提高运动技术水平、丰富社会文化生活为目的的综合性社会活动。它是社会文化教育的组成部分,受一定社会的政治和经济的制约,也为一定社会的政治和经济服务。

衡量一个国家体育发展状况的主要标志是:人们的体质和健康水平;群众体育普及程度(包括人们对体育运动的认识、参加体育活动的人数和时间的多少等);体育运动的制度和措施的制定与执行情况;各种体育设施的状况;体育运动的技术水平和最好成绩等。

二、体育的分类

根据体育的目的、对象和社会施予的影响不同,广义体育包括三个方面的内容,即学校体育、竞技体育和大众体育。

(一)学校体育

学校体育又称狭义体育,是指在各级各类学校中开展的,通过身体活动增强学生体质,并传授身体锻炼的知识、技术、技能,培养其道德和意志品质的有目的、有计划的教育过程。它是体育的重要组成部分,也是学校教育的一个重要方面。

学校体育的目的是完善人类的自身发展,使学生具有良好的体质,并能掌握体育锻炼的相关知识和技能,使其终身受用。学校体育的主要形式是体育教学和校内体育活动。它没有竞技运动的功利性,也没有大众体育的随意性,但却具有很强的规范性。

(二)竞技体育

竞技体育是指为了最大限度地发挥和提高人体在体格、体能、心理和运动能力等方面的潜力,为取得优异竞赛成绩而进行的科学系统的训练和竞赛活动。它具有以下特征:

(1)有激烈的对抗性和极高的观赏性,运动员最大限度地发挥潜能以战胜对手;

(2)竞技比赛具有国际性,比赛规则国际通用,结果也被社会承认;

(3)参加竞赛的运动员代表的是一个国家或一个团体,加强了活动的严肃性;

(4)竞技活动是讲究功利的,不像休闲运动那样仅仅是为了个人消遣和娱乐。

(三)大众体育

大众体育是指为达到健身强体、医疗保健和休闲娱乐等目的而进行的内容广泛、形式多样的体育活动。它具有健身性、娱乐性、自主选择性、生活性和余暇性等特征。

学校体育、竞技体育和大众体育三者之间既有一定的区别,又有一定的联系。它们都是以身体练习为基本手段,都是身体直接参与活动;它们都要求全面地发展身体,提高有机体机能。在三者的实践过程中,都有教育和教学的因素,都要学习一定的体育知识,掌握一定的体育技术技能。但是,学校体育的侧重点是教育,竞技体育的侧重点是训练和比赛,大众体育的侧重点是休闲娱乐和强身健体。

三、体育的发展

（一）萌芽时期的体育

原始社会是体育的萌芽时期。原始人主要靠快跑或长途跋涉去追捕野兽，靠攀登和爬越去采集野果，靠游水去捕鱼等方式维持生存。原始人的这些活动，其根本目的是为了生存，这些活动不能称为体育，只能称为生活和劳动。原始人在生产力水平十分低下的情况下，没有明确分工，许多社会活动之间没有清晰的界限。原始社会的体育和教育、军事、医疗卫生、娱乐、宗教等活动，相互联系，互相促进，共同进化和发展。在原始社会中，教育主要是一些生产技能的传授，生产技能又多是体力劳动，因此，体育既是教育的主要内容，也是教育的重要手段，很难将原始的教育活动与体育活动截然分开。体育在这一时期的主要特征为平等性、非独立性和直接功利性（更直接地为人类的生存和延续服务）。

（二）形成独立形态的体育

原始社会的剩余产品是随生产力的进一步发展而出现并逐渐增多的，它为私有制的产生准备了条件，也为一部分人脱离生产劳动而专门从事教育和体育活动提供了可能。国家的出现，使培养统治人才成为急需，教育也成为统治阶级培养人才的工具。例如，我国西周时期，奴隶主为培养阶级统治人才，实施礼、乐、射、御、书、数的“六艺”教育，其中射、御就是以体育为主要内容的教育。在古希腊，无论是斯巴达教育体系，还是雅典教育体系，体育都是其中的基本内容。体育在逐渐形成独立形态的发展过程中，不仅与教育的发展紧密联系在一起，还与军事、医学、艺术、宗教、休闲娱乐等活动的发展有密切关系。体育正是在与教育、军事、医疗卫生、艺术、文化、娱乐、宗教等活动相互影响和相互作用的过程中才形成具有自身体系的独立形态。与萌芽时期的体育相比，形成独立形态的体育体现了其较强的教育性和阶级性，它的竞技性、健身性和娱乐性也大大强于萌芽时期的体育。

（三）渐成科学体系的体育

18 世纪 60 年代，英国开始产业革命，至 19 世纪 30 年代末基本完成，体育在这一变革环境下，逐渐形成了自身的科学体系。19 世纪，西欧由于资本主义发展不平衡和民族主义倾向，各国之间接连发生战争，这不仅刺激了各国重建军备，也迫使各国出于强国强民的需要而加强了对体育的重视。因而相继出现了“德国体操之父”——古茨穆茨、社会体操之父——杨氏和瑞典体操家——林德·福尔摩斯，他们的体育理论著作分别有《青年人的体操》《德国体操》《体操一般原则》。他们的体育理论和实践经验后来传播到欧、亚、美各洲。

正当欧洲各国纷纷推广德国和瑞典体操之时，英国由于其独特的社会条件，兴起了户外运动，即娱乐与竞技运动，其形式丰富多彩，有保龄球、橄榄球、足球、游泳、高尔夫球、滑冰、滑雪等。随着英国殖民主义的扩张，英国的户外运动、娱乐和竞技运动也逐渐传播到美国和欧亚等许多国家。通常人们习惯上把具备了一定科学体系的体育称为现代体育。美国现代体育的兴起稍晚于英国，但发展迅速，其对现代体育的发展和完善，起到了重要作用。

一般认为，西方现代体育传入我国，大体有两个渠道：一是洋务派首先在学校设置体育课程，为现代体育传入我国开辟了道路；二是教会在我国兴办学校。新文化运动把我国体育,特别是学校体育推到了一个新的发展阶段。在此之后,欧美教育思想,特别是美国实用主义教育思想对我国产生了较大影响。1923 年公布的《新学制课程标准纲要》中,正式将学校课程中的“体操课”改为“体育课”,并在具体教学中开始废兵操,把生理卫生和保健知识列为教学内容,丰富了学校教育中的体育内涵。

四、体育的功能

体育具有一定的结构,必然就有其特定的功能。体育的功能是指体育系统所具有的作用、行为、能力和功效等。

(一)促进人的自然属性发展的功能

身体的发展,是包括作为个体的人从出生到生命终结,在生理、心理结构两方面有规律地进行量变和质变的过程。体育活动可以促进青少年骨骼、肌肉以及内脏器官的正常生长和发育,使人的形态匀称、姿态正确、动作自然,向健与美的方向发展。体育活动并配合自然力的锻炼是促进人体新陈代谢和能量转换,促进血液循环,提高心脏功能,改善呼吸机能,引起人体组织系统兴奋的一种良好刺激,使人的生理功能水平得到发展、机体获得更旺盛的生命力。体育活动能促进大脑的发育和成熟,促使大脑释放内啡肽等化学物质,能减轻大脑神经的紧张程度,促进智力活动的开展并加强记忆。运动时部分中枢神经系统因被抑制而得到休息,一旦再进行工作、学习时则可发挥更大的作用。

人的心理机能是在生理机能基础上建立起来的,它是大脑的机能。体育活动正是通过促使人的大脑发育和其功能发展,不断地调节人的某些不健康的情绪,提高人体运动的感觉和知觉能力以及形象思维能力,使人们的精力充沛,生命力旺盛。因此,精力是否充沛,是衡量一个人体质强弱的重要标志之一。通过体育活动有目的、有计划地发展人的体能是人全面发展的重要内容。不断发展人的认识器官的能力,使人的智力不断提高,把人的身体素质和基本活动能力转化为人的日常劳动和生活所需的技能,才是发展人体体能的根本目的。

(二)教育的功能

人的发展是指在个体身上表现出的思想、道德、情感、意志、性格等的发展。从幼儿教育至大学教育,共有 18~20 年的时间,在这期间开设体育课程,是发展各种基本活动能力、塑造健康身体的重要时期。通过体育活动,掌握体育知识、技能并同时发展智力,丰富精神文化生活,抵制各种消极因素的影响,是体育教育的重要功能之一。在体育活动中,人与人之间、个人与集体之间存在着复杂的社会行为关系,人既是参与者又是观赏者。因此,体育活动可以增进人与人之间的友谊,培养爱国主义、集体主义精神,提高服从组织、遵守纪律的自觉性。体育活动还可以培养人的道德情操、美感和理智感,以及勇敢、果断、自制和坚忍不拔等意志品质。体育对建设社会主义精神文明具有很大作用。

(三)政治的功能

体育活动作为人类特有的一种社会现象无时无刻不在为本国的政治服务。在外交事务方面,体育能起到“外交先行官”和表明本国政治态度的作用。如 1971 年第 31 届世界乒乓球锦标赛,不仅促成了中美、中日的建交,也成为展示本国社会制度优越、科技发达的窗口。1984 年,我国参加洛杉矶奥运会并获得 15 枚金牌、8 枚银牌、9 枚铜牌,实现了“零”的突破,结束了我国体育与奥运会金牌无缘的屈辱历史。此后,国外兴起了“中国热”,海外侨胞也扬眉吐气,“中国热”和“中国心”因中国体育的腾飞而加强。体育已成为促进人际交往、民族团结、祖国统一的纽带和桥梁。体育还体现了国家意志,如一系列体育行政法规便是我国政府对全国人民参加体育运动、提高民族素质的殷切期望。

(四)保健娱乐的功能

一个人的体形、体质虽然受遗传的影响较大,但后天环境,特别是体育锻炼对其影响也较大。建立在科学基础上的体育锻炼,可以促进人的正常发育,改善体形,提高人的健康水平,从而使人更好地适应劳动工作的需要。合理的体育运动和医疗体育,能改善人体生理功能,提高机体的免疫能力,增强机体对疾病的抵抗能力,达到防病治病的目的,提高人体的适应能力。坚持运动,在各种气候条件和环境中,机体调节体温的能力可得到提高,人体对外界环境的适应能力可得到增强。

进入 21 世纪后,人们的生活水平普遍得到提高,余暇时间也随之增多,参加体育活动不仅能消除高强度脑力劳动所带来的紧张,强身健体,丰富休闲时间的生活,还可以使工作中的紧张情绪得到放松,增加人与人之间的交往和交流,使人们心情更加愉悦。正如奥林匹克运动创始人皮埃尔·德·顾拜旦先生衷心赞美的那样:“啊!体育,你就是乐趣!想起你,内心充满欢喜,血液循环加剧,思路更加开阔,条理更加清晰。你可使忧伤的人散心解闷,你可使快乐的人生活更加甜蜜。”

第三节　健康概述

一、健康的概念

在人类的发展历程中,外界环境或自身因素均可引起身体疾病,并由此导致贫困和灾难,所以人们普遍认为无病即是福。生物医学模式的健康观念就是建立在完好的身体基础之上的,认为“健康就是没有病”,即“人体器官发育良好,功能正常,体质健壮,精力充沛,有良好的劳动效能”。世界卫生组织(WHO)自 1950 年起将每年的 4 月 7 日定为“世界卫生日”,并为每年的“世界卫生日”选择一个与公共卫生领域相关的主题,旨在推广和普及有关健康的知识,提高人们的健康水平。

随着医学的发展、人类社会的进步和健康意识的提高,人们对健康已经有了新的理解,单纯的生物医学模式已不能完全涵盖健康的概念。1978 年 9 月召开的国际初级卫生保健大会重申了健康的含义,指出:“健康不仅仅是没有疾病和虚弱,而是身体、心理和社会适应的完好状态。”1989 年,世界卫生组织又补充了“道德健康”,认为具有了身体健康、心理健康、社会适应良好和道德健康的人,才是真正完全健康的人。健康是多种因素的综合,不仅是人类的一项基本需求和权利,也是人类社会可持续发展的基本保证。社会文明和进步离不开人民健康水平的提高。

现代医学和科学技术的不断进步,都证实了我国传统医学中“天人合一,人天相应”理论的合理性。“天”是指人类个体生存的自然环境和社会环境,“天人合一”指人体与自然环境和社会环境的统一性,"人天相应"是指人体与生存环境之间的相互影响。自然环境和各种社会因素都会影响人的心理状态,使人们产生欢乐、愉快、紧张、悲哀、恐惧、忧虑、孤独等各种心理活动。一些良好的心理活动可使人乐观向上,对健康有促进作用;一些心理变化可使人沮丧低迷,如果这种不良心理活动长期存在,可对人的身心健康造成损害。人体若能积极主动地适应和改造环境,正确认识健康,不断探索健康的规律,必将由被动治疗疾病转变为积极地预防疾病;从单纯追求生理健康扩展到同时追求心理健康;从追求个体健康发展到追求群体乃至整个社会的健康。

树立正确的健康观念,把健康观念传输给社会的每一个成员,是全社会、全人类的一项重要事业。社会各部门要团结协作,努力维护和增进人民健康,促进社会发展;各社会成员不仅要努力保持自身健康,还要为他人健康和社会健康奉献一份力量。大学生是有知识、有文化的一代新人,是社会文明的传承者和发扬者,只有树立了正确的健康观念,才能带动全社会树立正确的健康观念。

二、健康的标准

世界卫生组织提出健康的标准是"五快三良好"。"五快"是针对生理健康而言的,即:

(1)吃得快,是指胃口好,不挑食,表明内脏功能正常;

(2)便得快,是指上厕所时很快排通大小便,表明胃肠功能良好;

(3)睡得快,是指上床即能熟睡、深睡,醒来时精神饱满,头脑清晰,表明中枢神经系统的兴奋、抑制功能协调,且内脏不受任何病理信息的干扰;

(4)说得快,是指语言表达准确、清晰流利,表明思维敏锐,反应良好,心肺功能正常;

(5)走得快,是指行动敏捷自如。

"三良好"是针对心理健康而言的,即:

(1)良好的个性,是指性格温和,意志坚强,感情丰富,胸怀坦荡,心境达观,不为烦恼、痛苦、伤感所左右;

(2)良好的处事能力,是指沉浮自如,客观地观察问题,具有自我控制能力且能适应复杂的社会环境,对事物的变迁保持良好的情绪,常有知足感;

(3)良好的人际关系,是指待人接物宽和,不过分计较小事,能助人为乐,与人为善。

世界卫生组织又提出衡量人体健康的十条标准,即:

(1)充沛的精力,能从容不迫地担负日常生活和繁重工作而不感到紧张与疲劳;

(2)处事乐观,态度积极,乐于承担任务而不挑剔;

(3)善于休息,睡眠良好;

(4)应变能力强,能适应外界环境的各种变化;

(5)对一般感冒和传染病有一定的抵抗力;

(6)体重适当,体形匀称,站立时,头、臂、臀比例协调;

(7)眼睛发亮,反应敏捷,眼睑不发炎;

(8)牙齿清洁,无缺损和龋齿,不疼痛,牙龈无出血且颜色正常;

(9)头发有光泽,无头皮屑;

(10)肌肉丰满,皮肤有弹性,走路轻松。

三、亚健康及其状态

亚健康是指机体在内外环境不良刺激下引起的心理、生理的异常变化，但尚未引起器质性损伤，医学检查所得的各项生理、生化指标无明显异常，无法做出明确诊断。亚健康状态在心理上表现为：精神不振、情绪低沉、反应迟钝、失眠多梦、白天困倦、注意力不集中、记忆力减退、烦躁、焦虑、易惊等。亚健康状态在生理上表现为：疲劳、乏力、活动时气短、出汗、腰酸腿疼、心悸、心律不齐等。

国内外研究表明，现代社会完全符合健康标准的人约15%，有疾病的人约15%，其余近70%的人都处于不同程度的亚健康状态。

我国处于亚健康状态的人口已超过7亿，占全国总人口的60%~70%，中年人是亚健康的高发人群。

处于亚健康状态的人虽然身体活力降低、功能减退，但由于没有明确的疾病诊断，仍可以进行正常的工作、学习和生活，以致平时忽视预防，任其缓慢发展，最终难免导致疾病的发生。如果已处于亚健康的状态，只要采取科学的生活方式，通过饮食、心理的调养和环境的改变，祛除致病因素，就能改善和消除亚健康状态。

另外，可以从以下几方面着手来预防和改善亚健康状态。

(1)注意睡眠。睡眠不足，机体的生物规律就会受到干扰，正常生理功能将会出现混乱，精神系统也会失调。睡眠过多会使睡眠中枢处于疲劳抑制状态，使机体代谢功能和各器官的功能减弱，也会使人精神懒散，反应迟钝，体力与脑力不支。

(2)保持良好的情绪。每个人的情绪会因工作、生活、情感、人际关系等有所波动，学会控制情绪，及时调节与治疗紧张、焦虑和抑郁的情绪是至关重要的。

(3)节制性生活。节制性生活可保养精气，固护正气，元气不亏，则气神俱旺。

(4)合理饮食。科学地安排饮食，自觉地改善饮食，有助于保持健康的体魄和充沛的精力。

(5)积极锻炼身体。运动锻炼，有助于增强体质，防止疲劳。

(6)防治相关疾病。日常生活中要注意防病养生，增强人体素质。

(7)回归大自然。人体是顺应自然的有机整体，只有使自己的生活起居适应天时、地理变化的客观规律，才能保持身体健康。

第四节　影响健康的主要因素

一、自身因素

健康主要取决于自身因素。自身因素包括对健康的认识、生活习惯、行为习惯、饮食、体育锻炼、休息、精神健康等诸方面因素，而体育锻炼是其中较重要的因素之一。“生命在于运动”，而运动是通向健康的光明大道。

(一)对健康的认识水平

只有宏观与正确的意识，才能指导正面而有意义的行为。因此对健康概念有一个全面、科学的认识,将指导人们规范行为、进行自我保健和锻炼、养成良好的生活习惯,同时也能避免产生诸如“没有疾病就是健康”“亚健康状态不危害人体健康”“疲劳不危害人体健康”等不正确的观念。现代人应具有自我保健的意识和常识,及时注意身体传递给自己的各种信息,并对其做出反应,做到定期体检,有病及时就医。

(二)生活方式

生活方式是指人们在某种价值观念指导下各种生活活动的形式,包括人们的物质生活、精神生活、政治生活和社会生活。它主要由人们的行为习惯、生活时间、生活节奏、生活空间和生活消费等五个方面的要素构成。生活方式的变化包括生活内容、生活领域、生活节奏的改变,其会引起个人乃至社会的健康问题。可见,生活方式与人们的健康息息相关。

(三)情绪与精神状态

健康的人一般都有积极向上的生活信心,憧憬美好生活,有着充实的精神世界,在日常生活中能保持良好稳定的情绪,偶尔出现情绪高涨或情绪低落,大部分时间里保持情绪稳定,能控制好自己的喜怒哀乐。

(四)社会活动

人不但是一个生物的人,而且是一个社会的人。因此,生活于社会之中的人必须承担起一定的社会责任,扮演好自己的社会角色,不断提高自己的社会适应能力,保证有适量的社会活动,与他人形成与保持和谐的人际关系,在交往中有自信感和安全感。

二、遗传因素

遗传是指子代和亲代之间在形态结构以及生理功能上的相似,是一切生物共有的基本特征。随着遗传学尤其是分子遗传学的高速发展,有机体遗传与变异的本质越来越被人们所认识。人体存在着种族血缘的特点,人体的形态结构、相貌、肤色等都受遗传因素的影响,这是众所周知的。人体有氧代谢能力和最大摄氧量的值,在很大程度上取决于遗传。在人的生长发育过程中,身高、体重、皮下脂肪、血压等多项形态、生理指标都有不同程度的家族性倾向,尤以身高最为明显。遗传是人体发展变化的先决条件,对体质的强弱有很大的影响,但遗传对体质的发展只是提供了可能性,而体质的强弱是客观存在的,有赖于后天的环境、营养以及科学的锻炼方法。

三、环境因素

(一)自然环境

在优美的自然环境中,人会精神振奋、呼吸畅通、内分泌协调,这些对人的身心健康无疑是十分有利的。

大自然在为人类提供各种营养物质的同时,也传播着对人体健康有害的物质,如广泛存在的有害微生物(细菌、病毒)、空气中的污染物、溶于水中的有害成分等。另外,气候的突然变化(如酷暑、严寒、空气湿度异常等)也会影响人体健康。

(二)社会环境

社会是人类生存与发展最基本、最重要的环境。一方面人们享受着社会生产成果(如科技的进步、工业的发展)带来的丰富的物质文明;另一方面社会生产的发展也会对人体健康造成危害,如现代工业发展的同时带来的废水、废气、废渣、噪声等污染。

四、心理因素

心理因素是影响身心健康的重要因素。

(一)良好的心理状态

良好的心理状态是维护和促进人体健康的必要条件。心理状态总是与社会环境、生活环境有关,具有积极的、乐观的、向上的、坚强的心理状态的人,能经得起失败和挫折。心理健康的人一方面能调节自己的行为,克服各种困难;另一方面也能战胜自己的疲倦、抑郁、沮丧等消极情绪,能忍受打击而保持自身人格完整,从而达到心理平衡。心理素质好和情绪稳定的人遇事能冷静思考、谨慎处理,能认真对待自己的功与过,保持良好的社会适应能力和人际关系,保持相对稳定的心理状态。良好的心理状态有助于肌体神经及体液调节系统发挥正常功能。

(二)消极的心理状态

消极的心理状态是指人表现出的焦虑、忧郁、悲伤、颓丧、恐惧、惊慌、紧张、愤怒的情绪。它会引起人体各系统功能或内分泌失调,产生失眠、心动过速、血压升高和食欲减退等问题。

因此,要教育青少年学会把握自我,善于控制和调节情绪,适应社会工作、生活,维护身心健康。此外,采用有效的心理治疗法可以消除致病的消极心理因素,有助于身体恢复健康和克服心理障碍。

五、卫生保健设施因素

保健是包括对疾病患者进行治疗在内的康复训练、普查疾病、促进健康、预防疾病、预防伤残以及健康教育等一系列活动的总和。显然,健全的社会保健制度是维护和促进健康的重要保障。

社会保健制度涉及多个方面,而其中最重要的是建立和健全初级卫生保健制度。初级卫生保健制度是最基本的卫生保健制度,它的特点是能针对本区域人群中存在的主要卫生问题,相应地提供增进健康、预防疾病、治疗疾病以及促进身心健康等方面的卫生服务。

六、体育锻炼因素

在适宜的运动过程中,人体将产生一系列适应性的良性变化而达到健身防病的目的。运动量过大,则可能因身体承受不了而导致伤害;而运动量过小,又达不到刺激体内各器官的目的,无法提高其生理功能。因此,体育锻炼要想获得理想的健身效果,就必须注意其科学性,结合自身的特点,合理地安排好运动量和运动强度。

【思考题】

1. 健康的标准是什么?
2. 什么是亚健康状态?
3. 影响人体健康的因素有哪些?

第二章　体育锻炼与身心健康

健康是人类生存和发展的一个基本要素，健康既属于个人，也属于社会。在现代社会中，健康已经被提到一个前所未有的高度，人们对健康的认识也发生了较大改观，它的概念、本质、内容、形式被注入新鲜的血液，这既体现了它的与时俱进，又体现了人们对生命的本质认识。健康第一的思想已转化为行为，同时健康也成为素质教育的功能目标之一。

体育锻炼是指人们根据需要自我选择，运用各种体育手段，并结合自然力和卫生措施，以发展身体、增进健康、增强体质、调节精神、丰富文化生活和支配余暇时间为目的的体育活动。

体育锻炼的种类按不同标准可以有不同的划分方法。体育锻炼按是否有规律，可划分为持续的锻炼、有规律的（长期的）锻炼和一次性的（短期的）锻炼；按锻炼的强度，可划分为低强度锻炼、中强度锻炼和高强度锻炼；按生理活动规律特征，可划分为有氧锻炼和无氧锻炼。不同类别的体育锻炼除了对生理健康有显著的效果外，对心理健康同样有积极作用。

第一节　体育锻炼对人体生理机能的影响

健康是人类社会发展进步的基础。随着科学技术的发展，人们的生活水平日益提高，其在生活和工作中的体力支出日趋减少。实践证明，科学技术在给人们带来便利的同时，也给人们的健康带来了新的问题，如血管栓塞性疾病、骨质疏松症、肥胖等现代“文明病”的增多。人们已意识到，科学的体育锻炼是保持健康、提高工作效率、保证生活质量的有效途径。

18 世纪法国作家伏尔泰曾说过“生命在于运动”；18 世纪法国著名医生蒂索曾论述，“运动就其作用来说，几乎可以代替任何药物，但是世界上一切药品并不能代替运动的作用”。

体育锻炼是通过科学的身体活动形式给予人体各器官和系统一种良性刺激，促使身体的形态结构、生理功能等方面发生一系列适应性反应和变化，从而增强体质、增进健康的过程。在增进健康的诸因素中，体育锻炼是重要的积极因素之一。

原国际医学联合会主席普罗科教授研究发现，不锻炼的人 30 岁起身体功能就开始下降，到 35 岁身体功能相当于最健康时的 2/3；而经常锻炼的人到 45 岁身体功能还相当稳定，当这些人到 60 岁时，心血管系统的功能大约相当于二三十岁不锻炼的人。这也就是说，经常锻炼的人比不锻炼的人要年轻 20～30 岁。前国际运动医学联合会主席霍尔曼教授指出，每天坚持跑步 10 min，心脏可以年轻 20 岁。

一、体育锻炼与心肺循环系统

当今，知识分子英年早逝的一个重要病因是心脑血管疾病。作为未来社会科技精英的大学生，在大学期间必须要了解、掌握体育锻炼对心肺系统的良好影响，并能通过科学的体育锻炼增强心肺循环系统的功能。

（一）心肺功能对健康的意义

在人体的各器官系统中，由呼吸系统与心血管系统组成的人体氧运输系统（即心肺系统），对人体的健康及生命活动有十分重要的作用。人体通过心肺循环系统将氧气和营养物质源源不断地输送给人体的各个细胞，同时将其代谢的产物向体外排出，这是维持人体新陈代谢的基础。心肺功能的适应能力是评价健康的重要生理指标之一，是人体运动能力的重要基础。

（二）体育锻炼对心血管系统的良好影响

1. 坚持体育锻炼能增加心脏的质量、体积，并增大心容积

经常体育锻炼者，由于运动负荷的刺激，心肌中的毛细血管大量增生，心肌纤维变粗，使心肌肥大，心肌壁增厚，腔室加大。训练有素的耐力运动员，其心脏的这种变化更为明显，因此称这种心脏为运动员心脏或运动心脏。这种运动性心肌肥大使心脏具有更强的工作能力。

经常体育锻炼者与一般人心脏指标比较，见表 2-1。

表 2-1　经常体育锻炼者与一般人心脏指标比较

分组	心脏指标					
	心脏质量/g	心脏直径/cm	心容积/mL	安静时心率/（次·min^{-1}）	安静时心输出量/（L·min^{-1}）	剧烈运动时心输出量/（L·min^{-1}）
一般人	300 左右	11~12	750 左右	75 左右	5.25 左右	21.45 左右
经常体育锻炼者	400~500	13~15	1 000 以上	50~60	5.50 左右	31.20 左右

2. 坚持体育锻炼能使心肌收缩有力，每搏输出量多，心搏徐缓

经常体育锻炼者心脏的心肌壁增厚，且心脏收缩有力、腔室增大、心容积增加、每搏输出量增多。心脏每次收缩能把较多的养料和氧气输送到机体组织，减少搏动次数，使其安静时心率比一般人减少 15~25 次/min，进而相应地减少了心脏工作量，心肌获得的休息时间增多，心力储备增加，降低了心肌本身的能量消耗，所以经常体育锻炼者的心脏有更大的潜力来适应运动负荷的需要。一般人在剧烈运动时心跳增加到 180 次/min 就会出现脸色苍白、胸闷、恶心，甚至昏倒等现象，而训练有素的运动员在剧烈活动时心跳可高达 200 次/min 次以上，心脏能在高负荷状态下维持较长时间的工作，而且运动后能较快恢复正常。由此看来，人们应养成坚持体育锻炼的习惯，以增强心脏的功能。

3. 坚持体育锻炼可使心血管功能得到改善

动脉血管、静脉血管与毛细血管组成了血液流通和营养运输的通道。经常参加体育锻炼可以使血管壁肌层增厚、提高血管壁的弹性，可增大管径、减小血流的阻力、提高血流量，从而有利于血液的流通以及个体在工作、学习、运动中所需氧气和营养物质的供应，并能顺

利地排出二氧化碳和其他废物。同时,体育锻炼还可以增加毛细血管的数量及横截面积,使肌肉中的毛细血管大量开放,其能极大地改善微循环机能,从而使心血管功能产生如下的良好变化。

(1)调动快。为适应运动需要,心血管系统的功能可以迅速调动起来。

(2)恢复快。运动后,心血管系统的功能可在较短时间内恢复到运动前的安静水平。

(3)潜力大。进行最大强度运动时,在神经和体液的调节下心血管系统可以发挥最大功能潜力,充分调动心力储备。

4. 坚持体育锻炼能改善血液成分

坚持体育锻炼不仅能提高红细胞和血红蛋白的含量,增加白细胞中淋巴细胞的数量,还可以增加血浆中缓冲物质的含量,提高血液对运动后产生的酸性物质的缓冲能力。

血液中有数对具有缓冲作用的物质,其中最为重要的是碳酸和碳酸氢钠。当组织代谢产生的酸性物质进入血液后,碳酸氢钠就很快把这些酸性物质中和成弱酸(H_2CO_3),弱酸再转化为 CO_2,由呼吸器官排出。如乳酸,其简单反应为

$$\underset{(\text{乳酸})}{HL} + \underset{(\text{碳酸氢钠})}{NaHCO_3} \longrightarrow \underset{(\text{乳酸钠})}{NaL} + \underset{(\text{碳酸})}{H_2CO_3}$$

$$H_2CO_3 \longrightarrow CO_2 + H_2O$$

5. 坚持体育锻炼对心血管系统疾病有良好的预防作用

坚持体育锻炼能够增强心脏功能,改善身体新陈代谢。运动时血液循环加速,在给血管本身带来营养物质的同时,也带走了血管细胞的代谢产物,消除了附着于动脉管壁的脂类物质沉积物,这不仅延缓了血管硬化过程,也增加了纤溶酶的活力,可防止血栓形成,保持与增进血管的弹性,改善微循环,调节体内环境的平衡与稳定。另外,在运动过程中,肌肉的收缩可以使血管内皮细胞产生、释放的舒血管物质增多,舒血管物质不仅可以预防高血压、动脉粥样硬化等血管性疾病,还可以有效增强淋巴细胞的免疫功能,大大提高人体的抵抗能力。

(三)体育锻炼对呼吸系统的良好影响

体育锻炼并不能改变肺的大小,但它可以改善呼吸肌的状态和效率,使其更好地发挥其功能。

1. 增强呼吸肌的力量

经常体育锻炼可使呼吸肌纤维增粗,毛细血管增多,物质代谢增强,呼吸肌力量增大。同时,安静时不常用的辅助肌(腹肌、肩带肌、背肌)都随运动强度的增加而参与到呼吸工作中,肋骨的活动性增加,胸廓活动范围扩大,肺泡内的空气增多,肺的换气效率得到提高,进而使整个呼吸肌的力量和耐力都得到发展,呼吸系统的功能得到提高。

2. 增大肺活量,提高肺通气能力

由于呼吸肌力量增大,胸廓活动范围也扩大,扩张能力增强,胸腔的形状和容积也随之改善,从而肺活量随之增大。

在日常生活中,只需极少一部分肺泡参加工作,即可满足生命的需要;而不经常活动的肺泡,往往处于萎缩状态或为黏液所阻塞。进行体育锻炼时,大部分或全部肺泡获得活动的机会,从而提高了换气功能,肺通气量(单位时间内呼出或吸入肺内的气体总量)可从平时的 9 L/min 增加到运动时的 70~150 L/min。肺泡活动增加,肺通气能力提高,肺活量增

大,肺的功能随之提高。

3. 改变呼吸频率,提高肺通气效率

经常体育锻炼者安静时的呼吸深而慢,8~12 次/min,甚至 4~6 次/min,就能满足机体的需要;不体育锻炼者则需 12~18 次/min 才能满足机体的需要。经常体育锻炼者这种深而慢的呼吸,具有很多优越性,在每次呼吸后有较长时间的休息,因而不易疲劳。其在轻度劳动和参加一般体育锻炼时也不至于出现呼吸急促、胸闷等现象。一般缺乏体育锻炼的人,在运动和劳动时,容易因缺乏氧气而产生过多的酸性代谢物(乳酸),即使呼吸频率加快,也不能满足机体的需要,其结果是呼吸肌过度紧张,呼吸浅而快,产生胸闷、气喘等现象。

坚持体育锻炼者呼吸次数少但吸入的空气多,并且肺通气量可达 150 L/min 或更多;而不坚持锻炼者是 120 L/min 或更少。由此可见,坚持体育锻炼对肺通气效率有着明显的提高。

4. 提高人体在特殊状态下的工作能力

通过体育锻炼,人体呼吸系统在缺氧状态下(如高空环境、空气稀薄、气压低等特殊环境条件)的功能适应能力会高于一般人。1960 年,我国登山健儿经过艰苦训练,在没有氧气补充的条件下,克服重重困难,登上了世界最高峰——珠穆朗玛峰,创造了人类登山史上的奇迹。

5. 对呼吸系统的疾病有预防和治疗作用

经常体育锻炼可使新陈代谢更加旺盛,心肺功能加强,身体抵抗力提高,呼吸道毛细血管更加密实,呼吸道黏膜的分泌能力、上皮细胞的纤毛活动能力、肺内吞噬细胞的吞噬能力提高,从而能及时消灭和清除呼吸道的病毒,起到预防和治疗疾病的作用。

(四)大学生心肺循环系统功能锻炼的内容、方法及注意事项

1. 增进心肺循环系统功能的体育锻炼内容

(1)有氧运动

有氧运动包括慢跑、骑自行车、游泳和快步走等。

(2)无氧运动

有一定体育锻炼基础者可以进行一定量的无氧运动,如短距离疾跑等。

2. 锻炼的方法

增加心肺循环系统的功能主要以增强有氧耐力为途径,其具体的锻炼方法是相对的,进行锻炼时最重要的是根据实际情况采用适合自身的具体锻炼方法,在锻炼效果的不断累积中提高心肺循环系统的功能。

3. 注意事项

(1)遵循科学锻炼身体的原则

遵循科学锻炼身体的原则包括自我积极原则、个性化原则、循序渐进原则、阶段性原则、持之以恒原则、全面训练原则等。

(2)锻炼时间、环境及运动负荷的科学安排

根据自己体质状况制订适合自身的锻炼计划,是达到锻炼目的的保证。锻炼时间、运动强度、锻炼频率、锻炼方式、运动环境的选取严格按科学方法进行,尤其是锻炼时运动强度的控制是发展有氧耐力的关键,心率应控制在最大心率的 60%~80%,运动强度过大或过小都达不到预期效果。

(3)有氧耐力锻炼一定要持之以恒,有计划地进行

无论是锻炼的实施,还是写锻炼日记(锻炼时鼓励自己写锻炼日记,记录锻炼情况,控制心率变化,这将有助于了解自己心肺适应水平的提高情况,增加自己坚持锻炼的决心和信心)都要持之以恒,有计划地进行,这样会获得较好的锻炼效果,终身受益。

二、体育锻炼与运动系统

运动系统又称骨骼肌肉系统,由骨骼、关节和肌肉构成。骨骼的发育一般在20~25岁完成,肌肉的发育在30岁左右完成。

(一)体育锻炼对骨骼的良好影响

(1)经常参加体育锻炼可促进骨骼的生长发育,使骨密质增厚,骨变粗,骨面肌肉附着处突起明显,骨小梁的排列根据张力和压力更加整齐有规律。这是由于骨的新陈代谢加强,骨的血液循环得到改善,从而在形态结构上产生良好变化的结果。

(2)随着形态结构的变化、骨骼的增长,人逐渐长高。同时,骨变得更加粗壮和坚固,骨骼可承受更大的外力作用,在抗折、抗弯、抗压缩和抗扭转方面的性能都有所提高。

据统计,10~14岁的业余体校学生比同年龄普通学生高4~8 cm。另外,据调查,一位进行跳高练习一年半的16岁少年,他的起跳腿胫骨比另一条腿的胫骨粗5. 5 cm;受过一年训练的投掷运动员,持器械的上臂骨可以比原来增厚1. 5~2 mm,受过3年训练后可以增加2. 5~3 mm。

骨的两端长着软骨(称骺软骨),内面有软骨细胞。运动时,软骨细胞受到挤压的刺激,快速地繁殖、成熟、肥大,再加之运动使血液循环加快,骨骼获得充分的养料,从而向两端快速增长。下肢骨变长,在身高、体重增长方面表现尤为显著。因此,身材高矮是由骨骼发育成长决定的,经常参加运动的青少年要比同龄人的身高平均高4~7 cm。

另外,参加体育锻炼的项目不同,对人体各部分骨骼的影响也不同。经常从事下肢活动,对下肢骨的影响较大;长期从事上肢活动,对上肢骨的影响就明显。人体在不同时期骨的新陈代谢程度不同,青少年时期较为旺盛,这个时期进行科学的体育锻炼,会促进骨骼朝正常方向协调合理生长。然而,当体育锻炼停止后,骨骼经锻炼所获得的良好变化会慢慢消失,这就要求我们必须持之以恒,切忌“三天打鱼,两天晒网”式的体育锻炼。

(二)体育锻炼对关节的良好影响

经常参加科学的体育锻炼,对人体关节的形态结构会产生良好影响,使其机能得到提高。

(1)关节面骨密质增厚,可提高其对运动负荷的承受能力。

(2)关节面软骨增厚,既可加大关节的稳固性,又可提高关节的运动缓冲能力。

(3)关节囊增厚,可加固关节,提高关节囊内层的滑膜层分泌滑液功能,减少软骨之间摩擦。

(4)关节滑膜囊与滑膜皱襞的形态、结构产生良好变化,可避免关节面产生过大的撞击和摩擦。

(5)关节周围肌腱和韧带增粗,加强了关节的稳固性,提高了运动能力。

关节稳固性的提高,既可加强对关节的保护,又会减小关节活动幅度,提高其运动能

力。所以在进行力量性练习时，要配合一定的柔韧性练习，使力量与柔韧度同时得到相应发展，全面提高关节运动能力，减少伤害事故。

参加不同的体育锻炼项目，对关节的作用也不相同，如游泳、乒乓球等运动对上肢关节作用大，足球、跑跳等运动对下肢关节作用大。另外，短时间、较大强度的运动可使关节肿胀、疼痛，这是由于关节软骨暂时肿胀、滑液增多及运动负荷对关节的刺激造成的，运动停止后肿胀可消失。这种变化在25岁以下年轻人特别是不经常参加体育锻炼者中较明显。

(三)体育锻炼对肌肉的良好影响

经常参加体育锻炼可使肌肉体积明显增大，不同运动项目肌肉增大部位程度不一，肢体围度的大小可反映肌肉体积增大程度。经常参加体育锻炼的人长得结实健壮，肌肉丰满，身材匀称。据统计，运动员的肌肉占体重的40%~50%，而一般人的肌肉占体重的35%~40%。体育锻炼还可以消除多余脂肪，防止肥胖症。另外，经常参加体育锻炼的人，在神经系统的调节下，肌肉的工作能力大大提高，肌肉灵活协调、反应迅速、准确有力、耐久高效。

体育锻炼对肌肉形态结构的影响如下。

1. 肌肉体积增大

肌肉体积增大，大多数人认为是由肌纤维增粗所致，也有人认为是由肌纤维数目增多所致，但都没有足够的证据证明。力量性练习如举重等项目，可使肌纤维得到最大程度的增粗。

2. 肌纤维中的线粒体数目增多，体积增大

线粒体是肌纤维中的细胞器，它是肌纤维的供能中心，三磷酸腺苷(ATP)主要由线粒体产生。在耐力性练习如长跑等运动中，肌纤维中的线粒体明显增加，这可为肌肉收缩提供更多能量，以适应耐力运动的需要。

3. 肌肉中脂肪减少

在不经常参加体育锻炼的情况下，骨骼肌表面和肌纤维之间会有脂肪堆积。肌肉内的脂肪在肌肉收缩时会产生摩擦，消耗能量，同时也降低了肌肉的收缩效率。通过体育锻炼，特别是耐力性项目如长跑，可以减少肌肉的脂肪，既能健美体形又可提高运动能力。

4. 肌肉内结缔组织增多

体育锻炼尤其是力量性练习，在肌肉反复收缩过程中，使肌纤维周围的肌膜和肌束周围的肌束膜变厚。同时，也使肌腔和韧带中的细胞因增殖而变得坚实粗大，提高抗拉断能力。

5. 肌肉内的化学成分发生变化

经常参加体育锻炼，可使肌肉中的肌糖原、肌球蛋白、肌动蛋白、肌红蛋白和水分等含量增加，使肌肉收缩能力提高，氧储备量增加，力量增大。

6. 肌肉中毛细血管增多

经常参加体育锻炼可以使骨骼肌肉的毛细血管数量增多，形态功能得到完善，改善骨骼肌的血液供给情况，提高肌肉的工作能力，有利于肌肉持续长时间的大负荷运动。

7. 参加活动的肌纤维数量增加

每块肌肉的纤维在运动时并不都收缩，只有一部分肌纤维对神经冲动产生反应发生收缩。不收缩纤维称不动纤维。肌纤维不收缩部分是由于神经在控制过程中没有使用它们，

或是达到运动终板的神经冲动太少、太弱。一般人只有60%的肌纤维参加收缩活动,经常体育锻炼的人可使参加收缩活动的肌纤维提高到90%左右。所以经常参加体育锻炼的人肌肉力量较大。

(四)运动系统功能锻炼指导与注意事项

运动系统功能的提高,主要通过骨骼、关节和肌肉的形态结构改善来实现。而能直观感觉到变化的,也最为重要的是肌肉的形态改变和功能改善。所以,在提高运动系统功能的体育锻炼中主要是制订肌肉的锻炼计划,在发展肌肉功能的同时,使骨骼与关节机能得到完善。

三、体育锻炼与神经系统

(一)神经系统的作用

神经系统包括中枢神经系统和周围神经系统。中枢神经系统是指挥整个机体活动的"司令部"。人体的一切活动,其本质都是神经系统的反射活动,都是经过感知、分析、判断、做出反应这个过程来完成的。按照巴甫洛夫的话说:"神经系统的活动一方面使有机体各部的活动统一合作,另一方面用以使有机体与外界环境发生关系,与外界保持平衡。"由于神经系统在人体内起主导作用,因此,经常参加体育锻炼,就能使大脑神经细胞工作能力提高,反应灵活迅速、准确协调。

一般来说,经常体育锻炼者的大脑神经系统的反应要比一般人快0.2~0.3 s,敏捷性更强。在"反应时间测验"中,明显反映出经常体育锻炼者的反应敏捷、迅速,反应时间通常为0.1~0.3 s;而一般人动作则相对迟缓,反应时间通常在0.4 s以上。在对"简单信号反应时间测试"中,一般人对简单信号反应时间为 0.217 5 s,经常体育锻炼者仅为 0.161 5 s。对较复杂信号的反应时间,一般人为 0.327 5 s,而经常体育锻炼者仅为 0.248 7 s。所以,经常体育锻炼者要比一般人看得范围大、距离远,对物体运动的速度和位置判断更加准确。

(二)体育锻炼对神经系统的良好影响

1.改善和提高神经系统的反应能力,调控身体运动的准确协调性

神经系统的主导部分大脑虽然只占人体体重的2%,但是所需要的氧气由心脏总血流量的20%来供应,当大脑在紧张工作时,需氧量和血流量更多,血流量比肌肉活动时所需量要大15~25倍。所以,改善大脑的物质供应水平对人的劳动、工作、学习有着重要的意义。坚持科学的体育锻炼,特别是到大自然中去锻炼,使脑细胞得到的氧气量增加,可以改善神经系统,尤其是大脑的供血、供氧情况,一方面可以使中枢神经系统及其主导部分大脑皮质的兴奋性增强,抑制加深,抑制与兴奋更加集中,并可改善神经过程的均衡性和灵活性,提高大脑皮质的分析、综合能力,从而保证机体对外界不断变化的环境有更强的适应性;另一方面,体育锻炼还可以改善和提高中枢神经系统对身体内部各器官、组织的调节能力,使各器官、组织的活动更加灵活、协调,机体的工作能力得到提高。

2. 有效地消除脑细胞的疲劳，提高学习和工作效率

神经系统由神经细胞构成，其活动是依靠神经细胞的兴奋、抑制过程不断相互转化、相互平衡来实现的。例如，我们看书学习是由有关思维和记忆的大脑皮质细胞，在接受外界刺激（书籍）下引起兴奋来完成的。那么，在一定的强度下，经过一段时间，随着细胞本身的能量消耗，由于神经系统长时间处于兴奋状态而产生疲劳，则会出现头昏脑涨、看书效率降低等现象。出现这种现象，实际上就表明，相应的细胞只有得到休息，才能消除疲劳、恢复功能。

消除疲劳的方法有以下两种。

（1）静止性（消极）休息

静止性休息主要是通过睡眠，使大脑细胞产生广泛的抑制，从而使已经疲劳的脑细胞恢复功能。

（2）活动性（积极）休息

活动性休息则是通过一定的户外活动，使大脑皮质不同功能的细胞产生的兴奋与抑制过程相互诱导，从而使细胞得到交替休息。

上述两种消除疲劳方法的效果是不尽相同的，后者要优于前者。由于体育锻炼使得血液循环加快，使单位时间内流经脑细胞的血液增多，能量物质的补充加快，且户外空气中氧气含量要明显高于户内，因此，血液循环加快可使脑细胞获得更多的氧气，并可加速新陈代谢，加快疲劳的消除，使大脑更清醒、更灵活，学习和工作效率更高。

3. 预防和治疗神经衰弱

神经衰弱一般是由于长期长时间用脑，不注意休息，使大脑皮质兴奋、抑制长时间失衡而引起神经系统功能下降的一种功能性疾病。体育锻炼可以有效地预防和治疗神经衰弱。

经常参加体育锻炼，可以使大脑皮质的兴奋与抑制经常保持平衡状态，及时消除脑细胞的疲劳。现在国际上广泛开展的健身跑活动，对于一些患有轻度神经性失眠者来说，能起到帮助其快速进入睡眠的作用。跑步和其他体育锻炼一样，能增强体质、促进健康，使人精神振奋、精力充沛。国内外一些医学专家经常为身患轻微神经衰弱的病人开“运动处方”，以体育锻炼代替药物。其结果也表明，经过一周的“运动疗法”，有60%～85%的病人取得了显著的疗效。

四、体育锻炼与消化系统

消化系统由消化管与消化腺组成。消化系统可把食物转化为身体所需要的营养物质，并将营养物质送入淋巴和血液，以供身体生长和维持生命，并将代谢过程中的残渣排出体外。经常参加体育锻炼，对消化系统的机能有良好影响，可使胃肠的蠕动增强，消化液的分泌增多，从而使消化和吸收的能力提高；也可增加人体对食物的欲望和需要量，有利于增强体质。体育锻炼对消化系统的良好影响如下。

（1）人的身体发育及脑力与体力劳动都需要大量的营养物质。同时，体育锻炼使能量消耗增加，并进一步加快新陈代谢的过程，从而促使胃肠消化机能同步加强。在这种情况下，消化系统分泌的消化液增多，消化道的蠕动加强，胃肠的血液循环得到改善，进而使食物的消化和营养物质的吸收进行得更加充分与顺利。

（2）体育锻炼能使腹肌和膈肌的活动增强、作用范围增大，还能增强消化道的平滑肌，刺激消化腺的分泌，改善消化条件，使食物的消化更加完善。只有消化吸收和排泄等功能

增强，才有可能保证体内物质代谢的正常进行。体育锻炼还对肠胃起到按摩和刺激作用，提高消化能力，并能使小肠毛细血管及绒毛发达，提高小肠对养料的吸收能力。这对增强胃肠的消化功能有良好影响。

(3)经常参加体育锻炼对防治肠胃疾病有良好作用。例如，腹肌过分松弛无力，往往容易导致内脏下垂、消化不良、便秘等，通过体育锻炼加强腹肌力量，可以预防这些疾病。同时，体育锻炼还可增进食欲，提高消化能力，改善肠胃消化功能，对治疗消化不良、胃肠神经官能症、溃疡等疾病有良好效果。

总之，体育运动能增强人的体质，使人健康长寿，这是体育运动健身功能的直接效果。

第二节　心理健康的定义、标准及评估

按照世界卫生组织对于健康的定义，健康应该包括生物、心理和社会三个层面。只有当这三个层面同时处于完好状态时，才可以说一个人是健康的。体育锻炼对身体健康的积极影响已经是不争的事实，对心理健康的促进作用也被研究结果所证明。心理生理学的研究表明，心理的变化会引起生理功能的变化，也就是说，心理不健康必然会影响身体健康。

20世纪初，著名生理学家坎农发现，情绪状态对机体的生理过程有明显的影响。他指出，强烈的情绪变化可使丘脑下部通过植物性神经系统影响内分泌腺激素的分泌，并使心血管系统的活动等发生变化。如果不良情绪长时间反复频繁出现，就可能产生生理功能紊乱，并最终导致病理变化。与此同时，巴甫洛夫学派提出的高级神经活动学说认为，心理因素之所以能影响人体器官的活动是因为人体的各种器官都受大脑皮质的调节。沃乐夫等在前人研究的基础上通过进一步研究认为，情绪对一些身体疾病影响很大，对植物性神经系统支配的某一器官和某一系统影响更为明显，如焦虑、恐惧、愤怒和激动等情绪，能够引起心率、心输出量和血压的变化。实践证明，心理健康有益于提高学习成绩和工作效率，提高挫折和逆境的耐受能力。由此可见，保持良好的心理状态，保证心理健康，是人体身心健康的一个基础，是人类生活、工作和学习的重要保证。

一、心理健康的定义

《简明不列颠百科全书》将心理健康解释为：心理健康指个体心理在本身及环境条件许可范围内，所能达到的最佳功能状态，而不是指绝对的十全十美。

心理学家 H. B. English 对心理健康的定义为：心理健康是指一种持续的心理状态，当事者在那种状态下，能做良好适应，具有生命的活力，而且能够充分发挥其身心的潜能，这乃是一种积极的状态，不仅仅是免于心理疾病而已。

社会学家 W. W. Boehm 认为，心理健康就是合乎某一水准的社会行为，一方面能为社会所接受，另一方面能为本身带来快乐。

个体成长观把心理健康解释为人的积极的心理品质和潜能的最为完整的发展，认为心理潜能的最佳发展取决于人在一生中是否能够成就某种事业。

在对主观幸福感的研究中，心理健康被定义为积极的情感和生活满意两种概念的综合，认为有关正性情绪和负性情绪的争论就是心理健康的不同维度把二者之间的平衡作为幸福的指标，而生活满意度被看作一种认知成分，是幸福感的一种补充，是衡量心理健康的

关键指标。

从以上不同的定义可以看出，心理健康目前还没有一个统一的概念，每个定义都从不同的角度强调了心理健康的某个重要特征。总体来看每个定义各有侧重，但实际上心理健康包含以下各个要素：智商、情绪、社会适应、持续而稳定的心态。从广义上来说，心理健康是指一种高效而满意的持续的心理状态；从狭义上来说，心理健康是指人的基本心理活动过程内容的完整、协调一致，即知、情、意、行、人格完整协调，能适应社会。心理学家们对此指出了心理健康的具体表现和标准，以此判断一个人的心理健康状态。

二、心理健康的主要表现和标准

由于个体在生活、工作、学习过程中会遇到各种各样的问题，不同个体对于问题的心理反应千差万别，因此，如何界定个体的心理是否健康，很难有一个完美的标准。

（一）1987 年世界卫生组织给出的标准

(1)良好的自我控制能力；
(2)保持心理平衡；
(3)正确处理外界干扰。

（二）国际心理卫生大会标准

(1)身体、智力、情绪协调；
(2)适应环境，人际交往顺利；
(3)有幸福感。

（三）美国人格心理学的标准

(1)自我开放（不自我封闭）；
(2)良好的人际关系，具有安全感；
(3)正确地认识现实，胜任自己的工作；
(4)具有自知之明；
(5)内在的统一的人生观。

（四）中国体育研究会在 1988 年给出的标准

(1)智力情况良好；
(2)行为举止表现积极向上且协调、得体；
(3)环境（自然与社会）适应能力良好；
(4)人格健全、情绪健康；
(5)坚毅的意志。

（五）美国人本主义标准

心理学家马斯洛和米特尔曼提出的心理健康的十条标准被公认为是“最经典的标准”，即：

(1)充分的安全感；

(2)充分了解自己,并对自己的能力做适当的评估;
(3)生活的目标切合实际;
(4)与现实的环境保持接触;
(5)能保持人格的完整与和谐;
(6)具有从经验中学习的能力;
(7)能保持良好的人际关系;
(8)适度的情绪表达与控制;
(9)在不违背社会规范的条件下,对个人的基本需要做恰当的满足;
(10)在不违背社会规范的条件下,能做有限的个性发挥。

(六)美国学者坎布斯的观点

美国学者坎布斯(A. W. Combs)认为,一个心理健康、人格健全的人应有如下四种特质。

1. 积极的自我观念

能悦纳自己,接受自己,也能为他人所悦纳,能体验到自己存在的价值,能面对和处理好日常生活中遇到的各种挑战。尽管有时可能会觉得不顺心,也并非总为他人所喜爱,但是肯定的、积极的自我观念总是占优势的。

2. 恰当地认同他人

能认可别人的存在和重要性,即能认同别人而不依赖或强求别人,能体验自己在许多方面和大家都是相同的、相通的,能和别人分享爱和恨、乐与忧以及对未来美好的憧憬,并且不会因此而失去自我,仍保持着自我的独立性。

3. 面对和接受现实

能面对和接受现实,而不论其是好是坏或对自己有利或不利,即使现实不符合自己的希望与信念,也能设身处地、实事求是地去面对和接受现实的考验。能够多方面寻求信息,善于倾听不同的意见,正确把握事实的真相,相信自己的力量,随时接受挑战。

4. 主观经验丰富,可供利用

能对自己、周围的事物与人物及环境有较清楚的知觉,不会迷惑和彷徨,在自己的主观经验世界里,储存着各种可供利用的信息、知识和技能,并能随时提取使用。善于发现和利用自己的长处与优点,同时也能借鉴和学习别人的长处与优点,以此来解决自身所遇到的问题,从而增进自己行为的有效性,并且不断丰富知识和积累经验。

(七)国内著名心理学家王登峰等对于心理健康的衡量标准

国内著名心理学家王登峰等通过对各方面研究结果的归纳总结,较为详细地提出了有关心理健康的几条衡量标准。

1. 了解自我,悦纳自我

一个心理健康的人能体验到自己的存在价值,既能了解自己,又能接受自己,具有自知之明,即对自己的能力、性格、情绪和优缺点能做到恰当、客观的评价,对自己不会提出苛刻的非分期望与要求,对自己的生活目标和理想也能定得切合实际,因而对自己总是满意的,同时,努力发展自身的潜能,即使对自己无法补救的缺陷,也能安然处之。一个心理不健康的人则缺乏自知之明,并且总是对自己不满意,由于所定的目标和理想不切实际,主观和客观的距离相差太远而总是自责、自怨、自卑,其总是要求自己十全十美,而自己却又总是无法做到完美无缺,于是,总是和自己过不去,致使自己的心理状态永远无法平衡,永远无法摆脱心理危机。

2. 接受他人,善与人处

心理健康的人乐于与人交往,不仅能接受自我,也能接受他人,悦纳他人,能认可别人存在的重要性和作用。其能被他人所理解,被他人和集体所接受,能与他人相互沟通和交往,人际关系协调和谐,能融入生活的集体,乐群性强,既能在与挚友团聚之时共享欢乐,也能在独处沉思之时无孤独之感。在与人相处时,积极的态度(如同情、友善、信任、尊敬等)总是多于消极的态度(如猜疑、嫉妒、畏惧、敌视等),因而在社会生活中具有较强的适应能力和较充足的安全感。一个心理不健康的人,总是自别于集体,与周围的环境和人群格格不入。

3. 热爱生活,乐于工作

心理健康的人珍惜和热爱生活,积极投身于生活,在生活中尽情享受人生的乐趣。他们在工作中尽可能地发挥自己的个性和聪明才智,并从工作的成果中获得满足和激励,把工作看作乐趣而不是负担。他们能把工作过程中积累的各种有用的信息、知识和技能存储起来,便于随时提取使用,以解决可能遇到的新问题。他们能够克服各种困难,使自己的行为更有效率,工作更有成效。

4. 面对现实,接受现实,适应现实,改变现实

心理健康的人能够面对现实、接受现实,并能够主动地去适应现实,进一步地改变现实,而不是逃避现实。心理健康的人对周围事物和环境能做出客观的认识和评价,并能与现实环境保持良好的接触,既有高于现实的理想,又不会沉湎于不切实际的幻想与奢望,他们对自己的能力有充分的信心,对生活、学习、工作中的各种困难和挑战都能妥善处理。心理不健康的人往往以幻想代替现实,不敢面对现实,没有足够的勇气去接受现实的挑战,总是抱怨自己生不逢时或责备社会环境对自己不公,因而无法适应现实环境。

5. 能协调与控制情绪,心境良好

心理健康的人,其愉快、乐观、开朗、满意等积极情绪状态总是占据优势,虽然也会有悲、忧、愁、怒等消极的情绪体验,但一般不会长久。他们能适当地表达、控制自己的情绪,喜不狂,忧不绝,胜不骄,败不馁,谦虚不卑,自尊自重,在社会交往中既不妄自尊大也不畏缩恐惧,对于无法得到的东西不过于贪求,争取在社会规范允许范围内满足自己的各种要求,对于自己能得到的一切感到满意,心情总是开朗的、乐观的。

6. 人格和谐完整

心理健康的人,其人格(人格即人的整体精神面貌,包括气质、能力、性格、理想、信念、动机、兴趣、人生观等各方面)能平衡发展,能够完整、协调、和谐地表现出来。心理健康的人思考问题的方式是适中和合理的,待人接物能采取恰当灵活的态度,对外界刺激不会有偏颇的情绪和行为反应,能够与社会步调合拍,也能与集体融为一体。

7. 智力正常,智商在 80 分以上

智力正常是人正常生活的最基本的心理条件,是心理健康的主要标准。智力是人的观察力、记忆力、想象力、思考力和操作能力的综合。智商过低的人很难达到心理健康的标准。

8. 心理行为符合年龄特征

人在生命发展的不同年龄阶段,都有相对应的心理行为表现,从而形成不同年龄阶段独特的符合社会角色规范的心理行为模式。心理健康的人应具有与同年龄段大多数人相

符合的心理行为特征。

以上列举了世界卫生组织和一些国内外学者提出的心理健康的评判标准与尺度，是较有代表性的观点。由此可看出，心理健康并不是一个单一的模式，其可以有不同的表现。心理健康的评判标准基本包括了智商水平、情绪控制、社会适应（接纳自己和他人）等方面。总体而言，心理健康的人能够正确认识自己和世界，态度上善待自己、善待他人，心理和行为上适应社会环境，情绪正常可控，人格和谐完整。心理健康的人并非没有痛苦和烦恼，而是他们能适时地从痛苦和烦恼中解脱出来，积极地寻求改变不利现状的新途径。他们是那些能够自由、适度地表达和展现自己个性的人，他们和环境能够和谐地相处。他们善于不断地学习，利用各种资源不断地充实自己，从不同角度看待问题。

根据世界卫生组织的一项新研究，心理健康问题是导致全世界儿童、青少年和年轻成年人疾病的主要原因。研究人员分析了 2004 年收集的全球数据，发现神经精神疾病占 10~24 岁人群疾病的 45%。最常见的导致年轻人疾病的两个次要原因是意外受伤（占 12%，通常由于交通意外）和传染病、寄生虫病（占 10%）。研究人员还发现，在生活中影响年轻人日后健康的重要危险因素包括不安全性行为、酒精使用、缺铁和缺乏避孕。根据世界卫生组织的研究，在青春期早期，上述主要危险因素引发疾病的可能性是比较低的。不过，在青春期后期和成年早期，酒精和不安全性行为引起的发病率大幅上升。对于其他通常在青春期开始的风险因素，如烟草使用、低体力活动、高血压、超重和肥胖，对疾病的影响在成年的中后期变得明显。

世界卫生组织发表的《2001 年世界卫生报告》指出，目前全世界共约有 4.5 亿各类精神和脑部疾病患者，每 4 个人中就有 1 个人在其一生中的某个时段产生某种精神障碍，精神卫生已经成为一个突出的社会问题。

三、心理健康水平自我评估

心理健康直接影响到个人的生活质量和生活状态。心理健康水平在人群中处于正态分布，也就是说心理健康水平极低和极高的人占少数，大多数人处于二者之间的水平。心理健康水平的自我评估对把握和调整心理健康十分重要，只有了解了自己的心理健康状态，才能够对轻度的心理健康问题进行自我调适和维护。下面介绍一些常见的心理健康水平的评测工具。

由于心理健康的衡量标准无法做到如同生理健康检查那样拥有客观明确的指标，因此心理学家们研究出以问卷或量表为主要方式的测量工具，用以了解一个人的心理健康水平或者心理特征等。当前主要的较为成熟的心理健康和心理特征方面的测试工具有症状自评量表（SCL-90）、抑郁自评量表（SDS）、焦虑自评量表（SAS）等。其中 SCL-90 是目前应用最多的测试心理健康水平的工具之一。

（一）SCL-90

SCL-90 是世界上著名的心理健康测试量表之一，由德罗盖提斯（L. R. Derogatis）编制，共包括 90 个条目，包含了比较广泛的精神病症学内容，如思维、情感、行为、人际关系、生活习惯等。通过此表，人们可以从 10 个方面来了解自己的心理健康程度。SCL-90 是当前使用最为广泛的精神障碍和心理疾病门诊检查量表，适用对象为 16 岁以上的人群。

1. SCL-90 说明

SCL-90共有90个询问题目(条目),其内容涉及感觉、思维、情绪、意识、行为、生活习惯、人际关系、饮食、睡眠等。这90个询问题目中隐含着以下10个因子。

(1)躯体化

躯体化主要反映主观的身体不适感,包括心血管、胃肠道、呼吸等系统的不适,以及头痛、背痛、肌肉酸痛、焦虑等其他躯体症状表现。

(2)强迫

强迫与临床上所谓强迫表现的症状定义基本相同,主要指那种明知没有必要,但又无法摆脱的无意义的思想、冲动、行为等表现。还有一些比较一般的感知障碍(如“脑子都变空了”“记忆力也不行等”)也在这一因子中有所反映。

(3)人际关系敏感

人际关系敏感主要指某些人的不自在感与自卑感,尤其是在与其他人相比较时更为突出。自卑感、懊丧以及在人事关系方面明显处理不好的人,往往是这一因子的高分对象,与人际交流有关的自我敏感及反向期望也是产生这方面征象的原因。

(4)抑郁

抑郁反映的是与临床上抑郁症相联系的广泛的概念,忧郁苦闷的感情和心境是其代表性症状。它还以对生活的兴趣减退、缺乏活动愿望、丧失活动力等为特征,并包括与失望、悲观、忧郁相联系的其他感知及躯体方面的问题。

(5)焦虑

焦虑包括一些通常在临床上明显与焦虑相联系的症状及体验,一般指那些无法静息、神经过敏、紧张以及由此产生的躯体征象(如震颤)。那种游离不定的焦虑及惊恐发作是本因子的主要内容,它还反映一个“解体”的项目。

(6)敌意

敌意主要从三个方面来反映病人的敌对表现:思想、感情及行为。其项目包括从厌烦、争论、摔物,直至争斗和不可抑制的冲动爆发等各个方面。

(7)恐惧

恐惧与传统的恐惧状态或广场恐惧症所反映的内容基本一致。恐惧的内容包括出门旅行、空旷场地、人群、公共场所及交通工具。此外,它还反映社交恐惧的项目。

(8)妄想

所谓妄想是一个十分复杂的概念,本因子只是包括了它的一些基本内容,主要是指想象、思维方面,如投射性思维、敌对、猜疑、虚构、被动体验和夸大等。

(9)精神病性

此因子用于在门诊中迅速、扼要地了解病人的病情程度,以便做出进一步的治疗或住院等决定。

(10)其他

其他包括反映饮食、死亡观念、自罪观念的项目,综合起来可以反映自杀倾向。

2. 问卷

指导语:以下列出了一些人可能会有的问题,请仔细阅读每一条,然后根据最近一星期内自己的实际感觉,选择最符合您的一种情况,并在每一个条目后面所附的备选答案的相应编号上画“○”。

SCL-90见表2-2。

表 2-2　SCL-90

条目	A 没有	B 轻度	C 中度	D 偏重	E 严重
(1)头痛					
(2)神经过敏,心中不踏实					
(3)头脑中有不必要的想法或字句盘旋					
(4)头昏或晕倒					
(5)对异性的兴趣减退					
(6)对旁人责备求全					
(7)感到别人能控制自己的思想					
(8)责怪别人制造麻烦					
(9)忘性大					
(10)担心自己的衣饰不整齐及仪态不端正					
(11)容易烦恼和激动					
(12)胸痛					
(13)害怕空旷的场所或街道					
(14)感到自己的精力下降,行动减慢					
(15)想结束自己的生命					
(16)听到旁人听不到的声音					
(17)发抖					
(18)感到大多数人都不可信任					
(19)胃口不好					
(20)容易哭泣					
(21)同异性相处时感到害羞、不自在					
(22)感到受骗、中了圈套或有人想抓住自己					
(23)无缘无故地突然感到害怕					
(24)自己不能控制地大发脾气					
(25)害怕单独出门					
(26)经常责怪自己					
(27)腰痛					
(28)感到难以完成任务					
(29)感到孤独					
(30)感到苦闷					
(31)过分担忧					
(32)对事物不感兴趣					

表 2-2(续 1)

条目	A 没有	B 轻度	C 中度	D 偏重	E 严重
(33)感到害怕					
(34)担心感情容易受到伤害					
(35)他人知道你的内心思想					
(36)感到别人不理解你、不同情你					
(37)感到别人对你不友好,不喜欢你					
(38)为了保证精确,做事必须非常缓慢					
(39)心跳得很厉害					
(40)恶心或胃部不舒服					
(41)感到比不上他人					
(42)肌肉酸痛					
(43)感到周围的人注视或议论自己					
(44)难以入睡					
(45)做事必须反复检查					
(46)难以做出决定					
(47)怕乘公共汽车、地铁或火车					
(48)呼吸有困难					
(49)一阵阵发冷或发热					
(50)因为感到害怕而避开某些东西、场合或活动					
(51)脑子变空了					
(52)身体的某些部位发麻或刺痛					
(53)喉咙有梗阻感					
(54)感到前途没有希望					
(55)不能集中注意力					
(56)感到身体的某一部分软弱无力					
(57)感到紧张或易被激怒					
(58)感到手或脚发重					
(59)想到死亡的事					
(60)吃得太多					
(61)当别人看着你或谈论你时感到不自在					
(62)头脑里存在着不是你的想法					
(63)有想打人或伤害别人的冲动					
(64)醒得太早					
(65)必须反复洗手、点数目或触摸某些东西					
(66)睡得不稳不深					

表 2-2(续 2)

条目	A 没有	B 轻度	C 中度	D 偏重	E 严重
(67)有想摔坏或破坏东西的冲动					
(68)有一些别人没有的想法或念头					
(69)感到对别人神经过敏					
(70)在人多的地方(如商店、电影院)感到不轻松、不自在					
(71)感到任何事情都很困难					
(72)一阵阵惊慌失措					
(73)感到在公共场合吃东西不舒服					
(74)经常与人争论					
(75)单独一人时神经很紧张					
(76)别人对你的成绩没有做出恰当的评价					
(77)即使和别人在一起也感到孤单					
(78)感到坐立不安、心神不定					
(79)感到自己没有什么价值					
(80)感到熟悉的东西变得陌生或不像是真的					
(81)大叫或摔东西					
(82)害怕会在公共场合昏倒					
(83)感到别人会占你的便宜					
(84)为一些相关性的想法而苦恼					
(85)感到自己有罪恶而应该受到惩罚					
(86)感到要赶快把事情做完					
(87)感到自己的身体有严重问题					
(88)对他人从来没有亲密感					
(89)感到自己有罪					
(90)感到自己的脑子有毛病					

3. 评分说明

若选 A 计 0 分,选 B 计 1 分,选 C 计 2 分,选 D 计 3 分,选 E 计 4 分。将因子 F1(躯体化)、F2(强迫)、F3(人际关系敏感)、F4(抑郁)、F5(焦虑)、F6(敌意)、F7(恐惧)、F8(妄想)、F9(精神病性)、F10(其他)各自所包含的项目得分分别累计相加,即可得到各个因子的累计得分;将各个因子的累计得分除以其相应的项目数,即得到各个因子的因子分数——*T* 分数。如若躯体化一项合计分为 8,题目数为 8,则因子分为 1。将各个因子分数相加,即可得到总因子分数。若将整个问卷的总项目数减去选 A(即代表“没有”)的答案项,可得到反映症状广度的阳性项目总数。

SCL-90 测验得分换算表,见表 2-3。

表 2-3 SCL-90 测验得分换算表

因子	所属因子的项目编号	累计得分(S)	T 分数 (S/项目数)
F1	1,4,12,27,40,42,48,49,52,53,56,58		
F2	3,9,10,28,38,45,46,51,55,65		
F3	6,21,34,36,37,41,61,69,73		
F4	5,14,15,20,22,26,29,30,31,32,54,71,79		
F5	2,17,23,33,39,57,72,78,80,86		
F6	11,24,63,67,74,81		
F7	13,25,47,50,70,75,82		
F8	8,18,43,68,76,83		
F9	7,16,35,62,77,84,85,87,88,90		
F10	19,44,59,60,64,66,89		
阳性项目总数: (=90-选 A 的答案项)		总累计得分:	总因子分数:

4.结果分析

SCL-90 测验结果的解析可以从许多角度进行。既可以从整个量表(90 个条目)中的阳性症状广度和总因子分数出发,宏观评定被测心理障碍的大体情况,又可以从统计原理出发,对被测试的某一因子得分偏离常模团体均数的程度加以评价。

SCL-90 在国内已有 18~29 岁正常人的测验常模(表 2-4)。该常模给出了各种因子的平均数(X)和标准差(S_D),当达到两个标准差时,即可认为异常。在对大学生进行心理健康测评和心理咨询过程中,比较粗略、简便、直观的判断方法是看因子分数是否超过 2 分(0~4 分制),若超过 2 分,即表明该因子的症状达到中等以上的严重程度。此时,应对受测大学生采取必要的心理治疗措施。

表 2-4 正常人 SCL-90 的因子分布

项目	$X+S_D$	项目	$X+S_D$
躯体化	1.34+0.45	敌意	1.50+0.57
强迫	1.69+0.61	恐惧	1.33+0.47
人际关系敏感	1.76+0.67	妄想	1.52+0.6
抑郁	1.57+0.61	精神病性	1.36+0.47
焦虑	1.42+0.43	其他	27.45+19.32

(二)抑郁的表现、SDS及评分标准

1. 抑郁的表现

抑郁是一种感到无力应付外界压力而产生的消极情绪,并伴有厌恶、痛苦、羞愧、自卑等情绪体验。被抑郁情绪困扰的人常常表现为情绪低落、思维迟缓、郁郁寡欢、丧失兴趣、缺乏活力、不愿社交、干什么都打不起精神、对生活缺乏信心、体验不到快乐、食欲减退、失眠等。从外部观察可见,表情冷漠、倦怠疲乏,性格内向孤僻、多疑过虑,不爱交际,生活中遇到意外打击、长期努力得不到报偿的人容易陷入抑郁状态。长期处于抑郁状态易导致抑郁症。

2. SDS

以下描述列出了有些人可能会有的问题,请您仔细阅读每一条,然后根据最近一个星期内您的实际感觉判断最符合下列哪种描述。

(1)我觉得闷闷不乐,情绪低沉。

a. 很少有　　b. 有时有　　c. 大部分时间有　　d. 绝大部分时间有

(2)我觉得一天之中早晨最好。

a. 很少有　　b. 有时有　　c. 大部分时间有　　d. 绝大部分时间有

(3)我一阵阵地哭出来或者觉得想哭。

a. 很少有　　b. 有时有　　c. 大部分时间有　　d. 绝大部分时间有

(4)我晚上睡眠不好。

a. 很少有　　b. 有时有　　c. 大部分时间有　　d. 绝大部分时间有

(5)我吃的跟平常一样多。

a. 很少有　　b. 有时有　　c. 大部分时间有　　d. 绝大部分时间有

(6)我与异性密切接触时和以往一样感到愉快。

a. 很少有　　b. 有时有　　c. 大部分时间有　　d. 绝大部分时间有

(7)我发觉我的体重在下降。

a. 很少有　　b. 有时有　　c. 大部分时间有　　d. 绝大部分时间有

(8)我有便秘的苦恼。

a. 很少有　　b. 有时有　　c. 大部分时间有　　d. 绝大部分时间有

(9)我的心跳比平时快。

a. 很少有　　b. 有时有　　c. 大部分时间有　　d. 绝大部分时间有

(10)我无缘无故地感到疲乏。

a. 很少有　　b. 有时有　　c. 大部分时间有　　d. 绝大部分时间有

(11)我的头脑跟平常一样清楚。

a. 很少有　　b. 有时有　　c. 大部分时间有　　d. 绝大部分时间有

(12)我觉得做以前经常做的事并没有困难。

a. 很少有　　b. 有时有　　c. 大部分时间有　　d. 绝大部分时间有

(13)我觉得不安而平静不下来。

a. 很少有　　b. 有时有　　c. 大部分时间有　　d. 绝大部分时间有

(14)我对将来抱有希望。

a. 很少有　　b. 有时有　　c. 大部分时间有　　d. 绝大部分时间有

(15)我比平常容易激动。

a.很少有　b.有时有　c.大部分时间有　d.绝大部分时间有

(16)我觉得做出决定是容易的。

a.很少有　b.有时有　c.大部分时间有　d.绝大部分时间有

(17)我觉得自己是个有用的人,有人需要我。

a.很少有　b.有时有　c.大部分时间有　d.绝大部分时间有

(18)我的生活过得很有意思。

a.很少有　b.有时有　c.大部分时间有　d.绝大部分时间有

(19)我认为如果我死了别人会生活得好些。

a.很少有　b.有时有　c.大部分时间有　d.绝大部分时间有

(20)对于平常感兴趣的事我仍然照样感兴趣。

a.很少有　b.有时有　c.大部分时间有　d.绝大部分时间有

3.评分标准

SDS 采用 1~4 制计分,评分时间为过去一星期内。

总分等于各条目得分之和,其中第 2 题、第 5 题、第 6 题、第 11 题、第 12 题、第 14 题、第 16 题、第 17 题、第 18 题和第 20 题为反序记分。

SDS 的评定结果以标准分来定。

把各题的得分相加得到总分,总分乘以 1.25,经四舍五入取整数即得到标准分。

标准分小于 50 分为无抑郁;

标准分大于或等于 50 分且小于 60 分为轻微至轻度抑郁;

标准分大于或等于 60 分且小于 70 分为中度至重度抑郁;

标准分大于或等于 70 分为重度抑郁。

(三)焦虑的表现、SAS 及评分标准

1.焦虑的表现

焦虑是一种负性的情感体验,包括一系列的情绪,轻微的是不安和担心,中度的是害怕和恐慌,重度的是极端恐怖。焦虑还有程度上的差异,如果仅仅是针对某种情境而产生的轻微紧张或担心,那么这种焦虑是正常的;如果某个情境中的焦虑产生泛化或程度过强,则可能是一种异常的心理状态,需要引起重视。

2. SAS

(1)请根据您一星期来的实际感觉在适当的数字上画"√",请不要漏评任何一个项目,也不要在相同的一个项目上重复评定;

(2)SAS 中有部分反向(即从焦虑反向状态)评分的题,请注意在填分、算分、评分时的理解;

(3)本表可用于反映测试者焦虑的主观感受,对心理咨询门诊及精神科门诊或住院精神病人均可使用,但由于焦虑是神经症的共同症状,故 SAS 在各类神经症鉴别中作用不大;

(4)关于焦虑症状的临床分级,除参考 SAS 分值外,主要还应根据临床症状,特别是要害症状(包括与处境不相称的痛苦情绪体验、精神运动性不安、自主神经功能障碍)的程度来划分,SAS 总分值仅能作为一项参考指标而非绝对标准。

SAS 见表 2-5。

表 2-5　SAS

序号	题目	没有或很少时间有（1分）	有时有（2分）	大部分时间有（3分）	绝大部分或全部时间都有（4分）	评分
1	我觉得比平常容易紧张和着急(焦虑)					
2	我无缘无故地感到害怕					
3	我容易心里烦乱或觉得惊恐					
4	我觉得我可能将要发疯					
5	我觉得一切都很好,也不会发生什么不幸					
6	我手脚发抖打战					
7	我因为头痛、颈痛和背痛而苦恼					
8	我感觉容易疲乏					
9	我能心平气和,并且能安静坐着					
10	我觉得心跳很快					
11	我因为一阵阵头晕而苦恼					
12	我晕倒过,或常常觉得要晕倒					
13	我呼气和吸气都觉得很容易					
14	我手脚麻木、刺痛					
15	我因为胃痛和消化不良而苦恼					
16	我小便频繁					
17	我的手脚常常是干燥温暖的					
18	我脸红发热					
19	我容易入睡并且一夜睡得很好					
20	我常做噩梦					

3. 评分标准

SAS 采用 4 级评分,主要评定症状出现的频度,其标准为:“1 分”表示没有或很少时间有;"2 分"表示有时有;"3 分"表示大部分时间有;"4 分"表示绝大部分或全部时间都有。20 个条目中有 15 个是用负性词陈述的,按上述 1~4 分顺序评分;其余 5 个(5,9,13,17,19)是用正性词陈述的,按 4~1 分顺序反向计分。

按照我国常模结果,SAS 标准分的分界值为 50 分,其中 50~59 分为轻度焦虑,60~69 分为中度焦虑,70 分以上为重度焦虑。

第三节　体育锻炼对心理健康的作用

1994 年,国际运动心理学会发表了《身体锻炼与心理效应》的声明,充分肯定了体育锻炼对心理健康的积极作用,即其可以调节情绪,提高认知能力,预防和治疗心理障碍与心理疾病。同时强调,体育锻炼对心理健康的作用是多方面的、明显的,并且已经被科学研究所证实。

一、体育锻炼对心理健康的作用

体育锻炼既是身体运动,又是心理活动和社会活动,不仅有利于身体健康,而且对人的心理健康有积极的促进作用。体育锻炼是生活的调节器,能帮助人们摆脱困惑,提高生活质量。大量科学研究证明,有规律的体育锻炼有助于心理健康。许多专家认为体育锻炼有助于医治某些精神疾病,在许多情况下体育锻炼与心理治疗和抗抑郁药物一样可以治疗情绪失调症。

体育锻炼对心理健康的作用表现在以下几方面。

(一)体育锻炼对大脑和神经系统认知功能有良好的影响

体育锻炼对大脑和神经系统认知功能有着良好的影响,对人体智力的发展和提高也具有促进作用。一方面,经常参加体育锻炼,可以促进大脑的开发,增强神经系统功能。现代医学研究表明,人的右脑信息容量、记忆容量和形象思维能力都远远超过左脑。体育运动可以使右脑得到充分锻炼,提高人的记忆力和抽象思维能力。另一方面,体育锻炼可以使神经系统的兴奋和抑制过程更加集中,对外界刺激的反应更加迅速、准确,还可以提高人的视觉、听觉、感觉、神经传导速度,以及神经系统的平衡性和灵敏性,促进神经系统功能的增强,使锻炼者的注意力、判断力、反应力、思维力、想象力和记忆力得到进一步提高,整体能力进一步加强,同时能够缓解大脑疲劳,使大脑供氧充足,从而使工作和学习效率得到提高。

(二)体育锻炼有助于良好人格的塑造

长时间坚持体育锻炼(一年以上)会对人格起到塑造作用。科学研究表明,青少年长期从事体育锻炼对其人格的形成有一定的影响,更容易使其形成开放、坚定的性格。

(三)体育锻炼有助于坚强意志品质的培养和形成

意志品质是指一个人的果断性、坚韧性、自制能力,以及勇敢顽强和主动独立等品质。意志品质既是在克服困难的过程中表现出来的,又是在克服困难的过程中培养起来的。在体育运动中，要不断地克服客观困难（如气候条件、动作的难度或外部障碍等）和主观困难（如胆怯和畏惧的心理、疲劳和运动损伤等），在战胜自我的前提下，越是努力克服主客观困难，就越能培养良好的意志品质。有的人想运动，但是缺乏毅力，不能克服惰性，不能持之以恒，所以难以取得良好的效果。为此，我们要通过体育锻炼来培养自己的坚强意志品质，增强战胜学习和工作中困难的勇气与信心。

（四）体育锻炼有助于形成和谐的人际关系

体育运动是人际交往的形式之一。参加者以体育活动为纽带，不论职务、层次、文化水平的高低，都平等地在一起从事体育锻炼（交往）。这种交往不带有任何个人目的，当体育运动使他们相聚在运动场上时，彼此之间通过平等、友好、和谐的练习和比赛，会产生亲近感，无须用语言，只需一个手势、一个眼神，就可以直接或间接地沟通信息，交流心声，产生一种默契，尤其是在集体项目中。因此，这个过程有利于每位直接参与者和间接参与者对自己形成一个较为客观的认识，通过体育运动结识更多的朋友，并使每个人都融入集体中，为自己成为集体中的一员而心情舒畅，精神振奋。所以，我们在轻松的体育锻炼中心情会变得更加开朗，身体表象会变得更加完美。体育锻炼可增进交往，克服孤独感，增强社交能力和提高灵活应变能力，对个体适应集体和他人大有裨益。

（五）体育锻炼有助于减轻疲劳，消除心理障碍

疲劳是一种综合性症状，与人的生理和心理因素有关。在激烈的社会竞争和生活压力超出个人承受能力时，人可能产生悲观失望的情绪，在生理和心理上就会产生疲劳感，从而产生忧郁、孤独等心理障碍，对事物产生逆反心理。此时，体育锻炼能够使自身的心理机能、身体素质得到改善，有助于缓解疲劳，产生成就感，增强自信心，摆脱压抑、悲观等消极情绪，消除心理障碍。当今，体育运动已被公认为是一种有效的心理治疗方法。

（六）体育锻炼有助于增强自我意识

一个人具有自我意识，就意味着他能客观地认识自己和评价自己。体育运动大都是集体性、竞争性的，自己能力的高低、修养的好坏、魅力的大小，都会明显地表现出来。体育运动中竞争的胜利可以提高自信心和抱负水平，可以获得同伴和集体的认可，从而可以正确地认识自己的社会价值。大学生还可以在体育运动中发现自己的缺点，展现自己的优点，从而不断地修正自己的认识和行为，对自己的潜能和长处积极发挥，对自己的缺点与不足加以改正与克服。这都有利于自我意识能力的增强，从而更好地规划自己的未来。

（七）体育锻炼有助于情感与情绪的调节和改善

情感与情绪是人对客观现实态度的体验，也是心理健康标准的一个方面。人们不是生活在真空状态中，而是生活在一个飞速发展和变化的错综复杂的社会里。随着生活节奏的加快，工作压力的加大，神经高度紧张的人们经常会出现忧郁等情绪反应。而体育运动不但可以转移不愉快的意识、情绪和行为，使人从烦恼和痛苦中摆脱出来，而且可以使不良情绪得到及时宣泄，进而形成积极的心态和情绪。

体育锻炼与情绪之间的相互影响是当前研究较多的问题之一。已有研究成果证明体育锻炼可以对情绪产生如下良好影响。

1. 一次性体育锻炼后所产生的情绪效应

（1）心境得到改善

心理健康的重要标志之一是拥有一个良好的主导心境。有研究报道，30 min 的跑步可使紧张、困惑、焦虑、抑郁和愤怒等负面情绪得到显著改善，同时可使精力保持充沛。另有研究结果表明，仅一次自行车功率练习就能使大学生的焦虑程度下降。甚至有研究认为，5 min 的步行也有助于提高心境。这些研究都论证了一次性体育锻炼后心境得到改善和提高的观点。

（2）焦虑水平会下降

焦虑是一种对当前或预计的威胁所反映出的恐惧和不安状态。通过一次性体育锻炼可以降低当前的焦虑水平，有关这方面的诸多研究结果也说明了这一点。

（3）体育锻炼中可获得良好的情绪体验

①流畅体验

流畅体验是一种理想的内部体验状态。在这种状态中，从事体育活动的人忘我地投入运动中，充分体验着运动带来的乐趣，生理和心理都处于一种非常协调的状态中，并对运动过程有充分的控制感。

②体育锻炼欣快感

在体育锻炼过程中出现了一种良好的欣快体验，从事跑步这项运动的人通常都有这样的共同体验，这在跑步运动中被称为“跑步者高潮”。从事其他运动的人也出现过这样的情绪体验，它通常是不可预料地出现于运动过程中。

2. 长期体育锻炼所产生的情绪效应

（1）提高自我良好感

自我良好感是一种积极的情绪状态，这种状态的产生是基于对自我认识的结果，是指与积极参加体育锻炼有关的某种兴奋、自信和自尊的情绪及态度体验。有研究表明，自我良好感与体育锻炼有正相关关系，积极参加体育锻炼者比不参加者自我评价积极，其中女子较男子相关程度更高。这一正相关的原因可能是体育锻炼使人产生内心愉悦和乐趣的结果。体育锻炼对自我良好感产生积极影响的原因可能是多方面的，有生理的、心理的和社会的，或者是三者综合作用的结果，其中消极情绪的减少和积极情绪的增加是自我良好感提高的重要原因之一。

（2）对焦虑、抑郁等消极情绪的调节和治疗作用

焦虑和抑郁是普通人遇到的两种最常见的情绪困扰。研究人员开展了一项研究内容为应激减少效应的实验。实验设应激免疫训练组和一个控制组（步行-慢跑组）。实验内容是让步行-慢跑组和应激免疫训练组每周参加一次 90 min 的有监控的训练，同时每周还进行两次自己的特殊技能训练，如此持续 10 周。结果发现：两个实验组的紧张状态焦虑和特质焦虑都显著下降，而且效果在实验结束后的 3 个月内也保持较好。1984 年，海顿等的研究表明，有规律的体育锻炼者比不体育锻炼者较少出现焦虑紧张和烦闷抑郁情绪。另外一项研究对 1960—1989 年进行的 104 项有关体育锻炼焦虑的控制作用进行了分析，结果表明，运动活动量必须长于 20 min，才能有效地降低焦虑；渐进性放松练习同体育锻炼一样可以有效地降低状态焦虑（波动的、暂时的焦虑状态）；体育锻炼比渐进性放松能更有效地降

低特质焦虑(长期的、稳定的焦虑倾向);无氧练习不能降低焦虑;长期的和一次性的有氧练习均可有效地降低状态焦虑;体育锻炼必须坚持10周以上,才可能有效地降低特质焦虑。

提示:如果希望改善整体的情绪状况,最好采用有氧练习。

有氧练习可缓解焦虑、抑郁情绪。有氧练习对长期性的轻微到中度的焦虑症和抑郁症有一定的治疗作用。体育锻炼者参加锻炼前的焦虑、抑郁程度越高,受益于体育锻炼的程度就越大;体育锻炼后,即使心血管功能没有提高,焦虑、抑郁程度也可能下降。慢跑、步行等中低强度的有氧运动,对治疗抑郁症和抗抑郁效果十分明显,能减轻症状,增强自信心。因为抑郁是以压抑为主导的消极情绪状态,而运动是以兴奋和充满活力为特点的积极情绪状态,因此抑郁者参与体育锻炼显然能产生积极的效应。体育运动还可以为郁积的各种消极情绪提供一个发泄的机会,避免心理障碍的产生。

从已有的研究来看,体育锻炼对焦虑和抑郁的调节治疗作用基本是可以确定的。一项调查显示,在美国1 750名心理医生中,有60%的医生认为应将体育运动作为一种治疗手段,即宣泄疗法来治疗焦虑症,80%的医生认为体育运动是治疗抑郁症的有效手段之一。尽管目前对一些心理疾病的病因以及体育运动有助于减缓和消除心理疾病的机制尚不完全清楚,但体育锻炼作为一种心理治疗手段在国外已得到广泛应用。

(3)体育锻炼能产生丰富的情绪体验,改善情绪状态

情绪是由客观事物与人们需要的关系所决定的。体育运动本身蕴藏着对人的各种刺激,如竞争、冒险、克服困难、把握机会、追求不确定结果、体验成功与挫折等,这些都会相应地引起人们的各种情绪体验,这是体育运动本身的特点所决定的,也是体育运动的魅力所在。

体育锻炼对情绪状态的改善常用于检查体育运动对心理健康的影响。体育锻炼对人的情绪状态具有短期效应和长期效应,短期效应产生于运动过程中和运动结束后,能给锻炼者带来舒适和流畅的感觉——“体育锻炼的快感”。在这种状态下,人们能忘我地投入到运动中,并产生来自运动过程本身的直接兴趣。

体育锻炼对情绪产生一定的影响,同样情绪也会对体育锻炼产生一定的影响,二者的作用是相互的。如果带着某种消极的情绪去从事体育运动,运动中发生意外伤害事件的可能性就会增加,因此要在体育锻炼时做好情绪调整和状态唤醒,从而保证体育锻炼的顺利进行,使我们的生活多一些欢乐,少一些忧愁。

体验练习1:

(1)名称:跑步对情绪的调节作用。

(2)目标:体验跑步等有氧练习对情绪的影响。

(3)设计:①跑步之前,在室内先对着镜子观察自己的神态,用心体验自己的情绪状态,是积极的、平静的,还是消极的,仔细体验自己情绪状态的不同程度和类别。②到运动场上,以自己感觉适宜的速度跑步20 min,调整休息后再次对着镜子对自己进行情绪状态的体验,观察运动前后情绪状态的变化。

(4)心理学原理:运动使身体和生理活动发生了一些变化,如血液循环速度加快,身体肌细胞和大脑细胞得到更多的氧气,改变了大脑皮层的兴奋状态和兴奋区域,对情绪也产生了相应的影响。

(5)场地与服装:适宜的场地、运动服装等。

(6)规则或要求(含安全要求):速度要适宜,可以是慢跑,也可以以自己感觉舒适的速度跑步。

(7)讨论与分析:除了跑步以外,其他一些持续20 min以上的有氧练习都会有调节情绪的作用,如健身操、中等速度的步行、骑自行车、游泳、登山等。只要坚持10周以上,就能更深地体验到情绪状态的改变。

3. 体育锻炼通过提高自信、自尊水平使个体的自我概念显著增强

自我概念是个体认识自己和定义自己的方式,客观合理的自我概念是保证个体与社会相适应的重要内部认识。自尊是通过自我评价所引起的情绪情感反应,高自尊的人会相信自己的力量和价值,拥有更积极的人生观念;低自尊常常会伴随着心理问题与不适,如抑郁、焦虑、恐惧等。体育锻炼可以改善身体形象,提高自尊水平,这无论是从对性别的还是对年龄的研究来看,结果都是一致的。体育锻炼可以增加自我效能感,从而提高锻炼者的自信心。

体验练习2:

(1)名称:形体或力量练习对自信、自尊的影响。

(2)目标:通过一定时间的练习,体验形体或力量对自信、自尊的影响。

(3)设计:①选择好器材、锻炼时间及锻炼方法,每天进行一定时间和强度的锻炼活动,锻炼后观察自己想要锻炼部位发生的变化,坚持10周以上。②当感觉到锻炼已经达到一定的效果后,请同伴或同学等来评价自己的锻炼效果。③在生活中注意这种锻炼带给自己的益处,如比以前更有力气、扣球更有威力等。

(4)心理学原理:形体的改变和力量的增加能够提高整体自尊水平。

(5)场地与器材:适宜的场地,质量适宜的哑铃或相类似的锻炼器械。

(6)规则或要求(含安全要求):选择有针对性的锻炼方法和动作,锻炼有一定的时间和强度。

(7)讨论与分析:自尊和自信受到了形体改变或力量增长的影响,同时受到了周围人对自己评价提高的影响,也受到这种锻炼给自己的生活带来一些益处的影响,使自己做事情更有效率和活力。自尊和自信不仅来自自我认识的提高,也来自别人给予的社会评价。

(八)体育锻炼有助于个体个性的发展

个性是指个人在其生理和心理素质的基础上,在一定社会环境条件下,通过实践锻炼和陶冶,逐步形成的观念、态度、习惯和行为。它是一个人相对稳定的心理特征的总和,包括性格、能力、气质、兴趣、爱好、经验和行动等。

体育锻炼能培养良好的个性,具体表现在自觉性、果断性、自制力和坚韧性等方面。其特点是:能够虚心听取别人的意见和建议,能够坚持真理;遇到困难、挫折、失败的时候,不逃避、不灰心丧气,能积极奋斗,争取胜利;在突遇紧急情况的时候能够保持清醒的头脑,当机立断做出自己的决定。一个人的个性正是在不断变化的复杂环境中逐渐形成的。

体育锻炼对个体的个性形成具有调整功能和约束作用。体育的自我意识感、群体约束感和主动积极感,激励着参与者的责任感;以约定俗成的道德规范着自己的行为,驱动着自己竭尽体力、技术和全部能力实现奋斗的目标。

二、促进心理健康的体育锻炼的建议

(1)多进行有氧锻炼。长时间有规律的有氧锻炼对心理健康具有重要作用,长期有规律的运动对心理健康的影响更加有效和持久,包括慢跑、游泳、有氧体操、健美训练、瑜伽、骑自行车、太极拳等运动。

(2)锻炼负荷强度:中等或低度的,锻炼时间每次持续 30 min 以上,锻炼频率每周 2~4 次。

(3)参与一些竞争性不强、以健身娱乐交往为主的体育锻炼活动,如集体舞、健身操、太极拳、广播体操 、户外运动等自控性的身体活动。

(4)面临具体事件时短时间内的焦虑或紧张,可以采用有节奏的腹式呼吸活动,或深呼吸活动进行缓解,学会利用呼吸进行放松;或进行中等强度运动(大约每天消耗 150 卡①的热量或每周消耗 1 000 卡的热量)。

促进心理健康的体育锻炼建议表,见表 2-6。

表 2-6 促进心理健康的体育锻炼建议表

锻炼项目及时间	锻炼项目及时间
打网球 45~60 min	15 min 内骑自行车 6.4 km
打橄榄球 30~45 min	跳绳 15 min
35 min 内步行 2.8 km	15 min 内跑步 2.4 km
打篮球(投篮)30 min	上楼梯 15 min
30 min 内骑自行车 8 km	铲雪 15 min
快速跳舞 30 min	园艺工作 30~45 min
水中有氧健身 30 min	擦玻璃或地板 45~60 min
拍打式游泳 20 min	洗衣服和给汽车打蜡 45~60 min

第四节 大学生心理健康与自我调整

世界卫生组织认为,影响人们心理健康水平的重要因素有三方面:变化、贫困和老化。当今 2/3 的疾病与人们的生活方式有关。在综合医院中,2/3 的疾病也与社会心理因素相关。大学生作为一个特殊的社会群体,有自己所面对的特定的环境和问题,如对新的学习环境与任务的适应问题、对专业的选择与学习的适应问题、理想与现实的冲突问题、人际关系的处理问题、学习与恋爱的矛盾问题以及对未来职业的选择问题,等等。如何使大学生避免或消除上述种种压力而造成的心理问题,以积极的、正常的心理状态去适应当前和发展的社会环境,预防精神疾患和心身疾病的发生,成为各高校共同关注的问题。

① 1 卡=4.186 J。

一、大学生常见心理问题

心理问题是指一定时期内出现的认识、情绪、社会适应等方面的困扰，其伴随着一定程度的心理和行为变化，虽没有显著的躯体疾病症状，但这种变化影响着个人的生活状态。绝大多数人都会有产生心理问题的经历，但是多数人能够通过自我认识和社会支持而得以消除，如无法自行调适或任由其发展，心理问题就会变得较为严重，进而产生心理障碍，甚至是心理疾病。

实际上各种类型的心理问题，除了少部分是由于生理上的原因外，多数是由于对面临的现实和社会中的问题不能正确地认识与掌控而产生的压力所引起，压力与心理健康早已成为心理学界的研究热点。调查显示，30%～40%的学生存在不同程度的心理问题，其中10%以上的学生存在严重的心理问题。

大学生的心理健康问题可以按照不同的标准进行分类，如果按照产生的原因来分可以有以下几种。

（一）学业类问题

学习动机不强、学习目标不明确、学习能力障碍、学习成绩不良、学习压力大、考试焦虑等。

（二）适应问题

自我认知失调、以自我为中心、不能够客观看待自己和他人，环境适应能力低、无法适应大学的生活环境和社会环境。

（三）人际关系问题

人际关系不适、社交能力不良、个体性格内向、缺少朋友，无法处理与同学之间、师生之间的关系等。

（四）恋爱问题

异性交往困难、失恋、多角恋等。

（五）就业压力

毕业阶段面临着职业选择，事关人生事业的发展，面对严峻的就业竞争压力，产生长时间的焦虑、紧张、抑郁等情绪。

（六）网络成瘾

现代通信科技给大学生的生活方式带来了重要变化，网络已经成为大学生生活中的重要组成部分。网络提供了全方位的资源，大学生利用它可进行学习、人际交往、娱乐等各种活动。对于大学生而言，若使用不当则会对网络产生依赖的心理，进而使网络成瘾的概率大大提高。

(七)家庭类问题

父母关系紧张或离异、单亲家庭、亲人离世、经济困难等。

二、常见的情绪障碍

情绪障碍是由于种种压力因素而产生抑郁、焦虑、悲观、无助感等心理体验,按心理方面出现的症状来分可以分为自卑、焦虑、抑郁和强迫症等。

(一)自卑

自卑是人的一种不良自我意识,是一种自己轻视自己,认为自己不如别人而产生的惭愧、羞怯、畏缩甚至心灰意冷的复杂情感。自卑感强的学生,往往看不到自己的长处和优势,处处觉得低人一等,无所作为,悲观失望,甚至对稍加努力即可完成的任务也自叹无能而轻易放弃。

(二)焦虑

焦虑是指内心因感受压力、冲突与矛盾而紧张,致使心情不能放松、不能平衡的一种非健康心理状态,通常表现为压抑、烦躁、不满、易怒、冲动、非理性等情绪或言行。焦虑是人类自身产生的一种保护性反应 ,是每个人都经历过的一种情绪,也时常是破坏我们身心健康的因素。随着社会的进步与物质文明的发展,现代人会遇到越来越多的问题和挑战,焦虑产生的概率也越来越大。

(三)抑郁

高校大学生因学习、生活、就业等压力的增大,以及失恋、心理失衡等原因,抑郁症的发病率明显上升,抑郁症已成为高校大学生心理健康方面的主要疾病。抑郁症可由各种原因引起,以显著而持久的心境低落为主要临床特征,且心境低落与其处境不相称,严重者可出现自杀念头和行为。一般来说,轻度的抑郁可以随着生活的变化或自我调节自行消失,但是如果长时间处于抑郁状态,就要引起警惕,必要时应寻求帮助或治疗。

(四)强迫症

患者主观上感到某种不可抗拒和被迫无奈的观念、情绪、意向或行为存在,由于被一种强迫思维所困扰导致其在生活中反复出现强迫观念及强迫行为,个体自知力完好,知道这样是没有必要的,甚至很痛苦,却无法摆脱。比如出门后总在担心房门是否忘记锁了、煤气是不是没关好,甚至会因此回家检查;或者不停地洗手等。一般来说,这种强迫现象程度轻微、持续时间短,如果不引起焦虑等情绪障碍的话,就是一种正常的表现;但是如果长时间发生并因此严重影响了个人的正常生活,就会发展为强迫症。

这种症状大多由强烈而持久的精神因素及情绪体验诱发而来,与患者以往的遗传因素、个性特点、不良事件、应激因素、生活经历、精神创伤或幼年时期的遭遇等有一定的联系,尤其与个性特点紧密相关,比如过分追求完美、犹豫不决、谨小慎微、固执等。

三、心理问题产生的原因

(一)客观方面

与中学时期比,大学时期的学习、生活、人际关系都发生了很大变化。大学生活与中学生活的巨大差异成为产生心理问题的重要因素。

1. 学习方面发生了变化

与中学时期相比,大学时期学习的任务、内容、方法均发生了变化,变得更加繁重、丰富、复杂等,由此对大学生的学习能力和学习的自我管理能力提出了更严峻的挑战。

中学学的是简单的基础知识,大学的学习内容多为精深的专业知识;中学要求完成基础知识的解题即可,大学要求专业理论学习与社会实践相结合。在大学,学习任务繁重,每学期有多门课程要学习,对学习能力也提出新的要求,高中阶段的学习方式需要根据大学的学习内容进行积极调整。因此,大学生要有较强的自学能力,能独立地思考和解决问题。在此过程中,大一新生如果不能快速适应大学学习生活,就会产生由学习引发的心理问题。

2. 生活方面发生了变化

与中学时期相比,大学时期的生活环境发生了变化。从自然环境到社会环境的变化,对大学生身心的适应能力提出了更高的要求。

进入大学后,班集体成为主要生活环境,宿舍成了主要的生活区,日常生活全要自理,这对那些平时习惯于依靠父母的人来说,确实是个难题。这种变化给他们带来了一定的精神压力。

3. 人际关系发生了变化

与中学时期相比,大学时期的人际交往范围扩大了,人际关系变得更为复杂,由此对大学生的人际交往能力提出了更高的要求。

中学时期居住得比较集中,从小学到中学,都有一些附近的同学、朋友和伙伴,师生之间非常熟悉。相似的语言、习俗,构成自己熟悉的生活环境。跨进大学后,周围的人来自全国各地,语言、习俗各不相同。面对新的同学和老师,对年龄仅有十八九岁的新生来说,要迅速建立良好的人际关系是较为困难的,需要更好的人际交往能力才能适应这种变化。

(二)主观方面

1. 自我意识的快速发展变化

大学阶段自我意识显著提高,对个人身心活动的认识逐渐清晰,包括对自己的自我观察、自我评价、自我情绪体验、自我控制等,但是一些学生的自我意识发展较慢,不能够正确而清楚地认识和看待自己与他人,产生认知偏差,从而无法适应大学的多元化的人际交往。

2. 人格发展处于完善阶段

人格特征使某一类的人更容易产生心理健康问题,内向型人格学生更容易产生人际交往困难、抑郁等问题。

3. 情绪智力(情商)管理能力需要进一步发展完善

情绪智力被定义为感知和表达情绪(比如理解他人的观点见解)、理解情绪(比如理解情感在友谊和婚姻中所扮演的角色),以及调节情绪(比如能控制一个人的愤怒)的能力。其包括以下几个方面:形成情绪认知能力,包括将感觉从行为中分离出来的能力;管理情绪,能控制愤怒和焦虑,了解别人的情绪,比如能接受别人的观点,或者能敏感地感受到别人情感的变化;处理关系,比如能够有效地处理人际关系方面的问题。

四、心理状态的测试方法

(一)自我评估压力测试

完成下面的压力评估，计算你的分数，确定你的压力水平，根据评估结果对你的压力水平做一个简短的介绍。

在每一个适合你的答案上画圈。

根据下面的指导进行选择。

很少：几乎从不。

有时：每周一次或两次。

经常：每周四次或更多。

自我评估压力测试表，见表2-7。

表2-7　自我评估压力测试表

题号	题目	很少(1分)	有时(3分)	经常(5分)
1	体验过大压力的一个或更多症状，如紧张或颈部、肩部痛，头疼			
2	由于其他必须完成的任务期限快到了，因此无法集中精力做正在做的事情			
3	排队或交通堵塞时易怒			
4	为了放松或消除紧张而吃东西、饮酒或吸烟			
5	在夜间或周末担忧工作进入了最后期限			
6	夜里醒来想第二天必须做的事情			
7	对事情进展缓慢感到不耐烦			
8	觉得自己没有时间完成需要完成的事情			
9	因为事情没有如你预期的那样而感到沮丧			
10	容易发脾气			
11	半夜醒来很难再入睡			
12	开车超速			
13	在别人说话的时候打断人家或替人家说			
14	忘记预约、丢东西，或忘记东西放在哪里了			
15	承担太多责任			

评分：总分低于35分，表明压力小；总分为35~42分，表明压力中等；总分为43~50分，表明压力大；总分高于50分，表明压力非常大。

(二)情商测试

情商测试表，见表2-8。

表 2-8　情商测试表

题号	题目	最不符合（1分）	不太符合（2分）	介于之间（3分）	比较符合（4分）	最符合（5分）
1	我善于识别自己的情绪					
2	我善于理解自己产生各种感觉的原因					
3	我善于将自己的感受从行为中分离出来					
4	我善于承受挫折					
5	我善于控制自己的脾气					
6	我对自己的感觉是积极的					
7	我很善于应对压力					
8	我的情绪不会影响我集中精力达到目标的能力					
9	我有很好的自控能力且不易冲动					
10	我善于接受他人的观点					
11	我能理解和感觉到他人的感受					
12	我很善于倾听别人的讲话					
13	我很善于分析和理解人际关系					
14	我很善于解决人际关系中的难题					
15	我在人际关系方面是有主见的（不是被动地被操控的或者是带有挑衅性的）					
16	我有一个或多个亲密朋友					
17	我很善于分享和合作					

评分：总分为 75~85 分，表明情商高；总分为 65~74 分，表明情商较高；总分为 45~64 分，表明情商中等；总分低于 45 分，表明情商低。

（三）自我评估——我快乐吗？

指导语：

（1）列出 10 项你喜欢做的有意思的活动；

（2）列出你在过去的一个星期和一个月中做了几项活动；

（3）写出你是一个人还是与同伴一起做的这项（些）活动；

（4）写出这件事是否花不到 5 元钱就可以做成；

（5）写出这项（些）活动是否具有某种程度的心理（选一门高级课程，阅读一本难懂的书）、社会（见新人、加入一个新群体）、身体（攀岩、爬山）难度。

自我评估表，见表 2-9。

表 2-9　自我评估表

序号	活动	过去一个星期的活动次数	过去一个月的活动次数	一个人还是与同伴一起做	是否花5元钱以下	心理、社会、身体难度
1						
2						
3						
4						
5						
6						
7						
9						
10						

评估说明：

1. 活动

如果你列不出 10 项你愿意做的有意思的活动，就需要问自己，你是怎样过你的生活和利用你的时间的？需试着给你的生活增加一些乐趣。

2. 过去一个星期或一个月的活动次数

研究表明，每星期做有意思的活动少于 7 次、每个月做有意思的活动少于 30 次则与较高水平的心理问题有关。

3. 一个人还是与同伴一起做

寻求平衡，你既需要独自也需要与他人一起做有意思的活动。

4. 是否花 5 元钱以下

在你的快乐清单上便宜或免费的活动越多，就说明你越容易随时享受快乐。

5. 心理、社会、身体难度

在你的快乐清单上增加一两项有难度的活动，做有难度的活动会使你心情愉快。

五、常用的心理自我调适方法

（一）改变认知，去除不合理信念

人的情感与行为主要由其认知过程所决定，不合理信念引起错误的判断、推论，将导致病态的情感和行为。目前，临床已初步形成共识，心理问题或心理障碍的产生或多或少都包含认知的偏差和扭曲。因此，建立目标让思维变得更加理性，以积极的角度看待问题，认清事情的正反两方面，同时运用理性思维和积极的自我对话来缓解压力与减少心理困扰，是自我调适的一种方法。

我们可以采用理性情绪行为疗法，即 ABCDE 技术来缓解压力：

A（事件）：引起压力反应的主要刺激；

B(信念):系统对 A 的非理性想法(伴随着具体的消极自我对话);

C(结果):由 B 引起的消极身体、精神行为后果;

D(辩论):对 B 以更理性和更合理的信念与自我对话代替过程;

E(评估):辩论过程对 C 的效果,D 是否减少了 C?

(二)培养兴趣爱好,进行更多的休闲活动

音乐、书法、体育锻炼、社团活动都有助于身心健康,有助于缓解压力和减少心理困扰。因此,发展更多的兴趣爱好,积极加入各种社团或参加体育锻炼,通过更好地享受生活来缓解压力和减少心理困扰,也是自我调适的一种方法。

(三)扩大人际交往、结交朋友,建立牢固的亲情和友谊

主动和亲朋好友交流谈心,获取心理上的社会支持。亲情和友谊是维持正常心理健康的必要内容,在心理问题产生时,通常会在无形中从亲人、朋友身上得到社会支持。因此,建立多样化的社会关系,同样是一种心理健康的自我调适方法。

(四)学会自我管理的一些策略

当自己感到被困住并且无法做任何事情时,可尝试用森田原则进行自我调适。

写下用于分析自己情绪的不合理的自我对话,用更合理的自我对话代替不合理的信念,告诉自己"感觉有挫折、不适、愤怒,甚至痛苦是正常的"。

做些建设性的事情:打扫房间、做 50 个俯卧撑、给很长时间没有通信的人写信。做完这些事情后,告诉自己"我的情绪不一定要控制我的行为,即使感到受挫、生气、难过或者痛苦,我也能做事情"。

(五)主动学习心理健康知识

各高校都会开设有关心理健康教育知识的课程,这些课程都会有针对性地讲授心理健康知识,开展辅导或咨询活动,帮助大学生树立心理健康意识,优化心理品质,增强心理调适能力和社会生活的适应能力,预防和缓解心理问题。大学生应处理好环境适应、自我管理、学习生活、人际交往、交友恋爱、求职择业、人格发展和情绪调节等方面的困惑;积极参与到心理健康课程的学习中,学会必要的心理学知识和心理问题的调整技巧,在学习过程中结交专业的心理老师,结交更多的新同学、新朋友。学习心理学知识有助于大学生寻找合适的方式和办法来处理自己面对的学业、恋爱、冲突、就业等方面的心理困扰。

(六)转移注意力

转移注意力是一个较好的短期的心理调整方法,这种转移可以把精神和思想转移到其他事情上,暂时忘掉当前的心理困扰。如听音乐,参加活动,结伴旅游,找朋友聊天、看电影或演出等,这些方法对暂时性的、轻度的心理问题具有一定的调节作用。

如听音乐,心情低沉时可选择轻松活泼的,焦虑时可选择轻柔舒缓的,抑郁时可选择节奏欢快的。

（七）呼吸调整法

呼吸调整是短时间内调整情绪非常有效的一种方法，深而稳定的呼吸对于平和心态、消除暂时的紧张和焦虑有显著作用，可以转移注意力，降低大脑兴奋水平，减弱交感神经活动，使心率、血压、乳酸含量下降，短时间内有利于消除焦虑和紧张情绪。

（1）取一个舒适的位置，坐或躺下来，闭上眼睛，全身放松，调整呼吸。

（2）开始慢慢地呼吸，每次呼气与吸气的时候数数，从 1 数到 3，以维持慢而有规律的呼吸模式。

（3）伸展四肢与呼吸相结合，可以获得更大的放松，并减少焦虑。例如，吸气的时候，手臂向上伸，呼气的时候，手臂向下放。

（4）进行这种锻炼 5~15 min。

（八）参加愉快的活动和运用幽默

当遇到棘手的情况或创伤事件时，压抑就会影响与人的交流，此时参加愉快的活动和运用幽默，能够使人缓解压抑的情绪，积极应对压力。

以上所介绍的一些心理调适方法，具有较为广泛而深入的实用效果，并已经被运动心理学家们所证实，这些方法的掌握对于心理健康具有重要的作用。当面临轻度的心理问题时，人们可以自行选择方法去缓解，从而摆脱困境，恢复正常的生活。以上方法在运用时，可以有针对性地选择，但是研究结果证明，多种策略的组合应用更加有效。

【思考题】

1. 结合自身体验谈谈什么是心理健康？
2. 心理问题产生的原因有哪些？
3. 体育运动是如何改善心理状态的？
4. 利用书中的自评工具，测一测自己的心理健康状态。

第三章　体育锻炼的原则与方法

第一节　体育锻炼的基本原则与方法

一、体育锻炼与健康关系的基本原理

体育锻炼是指人们根据需要自我选择，运用各种体育手段，并结合自然力和卫生措施，以发展身体、增进健康、增强体质、调节精神、丰富文化生活和支配余暇时间为目的的体育活动。积极参加体育锻炼有助于身体健康，可以提高身体素质和基本活动能力，并能防治疾病。然而，体育锻炼与健康的关系是辨证的。科学的体育锻炼能提高人体健康水平；违背客观规律的体育锻炼不但不能获得良好的锻炼效果，甚至有害健康。体育锻炼与身体健康的关系本质上是一个适应过程，如图 3-1 所示。

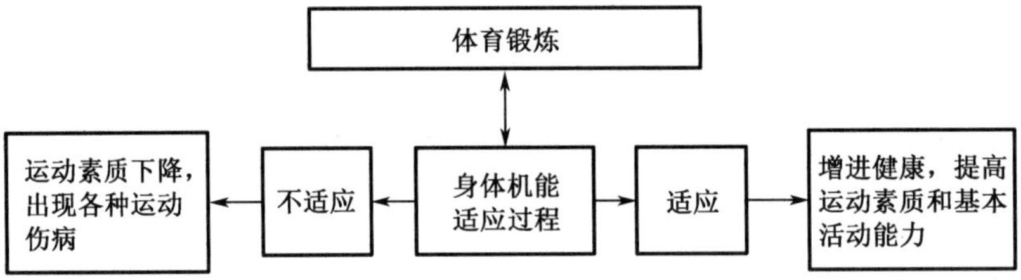

图 3-1　体育锻炼与身体健康的关系

从生物学角度来说，体育锻炼与身体健康关系的理论基础主要有两个，即超量恢复（超代偿）学说与应激学说。

（一）超量恢复学说

"超量恢复"最初是指解释运动训练效果的生物学机制。将运动负荷刺激下肌糖原的"下降—恢复—超量恢复"过程扩展到解释整个人体机能能力的增长。此后，"超量恢复"迅速成为"运动训练生物学基础"的一个重要组成部分，并被延伸为"超量负荷"训练原则和体育锻炼原理的依据。超量恢复学说认为，机体在负荷的刺激下，其能量储备、物质代谢以及神经调节系统的机能水平出现下降（疲劳），在负荷后这些机能能力不仅可以恢复到负荷前的初始水平，而且能够在短期内超过初始水平，达到"超量恢复"的效果。如果在"超量恢复"阶段适时给予新的负荷刺激，"负荷—疲劳—恢复—超量恢复"的过程则可以不断地在更高的水平层次上周而复始地进行，由此使机体的能力得到不断提高。恢复过程大致可分为以下三个阶段。

1. 运动时的恢复阶段

运动时人体的能量消耗过程（分解过程）占优势，恢复过程（合成过程）也在进行，只是

由于身体运动时间长、强度大，消耗能量物质较多，身体各器官系统发挥最大的机能能力参与恢复（再合成），也满足不了消耗的需要，造成消耗多于恢复，体内的能量物质不断减少，身体活动机能下降。

2. 运动后的恢复阶段

身体运动停止后能量物质的消耗过程减弱，恢复过程明显占优势，这时各种能源物质和各器官系统的机能能力逐渐恢复到原来（运动前）的水平。

3. 超量恢复阶段

人体在运动后的恢复过程中，体内被消耗的能量物质（三磷酸腺苷、蛋白质、糖和无机盐等）不仅能恢复到运动前的水平，而且在一段时间内可出现超过原有水平的现象称为超量恢复。超量恢复的生理机制十分复杂，在生理学上主要是因刺激与反应的关系而形成的，在一定的生理范围内，高强度运动造成能量短缺，从而引起相应的反射性能量补偿，同时身体其他器官的机能状态也是如此。超量恢复是客观存在的规律，人体在进行运动、训练和比赛过程中，如何正确运用和掌握这个规律是体育学科研究的热点。

（二）应激学说

20 世纪 30 年代，被誉为适应理论之父的塞利（H. Selye）提出了应激学说。该学说将人体的“应激反应”视为一个过程，并且将其分为报警、抵抗和疲惫三个阶段。报警阶段是机体对刺激的一种生理唤醒和动员期，抵抗阶段是机体对刺激的防御和忍耐期，疲惫阶段是机体对刺激抵抗力的丧失期。一些器官或功能可以通过蛋白质结构的改变而发生局部性的适应。这一点对运动训练尤其重要，通过专门有针对性的训练可以优先发展某一器官或系统的机能。从运动训练的角度来看，塞利的适应理论为运动训练构建了一个宏观的生物学基础，即人体在对外在环境的自然适应过程中，运动训练以其各种不同的方式形成了多种不同的“应激源”，训练负荷就是外界对机体的一种刺激，而“适应”则是机体对训练负荷的“代偿性”变化，这种变化具有大小、快慢和优劣的特性，它的走向在很大程度上决定了运动能力的发展水平。

应激学说将运动后机体的恢复分为两阶段五个层面（表 3-1）。在运动后几分钟到几小时的快速恢复阶段，机体一些主要功能指标，如心率、血压、乳酸含量等，首先快速恢复到训练前的安静水平，之后机体内的环境平衡也恢复到运动前的状态，运动中大量消耗的能量物质，如糖原等，也在该阶段开始补充甚至出现超量恢复。在延迟恢复阶段，运动能力和机能将得到重建。也就是说，对于一些能量物质或机体能力来说，超量恢复贯穿快速恢复和延迟恢复两个阶段。

表 3-1　运动后机体的恢复

快速恢复阶段	延迟恢复阶段
功能正常化	运动能力将得到重建
内稳态平衡正常化	机能将得到重建
能量物质的补充以及超量恢复	—

超量恢复学说和应激学说是从不同方面探讨了体育锻炼与身体适应的关系。其中超量恢复学说更注重整体水平；而应激学说更多的是从系统水平的调节入手，但最后必然在

整体水平上,从体育锻炼提高健康水平和运动能力的视角与超量恢复学说融合。

二、体育锻炼的基本原则

对于参加体育锻炼的大学生来说,要想达到增强体质、增进健康的目的,必须科学地进行体育锻炼,必须遵循人体生理变化及运动技能形成的规律,这就需要了解和掌握体育锻炼的基本原则。体育锻炼的基本原则是体育锻炼过程中客观规律的反映,是人们成功经验的总结和概括,是人们参加体育锻炼所必须遵循的准则。它包括适量性原则、经常性原则、渐进性原则、全面性原则和个性化原则。

(一)适量性原则

适量性原则是指体育锻炼要有适宜的运动负荷才能达到锻炼的最佳效果。所谓运动负荷,又称生理负荷,是指人做练习时所承受的生理负荷。运动负荷包括运动量和运动强度两个方面。体育锻炼如果没有一定的运动负荷,就不能引起身体的适度反应,就不能获得超量补偿,也就达不到锻炼的目的;反之,如果运动不当或运动强度和运动量过大,就容易发生运动损伤和运动性疾病。

(二)经常性原则

经常性原则是指必须坚持经常体育锻炼,使之成为日常生活方式的重要内容。经常参加体育活动,锻炼的效果才明显、持久,所以体育锻炼要经常化。虽然短时间的锻炼也能对身体机能产生一定的影响,但一旦停止锻炼,这种良好的影响会很快消失。所以要想保持旺盛的体力和精力,就必须坚持经常参加体育锻炼。只有经常参加体育锻炼,安排适合自己兴趣、爱好的运动项目,科学地制订健身计划,并能连续、系统地实施,才能持续有效地增强体质、增进健康。

(三)渐进性原则

渐进性原则是指在安排体育锻炼内容、难度、时间及负荷等方面要根据人体发展规律和超量负荷原理,有计划、有步骤地逐步提高要求。根据体育锻炼与健康关系的基本原理,体育锻炼对增强体质、增进健康的作用是循序渐进、逐步提高的。人体在不断适应、不断调整的过程中,体质逐步增强,从而可提高身心健康水平。渐进性原则要求运动量要从小到大,技术要由易到难,以使机体有一个从“不适应—适应—不适应—再适应”逐步变化的过程。

(四)全面性原则

全面性原则是指通过体育锻炼使身体形态、机能、身体素质和心理素质等都得到全面而和谐的发展。人体是一个统一的整体,各器官系统的机能是相互影响、相互制约的。因此,身体任何局部机能的提高,必然可以促进机体其他部位机能的改善。不同的锻炼内容和方法在促进身体机能方面有不同的作用,同时也有一定的局限性。所以,必须以多样化的锻炼内容和方法来使身体得到全面、协调的发展。不同形式的运动对人体的作用不同。器械训练是一种很好的力量锻炼,能使肌肉结实有力,但对心血管、呼吸系统机能的影响不如耐力跑;耐力跑可以改善或提高心血管功能,却对力量素质的提高不如器械训练。因此,锻炼应包括多种运动,应克服单一项目或单一形式的局限性。

(五)个性化原则

个性化原则是指锻炼者从个人和外界环境条件的实际出发,注重个体差异,在确定锻炼目的、选择运动项目、安排运动负荷时,因人而异,区别对待。由于受生活环境、生活习惯和生活地域等因素的影响,运动量、运动时间、运动项目对不同的个体产生的作用会有差别。锻炼时必须根据个人的身体素质、以往运动的经历、运动习惯来决定最适宜的运动项目,并制订符合自身特点的锻炼计划。

三、体育锻炼的注意事项

(一)选择最佳运动时间

从运动医学的角度而言,清晨并不是锻炼身体的最佳时间,特别是那些患呼吸道疾病、高血压、冠心病的人更需十分注意,原因包括两个方面。一是清晨的空气中氧气相对较少,二氧化碳浓度较高,如果选择这一时间锻炼则效果较差;大中城市里,清晨大气的活动相对静止,各种废气(生活用气、工业用气)不易消散,是一天中空气污染较严重的时段。二是从人体的生理变化规律来看,人经过一夜的睡眠,体内水分随着呼吸道、皮肤和便溺等丢失,机体处于相对的失水状态。由于循环血量减少,血液黏滞度增加,轻者会影响全身血液循环的速度,不能满足机体在运动时对肌肉组织的供血供氧,因而运动时容易出现心率加快、心慌气短、体温升高现象;严重时,特别是在身体有疾病的情况下,突然由静止状态转为激烈运动状态容易诱发血栓及心肌梗死。

就一般生理因素而言,傍晚是一天之中运动的最佳时间。一是由于人体血小板含量在傍晚时会规律性地降低,这便减少了血液循环不畅和心脏病发生的风险。二是傍晚时分,人体对运动的反应最好,吸氧量最大;心脏跳动和血压调节最平衡;嗅觉、触觉和视觉最敏感。当然,运动是个性化的活动,掺杂了人的生理、心理、习惯等多方面的因素,而这些都会对身体活动的效果产生影响,因此,最重要的是形成锻炼习惯。只要能根据自己的心理和作息规律,选择一天中固定的时间进行运动,并养成锻炼的习惯,持之以恒,都会对身体有益。如果条件允许,养成在傍晚锻炼的习惯将是最佳选择。

(二)选择适宜运动着装

在从事体育锻炼时,为了便于活动,使动作做得轻松自如,需要穿着适宜的运动服装与鞋袜等。很多人并不在意运动时穿什么,这是不科学的,不适宜的服装、鞋袜等容易导致运动损伤。体育锻炼时要穿着宽松、有弹性的衣服,以动作不受束缚为佳。在健身中心锻炼身体时,穿着合体的健身服会使运动更加灵活自如。衣服和袜子一定要选取透气性能好、能吸汗的。运动时要穿一双合脚的运动鞋。不同运动项目应选择不同的专业运动鞋,跑步时穿慢跑鞋,打篮球时穿篮球鞋,踢足球时穿足球鞋等。这些鞋子都是充分考虑到运动时身体的特殊需要而特别设计的,符合人体工程学的原理,可最大限度地起到保护身体的作用,减少运动损伤的发生。

(三)充分做好准备活动

无论体育锻炼的强度是高是低,都需要做好充分的准备活动(包括热身、肌肉和关节拉伸)。准备活动的目的是:提高代谢水平,使体温上升;提高循环、呼吸等内脏器官的机能水平以及促进参与运动的有关中枢间的协调,使大脑皮层兴奋性处于适宜水平。运动前进行热身,这是因为运动是一种身体反射活动,身体的各种反射活动要协调地组合起来,必须有一定时间的“磨合”才能实现。运动前进行一些与正式运动的动作、节奏、强度相近的练习,就是为了将许多运动的动作联系接通,使许多反射活动逐渐协调起来,使肌肉活动更快地协调工作,更快地进入状态,从而提高运动效果。

(四)注意运动后的拉伸运动

不少人对运动后的整理活动都掉以轻心,如跑累后就迫不及待地坐下来。然而,人体在激烈运动之后尽管强烈的肌肉收缩已经停止,但内脏器官系统的活动仍处在较高的水平上。如果立即静下休息,如静坐、静卧,心脏还会继续很快地把血液送到四肢,而四肢活动已经停止,不能很快地把血液送回心脏,这样就容易出现头晕、呕吐甚至休克等反常生理现象。这样做不但难以消除疲劳,而且还会造成机体损伤。而运动后的拉伸活动有助于加速代谢产物的排放,及时放松肌肉,尽快消除疲劳,促进体力恢复,还可以减少运动后的肌肉酸痛。研究表明,活动性休息比静止性休息对机体的恢复要有利得多。

(五)选择适宜的运动项目

选择运动项目是由多方面因素决定的,包括个人的兴趣爱好、锻炼的目的、生活习惯、经济条件、身体素质等。其中锻炼者的锻炼目的是主要因素之一。锻炼的目的一般包括提高健康水平、减少慢性疾病、减肥、塑身、健美、提高某种技能或提高某种素质等。运动项目的选择成功与否,主要看所选择的运动项目是否有助于实现个人的锻炼目标,并且能否长期坚持下去。

任何运动均可在一定程度上塑造人体形态和增强机能,只是不同的运动对心肺耐力、肌肉力量及耐力、关节柔韧度、体重、体脂的影响和作用有别。表 3-2 列出了常见的运动项目对人体质、体能的影响,分数越高,表明影响越大。步行、慢跑、游泳、骑自行车、篮球、足球、网球、乒乓球等,对心肺功能和心血管系统以及神经系统都有很好的锻炼效果;俯卧撑、健身房的器械练习,对身体的肌肉和骨骼有很好的作用;瑜伽、体操等以肢体伸展为主的运动,对关节、韧带的柔韧性有较大的作用。

表 3-2　常见的运动项目对人体质、体能的影响

运动项目	心肺耐力	肌肉力量与耐力	关节柔韧度、灵活性、协调程度	体重、体脂
步行	3 分	2 分	1 分	2 分
羽毛球	4 分	3 分	4 分	4 分
篮球	4 分	4 分	4 分	4 分
健身	1 分	4 分	2 分	2 分

表 3-2(续)

运动项目	心肺耐力	肌肉力量与耐力	关节柔韧度、灵活性、协调程度	体重、体脂
保龄球	1 分	1 分	1 分	1 分
骑自行车	4 分	3 分	2 分	3 分
高尔夫球	1 分	1 分	2 分	2 分
慢跑	4 分	3 分	2 分	4 分
足球	4 分	4 分	4 分	4 分
游泳	4 分	4 分	3 分	3 分
乒乓球	3 分	3 分	3 分	2 分
网球	3 分	3 分	3 分	3 分
排球	3 分	3 分	3 分	3 分

第二节　冬季体育锻炼的原则与方法

我国北方冬季寒冷而且漫长，冰雪资源极为丰富。然而，冬季也是感冒、气管炎、过敏性鼻炎及心脑血管疾病易发的季节。因此，在冬季时选择合适的运动项目，进行科学的体育锻炼对增强体质、增进健康是十分必要且重要的。

一、一般冬季运动项目

（一）冬季长跑

长跑是冬季较好的锻炼项目之一，技术非常简单，有着良好的群众基础，适宜任何人群。它不需要专门的场地和器械设备，可因人、因地、因时制宜地选择地点、路线、跑的速度和距离，青年学生长跑的距离一般以 2 000~3 000 m 为宜。

（二）有氧操

有氧操是一种充满活力的体育锻炼方法，起源于 20 世纪 80 年代，以其特有的魅力及良好的健身价值受到青年人的青睐。有氧操锻炼可以使体重得到有效控制，而良好的体能和健美的身材使人增强自信，练习中体验到的轻松和快乐还能减少精神上的烦恼与痛苦，使情绪得到改善。

二、冰上运动项目

在冬季，我国北方绝大多数高校都开设冰上课，学生以学习速滑技术为主。为迎合时代的发展，少数条件成熟的学校还开设了滑雪课，受到了广大学生的欢迎，同时也丰富了冬季体育锻炼的内容。

滑冰是冬季的主要锻炼项目，它是在人工浇灌或天然水域冻结的冰面上，开展比速度、比耐力、比表演技巧或比球艺的冰上运动。它包括速度滑冰、花样滑冰和冰球运动。速度滑冰又分为标准场地速度滑冰和短跑道速度滑冰两种。花样滑冰分单人花样滑冰、双人花样滑冰和冰上舞蹈三种。

三、雪上运动项目

滑雪是一项既浪漫又刺激的体育运动,它起源于北欧的挪威。早在几千年前,当人们的生产条件还很落后的时候,人类为了在恶劣的自然环境中生存,发明了可以代替行走的滑雪板,它的应用使得人们可以在浩瀚的森林中任意驰骋追寻猎物。

随着时代的发展,滑雪的实用价值已逐渐降低,但由于它更贴近自然、贴近生活,因而被人们广泛接受,演变成了现代的竞技运动和旅游项目。

滑雪运动不同于其他的场馆运动,它远离喧闹的都市,完全投入到大自然中。在惊险刺激的运动之余体会山野的纯净与壮观。随着我国经济的不断发展,我们的生活也在不断地增添新的内容,现在越来越多的人已经开始关注这项运动了。

(一)当代竞技滑雪项目分类

当代竞技滑雪项目分为高山滑雪、越野滑雪、跳台滑雪、北欧两项滑雪、自由式滑雪、单板滑雪和冬季两项滑雪。每个大项目又包括诸多小项目,总计四十余小项。

(二)适合大众参与的项目

适合大众参与的项目有很多,如高山滑雪、单板滑雪、越野滑雪等,其中以高山滑雪中的回转、大回转和单板滑雪中的大回转为主体,另有单板滑雪U形场地项目、自由式滑雪中的雪上技巧等项目。

跳台滑雪、自由式滑雪空中技巧等项目,由于特定的条件限制,普通滑雪者可望而不可即。至于特殊滑雪中的危险项目,如探险滑雪,大众滑雪者请止步。一般初学者应根据自身的身体素质、年龄、滑雪基础、场地条件、可投入的时间等因素,选取滑雪入门的最优方案。因滑雪运动是在滑动中操纵技术,初学者不易控制重心,容易形成错误动作,故应从入门的第一天起,就在专业技术人员的指导下,在姿势、要领、动作方面做到"三正确",从练习基本动作起步,扎实掌握基本功。

四、冬季体育锻炼的注意事项

(一)保护皮肤

我国北方冬季寒冷,皮肤经常受冷空气的刺激,皮下血管处于收缩状态,皮脂分泌减少,皮肤在这种气候条件下水分散失得很多,因此显得干燥。皮肤如果保护得不好甚至会裂口,所以对暴露在外面的皮肤要涂些油脂,既可以保护皮肤的润泽度,又起到一定的隔凉保温作用。滑雪时的冷风对皮肤的刺激和雪面上强烈紫外线对皮肤的灼伤是构成皮肤伤害的主要原因。为防止水分的散失和紫外线对皮肤的灼伤,可选用一些油性的、有阻止水分散失功能的护肤品,然后再将防紫外线效果较好的、具有抗水性的防晒霜涂在皮肤上。防晒霜只能在短时间内有效,所以应每隔一段时间(一般2 h)就在暴露皮肤上涂一次,切不可因为阴天不涂防晒霜，因为阴天时紫外线依然很强烈。如果滑行中感觉冷风对脸部的刺激太厉害，可选择只露出双眼的头套，再加全封闭型滑雪镜，可将面部完全罩住，其能有效阻止冷风对面部的侵袭。

（二）防治冻伤

冻伤是指人长时间处于低温环境中发生的局部或全身性伤害事故。冻伤与气候因素、全身因素和局部因素有关。气候因素包括气温、风力和湿度；全身因素包括疲劳、饥饿、缺少睡眠、疾病、营养不良等；局部因素包括鞋袜过紧或潮湿、久站、不注意手脚和耳等外露的末梢部位的保暖。人体产生冻伤主要发生在手部、脚部、耳朵等，所以应选用保温效果较好的羊绒制品或化纤制品对上述部位进行保温。发现有人发生大范围冻伤，要尽快使其脱离寒冷环境，进行全身保暖，及时补充热饮。对受冻的部位要用温水迅速复温，方法是把冻伤的肢体置于37~40 ℃的温水内约20 min。如果没有温水，应立即把冻伤的肢体放在健康人的腋下或大腿间，以健康人的体温来复温。绝对不可用雪擦、冷水浸泡或火烤。对于冻僵者，特别要注意心区的保暖，尽快将其送往医院救治。

（三）运动前充分做好准备活动

充分的准备活动对冬季体育锻炼至关重要。由于冬季室外环境温度低，人的肌肉和韧带的弹性、伸展性及关节的灵活性都较差，肌肉的黏滞性较大，而做准备活动可使体温升高，参加活动的肌肉得到充分伸展，肌肉韧带的弹性增强，肌肉的黏滞性降低，关节活动的幅度增加等，这有助于防止锻炼时肌肉、关节和韧带的损伤。同时，准备活动还可以提高神经中枢的兴奋性，增强内分泌活动，克服内脏器官的惰性，加快血液循环和新陈代谢，使身体各器官机能更好地满足体育锻炼时的需要。

（四）冬季运动时要注意呼吸方法

在冬季进行体育锻炼，主要用鼻子呼吸，不要张大嘴巴呼吸。因为鼻黏膜的血管丰富，腔道弯曲，对吸入的冷空气有加温和湿润的作用，可以避免冷空气直接刺激咽喉而引起呼吸道感染、喉痛和咳嗽等。如运动量大，只用鼻子呼吸不能满足供氧时，那就需借助于口来帮助呼吸。一般情况下，口张开，上齿轻触下唇，舌微舔上腭，让冷空气经牙缝进入，在经舌头阻挡吸进，就不会严重刺激呼吸道。

（五）冬季运动与感冒

引起感冒的原因是病毒和细菌的侵入，它们是一些肉眼看不见的微生物。人的鼻腔和咽喉里都潜伏有这类病菌，只是由于健康人有足够的抵抗力而不被征服而已。然而，当身体抵抗力减弱时，病菌就会乘机侵袭。况且，有些人的器官已长时间被病菌所侵袭，如患有慢性鼻炎、副鼻窦炎、扁桃体炎、支气管炎者，其抵抗力更低。另外，过度疲劳或不注意生活卫生也是导致感冒的原因。

寒冷季节感冒人数增多的原因主要是外界的冷空气引起鼻、咽黏膜血管缺血使其抵抗力减弱，从而形成细菌和病毒易于繁殖、散布的环境。先是上呼吸道黏膜发生炎症，接着患有支气管炎，进而引起发烧、咳嗽等症状，因此，预防感冒的关键在于增强人体的抵抗力和对寒冷环境的适应能力。同时，每次锻炼结束之后，要把汗及时擦干并换上干衣服，以防止感冒。

第三节 体育锻炼效果的自我监督

在体育锻炼过程中，锻炼者准确掌握身体对运动负荷的生理学反应，及时调整运动负荷是科学锻炼的关键环节之一。锻炼的运动量和强度不足，达不到锻炼效果；运动量和强度过大，又容易造成过度疲劳和运动伤病。如何对体育锻炼的效果进行评定，是关系到能否科学锻炼、能否提高健康水平的重要问题。当人们对体育锻炼的效果进行自我评价时，应理解体育锻炼适量性原则，走出“运动量越大越好”的误区。所谓“运动是把双刃剑”是指运动适量，可改善人体各器官系统的功能，增进健康；运动量和强度过大，疲劳积累，可造成机体多种器官组织结构和功能的损害，并导致各种运动性伤病的发生，严重时甚至会出现运动猝死。因此，人们在体育锻炼中应牢记并坚持适量性原则，明确符合适量运动的反应和表现，以及运动负荷过大的反应和表现，学会根据反应和表现控制运动负荷。

一、主观感觉

（一）一般感觉

一般感觉是人体功能的反应，尤其是中枢神经系统功能状况的反应。身体健康的人总是精力充沛、活泼愉快，但在患病或运动量不适宜时，就会感到精神萎靡不振、软弱无力、倦怠或容易激动等。在锻炼后的学习和工作中，若精力充沛、活泼愉快，则为良好反应；若精神萎靡不振、软弱无力、倦怠或容易激动，则为不良反应。若精神状况一般，但又未出现上述不良反应，则可以保持运动量，经过适应期后，良好反应就会产生。

（二）运动心情

运动心情与精神状况是密切相关的。一个心情愉快、乐意参加运动的人，若出现对运动不感兴趣，表现出冷淡或厌倦，则可能是机体产生了疲劳或运动量不适宜等原因造成的。这种现象出现之后，应到医院进行身体检查，搞清楚是否患了什么疾病或调整锻炼的次数、时间和运动量，以缓解这种不良反应，直至过渡到正常的运动心理状态。

（三）不良感觉

体育锻炼初期或刚开始从事一个新的运动项目，由于机体的不适应，多数锻炼者都有肌肉酸痛、四肢无力等不良感觉，这是正常的生理现象，经过适当的休息或一段时间的适应后，这些现象就会很快消失，人体机能水平也就得到提高。如果在运动中或运动后出现了头痛、头晕、恶心、气喘、胸痛或其他部位的疼痛，就要正确判断它的产生原因。如果是对运动量的不适反应则需要改变运动量，如果是因身体健康状况产生的反应，那就需要在医生的指导下进行康复。

（四）睡眠

经常参加体育锻炼的人的睡眠应该是良好的，表现为入睡快、睡得熟、少梦或无梦、醒后头脑清晰、精神抖擞、精力充沛。如果出现失眠、屡醒、多梦、嗜睡、身体盗虚汗、次日清晨精神不振,则为对运动量的一种不适反应,应及时调整。

(五)食欲

经常参加体育锻炼的人,由于能量消耗较多,一般食欲都较好。若体育锻炼后,出现食欲减退、容易口渴等现象,则可能与运动量过大或健康状况不良有关。应及时查明原因,采用相应的方法来改善这种不良的现象。

(六)排汗量

排汗是人体内水分蒸发散热的一种方式。人体排汗量的多少常与运动量、身体机能水平、饮水量、气温、空气温度、风速及衣着有关。在其他因素相同的情况下,若近来出现大量排汗,甚至发生夜间盗汗等反常现象,则可能是由近期运动量过大或身体功能状态不良、健康状况下降导致的。但一般人们对排汗量的多少重视不够,容易忽视它对体育锻炼效果监督的作用,这一点需要引起注意。

通过上述主观感觉判断,当体育锻炼的量和强度适度时,机体会有如下表现:锻炼中感觉心胸舒畅、出汗较多、体温恒定、有轻度疲劳,但无心慌、气喘、头晕等现象;锻炼后食欲良好,睡眠质量提高,次日晨起精神饱满、脉搏稳定、血压正常、体重稳定。锻炼后如有轻度的肌肉酸痛等情况,也属于正常现象。

而如果体育锻炼的量和强度过大,身体就会出现如下反应和表现:运动中感觉非常疲劳,反应速度减慢、面部潮红、大量出汗、心慌、气短、头晕、肌肉反应明显,或伴有其他器官的疼痛,活动时身体不协调、体温升高、极度口渴等;运动后,恢复时间延长(运动结束后5~10 min,脉搏恢复不到安静时的水平),睡眠质量下降,如入睡困难、多梦、易醒或嗜睡,次日晨起精神状态不佳,脉搏比平时增加,肌肉酸痛明显。

二、客观指标

(一)脉搏

脉搏是体表可触摸到的动脉搏动(即可监测的心率)。脉搏频率一般与身体的生理负荷量成正比,负荷量越大,脉搏频率越快。通过测量锻炼前后的脉搏来掌握运动量大小,是比较科学的。脉搏是反映人体健康状况的可靠生理指标之一,它不仅用于疾病中的观察,而且也是体育锻炼监督和评定的常用指标。正常人的动脉脉搏的搏动与心率是一致的,为测量方便,常用脉搏频率来代表心率。正常成人脉搏跳动 75 次/min 左右,生理变化范围在60~100 次/min。一般认为体育锻炼时脉搏频率在 130 次/min 以下为小运动量;130~160 次/min 为中运动量;160 次/min 以上为大运动量。在运动中监测运动量是十分必要的。

1. 如何测定自己的心率

在运动中,心率很难测定,如果要测量自己运动中的心率,一般以运动停止后的即刻心率来表示:测量运动后最初 10 s 内的脉搏数,再乘以 6,就计算出 1 min 的心率,这就是运动中的心率数。可在桡动脉或颈动脉处测得,一般测 10 s 内的脉搏数,再乘以 6。由于是运动后测量脉搏,此时心率恢复很快,所以运动医学专家建议在测得的心率上再加上 10%,如停止运动时测出 10 s 内的脉搏数为 20 次,乘以 6 是 120 次,再加上 12,则运动后即刻心率就是 132 次/min。因此,必须客观正确地测定运动前、运动后即刻以及晨醒时的心率。

2. 如何计算自己的靶心率

国内外运动医学专家认为，适度的运动心率在运动医学上称为“靶心率”，也就是指能获得最佳效果并能确保安全的运动心率。靶心率一般是最大心率的60%~85%，而最大心率为220减去运动者的年龄。

在监测心率时，常用清晨卧位脉搏来评定身体功能状况。清晨卧位脉搏若逐渐下降或不变，即说明功能反应良好，运动量适宜；若每分钟增加12次以上，说明机体反应不良，可能与睡眠不好或患病等情况有关，必须分析原因及时处理。在排除其他原因后，清晨卧位脉搏经常保持较快的水平，则可能与体育锻炼运动量过大有关，要注意调节运动量，使晨脉恢复到正常水平。

现将20岁、30岁、40岁、50岁、60岁各整数年龄的运动量（高、中、低）与每分钟的心跳数列表（表3-3），运动中可以参照表3-3进行自我监测。最佳的运动量是中等的，不妨以中运动量的心率监测自己的锻炼情况。

表3-3　运动量与心率对照表

年龄/岁	最高心率/(次·min^{-1})	高运动量心率/(次·min^{-1})	中运动量心率/(次·min^{-1})	低运动量心率/(次·min^{-1})
20	200	160	140	120
30	190	152	133	114
40	180	144	126	108
50	170	136	119	102
60	160	128	112	96

（二）血压

在安静状态时，我国健康成年人的收缩压为100~135 mmHg（1 mmHg=0. 133 kPa），舒张压为60~80 mmHg，安静时正常的血压变动在100 mmHg以内。如果血压明显升高，并伴有肺活量降低，体重持续减轻，说明运动负荷可能安排不当，要引起注意（高血压病人除外）。

（三）体重

经常参加体育锻炼可使体重发生变化，变化一般分三个阶段：第一阶段的体重有逐渐下降的趋势，这是由于机体失去过多的水分和脂肪的结果。这个阶段一般持续3~4周。进入第二阶段，体重较稳定。在此期间，运动后减轻的体重得到完全恢复，大概持续5~6周以上。之后进入第三阶段，通过不断的锻炼，肌肉等组织逐渐发达，体重可能有所增加，并保持在一定的水平上。

在自我监督中，每周可测量1~2次体重，每次测量的时间要一致。如果体重基本保持不变或上下略有波动，表明机体对锻炼是适应的。如果出现体重持续性下降并伴有其他异常反应，可能是运动量不适宜的反应或患有其他消耗性疾病，应查明原因并及时处理。

【思考题】

1. 体育锻炼的原则是什么？
2. 结合自身实际，制订体育锻炼计划。
3. 冬季体育锻炼的注意事项有哪些？
4. 结合自身实际，谈谈如何控制运动强度。

第四章 体育运动损伤与防治

第一节 运动损伤概述

一、运动损伤的概念

运动损伤的概念有广义与狭义之分。广义的运动损伤是指在体育运动过程中发生的各种伤病，而狭义的运动损伤是指运动特殊技术或训练造成的特殊伤病。

就广义的运动损伤而言，如跑步锻炼时踩到坑而导致足踝扭伤，跑步时被动物咬伤。广义的运动损伤提醒我们，在体育运动过程中有许多风险，可能会发生各种意外，应该做好内部与外部的风险管理，以降低运动损伤发生的概率。

就狭义的运动损伤而言，只有像打篮球扭伤脚、踢足球被人踢伤腿、跳水运动员视网膜脱落等这些跟运动项目技术有关的伤病才算是运动损伤，而我们也常常称这些伤为“技术伤”。狭义的运动损伤提醒我们，各个运动项目都有其特定的高风险损伤，在体育锻炼与比赛时都应该针对这些特定的风险进行防护。

在理解了广义与狭义的运动损伤后，应重点考虑预防运动项目技术风险和参与者自身与环境可能存在的风险。

二、轻度损伤的应急处置方法

从体育锻炼轻度损伤的康复过程看，治疗急性轻度损伤的黄金时间是损伤发生后的48 h之内。当发生软组织伤害时，如扭伤、肌肉拉伤、撕裂、血管破裂等，伤口会迅速肿胀，因此应采取措施控制过度出血，降低损伤。早期处理对损伤愈后非常重要，可防止二次损伤并有效缩短伤口愈合时间。而PRICE（P：保护，R：限制活动，I：冰敷，C：加压包扎，E：抬高受伤部位）原则是公认的急性运动损伤标准处理方法，可在损伤发生后立即施用。按照PRICE原则正确处理伤口可以避免损伤扩大，帮助患处止痛、消肿和尽早康复。

（一）保护

运动损伤发生时，应立即停止活动，必要时使用夹板、护具、绷带等保护和固定受伤的部位，维持伤情稳定，限制超常范围的活动，避免受伤部位二次受伤或负重，同时应寻求帮助，以适当的搬运法将患者转移到安全地带。

（二）休息

要求伤者停止受伤部位的运动，以避免因继续出血肿胀而加重伤害。

（三）冰敷

受伤之后的 48 h 内为“急性期”。在急性期，应对受伤部位进行冰敷，并严禁推拿、按摩与热敷。冰敷可以减少出血，减轻疼痛与肿胀，放松肌肉。冰敷一般使用冰袋。冰敷时，直接将冰袋置于没有伤口的患处，维持 15～20 min，每隔 2～3 h 进行一次。冰敷时皮肤的感觉会从冷过渡到疼痛，随后出现灼热直至麻木，麻木时就可以移开冰袋了。没有冰袋时，也可用毛巾包裹其他冰冻物代替冰袋，也可用冰块（雪块）直接接触皮肤，在患处摩擦。冰敷时要注意：冰过敏、雷诺氏症等特殊疾病不可冰敷，还要避开尺神经、腓神经等表浅神经，以免其冻伤；冰敷时间不可过长，且须待皮肤温度恢复后才能进行下一次冰敷。

（四）加压

加压可以帮助患处减小肿胀，并通过对四肢施压增大组织压力而减少内出血，同时可减缓伤口发炎并减少组织液渗出。可以用弹性绷带、护具包扎受伤部位，如足、踝、膝、大腿等部位，抑制发炎与出血。最简单的压迫方法是使用弹性绷带做包扎压迫，对于足踝等不平整的部位应该先加上垫片，包扎的过程中伤者可能会有疼痛感。弹性绷带使用过程中无须刻意施加张力，一般只需要轻轻缠绕就可以产生足够的压力。缠绕固定完需检查远端的肢体，看看是否因为缠绕过紧而变色，按压四肢末端检查血液是否在 2 s 内回填。如果肢体末端变色或血液回填不良，表示缠绕过紧需要重新加压缠绕。加压可与冰敷同时进行，将冰袋用绷带包裹在伤处，但须注意时间的限制，避免冻伤。

（五）抬高

抬高受伤部位以减少继续出血。受伤的部位若在上肢，可抬高患侧使其高于心脏，若在下肢则最好高于骨盆的位置。在受伤后的 48 h 内将受伤部位抬高，持续时间越长越佳，特别是下肢损伤可在睡眠时将脚垫高。

在受伤后一到两天内利用 PRICE 原则进行处理，扭伤和拉伤等损伤即可逐渐恢复。如果 48 h 后疼痛或肿胀依旧存在，则须根据伤情严重程度去医院检查。PRICE 原则亦适用于旧伤或慢性损伤的康复。

第二节　运动损伤的急救与处理

一、急救

急救是对意外或突然发生的伤病事故，进行紧急的、临时性的处理。其目的是保护患者的生命安全，避免再度受伤，减轻痛苦，预防并发症，并为患者的转运和进一步治疗创造条件。因此，无论何种急性损伤，做好现场急救都具有十分重要的意义。急救的原则是要抓住主要矛盾，首先，救命在先。若发生休克，必须优先抢救休克；若有出血先止血，再处理伤口。其次，急救必须分秒必争，力求迅速、准确、有效，做到快救、快送医院处理。

常见的急、重症运动损伤有出血、骨折、关节脱位、休克及心跳呼吸停止等，这些种类的损伤多病情急、伤势重，如果急救和治疗不及时可能会导致生命危险，因此一定要进行急救处理。初步的急救处理,应根据运动损伤的种类、部位及场地条件进行。

二、出血的急救与处理

健康成年人血液总量为4 000~5 000 mL,平均血液分配量为 75 mL/kg(65~85 mL/kg)。若出血量达血液总量的20%左右,即可出现急性贫血症状;若出血量达血液总量的30%,即可出现休克症状,甚至危及生命。所以,对有出血的伤员,必须立即进行止血处理。常见的止血方法如下。

(一)冷敷止血法

冷敷止血法多用于急性闭合性软组织损伤早期,有止血、止痛、防肿的作用,其也可与加压包扎和抬高伤肢止血法同时应用。冷敷有收缩血管、减少充血、降低温度等作用。可用冷水或冰袋敷于损伤部位。

(二)抬高伤肢止血法

小静脉或毛细血管出血时,可使伤肢高于心脏15°~20°,使出血部位压力降低。抬高伤肢止血法常在绷带加压包扎后使用,是一种辅助方法。

(三)包扎止血法

包扎止血法适用于小静脉和毛细血管出血的止血。此法用消毒敷料覆盖创口后用绷带加压包扎。

(四)加垫屈肢止血法

远端肢体出血时,如无骨折和关节损伤,可将棉垫或绷带卷放在肘、膝、腋关节窝或腹股沟上,屈曲后用绷带或三角巾做“8”字形包扎。

(五)直接指压止血法

直接指压止血法为最有效、最简单的止血方法,即用手指腹直接压在伤口的出血点上,但不易持久。此法易感染,因此除非万不得已,否则不得采用。为避免感染,可用消毒的敷料做衬垫。

(六)间接指压止血法

动脉出血时,在动脉近心端,用手指把身体浅部的动脉压在相应的骨面上,用于临时阻断动脉出血。

(七)止血带止血法

止血带止血法适用于大动脉出血。用特殊的止血带或软布带、橡皮管、三角巾、扎带、手绢等代用品绑扎在伤口的近心端,对动脉的压力应不小于200 mmHg。

(八)充填止血法

充填止血法多适用于躯干的大伤口或不能用止血带的部位,运动损伤中很少使用,主要是用消毒纱布垫充填伤口压迫止血。

三、运动中休克的急救与处理

（一）运动中休克的急救

休克是指人体遭受体内外各种强烈刺激后所发生的严重全身性综合征。发生休克后应积极抢救。运动损伤造成的休克，一般是失血性休克和损伤性休克，均属于低血容量性休克。引起休克的原因虽不同，但都存在有效循环血量不足、微循环障碍和不同程度的体液代谢改变。因此，休克的治疗原则是尽早找到引起休克的原因，尽快恢复有效循环血量，纠正微循环障碍，增进心脏功能和恢复人体的正常代谢。

（二）运动中休克的处理

运动中发生休克，应立即启动紧急医疗系统，同时应快速正确地将伤者搬运至安全地带，使其保持平卧位，保持呼吸道通畅，并使周围保持安静；头和躯干抬高 20°～30°，下肢抬高 15°～20°，以增加回心血量和减轻呼吸负担；保暖，但不加温。针对引发休克的原因，如骨折、头颈部严重创伤、脊髓损伤等，应给予相应的止血、止痛、安抚等处理，意识清醒者可口服补液，如有心脏停搏则应立即进行心肺复苏。

（三）心肺复苏术

心肺复苏术是针对呼吸、心跳停止所采用的抢救措施，即以人工呼吸方法代替病员的自主呼吸，以心脏按压形成暂时的人工血液循环，并诱发心脏的自主搏动。

在运动医学实践中，轻、中度损伤发病率较高，出现心跳呼吸停止的情况较少，因此，心肺复苏的应用较少。但在体育运动中，却很难避免严重事故导致心跳呼吸停止的发生。因此，体育锻炼参加者和教练应掌握一些心肺复苏知识。人工呼吸和胸外心脏按压是心肺复苏初期的主要措施。

心肺复苏术操作程序包括判断、启动紧急医疗系统和心肺复苏。心肺复苏有三个关键环节，即头后仰抬颌（A）、人工呼吸（B）、胸外心脏按压（C），被称为“复苏三部曲”，并为大多数国家推广应用，收到了显著效果。最新的心肺复苏指南将传统的“A—B—C”改为“C—A—B”。在双人抢救时，“C—A—B”的优势更突出，在第一抢救者进行胸外心脏按压的同时，第二抢救者施行开放气道。图 4-1 是心肺复苏的操作流程。

1. 胸外心脏按压

该方法简便、易行、有效，为抢救心跳停止的首选措施，具体操作如下。

（1）患者的体位

为了实施胸外心脏按压，判断复苏效果，患者必须仰卧在坚固的平（地）面上。如果患者面部朝下，应把患者整体翻转，即头、肩、躯干同时转动，避免躯干扭曲，头、颈部应与躯干始终保持在同一个轴面上。伤员双上肢放置在身体两侧，下肢自然分开。

（2）急救者的位置

急救者应位于患者一侧或两人分别位于患者两侧，便于急救时人工呼吸和胸外心脏按压的操作。

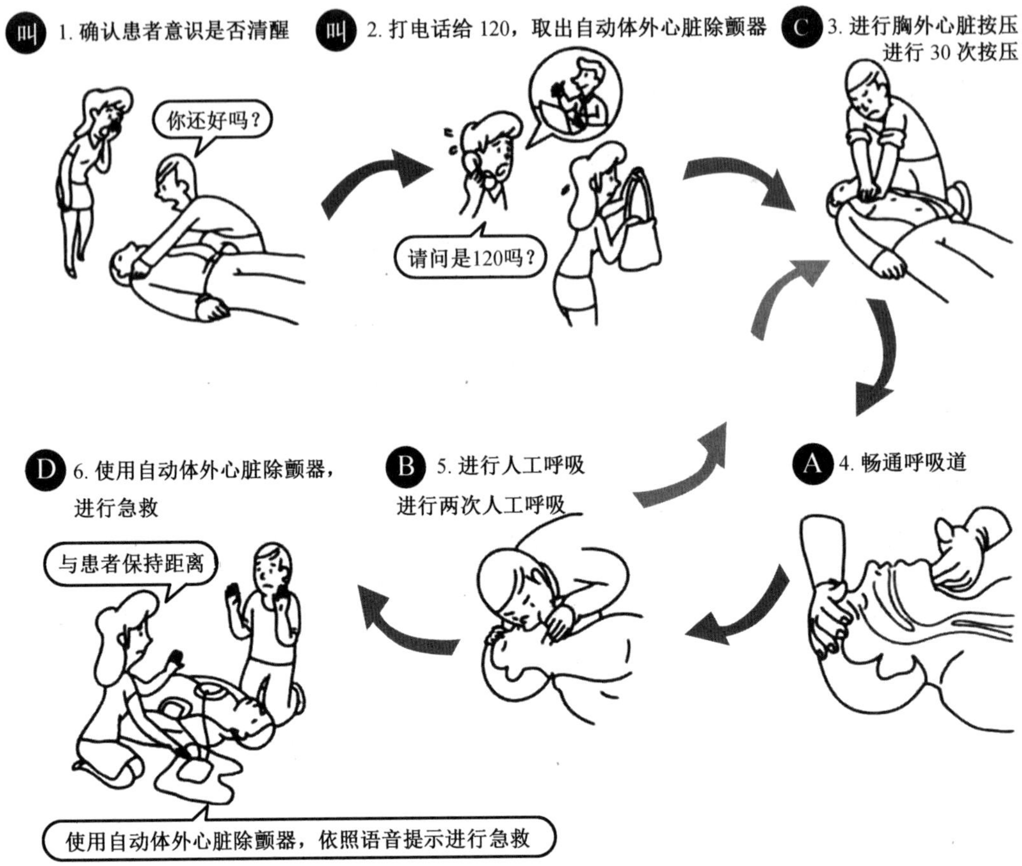

图 4-1 心肺复苏的操作流程

(3)技术要求

①按压部位为两乳连线中点，胸骨中下 1/3 交界处。将一只手的掌根放在患者胸部的中央，另一只手的掌根放在第一只手上，掌根长轴与胸骨长轴保持一致，保证手掌全力压在胸骨上，可避免发生肋骨骨折。按压过程中手掌不要离开胸壁。

②有效按压方法。肘关节伸直，上肢呈一直线，掌根重叠交叉，垂直用力；成人的胸壁下陷幅度不少于 5 cm；每次按压后放松，使胸骨恢复到按压前的位置，放松时双手不要离开胸壁；双手位置保持固定，减少直接对胸骨的冲击力，以免发生骨折；按压频率成人 60~80 次/min，儿童用单手掌根挤压 80~100 次/min。

2. 人工呼吸

呼吸停止后应立即进行人工呼吸。口对口人工呼吸方法最简便有效。成人口对口呼吸频率为 16~18 次/min。施用人工呼吸时必须迅速检查并清除口腔内异物、黏液及呕吐物等，并松开裤带、衣领扣等，以保持呼吸道通畅。

(1)畅通气道

如患者口腔有异物，先把头偏向一侧，用手指清除口腔内异物，然后扶正头部，压额头抬下颌，开放气道，确保人工呼吸有效。

(2)技术要求

人工呼吸时，要确保气道通畅。吹气时，捏住伤员的鼻孔，防止漏气，急救者用口唇把伤员的口全罩住，呈密封状，持续吹气 1 s，保证有足够量的气体进入并使胸廓有明显抬高，以见到胸部起伏为标准。成人口对口呼吸频率为 16～18 次/min，儿童为 18～24 次/min。胸外心脏按压与人工呼吸的比例为 30∶2。

四、骨折与关节脱位的急救和处理

骨折与关节脱位的急救原则为防治休克、保护伤口、固定伤处，除止血、包扎技术外，现场固定也是一种重要的急救技术。骨折、关节脱位都需要进行适当固定，固定的目的是避免增加伤害，防止骨折端在搬运过程中移位，损伤周围神经、血管等软组织和内脏，同时减轻疼痛，便于运送伤员。常见并需要在现场进行固定的骨折部位包括锁骨、上臂肱骨、前臂尺桡骨、大腿股骨、小腿胫腓骨、颈椎骨、腰椎骨和骨盆等。颅骨和手、足部位小骨的骨折，可以仅做临时包扎，不一定要现场固定。

在紧急情况下，现场固定材料一般遵循就地取材的原则，以身边随手可及的物品为主，如枕头、硬纸板、杂志、雨伞、笔、三角巾、浴巾、木板和木棒等都可用于固定，起到医用夹板的作用。

（一）注意事项

（1）固定物（夹板）的长短、宽窄要适宜，使骨折处上下两个关节都被固定住。

（2）夹板的两端、骨突起部和空隙处要用棉花或软布填妥，防止引起压迫性损伤。当肢体出现明显畸形而影响固定时，可将伤肢沿纵轴稍加牵引后再固定。

（3）缚扎夹板的绷带或布条应缚在骨折处的上下段，固定要牢靠，松紧度适中，过松则失去固定的作用，过紧又会压迫神经和血管。

（4）固定时应露出指（趾）端，若发现指（趾）端出现苍白、发麻、发凉、疼痛或变紫，须立即松解，重新固定。

（5）上肢骨折固定后，用悬臂带把患臂挂于胸前；下肢骨折固定后，可将患腿与健腿捆缚在一起。

（二）骨折的临时固定

1. 上肢骨折

（1）锁骨骨折的固定

采用“双环包扎法”固定。取 3 条三角巾，将三角巾折成宽带，两条做成环，套于两肩，另一条在背部将两环拉紧打结。为避免腋下组织受压，应在两腋放置棉垫等松软物，最后以小悬臂带将伤肢挂起。

（2）肱骨骨折固定

取一合适夹板，置于伤肢外侧，用叠成带状的三角巾固定骨折处上下两端，再用小悬臂带将前臂悬挂起，最后用带状三角巾把伤肢绑在躯干上加以固定。

（3）前臂骨折固定

患者前臂的掌侧和背侧各放一块夹板，用宽带绑扎固定后，以大悬臂带将伤肢悬挂于胸前。

（4）手部骨折固定

让患者手握纱布、棉花团或绷带卷，然后将夹板放在掌侧，用绷带固定手及前臂。

2. 下肢骨折的固定

(1) 股骨骨折固定

将5~8条三角巾折叠成宽带,分段放好。取长夹板两块,分别置于伤肢的外侧和内侧。外侧夹板自腋下至足部,内侧夹板自大腿根部至足部,在腋部和大腿根部应置棉垫。放好后用上述宽带固定夹板,在外侧做结。如无夹板,可沿股骨纵轴制作牵引带。

(2) 小腿骨折固定

取夹板两块,一块在外侧,自大腿中部至足部,另一块在内侧,自大腿根部至足部,然后用4~5条宽带分段固定。

(3) 髌骨骨折固定

先缓慢将小腿伸直,在腿后放一夹板,其长度自大腿至足跟,用3条三角巾宽带分别于膝上、膝下和踝部固定,使膝关节呈伸直位。

(4) 足踝部骨折固定

采用直角夹板固定。为伤者脱鞋,在小腿下放一块垫好棉花的直角夹板,再用3条宽带分别缚扎膝下、踝上和足跖部。

3. 脊柱骨折固定

(1) 胸腰椎骨折固定

疑有胸腰椎骨折时,千万不能让病人弯腰以避免骨折处移动导致脊髓受压迫而发生损伤。将硬板或门板置于病人体侧,一人稳住头,再由两人将患者轻轻推滚到木板上,取仰卧位,用数条宽带缚扎。若为软质担架,令患者采取俯卧位,使脊柱伸直,禁止屈曲。

(2) 颈椎骨折固定

由专人牵拉头部固定,用颈托固定颈部或用厚衣服叠成卷,围绕颈部固定。其中一人专管头部的牵引固定,使头部与身体在同一直线上且不摇动,将患者仰放在硬板担架上。

(三) 关节脱位的固定

关节脱位后应争取尽早进行手法复位,若不会复位,则立即用夹板和绷带在关节脱位所形成的姿势下固定伤肢,使伤员保持安静,尽快送医院处理。大学生易发生的关节脱位包括以下几种。

1. 肩关节脱位

可取两条三角巾或大悬臂带,一条将伤肢前臂悬挂于胸前,在健肩缚结;另一条绕臂于健肩下缚结。

2. 肘关节脱位

将铁丝托板弯成合适的角度,置于肘后,用绷带缠稳,再用小悬臂带挂起前臂。若无铁丝托板,可直接用大悬臂带包扎固定。

第三节　大学生常见的运动损伤与处理

一、踝关节扭伤与处理

踝关节扭伤不仅发生在运动场上，日常生活中也很常见。下楼梯、走坡路、高处跳下、冰冻路滑等是常见的诱因。踝关节扭伤后疼痛、肿胀、皮下瘀血青紫，其扭伤的程度不同，症状也有差异。

踝关节扭伤处理按照 PRICE 原则进行。用冰块或冷毛巾敷受伤部位，也可将受伤关节置于冷水中 20~25 min。冷敷时，最初 3~5 min 内可能会疼痛加剧，随后就会减轻或消失。冷敷后将扭伤关节用绷带加压包扎，静息 1~2 日。卧床休息时，应将伤足抬高，以利静脉回流，消除肿胀。第 3 日起每日应做 2~3 次热敷或用热水烫脚，每次约 30 min，同时做脚的伸、屈、绕环、外展等动作，促使血液循环加速，恢复受伤关节的正常动作幅度。当疼痛感和肿胀消失后，就可以在松软的地上做跑的练习，强度不宜太大，运动量也要适量，适当加强大腿、小腿、脚踝的肌肉、韧带的力量，促进受伤关节机能的迅速恢复。

二、肌肉拉伤与处理

在体育锻炼中，肌肉拉伤是比较常见的一种损伤。据有关资料统计，肌肉拉伤在各种运动损伤中约占 25%。轻微的肌肉拉伤几天就可以康复，比较重的则需要较长的时间才能康复，个别重度肌肉拉伤，已经引起肌肉撕裂的，还需要手术缝合。

肌肉拉伤可以分为轻、中、重三种类型。轻度肌肉拉伤的主要症状是受伤部位微痛，局部微肿或不肿，有轻微压痛。中度肌肉拉伤的症状为有小部分肌肉纤维撕裂、局部中等疼痛、有肿胀和瘀血等。重度肌肉拉伤的症状为有比较多的肌肉纤维撕裂，受伤当时可以听到肌肉断裂声，局部肿胀明显，皮下瘀血严重，在肌肉断裂的地方有明显压痛，可触摸到凹陷等。

预防肌肉拉伤要做好两点。首先，在锻炼前要充分做好准备活动，特别是容易受伤的部位。准备活动的内容与运动量应根据训练的要求、比赛内容、个人身体状况、气候条件等决定。从事剧烈运动或者比赛，气温又比较低时，准备活动时间可以长些；一般性锻炼，气温又比较高时，准备活动时间可以短些。一般来说，以身体微发热、微微出汗为宜。其次，肌肉疲劳、紧张、僵硬的人容易拉伤肌肉。预防的方法是做肌肉伸展练习。身体状况良好的人也要根据参加项目的不同，伸展相关部位的肌肉，比如参加田径运动的人就要做好下肢肌肉的伸展练习。下面介绍几种加强大、小腿肌肉伸展的练习方法。

（一）股四头肌的伸展练习

左膝跪在地上，右腿呈 90°向前弯曲，右脚着地，腰向前弯，用右手向臂部拉左脚，保持 30~60 s，使肌肉发紧，以不感到疼痛为宜。放松以后再做另一侧的练习。

（二）股后肌的伸展练习

仰卧在地，右侧下肢伸直，左侧下肢弯曲，双手抱膝向下拉，头抬高向膝靠拢，持续

30~60 s，也是以肌肉发紧，但不感到疼痛为度。然后再做另一侧的练习。

（三）小腿后群肌（小腿后面的肌肉）的伸展练习

坐在地上，双腿伸直，用力向脚背勾脚。伸展练习要做得缓和，不能快而猛，每个部位的伸展练习重复多次。

预防肌肉拉伤还要根据个人的身体情况，合理地安排运动量，要遵守循序渐进的训练原则，以免局部肌肉疲劳引起拉伤。无论是哪一种肌肉拉伤，只要伤部没有明显瘀血和肿胀，都应该早些考虑恢复训练和进行肌肉伸展练习。因为肌肉拉伤以后，撕裂的部位会形成疤痕，如果伸展练习太晚，肌肉内的疤痕不能随肌纤维拉长而拉长，一旦伸展肌肉，患部就会疼痛。

三、膝关节扭伤与处理

膝关节突然弯曲扭转，使关节周围韧带因过度牵张而部分断裂，这种损伤叫作扭伤。膝关节主要韧带有内侧韧带、外侧副韧带、内侧半月板、前十字韧带、后十字韧带。内侧副韧带、内侧半月板、前十字韧带经常同时受伤。膝关节伸直时最结实、最稳定，半屈曲状态时，由于周围韧带放松，在外力的作用下，大腿或小腿屈伸的同时伴有旋转就很容易扭伤。

关节受伤后可以进行康复锻炼，以促进关节的康复。在局部疼痛、发热肿胀消失后，锻炼就可以开始。

锻炼原则是从简单到复杂，从局部到全身。常用的锻炼方法有以下几种。

（一）绷劲

仰卧位，伤者主动用力收缩股四头肌，维持 2 s，慢慢放松约 3 s。收缩放松交替练习，重复 10 次为一组，每日 3~5 组。

（二）举腿

仰卧位，病人缓缓举起患肢 45°~60°，在空中停留 2~3 s 后缓缓放下，休息 3~5 s 再练。休息时间长短由病人根据体力自行决定。举起、放下为一次，10 次为一组，每日 3~5 组。

（三）负重直举腿

仰卧位，将质量为 0.5~1 kg 的沙袋放在踝关节处，直举腿方法同“（一）”。随着肌肉力量的增长，可增加沙袋质量，总重可以增至 2 kg，但强调要直膝举腿不能打弯。举起放下 10 次为一组，每回练 3~5 组，每日练 3 回。

（四）负重伸小腿

仰卧位，小腿垂于床沿，踝关节负重 0.5~1 kg。缓缓使膝关节伸直，维持伸直 2 s，放下小腿。重复 10 次为一组，每回练 3~5 组，每日练 3 回。

（五）静止半蹲练习

两脚分开与肩同宽，站立，膝半蹲 130°左右。上体正直、颈部放松，上肢前平举或下垂于体侧。呼吸自如，保持这样姿势不动。开始练习时，要尽量保持 3 min，每天递增

30 s 到 1 min，直至一次坚持半蹲 20 min 为止。练习后慢慢伸直膝关节，每日练 1～2 次。大腿肌肉相当有力量，可肩负杠铃、沙袋 10～15 kg，再做静止半蹲练习。膝关节扭伤甚至动过手术的人，如能坚持上述练习 3 个月以上，可以参加一般体育活动，但活动前一定要充分做好准备活动。

四、腰部损伤与处理

急性腰部扭伤，又名“急性腰肌筋膜扭伤”“闪腰岔气”，是指腰部肌肉、筋膜、韧带或椎间关节等，因外力作用而受到的损伤。90%以上的急性腰部扭伤发生于腰骶部、两侧骶棘肌和骶髂关节。

急性腰扭伤早期因肌肉、韧带、关节囊等软组织、血管损伤引起出血肿胀，伤后 1～2 天应冷敷，可使受伤的血管收缩，防止继续出血，减轻肿胀，有止痛作用。一般应仰卧于有垫子的木板床进行短期休息，腰部垫一薄枕，使肌肉及韧带放松，以利于修复。2 天后可进行推拿按摩治疗，以便缓解肌肉、韧带、筋膜、血管的痉挛，增进局部血液循环，消除瘀滞，以达到舒通经络、消肿止痛的目的。在治疗的同时，应进行腰腹肌锻炼，可以在不引起疼痛和肌肉痉挛的前提下进行肌肉静力性收缩练习，下面介绍几种腰肌锻炼方法。

（一）仰卧上举

仰卧位，以双腿及肩背支撑，将腰部悬空，向上拱起，维持 10～15 s 后缓缓放下，直膝，和缓地尽量将腿上抬（可双腿同时，也可交替），同时将头抬起，维持腹肌收缩 10～15 s，反复 30 次为一组，每日 1～2 组。

（二）俯卧背弓

俯卧，缓缓地做背弓（头抬起，双腿背举，仅以胸腹着地），维持 10 s 后缓缓放下，接着缓慢跪地，弓腰，也维持 10 s。反复 30 次，每日 1～2 次。锻炼的强度和次数，随着肌力水平的提高可以逐渐增加，难度也可以加大，可在腿上进行负重练习。

五、肌肉痉挛症与处理

肌肉痉挛就是我们通常所说的“抽筋”，它是肌肉发生不自主的强直收缩所显示的一种现象。体育锻炼中最容易发生肌肉痉挛的部位是小腿后群（俗称“小腿肚子”）和脚底的肌肉。

（一）肌肉痉挛常见的原因

1. 寒冷的刺激

在寒冷的环境中运动时，没做准备活动，或者准备活动做得不充分，肌肉受寒冷的刺激就可能发生抽筋。例如，游泳时受到冷水的刺激，冬季户外活动时受到冷空气的刺激，都可能发生肌肉痉挛。

2. 疲劳

身体疲劳的时候，肌肉的正常生理功能也会随之下降。疲劳的肌肉往往使血液循环和能量物质代谢有所改变，肌肉中会有大量乳酸堆积，乳酸不断地对肌肉的收缩物质起作用，就会产生痉挛。因而当身体疲劳,特别是局部肌肉疲劳时再进行剧烈运动或做突然紧张用力的动作,就容易引起肌肉痉挛。

3. 大量出汗

在高温季节或进行长时间剧烈运动,就会大量出汗。汗的主要成分是水,但也含有少量的盐。出汗多,盐的损失也就多,盐与肌肉的兴奋性有关,丢失过多的盐,肌肉的兴奋性增高,就会导致肌肉痉挛。

(二)肌肉痉挛的处理

发生肌肉痉挛时,肌肉坚硬,疼痛难忍,而且一时不易缓解,邻近的关节活动也受到限制。不太严重的肌肉痉挛,只要向相反的方向牵引痉挛的肌肉,一般都可缓解。例如,当小腿肚子发生痉挛时,可以伸直膝关节,勾起脚尖,双手握住脚用力向上牵拉即可。此外,还可以配合局部按摩和点掐针刺委中、承山、涌泉等穴位。处理时要注意保暖,牵引时用力要均匀、缓慢,以免造成肌肉拉伤。

(三)肌肉痉挛的预防

首要的是加强体育锻炼,提高健康水平和身体素质,尤其应注意提高耐寒能力和耐久力。另外,运动前必须认真做好准备活动,让全身都活动开,对容易发生痉挛的肌肉事先做适当按摩。冬季锻炼时要注意保暖,夏季运动尤其是进行剧烈运动或长时间运动时,可适当喝点淡盐水。疲劳和饥饿时不要进行剧烈运动。游泳下水前应先用冷水冲淋全身,使身体逐渐适应冷水刺激,水温过低时游泳时间不宜太长。

六、网球肘的防治

网球肘的医学名称叫“肱骨外上髁炎”。上肢的伸腕伸指活动的肌肉,附着点在肘外侧即肱骨外上髁处,打网球或羽毛球时,手握球拍正手扣球,这些肌肉被猛烈牵拉;若反手扣球,这些肌肉又主动收缩,这样反复用力和收缩,使肌肉在肱骨外上髁的附着点不断地被扯拉,反复的慢性损伤容易导致肘部疼痛。其实这种疼痛不仅发生在网球运动中,在羽毛球、乒乓球和排球扣球运动中由于动作错误也会发生。网球肘发病时肘部外观不红不肿,亦能正常地进行伸屈运动,但伴有肘部压痛。网球肘主要从以下三个方面治疗。

(一)封闭治疗

用普鲁卡因和泼尼松混合液做痛点局部封闭,每日最多三次。

(二)理筋手法

在肘部痛点及其周围做按摩、拿捏手法,共做3~5 min,使局部微热,血行流畅。然后医治者一手托住患肘内侧,另一手握住患肢的腕部,先伸屈肘关节数次,然后肘关节做快速屈曲数次,并同时做旋转活动。如直肘旋后位,快速屈曲同时旋前;直肘旋前位,快速屈曲同时旋后。各做3~5次,可松解粘连,减轻疼痛。

(三)针灸治疗

在痛点及周围取穴,隔日针灸一次。或用梅花针叩打患处,再加拔火罐,3天一次。

七、重力性休克的防治

疾跑后突然停止而引起的晕厥称为重力性休克。多见于田径运动员，尤以短跑、中跑多见。锻炼者在进行运动时，外周组织内的血管大量扩张，血流量比安静时增加多倍，这时依靠肌肉有节奏的收缩和舒张以及胸腔负压的吸引作用，血液得以返回心脏，当运动者突然终止运动时，肌肉的收缩作用骤然停止，使大量血液聚积在下肢，造成循环血量明显减少、血压下降、心跳加快而心搏出量减少，脑供血急剧减少导致晕厥。重力性休克是运动之后出现头晕、头痛、眼发黑、恶心、呕吐等不良感觉和脸色苍白、嘴唇无血色、脉搏微弱、全身瘫软无力等机能失调症状，甚至陷入昏迷或半昏迷状态。

重力性休克的处理方法有：对于身体健康的人出现这种现象并不危险，应让休克者仰卧，两腿抬起高于头部（保持静脉血回流到心脏），松开衣领、腰带，注意保暖，昏厥时可掐人中穴。清醒后适当补充水分，充分静卧、保暖和休息。一般几分钟后脸色由苍白转为红润，稍加休息便可痊愈；若症状严重，经抢救效果不大，则应速请医生诊治。

必须注意，不论锻炼者休克程度轻重如何，在急救时不要给锻炼者喝任何饮料或服药，要待其清醒后才让其喝温开水，并注意保暖和休息。

八、延迟性肌肉酸痛

一般在锻炼后 24 h 后出现的肌肉酸痛在运动医学上称为“延迟性肌肉酸痛症”（简称“DOMS”）。锻炼后 24～72 h 酸痛达到顶点，5～7 天后疼痛基本消失。除酸痛外，还有肌肉僵硬，轻者仅有压疼，重者肌肉肿胀，妨碍活动。任何对肌肉施加不适应负荷的运动，都会导致延迟性肌肉酸痛，这种疼痛和实际运动过程中出现的急性疼痛是有区别的，延迟性疼痛通常发生在运动后的 12～24 h，并有可能在 24～72 h 达到顶峰。容易导致延迟性肌肉酸痛的运动包括力量练习、登山、慢跑、踏板操、跳跃练习，它们的共同点是肌肉做离心运动。

延迟性肌肉酸痛通常不需要医疗干预，如果疼痛程度使人感到衰弱，肢体严重肿胀或尿色变深，则建议寻求医疗帮助。减缓延迟性肌肉酸痛的最佳方法是缓慢进行新的锻炼，让肌肉有时间去适应新的负荷，可以最小化缓解症状的严重程度，但是，要完全避免酸痛也不太可能。需要注意的是，要有充分的时间，使肌肉在产生酸痛的运动中恢复过来。

【思考题】

1. 体育锻炼中常见的运动损伤有哪些？
2. 结合自身实际，试述一项常见体育运动的损伤及注意事项。
3. 对运动中低血糖的伤员如何进行现场处理？

第五章　学生体质健康标准与自我评价

第一节　《国家学生体质健康标准》解读

一、什么是《国家学生体质健康标准》

《国家学生体质健康标准》(以下简称《标准》)是由教育部、国家体育总局共同制定的一项重要的体育制度。2002年,以试行方案的形式正式颁布实施的《学生体质健康标准》,于2007年更名为《国家学生体质健康标准》。这是国家对学生在体质健康方面的基本要求,其后在2014年对测试内容进行了相应的修订,提出从身体形态、身体机能、身体素质和运动能力等方面综合评定学生的体质健康水平,是促进学生体质健康发展、激励学生积极进行身体锻炼的教育手段,是学生身体健康的个体评价标准,也是学生毕业的基本条件之一。《标准》适用于全日制小学、初级中学、普通高中、中等职业学校、普通高等学校的在校学生。

二、《标准》的内涵

《标准》的内涵是测量学生体质健康状况和锻炼效果的评价标准,是国家对不同年龄段学生体质健康方面的基本要求,是学生体质健康的个体评价标准。健康的概念包括身体健康、心理健康和社会适应。《标准》涵盖的是与学校体育密切相关的学生身体健康范畴。界定它的内涵,可避免与三维的健康概念相混淆,故将"体质"作为"健康"的定语以示其内涵。

《标准》名称的外延涉及其教育和激励功能、反馈功能与指导锻炼功能。

(一)教育和激励功能

《标准》是促进学生体质健康发展、激励学生积极进行身体锻炼的教育手段。所选用的指标可以反映与身体健康关系密切的身体成分、心血管系统功能、肌肉的力量和耐力,以及关节和肌肉的柔韧性等要素的基本情况。《标准》的实施将使学生和社会能够对影响身体健康的主要因素有一个更加明确的认识与理解,引导和帮助学生去积极追求身体的健康状态,实现学校体育的目标。《标准》实施办法还规定,对达到合格以上等级的学生颁发证章,以激发学生对体育锻炼的内在积极性。

(二)反馈功能

《标准》是学生体质健康的个体评价标准,其规定了各校应将每年测试的数据按时上报至国家学生体质健康标准数据管理系统(网址中文域名为学生体质健康网,英文域名为

www. csh. moe. edu. cn)，该系统具有按各种要求进行统计、分析、检索的功能，并定期向社会公告。该系统为学生及家长提供了在线查询和在线评估服务，向学生提供了个性化的身体健康诊断，使学生能够在准确了解自己体质健康的基础上进行锻炼。该系统还可以为各级政府机关、教育行政部门、学校提供翔实的统计和分析数据，使之了解学生的体质健康状况，及时采取科学的干预措施。

（三）指导锻炼功能

新的《标准》增加了一些简便易行、锻炼效果较好的项目，并提高了部分锻炼项目指标的权重，这对引导学生进行体育锻炼具有较强的实效性。而通过国家学生体质健康标准数据管理系统，学生还可以查询到针对性较强的运动处方，用于自身进行体育锻炼，提高身体健康水平。

三、制定与实施《标准》的目的与意义

（一）贯彻落实“健康第一”的指导思想

学校教育，特别是学校体育教育直接肩负着“增强学生体质”和“促进学生健康”的使命。《标准》不仅是积极贯彻落实《中共中央国务院关于深化教育改革，全面推进素质教育的决定》所提出的“健康体魄是青少年为祖国和人民服务的基本前提，是中华民族旺盛生命力的体现，学校教育要树立健康第一的指导思想，切实加强体育工作”这一思想的重大举措，也是深化学校体育教学改革、促进素质教育的重要步骤。《标准》是学生体质健康的个体评价标准和学生是否能够毕业的基本条件之一，是鼓励学生积极参加体育锻炼、促进学生体质健康发展的一种教育手段。《标准》可引导广大青少年学生努力拥有健康的体魄和健全的人格，将“健康第一”的指导思想落到实处，充分发挥学校体育教育在素质教育中的作用。

（二）树立健康新理念

《标准》的贯彻和实施，强调的是促进学生身体的正常生长和发育，促进形态机能的全面协调发展，促进身体健康素质的全面提高和鼓励学生主动自觉地参加经常性的体育锻炼。其有利于学生乃至全社会对健康概念的重新认识，建立符合现代社会发展的体质健康的新理念，使人们认识到身体成分、身体形态、身体机能、身体素质和运动能力是影响人体健康水平的重要因素。

（三）发展并完善学生体质健康评价体系

《标准》是在认真总结了《国家体育锻炼标准》《大学生体育合格标准》在执行过程中所取得的成绩和存在问题的基础上，根据学生体质调研所反映出来的体能素质和心肺功能下降等现状，参考国际上有关研究的成功经验和先进做法，建立的以健康素质为主要指标的新的评价体系。这种新的体质健康评价体系有利于科学、综合地评价学生个体的体质健康状况，对每一名学生的体质健康状况进行监控和及时反馈，能够激发学生自觉地参加体育锻炼，并养成终身追求健康生活方式的行为和习惯。

《标准》针对过去体育教育中不科学、不完善、不合理的观念和方法，例如，单纯用身体

运动素质的测试指标来反映学生健康水平,在体育教学中测什么教什么的应试教育倾向等,制定出符合时代发展需要,集科学性、合理性、可操作性为一体的学生体质健康评价体系。《标准》的实施将会促进学生积极锻炼,不断纠正和改变目前学生体质健康状况出现的突出问题,从而使学生拥有健康的体魄和健全的人格。

(四)充分发挥评价的激励功能

评价实质上就是一种判定目标达到程度的过程。当前我国学校教育正在贯彻落实"健康第一"的指导思想,学校体育课教学正在从"技能教学"向全面增进学生身心健康素质的方向转化,《标准》作为一项评价制度,就是要与体育课程目标保持一致,使评价有利于转变传统的体育教学思想、教学内容和教学手段,并起到积极的导向作用。《标准》的评价是激励学生积极参与体育锻炼的教育手段,它不是以鉴别学生体质健康的优劣和选拔运动员为目的,而是通过个体评价,清晰地显示出学生个体的差异,反馈给学生、教师和家长,使学生知道自身还存在哪些不足,应该怎样努力才能达到目标。如在评价指标上充分考虑了不同个体之间的差异,肺活量、身体质量(体重)指数(BMI)等都采用了指数法进行评价,排除了不同个体因体重差异造成的影响和潜在的消极因素。因此,《标准》除可直接提供锻炼的方法和手段外,还可帮助学生监测自己的体质与健康状况的变化程度,使学生形成正确的体育意识和态度,并对体育锻炼促进身心健康有正确的认识,这些都有助于学生有的放矢地设定自己的锻炼目标,有针对性地制订切实可行的锻炼计划,进而全面提高学生的体质健康水平,发展学生对体育的情感、态度和价值观,最终使学生养成终生的体育锻炼习惯。

(五)增强学生强身健体的责任感

《标准》采用登记卡记录每一位学生的体质健康状况,归档保存,并放入学生的成长记录袋,以强化学生的健康意识和社会责任感。其促进学生发展的同时,填补了学生档案中只有德育和智育材料而缺乏学生体质健康状况材料的空白。

(六)满足社会发展对人体健康的需要

现代文明在带给人们充分物质享受的同时,也给人类的健康带来了新的威胁。由于精神紧张、营养过剩、运动不足、环境污染等因素引发的非传染性疾病在全球不断蔓延,处于亚健康状态的人群不断扩大。关爱生命、追求健康是现代人渴望的目标。实施《标准》对于唤起学生的健康意识、改变学生不良的生活习惯和生活方式、促进学生健康成长必将起到积极的作用。《标准》是鼓励学生积极进行体育锻炼的教育手段,而不是为了甄别和选拔优秀运动员。《标准》采用的是个体评价指标,针对身体形态、身体机能、身体素质和运动能力设置了专门的测评项目,有些项目还具有简便易行、锻炼身体实效性较强等特点,能够帮助学生发现自身的不足或个体差异,测评项目还可促进学生积极参加体育锻炼,通过锻炼改善体质健康状况,使身体全面发展,使学生成为具有正确的体育意识和健康生活方式的高素质的建设者,使学校体育在促进国民健康素质方面起到应有的作用。

四、《标准》的测试项目及评价指标

（一）测试项目

根据2014年修订的《标准》要求，每位大学生每学年需要测试8个项目，包括身高、体重、坐位体前屈、肺活量、50 m跑、立定跳远、仰卧起坐（女）、引体向上（男）、800 m跑（女）、1 000 m跑（男）。

（二）评价指标

在完成《标准》规定的测试项目之后，要根据测试数据对学生的身体形态、身体机能、身体素质和运动能力等方面进行分析，综合评价学生体重指数、坐位体前屈、肺活量、50 m跑、立定跳远、仰卧起坐（女）、引体向上（男）、800 m跑（女）、1 000 m跑（男）等各项指标。本标准的学年总分由标准分与附加分构成，满分为120分。标准分由各单项指标得分与权重乘积之和组成，满分为100分。针对大学的加分指标为男生引体向上和 1 000 m跑，女生1 min仰卧起坐和800 m跑，各指标加分幅度均为10分。各项指标依据其对学生体质健康的影响程度在评价中占有不同的权重，对体质健康具有较大影响的指标占有较大的权重。同时，为了鼓励学生积极参加体育锻炼，对于那些进行科学的锻炼可以明显改变其状况的项目予以较大的权重，适当提高它们在综合评价中的价值和地位。

《标准》规定的大学生评价指标与权重，见表5-1。

表5-1 《标准》规定的大学生评价指标与权重

测试对象	单项指标	权重
大学生	体重指数=体重（kg）/身高^2（m^2）	15%
	肺活量	15%
	50 m跑	20%
	坐位体前屈	10%
	立定跳远	10%
	引体向上（男）/1 min仰卧起坐（女）	10%
	1 000 m跑（男）/800 m跑（女）	20%

五、《标准》文件内容

（1）《标准》是国家学校教育工作的基础性指导文件和教育质量基本标准，是评价学生综合素质、评估学校工作和衡量各地教育发展的重要依据，是《国家体育锻炼标准》在学校的具体实施，适用于全日制普通小学、初级中学、普通高中、中等职业学校、普通高等学校的学生。

（2）《标准》的修订坚持健康第一，落实《国家中长期教育改革和发展规划纲要（2010—2020年）》《国务院办公厅转发教育部等部门关于进一步加强学校体育工作若干意见的通知》(国办发〔2012〕53号)和《教育部关于印发〈学生体质健康监测评价办法〉等三个文件的通知》(教体艺〔2014〕3号)有关要求,着重提高《标准》应用的信度、效度和区分度,着重强化其教育激励、反馈调整和引导锻炼的功能,着重提高其教育监测和绩效评价的支撑能力。

(3)《标准》从身体形态、身体机能和身体素质等方面综合评定学生的体质健康水平,是促进学生体质健康发展、激励学生积极进行身体锻炼的教育手段,是国家学生发展核心素养体系和学业质量标准的重要组成部分,是学生体质健康的个体评价标准。

(4)《标准》将适用对象划分为以下组别:小学、初中、高中按每个年级为一组,其中小学为6组、初中为3组、高中为3组。大学一、二年级为一组,三、四年级为一组。

(5)小学、初中、高中、大学各组别的测试指标均为必测指标。其中,身体形态类中的身高、体重,身体机能类中的肺活量,以及身体素质类中的50 m跑、坐位体前屈为各年级学生共性指标。

(6)《标准》的学年总分由标准分与附加分构成,满分为120分。标准分由各单项指标得分与权重乘积之和组成,满分为100分。附加分根据实测成绩确定,即对成绩超过100分的加分指标进行加分,满分为20分;小学的加分指标为1 min跳绳,加分幅度为20分;初中、高中和大学的加分指标为男生引体向上和1 000 m跑,女生1 min仰卧起坐和800 m跑,各指标加分幅度均为10分。

(7)根据学生学年总分评定等级:90.0分及以上为优秀,80.0~89.9分为良好,60.0~79.9分为及格,59.9分及以下为不及格。

(8)每个学生每学年评定一次,记入"国家学生体质健康标准"登记卡。特殊学制的学校,在填写登记卡时可以按规定和需求相应地增减栏目。学生毕业时的成绩和等级,按毕业当年学年总分的50%与其他学年总分平均得分的50%之和进行评定。

(9)学生测试成绩评定达到良好及以上者,方可参加评优与评奖;成绩达到优秀者,方可获体育奖学分;成绩评定不及格者,在本学年度准予补测一次,补测仍不及格,则学年成绩评定为不及格。普通高中、中等职业学校和普通高等学校学生毕业时,《标准》测试的成绩达不到50分者按结业或肄业处理。

(10)学生因病或残疾可向学校提交暂缓或免予执行《标准》的申请,经医疗单位证明,体育教学部门核准,可暂缓或免予执行《标准》,并填写"免予执行国家学生体质健康标准申请表",存入学生档案。确实丧失运动能力,被免予执行《标准》的残疾学生,仍可参加评优与评奖,毕业时《标准》成绩需注明免测。

(11)各学校每学年开展覆盖本校各年级学生的《标准》测试工作,《标准》测试数据经当地教育行政部门按要求审核后,通过"学生体质健康网"上传至"国家学生体质健康标准数据管理系统"。测试和数据上传时间由教育行政部门确定。

(12)《标准》由教育部负责解释。

六、评分表(大学用)

(一)体重指数单项评分表

大学生体重指数单项评分表见表5-2。

表 5-2　大学生体重指数单项评分表

单位:kg/m²

等级	单项得分	男生	女生
正常	100	17.9~23.9	17.2~23.9
低体重	80	≤17.8	≤17.1
超重		24.0~27.9	24.0~27.9
肥胖	60	≥28.0	≥28.0

(二)大学男生各项指标评分表

大学男生各项指标评分表见表 5-3。

表 5-3　大学男生各项指标评分表

等级	分值	肺活量/mL		坐位体前屈/cm		50 m 跑/s		立定跳远/cm		引体向上/次		1 000 m 跑	
		大一大二	大三大四	大一大二	大三大四	大一大二	大三大四	大一大二	大三大四	大一大二	大三大四	大一大二	大三大四
优秀	100	5 040	5 140	24.9	25.1	6.7	6.6	273	275	19	20	3 min 17 s	3 min 15 s
	95	4 920	5 020	23.1	23.3	6.8	6.7	268	270	18	19	3 min 22 s	3 min 20 s
	90	4 800	4 900	21.3	21.5	6.9	6.8	263	265	17	18	3 min 27 s	3 min 25 s
良好	85	4 550	4 650	19.5	19.9	7.0	6.9	256	258	16	17	3 min 34 s	3 min 32 s
	80	4 300	4 400	17.7	18.2	7.1	7.0	248	250	15	16	3 min 42 s	3 min 40 s
及格	78	4 180	4 280	16.3	16.8	7.3	7.2	244	246	—	—	3 min 47 s	3 min 45 s
	76	4 060	4 160	14.9	15.4	7.5	7.4	240	242	14	15	3 min 52 s	3 min 50 s
	74	3 940	4 040	13.5	14.0	7.7	7.6	236	238	—	—	3 min 57 s	3 min 55 s
	72	3 820	3 920	12.1	12.6	7.9	7.8	232	234	13	14	4 min 2 s	4 min
	70	3 700	3 800	10.7	11.2	8.1	8.0	228	230	—	—	4 min 7 s	4 min 5 s
	68	3 580	3 680	9.3	9.8	8.3	8.2	224	226	12	13	4 min 12 s	4 min 10 s
	66	3 460	3 560	7.9	8.4	8.5	8.4	220	222	—	—	4 min 17 s	4 min 15 s
	64	3 340	3 440	6.5	7.0	8.7	8.6	216	218	11	12	4 min 22 s	4 min 20 s
	62	3 220	3 320	5.1	5.6	8.9	8.8	212	214	—	—	4 min 27 s	4 min 25 s
	60	3 100	3 200	3.7	4.2	9.1	9.0	208	210	10	11	4 min 32 s	4 min 30 s
不及格	50	2 940	3 030	2.7	3.2	9.3	9.2	203	205	9	10	4 min 52 s	4 min 50 s
	40	2 780	2 860	1.7	2.2	9.5	9.4	198	200	8	9	5 min 12 s	5 min 10 s
	30	2 620	2 690	0.7	1.2	9.7	9.6	193	195	7	8	5 min 32 s	5 min 30 s
	20	2 460	2 520	-0.3	0.2	9.9	9.8	188	190	6	7	5 min 52 s	5 min 50 s
	10	2 300	2 350	-1.3	-0.8	10.1	10.0	183	185	5	6	6 min 12 s	6 min 10 s

（三）大学女生各项指标评分表

大学女生各项指标评分表见表 5-4。

表 5-4　大学女生各项指标评分表

等级	分值	肺活量/mL		坐位体前屈/cm		50 m 跑/s		立定跳远/cm		引体向上/次		1 000 m 跑	
		大一大二	大三大四	大一大二	大三大四	大一大二	大三大四	大一大二	大三大四	大一大二	大三大四	大一大二	大三大四
优秀	100	3 400	3 450	25. 8	26. 3	7. 5	7. 4	207	208	56	57	3 min 18 s	3 min 16 s
	95	3 350	3 400	24. 0	24. 4	7. 6	7. 5	201	202	54	55	3 min 24 s	3 min 22 s
	90	3 300	3 350	22. 2	22. 4	7. 7	7. 6	195	196	52	53	3 min 30 s	3 min 28 s
良好	85	3 150	3 200	20. 6	21. 0	8. 0	7. 9	188	189	49	50	3 min 37 s	3 min 35 s
	80	3 000	3 050	19. 0	19. 5	8. 3	8. 2	181	182	46	47	3 min 44 s	3 min 42 s
及格	78	2 900	2 950	17. 7	18. 2	8. 5	8. 4	178	179	44	45	3 min 49 s	3 min 47 s
	76	2 800	2 850	16. 4	16. 9	8. 7	8. 6	175	176	42	43	3 min 54 s	3 min 52 s
	74	2 700	2 750	15. 1	15. 6	8. 9	8. 8	172	173	40	41	3 min 59 s	3 min 57 s
	72	2 600	2 650	13. 8	14. 3	9. 1	9. 0	169	170	38	39	4 min 4 s	4 min 2 s
	70	2 500	2 550	12. 5	13. 0	9. 3	9. 2	166	167	36	37	4 min 9 s	4 min 7 s
	68	2 400	2 450	11. 2	11. 7	9. 5	9. 4	163	164	34	35	4 min 14 s	4 min 12 s
	66	2 300	2 350	9. 9	10. 4	9. 7	9. 6	160	161	32	33	4 min 19 s	4 min 17 s
	64	2 200	2 250	8. 6	9. 1	9. 9	9. 8	157	158	30	31	4 min 24 s	4 min 22 s
	62	2 100	2 150	7. 3	7. 8	10. 1	10. 0	154	155	28	29	4 min 29 s	4 min 27 s
	60	2 000	2 050	6. 0	6. 5	10. 3	10. 2	151	152	26	27	4 min 34 s	4 min 32 s
不及格	50	1 960	2 010	5. 2	5. 7	10. 5	10. 4	146	147	24	25	4 min 44 s	4 min 42 s
	40	1 920	1 970	4. 4	4. 9	10. 7	10. 6	141	142	22	23	4 min 54 s	4 min 52 s
	30	1 880	1 930	3. 6	4. 1	10. 9	10. 8	136	137	20	21	5 min 4 s	5 min 2 s
	20	1 840	1 890	2. 8	3. 3	11. 1	11. 0	131	132	18	19	5 min 14 s	5 min 12 s
	10	1 800	1 850	2. 0	2. 5	11. 3	11. 2	126	127	16	17	5 min 24 s	5 min 22 s

（四）大学生加分指标评分表

大学生加分指标评分表见表 5-5。

表 5-5　大学生加分指标评分表

加分	引体向上/次		1 min 仰卧起坐/次		1 000 m 跑		800 m 跑	
	大三大四	大一大二	大三大四	大一大二	大三大四	大一大二	大三大四	大一大二
10	10	10	13	13	−35 s	−35 s	−50 s	−50 s
9	9	9	12	12	−32 s	−32 s	−45 s	−45 s
8	8	8	11	11	−29 s	−29 s	−40 s	−40 s
7	7	7	10	10	−26 s	−26 s	−35 s	−35 s
6	6	6	9	9	−23 s	−23 s	−30 s	−30 s
5	5	5	8	8	−20 s	−20 s	−25 s	−25 s
4	4	4	7	7	−16 s	−16 s	−20 s	−20 s
3	3	3	6	6	−12 s	−12 s	−15 s	−15 s
2	2	2	4	4	−8 s	−8 s	−10 s	−10 s
1	1	1	2	2	−4 s	−4 s	−5 s	−5 s

注:引体向上、1 min 仰卧起坐均为高优指标,学生成绩超过单项评分 100 分后,以超过的次数所对应的分数进行加分; 1 000 m 跑、800 m 跑均为低优指标,学生成绩低于单项评分 100 分后,以减少的秒数所对应的分数进行加分。

第二节　《标准》测试方法和注意事项

本节对《标准》中各个测试项目的测试目的、器材、方法和参加测试的注意事项进行介绍,使同学们对《标准》的测试工作有所了解。

一、身高

(一)测试目的

测试学生身高,与体重测试相配合,评定学生的身体匀称度,评价学生生长发育及营养状况的水平。

(二)测试器材

身高计、体重秤。

(三)测试方法

受试者赤足,立正姿势站在身高计的底板上(上肢自然下垂,足跟并拢,足尖分开约成60°)。足跟、骶骨部及两肩胛区与立柱相接触,躯干自然挺直,头部正直,耳屏上缘与眼眶下缘呈水平位。测试人员站在受试者右侧,将水平压板轻轻沿立柱下滑,轻压于受试者头顶。测试人员读数时双眼应与压板水平面等高。测试结果以 cm 为单位,精确到小数点后一位,测试误差不得超过 0.5 cm。

(四)测试注意事项

(1)身高计应选择平坦靠墙的地方放置,立柱的刻度应面向光源。
(2)严格掌握“三点靠立柱”“两点呈水平”的测试姿势要求。
(3)水平压板与头部接触时,头顶的发结要放开,饰物要取下。
(4)测量身高前,受试者应避免进行剧烈的体育活动和体力劳动。

二、体重

(一)测试目的

测试学生的体重,与身高测试相配合,评定学生的身体匀称度,评价学生生长发育的水平及营养状况。

(二)测试方法

测试时,体重秤应放在平坦的地面上,受试者赤足,着装适宜,站在秤台中央。读数以 kg 为单位,精确到小数点后一位,测试误差不得超过 0.1 kg。

(三)测试注意事项

(1)测量体重前受试者不得进行剧烈的体育活动或体力劳动。
(2)受试者站在秤台中央,上下秤台动作要轻。

三、肺活量

(一)测试目的

肺活量是指在不限时间的情况下,一次最大吸气后,再尽最大力量所呼出的气体量,其是反映人体生长发育水平的重要机能指标之一。

(二)测试器材

肺活量测试仪。

(三)测试方法

房间要求通风良好,使用干燥的一次性口嘴。受试者不必紧张,并且要用全力,以中等速度和力度吹气效果最好。受试者面对仪器站立,手持吹气口嘴试吹 1~2 次,测试口或鼻处是否漏气,调整口嘴或用鼻夹(或自己捏住鼻孔);学会深吸气(避免耸肩提气,应该像闻花似的慢提气);深吸气后屏住气再对准口嘴尽力深呼气,直到不能呼气为止。测试前受试者进行一两次较平日深一些的呼吸动作后,更深地吸一口气,向口嘴处慢慢呼出直至不能再呼出气体为止,为防止此时从口嘴处吸气,测试时不得中途二次吸气。吹气完毕后,液晶屏上最终显示的数字即为肺活量值。每位受试者测两次,每次间隔 15 s,记录两次数值,选取最大值为测试结果,以 mL 为单位,不保留小数。

(四)测试注意事项

(1)肺活量测试仪的计量部位的通畅和干燥是仪器准确的关键,吹气筒的导管必须在上方,以避免口水或杂物堵住气道。

(2)每测试 10 人及测试完毕后用干燥棉球及时清理和擦干气筒内部。严禁用水、酒精等液体冲洗气筒内部。

(3)导气管存放时不能打折。

(4)定期校对仪器。

四、坐位体前屈

(一)测试目的

测试学生在静止状态下的躯干、腰、髋等关节可能达到的活动幅度,主要反映这些部位关节、韧带和肌肉的伸展性与弹性及学生身体柔韧素质的发展水平。

(二)测试器材

坐位体前屈测试仪。

(三)测试方法

受试者赤足坐下,两腿伸直,两脚分开 10~15 cm,平蹬抵脚板,上体前屈,两臂伸直向前,用两手中指尖逐渐向前推动游标,直到不能前推为止。测试仪抵脚板内沿平面为 0 点,未达到 0 点为负值,超过 0 点为正值。记录以 cm 为单位,精确到小数点后一位。每人测试两次,取最好的成绩。

(四)测试注意事项

(1)身体前屈两臂向前推动游标时两腿不能弯曲。

(2)两臂要以均匀速度逐渐向前推动游标,不得猛然用力或突然加速推动游标。

(3)测试前应做好躯干、腰、髋及下肢等关节的准备活动。

五、50 m 跑

(一)测试目的

50 m 跑是国际上通用的测试项目,通过较短距离的高强度跑来测试速度素质。速度素质的测试可以反映人体中枢神经系统的机能状态和神经与肌肉的调节机能,也可以综合地反映人体的爆发力、灵敏性、柔韧度等素质。

(二)场地器材

50 m 直线跑道若干条,要求地面平坦,地质不限,跑道线要清晰。发令旗一面,口哨一个,秒表若干块(一道一表)。秒表使用前,应用标准秒表校正,每分钟误差不得超过0.2 s。

(三)测试方法

受试者至少两人一组进行测试。站立式起跑,受试者听到“跑”的口令后开始起跑。发令员在发出口令的同时要摆动发令旗。计时员视旗动开始计时,受试者躯干部位到达终点线的垂直面停表。以s为单位记录测试成绩,精确到小数点后一位。

(四)测试注意事项

(1)受试者测试时最好穿运动鞋或平底布鞋,也可以赤足,但不得穿钉鞋、皮鞋、塑料凉鞋。

(2)发现有抢跑者要当即召回重新起跑。

(3)如遇风时一律顺风跑。

六、立定跳远

(一)测试目的

测试学生下肢肌肉爆发力及身体协调能力的发展水平。

(二)测试器材

立定跳远测试仪。

(三)测试方法

受试者两脚自然分开站立,站在起跳线后,脚尖不得踩线(测试仪对踩线判定十分灵敏,请在站立时与起跳线留有适宜的安全距离)。两脚原地同时起跳,不得有垫步或连跳动作。每人试跳两次,记录其中最好的成绩。

(四)测试注意事项

(1)发现犯规时,此次成绩无效。两次试跳均无成绩者,允许再次试跳至取得成绩为止。

(2)可以赤足,但不得穿钉鞋、皮鞋、塑料凉鞋。

七、仰卧起坐

(一)测试目的

仰卧起坐测试是评价肌肉力量和耐力的方法之一,主要评价腹肌和髋部肌肉的耐力,由于它能比较安全地测试肌肉的力量和耐力,因此将仰卧起坐单独列为女生的一个选测项目。

(二)测试器材

要求场地平整,草坪或软垫为宜;秒表。

（三）测试方法

受试者仰卧于测试软垫或草坪上，两腿稍分开，屈膝呈 90°左右，两手指交叉贴于脑后。另一同伴压住其踝关节，以固定下肢。受试者坐起时两肘触及或超过双膝为完成一次。仰卧时两肩胛必须触垫，否则不算完成个数。测试人员发出“预备”“开始”口令的同时开表计时，记录 1 min 内完成次数。1 min 到时，受试者虽已坐起但肘关节未达到双膝者不计该次数。

（四）注意事项

（1）受试者在测试过程中，不允许用手支撑地面或借助外力完成坐起要求。
（2）受试者双手交叉贴于脑后，但不要用力提拉脑部或颈部，以防用力过猛导致颈肩部运动损伤。
（3）计时员可以分阶段提示测试时间。

八、引体向上

（一）测试目的

主要测试学生的上肢肌肉力量的发展水平。

（二）测试器材

高、低单杠，秒表。

（三）测试方法

受试者跳起双手正握杠，两手与肩同宽成直臂悬垂。静止后，两臂同时用力引体，上拉到下颌超过横杠上缘为完成一次，下颌没有超过横杠上缘不计算个数，还原时两臂要伸直。

（四）注意事项

（1）上拉时意念集中在背阔肌，把身体尽可能地拉高，不要让身体摆动。
（2）下垂时脚不能触及地面，触地视为测试结束。
（3）上拉时，头部正直，目视前方，切忌过度仰头所导致的颈部损伤。
（4）下颌超过横杠上缘时，下落要缓，防止过快下落出现下颌与单杠磕碰而造成运动损伤。
（5）做完或时间到，下杠时要待身体静止后缓慢落地，预防摔倒。

九、800 m 跑或 1 000 m 跑

（一）测试目的

测试学生耐力素质的发展水平，特别是心血管、呼吸系统的机能及肌肉耐力。

(二)测试器材

400 m、300 m、200 m 田径场跑道,地质不限,也可以使用其他不规则场地,但必须丈量准确,地面平坦。秒表若干块,使用前需要校正,要求与 50 m 跑测试要求一致。

(三)测试方法

受试者至少两人一组进行测试。站立式起跑,受试者听到“跑”的口令后开始起跑。计时员看到旗动开始计时,当受试者躯干部位到达终点线的垂直面时停表。以 min、s 为单位记录测试成绩,不计小数。

(四)测试注意事项

(1)如果在非 400 m 标准场地上进行测试,测试人员应向受试者报告剩余圈数,以免跑错距离。

(2)测试人员应告知受试者在跑完之后保持站立并缓慢走动,不要立刻坐下,以免发生意外。

(3)受试者测试最好穿运动鞋或平底布鞋,但不得穿钉鞋、皮鞋、塑料凉鞋。

(4)测试前受试者应注意休息、饮食正常。测试后,注意补充适量水分,不允许测试后马上饮水,切记不要喝碳酸饮料和带汽饮料。测试后,注意观察个人情况,如出现不适、头晕、昏迷等情况,应立即就医或拨打 120 急救电话。

第三节　体质测试项目的专项锻炼方法

本节要介绍体质测试项目的日常锻炼方法和注意事项,请同学们根据自己的具体测试情况进行针对性的阅读、学习,以达到不断提高测试成绩的目标。需要特别指出的是,以下运动健身方法属于一般性原则,同学们在具体练习时要依据自己的身体素质进行有针对性的练习,做到循序渐进,科学训练。

一、中长跑锻炼方法

(一)耐力

如果我们把跑步看作一个金字塔,每年一次到两次的最高级的比赛作为金字塔顶,耐力基础则是塔基。对追求健康的跑步者来说,塔基是他们最感兴趣的。但对大多数的跑步者来说,塔基是整个计划的开始和结束,没有良好的基础,较大强度的力量工作和速度工作是不可能做到的。部分跑步者往往忽略了跑步计划,从而受到不良影响。其实我们可以很好地设计自己的跑步计划,为耐力训练打下良好基础。

(二)力量

在日常训练中,有规律地安排一系列简单的上身力量练习,将有效地提高训练者的跑步能力。这样做的目的是提高肩臂的力量和耐力,以及腹部和背部肌肉的力量。通过合理地利用双臂,跑步者的成绩可以提高近 12%。增加上臂的力量可通过简单的俯卧撑练习,做俯卧撑时不用太快,并注意利用两臂的宽度来加强背、肩、臂的力量。所有这些部位在长跑的最后阶段将起到重要的作用。

(三)速度

在跑步训练当中,提高跑步速度的方法主要包括三个方面:增加步频;增大步幅;既增加步频,又增加步幅。第一种方法比第二种方法更可取。步幅的增大会造成步幅过大,进而引起某些生物力学上的问题和运动损伤。速度训练,尤其是在田径场的速度训练应该是逐渐地(无痛的)提高步频和步幅的训练,重要的是要循序渐进地提高。田径场上的速度训练对于体会速度的感觉是非常重要的,同时其也提供了一个改进跑步形式的机会。

(四)休息

有的跑步者在耐力训练方面打下了一个良好的基础,有的跑步者把速度与耐力协调得相当好。但是,很少有跑步者认真对待休息这个重要的部分,而休息在中长跑训练中是最主要的因素。跑步给我们带来很多好处,但这些好处都是我们用代价换来的,这个代价就是肌体内肌肉组织的不断被破坏和重组的反复过程。无休止地跑步最终会导致肌肉损伤。在跑步中,我们认为损伤和过度使用的含义相同,而肌肉组织却在休息后比原来更加强壮了。

二、引体向上的锻炼方法

引体向上是锻炼上半身的最佳动作,它能使锻炼者拥有“倒三角”的身形。引体向上主要分为正手及反手,正手能训练背部肌肉,如下斜方肌和背阔肌,而反手因借助了二头肌和胸大肌的协助,相对会较为容易。虽然引体向上有很多好处,可是不少人特别是新手基本做不到,最终放弃练习这个动作。以下这些训练能帮助各位新手循序渐进地完成第一次正手引体向上。

(一)垂直悬挂

(1)找一条单杠,跳起以正手捉住单杠,双脚离地,直至支撑不住。
(2)这个简单的训练可以增强手的握力和前臂的力量。
(3)每次做 4 组,每组 4~6 次,每次维持 15~20 s。

(二)身体划船

(1)找一条高度约在腰部的单杠,脚跟着地。
(2)挺胸收腹,收紧肩胛骨拉起上身。
(3)每次做 4 组,每组 10~15 下。

(三)屈手悬挂

(1)提高自己至下颌于单杠上的位置,维持这个姿势直至支撑不住。
(2)每次做 4 组,每组 4~6 次,每次维持 10~15 s。

(四)下降练习

(1)起始动作为屈手悬挂,然后身体慢慢向下,直至回到垂直悬挂。

(2)整个下降动作保持稳定,用背肌对抗地心吸力。

(3)每次做4组,每组5~8下。

只要跟着以上的练习一步一步去做,很快便能完成第一次的引体向上,继续坚持,增加训练强度,将完成5个、10个,甚至更多。

三、仰卧起坐的锻炼方法

(一)仰卧举腿

仰卧垫上,双腿举起于头上,举腿时控制角度,举放腿动作要慢,做20~30次,重复3~4组。

(二)空腿蹬车轮

仰卧垫上,两腿快速进行蹬车轮动作30次,重复3~4组。

(三)肋木悬垂举腿

背靠肋木,双手同肩宽向上伸直握住肋木,双腿伸直离地悬空。双脚向头上举起,慢举慢放,注意控制举腿角度,做15~20次,重复3~4组。

(四)俯卧挺背

全身俯卧于垫上,两手背于身后,另一人压住小腿,上体挺身高抬30次,反复3~4组。

(五)仰卧起坐的时间训练

(1)15 s的训练。这样的训练主要是提高学生的冲刺能力。

(2)20 s的训练。这样的训练能提高学生的爆发力,在保证体能的前提下能够保证学生的动作要领和动作质量,要求学生能突破25个左右最好。

(3)30 s的训练。这样的训练是学生在训练20 s的基础上有了进步再进行的提高训练,要求学生能突破35个,反复2~3组。

(4)1 min的训练。这样的训练要注意前面45 s的节奏训练,但是最后15 s或者10 s是一个冲刺过程。

四、立定跳远的锻炼方法

(一)蹲跳起

蹲跳起是主要发展腿部肌肉力量和踝关节力量的练习。双脚左右开立,脚尖平行,屈膝向下深蹲或半蹲,两臂自然后摆,然后两腿迅速蹬伸,使髋、膝、踝三个关节充分伸直,同时两臂迅速有力向前上摆,最后用脚尖蹬离地面向上跳起,落地时用前脚掌着地屈膝缓冲,接着再跳起。每组练习 15~20 次,重复 3~4 组。

（二）单脚交换跳

单脚交换跳是发展小腿、脚掌和踝关节力量的练习。上体正直,膝部伸直,两脚交替向上跳起。跳时主要是用踝关节的力量,用前脚掌快速蹬地跳起,离地时脚面绷直,脚尖向下。原地跳时,可规定跳的时间(30 s~1 min)或跳的次数(30~60 次)。行进间跳时,可规定跳的距离(20~30 m),以上练习重复 2~3 组。

（三）蹑跳步

蹑跳步主要用来发展腿部后群肌肉和踝关节的力量,训练身体的协调性。用右(左)腿直膝向前上方跳起,同时左(右)腿屈膝向上举,右腿落地,然后换腿,用同样方法跳,两臂配合腿前后大幅度摆动。跳时踝关节和前脚掌要用力,整个动作轻快,它与舞蹈的“蹑跳步”动作类似。

（四）纵跳摸高

纵跳摸高是为发展腿部肌肉和踝关节力量而经常采用的一种练习方法。两脚自然开立成半蹲预备姿势,一臂或两臂向上伸直,接着两腿用力蹬伸向上跳起,用单手或双手摸高。每组练习 10 次左右,重复 3~4 组。

（五）蛙跳

蛙跳是发展大腿肌肉和髋关节力量的练习。两脚分开成半蹲,上体稍前倾,两臂在体后成预备姿势,两腿用力蹬伸,充分伸直髋、膝、踝三个关节,同时两臂迅速前摆,身体向前上方跳起,然后用全脚掌落地屈膝缓冲,两臂摆成预备姿势。连续进行 5~7 次,重复 3~4 组。

五、坐位体前屈的锻炼方法

（一）正压腿

·条腿直立,另一条腿举起放于高度适当的高物上,身体正对高腿,上体向前尽量用胸部贴腿,双膝不得弯曲,复原姿势后连续再做。

（二）侧压腿

一条腿直立,另一条腿举起放于高度适当的高物上,身体侧对高腿,上体尽量侧屈,用头的一侧贴腿。不要前倾或后仰,复原姿势后连续再做。

（三）正踢腿

直立,两臂平举,左脚向前迈出一小步,右腿绷脚面伸直,急速有力地向上踢腿,落下时要有控制。两腿交替练习。

(四)并腿体前屈

两腿并立,上体前屈,两手触地,上体与腿尽量贴近,复原姿势后连续再做。两腿左右开立(大于肩宽),上体前屈,臀部自然后移,双膝伸直,两手先向左腿外侧摸地面,复原姿势后再向右腿外侧摸地面,连续再做。双腿伸直坐于垫上或床上,上体前屈,两臂向前尽力用手触摸脚尖,膝关节不得弯曲,复原姿势后连续再做。

六、50 m 短跑的锻炼方法

短跑项目属于极限强度运动项目。生理学、生物化学的理论认为,极限强度运动属于由无氧代谢方式供给能量。短跑技术要求人的躯干稍前倾,但不能低头弯腰。两臂应弯曲在体侧做前后摆动。由此可见,短跑技术要求特别高,是一项要求全身配合、反应快、灵活性高、强度大的激烈运动项目。平时的训练主要从以下几个方面入手。

(一)发展爆发力练习

爆发力由两个有机组成部分确定,即速度与力量。因此,可采用跳深、纵跳、负重纵跳、负重蹲跳起、负重深蹲和负重弓箭步交换跳等方法进行练习。

(二)柔韧素质的练习

柔韧素质是指人的各个关节活动的幅度,肌肉韧带的伸展能力。它在短跑运动中具有重要意义,尤其对于增大步幅有着十分重要的作用,因此,在训练中通常采用以下方法,即体前屈练习,把杆拉腿,纵、横臂叉,肋木体前后快速屈伸,踢腿(正、侧面以及外摆内合四个方面),盘腿坐膝,快速的蹲立练习等。

(三)动作速度的训练

这个环节是短跑训练的关键,采用的方法通常是辅助练习法、重复法、比赛法和游戏法。其中比赛法是进行速度训练经常使用的方法,由于速度练习时间短,经常使用比赛法,能使运动员情绪高涨,表现出最大速度。游戏法和比赛法作用一样,可以激发运动员高涨的情绪,同时,游戏过程中能引起各种动作变化,还可以防止因经常安排表现最大速度的练习而引起的"速度障碍"。

具体锻炼方法有:以 90%~95%的强度进行 20~60 m 跑,每组跑 4~5 次,每次休息 3~6 min,重复 2~3 组,这有助于提高速度。同时,改变短跑的起跑姿势,站立式、转身式和行进间起跑也有助于提高速度。

七、肺活量的锻炼方法

(一)跑步

跑步是最简单也是最方便的锻炼项目,不受天气影响,寒暑假都能进行。对增强肺活量来说,变速跑的作用最大。快步跑 100 m,然后慢慢跑回来,如此反复地跑,每跑 2~3 km 为一组,每次锻炼最好跑 2~3 组。刚开始进行锻炼时,许多人都有全身疼痛、上不来气的感觉，坚持运动一周左右这种情况就会大大改善，这时就能转入变速跑。变速跑也要循序渐进，最初先练一组，然后逐步加量。

（二）游泳

因为水对肺部存在压力，能提升对呼吸机能的能力要求，所以游泳锻炼肺活量的效果比跑步还好。锻炼的方法类似变速跑，也要快游出去再慢游回来，以距离 50 m 为宜，反复训练。

（三）跳绳

跳绳不仅能锻炼肺部机能，还有利于增高，以及增强人体协调能力和灵敏度。跳绳时有快速跳和跳花式两种选择，前者在短时间内多次跳，后者强调变换姿势，可以跳一下甩两下绳子，或者带人跳、正反跳。

（四）俯卧撑

俯卧撑既练习了上肢力量，对肺活量也有帮助。每次根据个人能力连续做几十个，如果在地上做的难度大，也可以将手撑在桌子上做。

（五）骑自行车

骑自行车宜选择在比较开阔、往来车辆稀少的路段，上坡路段最佳，憋足气快速骑车登上坡，往返几次。

（六）呼吸操

在没有条件进行体育锻炼的时候，做呼吸操对提升肺活量也有效果。瑜伽练习者将深呼吸称为腹部呼吸，俗称“喘大气”。

【思考题】

1. 制定与实施《国家学生体质健康标准》的目的与意义是什么？
2. 简述《国家学生体质健康标准》中各个测试项目的测试目的以及注意事项。
3. 引体向上/1 min 仰卧起坐的锻炼方法有哪些？

第六章　大学生体育竞赛组织与方法

第一节　体育竞赛概述

一、体育竞赛的定义

体育竞赛是各类体育运动项目比赛的总称。它是以增强人民体质、丰富人民社会文化生活以及在比赛中夺取优胜为目的,以比赛项目为内容,以运动规则为裁判尺度所进行的个人或集体之间的体能、技艺、心理素质和智能等方面的较量。体育竞赛是社会活动,属于文化教育的范畴。

二、体育竞赛的构成要素

(一)参与人群

参与竞赛的人群包括竞赛组织者、参赛者、裁判员、管理服务人员和观众。其中参赛者是核心,观众在体育竞赛中也占据着十分重要的位置。

(二)开展竞赛的物质条件

开展竞赛的物质条件包括场地、器材和有关竞赛的用品。其中场地是必不可少的物质条件。

(三)竞赛的组织管理

组织管理工作包括竞赛规则、竞赛规程、组织编排和组织竞赛四个方面。组织管理是体育竞赛能够顺利完成的基本保证。

三、体育竞赛的特征

(一)竞争性特征

竞争性是指在体育竞赛过程中,参赛者互为对手,通过一系列竞赛行为,分出强弱、优劣,最后决出优胜者。参赛者必须具有优秀的技术、战术水平和强烈的竞争意识及对抗能力,才能在体育竞赛中获胜。同时,竞争激烈、表现精彩的体育竞赛能够吸引更多的观众前来观看,由此可以产生良好的社会效益和经济效益。随着世界体育竞赛水平的提高,其竞争性更趋于紧张、激烈、精彩。竞争性是体育竞赛最显著的特征之一。

（二）公平性特征

公平性是指参赛者必须在条件和机会均等的情况下进行竞赛，不允许有任何不平等的现象存在。为使竞赛得以顺利进行，必须建立相应的结构体系和运动机制，并对所有参与竞赛活动的人和整个竞赛环境提出严格的制约条件，以达到竞赛的公平与合理。竞赛规则和竞赛规程对竞赛行为和竞赛条件有着严格的限制和明确的规定。竞赛机构工作的严肃性和裁判员执法的公正性、一致性，是保证体育竞赛公平性的又一重要条件。公平性是体育竞赛与自发游戏和个体自身运动行为之间的一个主要区别。

（三）社会性特征

社会性是指参赛者所取得的成绩必须在特定的竞赛场合，按照国际与国内体育竞赛规则的要求和在裁判员确认的情况下，才会获得社会的承认。体育竞赛是超越国家、民族之上的人民之间的聚会和交流，其竞赛项目、竞赛结果必然要得到全世界和全社会的认同。同时，体育竞赛是社会文化生活的组成部分，任何体育运动项目及其竞赛只有得到社会公众的承认和参与，才具有继续生存和发展的生命力。当前，体育竞赛频繁，体育竞赛更加国际化，各国在组织体育竞赛特别在竞技体育竞赛的规格和标准上都十分重视符合国际奥林匹克运动的统一要求，这是现代体育竞赛的一个重要特征。

（四）过程与结果的不确定性特征

体育竞赛的过程与结果具有明显的不确定性。体育竞赛的过程充满着动态的变化，这些变化往往又是无法预料的。各种直接对抗类竞赛项目的竞赛过程尤其如此。比赛的双方根据对手的状况不断地、及时地采取相应的技术、战术，扬长避短，攻其不备，使比赛跌宕起伏，精彩纷呈，胜负难料。即使是比赛结果可以准确、客观测量的竞赛项目，如田径、游泳等，其比赛结果也有很大的不确定性。竞赛过程和结果的这种不确定性，是体育竞赛的真正魅力所在。人们为比赛过程所吸引，对比赛结果的预测、期盼，是广大观众、体育迷们热衷于观看、参与比赛的重要内在动因和动力。

四、体育竞赛的意义

体育竞赛是体育运动的主要特点之一，积极开展体育竞赛有如下重大意义。

（一）体育竞赛可以促进体育运动的普及与水平的提高，推动体育事业的发展

体育竞赛的普遍开展，可使广大观众了解各项运动的特点与意义，培养兴趣，增强参与意识，鼓励更多的人尤其是青少年参加运动，推动“阳光体育运动”和群众体育运动的开展，从而提高全民健康水平。

（二）体育竞赛可以检查教学与训练工作

一个教师平时体育教学与训练的效果如何，可以通过运动竞赛来检验。运动员技术水平及运动成绩的高低与否，同样可以通过运动竞赛来反映。另外，可以总结并交流经验，互相学习，取长补短，促进今后的教学与训练工作。

(三)体育竞赛是发掘和培养人才的重要途径

许多优秀运动员都是在参加各种类型、不同层次的体育竞赛中被发现后逐步培养成为优秀选手的。众多青少年选手在各种体育竞赛中展露才华,成为竞技运动的栋梁之材。

(四)体育竞赛可以丰富业余文化生活

不管是亲自参加还是观赏运动竞赛,都是一种富有情趣的、高尚的业余文化生活内容。人们观赏不断向难、新、尖、高方向发展的竞技比赛是一种美的享受,常常有一种移情作用,忘了烦恼与不快,“净化”情感,疲劳的脑力和紊乱的情绪也得到有益的调节。自身参与特别是属于自己擅长的运动项目竞赛,会在身体完成各种复杂的练习过程中以及斗智斗勇的拼搏过程中,产生自信心、自豪感,获得不同的愉快情绪。

(五)体育竞赛可以加强人民之间的团结友谊

家庭运动会可以使家庭更加幸福和睦;一个学校的班级赛可以加强班级内部的团结;各产业系统的比赛可以促使全企业职工爱厂意识的加强;全运会则显示全国人民的大团结。

(六)体育竞赛有利于培养大学生优良品质和集体主义精神

校内外体育竞赛有利于培养学生敢于拼搏、奋发向上、锐意进取、遵守纪律、服从裁判的优良品质和集体主义精神,对高校精神文明建设有积极促进作用。

第二节　常见的体育竞赛组织形式

体育竞赛组织形式是指从比赛开始、比赛进行直至比赛结束的过程中,为合理比较参赛者的运动水平,公正排定参赛者的比赛名次所采取的组织和编排方式。这种组织编排及完成竞赛的方法,称为竞赛制度,简称“赛制”。在体育竞赛中常用的赛制组织形式有循环赛制、淘汰赛制、混合赛制和扩展赛制等。在组织竞赛时,组织者应根据比赛的项目、比赛的目的和任务,以及参赛者数目、时间长短、场地条件及训练水平等实际情况来考虑选用哪一种赛制,以便使比赛顺利进行和圆满结束。下面着重介绍三种最常见的赛制组织形式。

一、循环赛制

循环赛制,是每个队都能和其他队比赛一次或两次,最后按成绩计算名次。这种竞赛方法比较合理、客观和公平,有利于各队相互学习和交流经验。它的特点是比赛场次多,接触对手多,有更多互相学习、实战锻炼的机会。最后排定的名次基本符合各队的实际运动水平,偶然性小。不足的是比赛的时间长、占用场地多,参赛者(队)数量多时不宜采用。循环赛制包括单循环、双循环和分组循环三种方法。

(一)单循环

单循环是所有参加比赛的队均能相遇一次,最后按各队在全部比赛中的积分、得失分率排列名次。如果参赛者(队)不多,而且时间和场地都有保证,通常采用这种竞赛方法。

1. 单循环比赛轮数计算

如果参赛队数是偶数,则比赛轮数为队数减 1; 如果参赛队数是奇数,则比赛轮数等于队数。例如,8 个队参赛,比赛的轮数为 8-1=7 轮;5 个队参赛,比赛就要进行 5 轮。

2. 单循环比赛场次的计算

单循环比赛场次计算的公式为:队数(队数-1)= 比赛总场数。

计算场次的目的在于计算比赛所需的场地数量,并由此考虑到裁判员的数量,以及如何编排竞赛日程表等。

3. 单循环比赛编排

单循环比赛顺序的编排一般采用轮转法。不论参赛队数是偶数还是奇数,都应按偶数编排。如果参赛队数是奇数可以补一个“0”号,与“0”号相遇的队就轮空一次。例如,有 6 个队参赛的情况下, 其编排见表 6-1。

表 6-1　编排表 1

第一轮	第二轮	第三轮	第四轮	第五轮
1—2	1—3	1—4	1—5	1—6
6—3	2—4	3—5	4—6	5—2
5—4	6—5	2—6	3—2	4—3

这种轮转法适用于各队实力互不了解,故采用抽签定位的方法,很可能出现强队早期相遇。“逆时针轮转法”是通常采用的编排方法,这种编排方法可使最后的比赛保持精彩,其编排见表 6-2。

表 6-2　编排表 2

第一轮	第二轮	第三轮	第四轮	第五轮
1—6	1—5	1—4	1—3	1—2
2—5	6—4	5—3	4—2	3—6
3—4	2—3	6—2	5—6	4—5

在有 5 个队参赛的情况下,可用补“0”的办法编排,见表 6-3。

表 6-3　编排表 3

第一轮	第二轮	第三轮	第四轮	第五轮
0—5	0—4	0—3	0—2	0—1
1—4	5—3	4—2	3—1	2—5
2—3	1—2	5—1	4—5	3—4

下述方法通常可使最后的比赛保持精彩,是常用的编排方法(表 6-4)。

表 6-4　编排表 4

第一轮	第二轮	第三轮	第四轮	第五轮
1—0	1—5	1—4	1—3	1—2
2—5	0—4	5—3	4—2	3—0
3—4	2—3	0—2	5—0	4—5

为了避免劳逸不均的情况，还可以把“0”号放在右边最下位置，并且保持不动。

(二)双循环

双循环是所有参赛的队均能相遇两次，最后按各队在两个循环的全部比赛中的积分、得失分率或胜负比率等排列名次。若参赛队少，或者为创造更多的比赛机会，则通常采用双循环的比赛方法。双循环的轮次、场次以及比赛时间，均是单循环的倍数。

目前的全国足球超级联赛及全国男子篮球甲 A 联赛采用主客场制，第一阶段的预赛和 9~12 名保级赛中采用的就是双循环比赛方法。

(三)分组循环

分组循环是将所有参加比赛的队分成若干个小组进行第一阶段预赛，然后每组的优胜队之间再进行第二阶段的决赛，决定第一名和以下的名次。在分组预赛中采用单循环的比赛方法，在决赛中可采用单循环赛、同名次赛、交叉赛等，故也称这种竞赛方法为混合循环制。分组循环适用于有较多队参加的竞赛，可以在不长的期限内较合理、较公平地完成竞赛任务。例如，世界杯足球赛第一阶段的比赛。

分组循环的不足之处是参赛队由于实力不同，如果分布不均，可能造成强队先期被削减、弱队反而名次排列在前面的局面。为了克服这个缺陷，在编排中应设立“种子队”。“种子队”可以通过协商来确定，也可以根据上一届比赛的名次来确定。为了照顾主办竞赛单位，有时也将主办单位队列为“种子队”。“种子队”的确定事先在竞赛规程中应做出规定，还要经过一定会议的讨论认可。分组循环的具体编排如下：例如，有 16 个队参加比赛，为了队数相等，可分成 4 个小组，每组 4 个队。如果时间、经费允许，又希望多打比赛，也可以分成两个小组，每组 8 个队。4 个小组的“种子队”经抽签编到小组内。

二、淘汰赛制

淘汰赛制是参加比赛的队经过一次或两次失败后即被淘汰。获胜的队继续比赛，一直到取得最后胜利。这种竞赛方法适用于比赛者(队)数多、比赛期限短的情况。这种竞赛方法虽然体现了“优胜劣汰”的原则，但就整体比赛而言，它出现胜负的偶然性较大，合理性较差。一般大球类(篮球、排球、足球等)竞赛较少单独使用，小球类(乒乓球、网球、羽毛球等)竞赛采用较多。淘汰赛制分为单淘汰赛制和双淘汰赛制两种。

(一)单淘汰赛制

单淘汰赛制是参加比赛的队经过一次失败后，即被淘汰。这种竞赛方法，最终可决出冠、亚军，但不能决出其余名次。单淘汰赛制的编排方法是：首先根据参赛的队数制定比赛轮次表,然后经各队抽签,再将队名填入相应的表内。

例如,有 8 个队参加比赛,其轮次如图 6-1 所示。

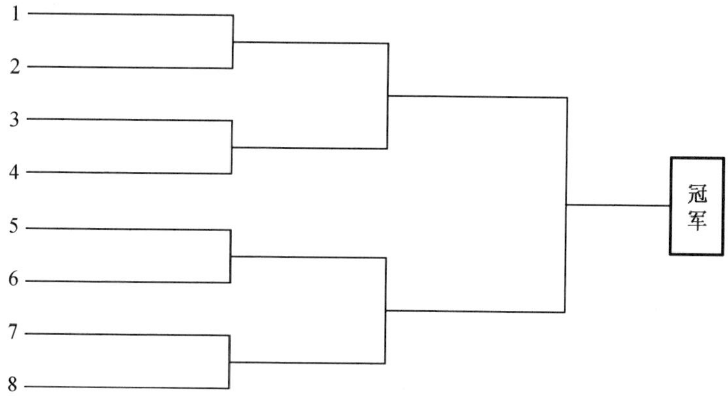

图 6-1　单淘汰赛制的比赛轮次

第一轮获胜的队进入第二轮,第二轮获胜的队进入第三轮,最后决出优胜队。胜队为冠军,负队为亚军。

单淘汰赛制要先把"种子队"(或"种子"选手)放在轮次表的适当位置。如果设两个"种子队"(或"种子"选手),应分别排在轮次表的最上边和最下边。如果设四个"种子队"(或"种子"选手),应分别排在两个半区的最上边和最下边。如比赛需要有轮空,则"种子队"(或"种子"选手)在第一轮中优先轮空为好。

单淘汰赛制场数的计算公式为实际比赛场数 = 人数 - 1。因在单淘汰赛制中,每进行一场比赛即淘汰一名运动员,但最后一名冠军不可能被淘汰。

例如,64 人参加比赛,比赛场数 = 64 - 1 = 63 场。

(二)双淘汰赛制

双淘汰赛制是参加比赛的队(人)经过两次失败后即被淘汰。这种竞赛方法,给比赛的队(人)增加了竞争的机会,从而减少了比赛胜负的偶然性。双淘汰赛制的编排方法基本上和单淘汰赛制相同,只是进入第二轮后,失败的队(人)还要进行比赛,再失败的队(人)则被淘汰。如有 8 个队参加比赛,双淘汰赛制的比赛轮次如图 6-2 所示。

除了冠亚军外,其余的名次可根据在比赛中获胜的次数来确定(多者名次列前)。如果两个队(人)获胜的次数相等,则两个队(人)之间比赛获胜者名次列前。如果两个队(人)之间没有比赛,则名次并列。另外,也可采用附加赛的办法决定其余名次。

三、混合赛赛制

前面已提及,每种竞赛制度(形式)都各有优缺点,如果将其混合起来使用,就会扬长避短,相辅相成,取得较好的效果。混合赛赛制就是在同一竞赛中,分阶段采用循环赛制和淘汰赛制的竞赛方法。混合赛制可以先在第一阶段预赛中采用分组循环赛制,第二阶段决赛中采用淘汰赛制;或者相反。

任何一种赛制或方法,其优缺点都不是绝对的,如其符合竞赛的目的、性质、队数、时间和场地等需要，就是相对正确和先进的。例如，2008 年在奥地利和瑞士举行 26 届欧洲杯男子足球赛，16 个参赛队第一阶段比赛中采用分四个小组进行单循环比赛，第二阶段采用交叉赛淘汰的方式进行。

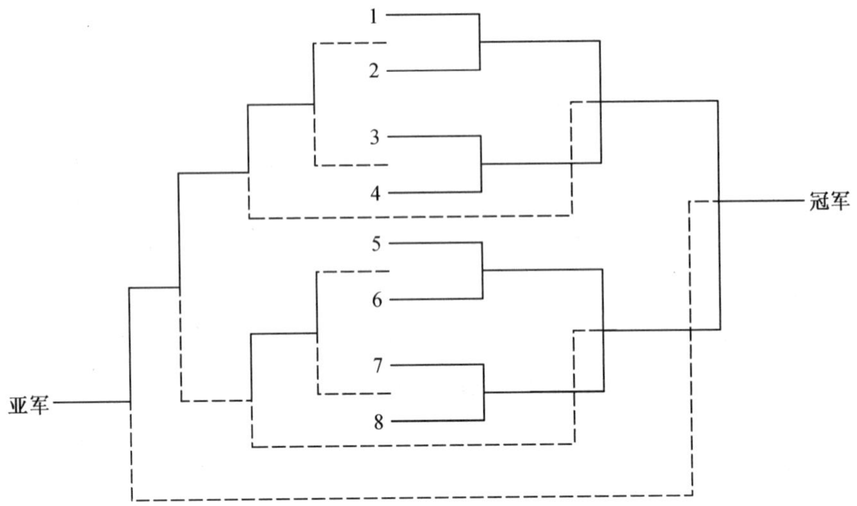

图 6-2　双淘汰赛制的比赛轮次

第三节　运动竞赛的组织工作与编排程序

主办体育竞赛是一项复杂而细致的组织管理工作，其组织管理水平直接影响到整个竞赛的顺利进行。因此，根据现行的竞赛规则，有计划、周密地组织好各种运动竞赛，对发挥各有关人员的积极性、提高工作效率、达到运动竞赛的预期目的都有极为重要的意义。高等学校的学生作为未来体育活动的群众骨干分子，应对此有一个基本了解。

一、竞赛组织工作

（一）成立体育运动竞赛的组织机构并明确职能

1. 成立赛会组织委员会

组织较大型竞赛活动，首先要成立组织委员会（简称“组委会”）。它是竞赛的最高领导机构。组委会的前身一般是赛前的竞赛筹备委员会。组委会由主任、副主任和若干委员组成。小型竞赛活动成立竞赛小组即可。

2. 赛会组委会的下设机构及任务

组委会从实际工作出发下设各专门职能机构是竞赛组织、管理工作的关键，是保证比赛顺利完成的重要环节。合理地设置机构、划分明确的职能、工作落实到人，对圆满完成竞赛任务至关重要。一般设有秘书处（组）、竞赛处（组）、后勤处（组）、仲裁委员会等主要工作机构。

秘书处（组）主要职责：制订工作计划和检查执行情况，筹办会议和起草文件通知，负责宣传教育和会场、场馆、住地的环境布置,印制秩序册和制作证件,制订开、闭幕式方案并组织实施,制作奖品并参与组织发奖仪式,编写简报和组织新闻报道,印制请柬和安排票务工作,组织参观、游览及文体活动,负责迎来送往等公共关系工作。

竞赛处(组)主要职责:制订竞赛计划和竞赛规程,办理运动员报名和资格审查,组织竞赛抽签和竞赛编排,印制有关竞赛文件和各种竞赛表格,选调裁判员及组织赛前集训,按规程和规则要求检查、落实场地和器材等。

后勤处(组)的主要职责:起草竞赛经费预算和决算;安排赛区住宿、伙食、交通、通信及医疗等工作;负责维修场地、设备和购置比赛器材,负责赛场和住地的安全、卫生工作;负责接送和票务工作。

仲裁委员会的主要职责:举办各级各类比赛均应成立仲裁委员会。仲裁委员会的任务是复审比赛期间执行竞赛规则、竞赛规程中发生的纠纷,保证竞赛规则、竞赛规程的正确进行。人数一般为5~7人,人选由组委会确定并公布。仲裁委员会出席会议人数必须超过半数,做出的决定方为有效。仲裁委员会对申诉所做的决定为最终裁判,并立即生效,所做决定应报组委会备案。

(二)运动竞赛的组织实施步骤及工作内容

组织实施一般分为赛前准备、比赛实施和赛后总结三个阶段。

1. 赛前准备阶段的工作

(1)建立组委会并进行工作分工。

(2)制订竞赛计划。竞赛计划内容主要包括:竞赛名称、时间、地点,竞赛的目的和方针,组织机构方案,参赛单位,录取名次和奖励,裁判工作,场地、器材准备,后勤保障工作,开、闭幕式方案。

(3)制订组织方案和竞赛规程。组织方案内容包括:运动会的名称和目的任务,运动会的规模,运动会的组织机构,运动会的经费预算以及工作步骤等。竞赛规程的内容:根据组织方案拟定运动会的名称、目的要求、主办单位、承办单位、比赛日期及地点、参加单位及组别等,比赛项目,参加比赛办法,报名办法,计分及奖励办法,比赛规则,参加竞赛单位应注意事项等。

(4)组织报名。大中型运动会报名工作分两次进行,第一次为初步报名,第二次为最后报名。

(5)建立组织机构。设置有关职能机构,确定工作岗位和人员的分工和职能。

2. 比赛实施阶段的工作

(1)确定大会报到日期,做好各机构人员、裁判员、工作人员和各参赛队等的接待工作。

(2)召开各类会议,包括组委会(竞委会)会议、技术会议、裁判员培训会和领队会等。

(3)开幕前的礼宾活动和开幕式。

(4)根据竞赛规程和规则,按比赛日程组织比赛。

(5)闭幕式或颁奖仪式。

3. 比赛总结阶段的工作

(1)运动员、裁判员离会。

(2)竞赛工作总结。

(3)整理资料归档。

(4)编印、发放比赛成绩册。

(5)汇报组织竞赛结果。

二、体育竞赛编排程序

(一)全面了解和熟悉比赛情况

学习竞赛规程和竞赛规则,了解和确定竞赛的内容、形式、时间安排、比赛单位、组别、项目、参赛办法、奖励及计分方法,掌握竞赛的场地器材情况和裁判员的人数、水平等情况。同时,要准备有关用具,绘制各种比赛用表。

(二)接受、检查、审核报名情况

接受、检查报名是否逾期,检查各单位报名是否符合竞赛规程的规定。大型或正规比赛,报名截止时间一到,即不接受任何报名。群众性的、基层的体育竞赛则要注意审核有无漏报、错报的情况,一经发现,要尽快与报名单位取得联系,及时补报和改正,以便让更多的人参与竞赛活动。要严格审核运动员的参赛资格,若有疑问,要及时了解清楚,尽快做出处理,以保证竞赛的顺利进行。一般比赛各单位提交统一标准报名单。

(三)搞好各项数据统计与编排

统计各类参赛者的人数,填写各种相关竞赛表格和卡片,编排运动员姓名号码对照表,号码顺序可以按各队报名先后的顺序排定,也可以按组委会规定的顺序排定。进行各项统计工作,如田径比赛需统计各单位参加人数;各项目的运动员人数和运动员兼项人数等,以便掌握情况,为编排工作做准备,按要求填写各种竞赛表格和卡片,卡片填好后经过核对后,按项目归类,以备编排时用。

(四)编排竞赛秩序

编排竞赛秩序首先根据竞赛规程的规定和不同竞赛项目及场地器材的情况,计算出比赛的需用时间,同时根据参赛队数和人数确定赛制。球类竞赛项目要计算场数和轮数,田径、游泳等竞赛项目则计算比赛单元、比赛场次。然后遵循各项竞赛的编排要求和编排方法将竞赛项目与参赛者安排到比赛的具体位置上,编排时通常是采用抽签的方法把参赛者定位或分组定位。各体育竞赛项目的不同,其抽签的实施方法也各不相同,有时需要安排“种子队”(或“种子”选手)。竞赛秩序编排好后,还要确定具体的比赛时间、地点、程序等,并在此基础上制定出竞赛日程。

(五)编印竞赛秩序册

竞赛秩序册是组织完成一次竞赛活动的综合性的完整文件。竞赛秩序册是竞赛组织者组织管理比赛的依据,也是教练员、运动员、裁判员参加比赛的依据。竞赛秩序册既是比赛的时间表与项目安排表,又是比赛的成绩册。竞赛秩序册应在比赛开始前发给参与者。

竞赛秩序册一般有以下内容。

1. 封面

封面内容有比赛名称、时间、地点、主办单位、协办单位和赞助单位等。封面上要印有运动会会徽和“秩序册”三个大字。

2. 目录

目录是按顺序排列秩序册的所有内容。

3. 竞赛规程和补充规定

竞赛规程和补充规定是组织和参加竞赛的指导性文件。

4. 组委会成员名单和办事机构成员名单

组委会成员名单和办事机构成员名单包括各单项竞赛委员会、仲裁委员会成员名单和裁判长、裁判员名单。

5. 各代表队名单

各代表队名单按有关规定顺序排列，内容有队名、领队、教练、医生和运动员名单。运动员名单内容有号码、姓名、出生年月日、身高、体重、民族和参赛项目等。

6. 大会活动日程

大会活动日程包括运动员、裁判员、报到的时间、训练的时间，组委会会议及裁判长、领队、教练员联席会议和有关抽签的安排，竞赛安排，比赛结束和离开时间，有关注意事项。

7. 竞赛日程

竞赛日程具体明确各个比赛项目，各场比赛的时间、地点、比赛队和服装要求等。

8. 各项竞赛分组

各项竞赛分组是指田径、游泳等竞赛项目需要分组分道。

9. 比赛成绩表

比赛成绩表是绘制各种成绩的表格，根据比赛的结果填写。

10. 参赛各类人员统计表

略。

11. 最高纪录或最好成绩

公布以往比赛最高纪录或最好成绩，例如，田径比赛可将单位、省、市、国家和世界纪录及创造者列表公布，以便与比赛中的成绩进行对照。

12. 比赛场地平面图

略。

【思考题】

1. 体育竞赛的定义是什么？
2. 体育竞赛有何现实意义？
3. 常见的体育竞赛组织形式有几种，各自特点是什么？
4. 竞赛秩序册主要有哪些内容？

第七章　弘扬体育精神

我国体育健儿在里约奥运会上的出色表现，生动诠释了奥林匹克精神和中华体育精神，为祖国争了光，为民族争了气，为奥运增了辉，为人生添了彩，激发了全国人民的爱国热情和全世界中华儿女的民族自豪感，增强了中华民族的凝聚力、向心力、自信心，是中国精神的一个重要体现。

——2016年8月25日，习近平在会见第31届奥运会中国体育代表团时强调

体育强则国家强，国家强则体育强。发展体育事业不仅是实现中国梦的重要内容，还能为中华民族伟大复兴提供凝心聚气的强大精神力量。我们要弘扬中华体育精神，弘扬体育道德风尚，推动群众体育、竞技体育、体育产业协调发展，加快建设体育强国。

——2019年2月1日，习近平在考察北京冬奥会和冬残奥会筹办工作时强调

人无精神则不立，国无精神则不强。精神是一个民族赖以长久生存的灵魂，唯有精神上达到一定的高度，这个民族才能在历史的洪流中屹立不倒、奋勇向前。中华民族在历史上经历过很多磨难，但从来没有被压垮过，而是愈挫愈勇，显示出非凡的凝聚力，这就是精神的力量。习近平强调：“一个民族的复兴需要强大的物质力量，也需要强大的精神力量。”当前，站在“两个一百年”的历史交汇点，我们既迎来难得机遇，也面临严峻挑战。从建党百年的历史节点看向未来，不但要看清楚过去我们为什么能够成功，还要弄明白未来我们怎样才能继续成功。在实现第二个百年奋斗目标的新征程中，要不断汲取精神营养，大力弘扬时代精神，筑牢精神之基，以永不懈怠的精神状态和一往无前的奋斗姿态不懈推进中华民族伟大复兴，努力创造无愧于党、无愧于人民、无愧于时代的业绩，走好新时代的长征路。实现中华民族伟大复兴的中国梦，是当代中国爱国主义最鲜明的主题。伟大的事业需要伟大的精神。无论是革命战争年代还是和平发展时期，中华体育精神都是伟大中华民族精神的重要组成部分，充分展现了中国人民自信自强的精神风貌。

习近平指出，以“为国争光、无私奉献、科学求实、遵纪守法、团结协作、顽强拼搏”为主要内容的中华体育精神来之不易，弥足珍贵，要继承创新、发扬光大。体育是社会发展和人类进步的重要标志，也是综合国力和社会文明程度的重要体现。大力弘扬中华体育精神，充分发挥其提高民族自信心、增强民族凝聚力、振奋民族精神的重要作用，必将为实现第二个百年奋斗目标、实现中华民族伟大复兴的中国梦注入源源不断的活力。

文化是体育之根，精神是体育之魂。体育在提高大学生身体素质和健康水平，促进大学生的全面发展，丰富大学生精神文化生活，激励学生们弘扬追求卓越、突破自我的精神方面，都有着不可替代的重要作用。体育精神是体育实践活动中形成的宝贵精神财富，是体

育的精髓和灵魂，是社会主义核心价值观的重要组成部分，是中国精神的重要组成部分。我国几千年传统文化形成的民族自信心、自尊心、自豪感以及富国强民的价值追求为体育精神赋予了爱国主义、集体主义等鲜明的文化特征，构成了中华体育精神的丰富内涵。

在历史的长河中，青年学生永远都是民族的希望和未来。当代大学生有幸生在社会主义新时代，长在中华民族伟大复兴的关键时刻，这也是他们建功立业、报效祖国的最好时代。当代大学生要成为担当民族复兴大任的时代新人，必须立大志、明大德、成大才、担大任，坚定理想信念，提升精神境界，努力为新时代贡献青春力量。

第一节 弘扬中华体育精神 凝聚向上奋斗力量

中华人民共和国成立初期，中国体育健儿在竞技赛场上努力拼搏、不畏艰苦，勇敢地向竞技体育的高峰发起冲击。1956 年陈镜开首破世界纪录，1959 年容国团夺得中国第一个世界冠军。在世界赛场上，容国团面对强手喊出了激励无数人为之奋斗终生的人生格言："人生能有几回搏，此时不搏，更待何时！"广大青年纷纷以此为座右铭，积极投身社会主义现代化建设事业之中，在赛场内外谱了一曲荡气回肠的时代赞歌。20 世纪 80 年代，许海峰在洛杉矶奥运会为中国体育代表团夺得首枚金牌，中国女排获得世界五连冠，无数青年在中华体育精神的鼓舞下燃起"振兴中华"的激情和"走向世界"的梦想。伴随着一次次升国旗、奏国歌，中华体育精神为中国人民凝聚了奋斗的力量。

厚植爱国情怀，激励求实创新，永葆奋斗底色，中华体育精神蕴含的爱国主义、公平竞争、遵纪守法、团结协作、敬业奉献等精神内核与社会主义核心价值观高度契合。中华体育精神是我国社会主义核心价值体系的重要组成部分，深度参与青年一代世界观、人生观和价值观的塑造。伟大的精神能够催人奋进，能够历经时代潮流的冲击和滋养在新时代绽放出愈加绚丽的光彩。体育是提高人民健康水平的重要手段，也是实现中国梦的重要内容，能为中华民族伟大复兴提供凝心聚气的强大精神力量。体育强国梦与中国梦紧密相连。走进新时代，青年一代更加需要大力弘扬中华体育精神，增强文化自信，凝聚向上奋斗的中国力量。

人生能有几回搏

1961 年，第 26 届世界乒乓球锦标赛在北京举行。中国队与此前取得五连冠的日本队在男团决赛展开了激烈交锋。被对手重点研究的容国团在决赛中的前两次出场均遭遇了失利。前七场过后，中国队以 4∶3 领先日本队。第八场又是容国团出场作战，登场前他异常坚定地喊道："人生能有几回搏，此时不搏，更待何时！"最终容国团以 2∶1 战胜日本名将星野展弥，使中国队以 5∶3 战胜日本队，第一次夺得世界乒乓球锦标赛男子团体冠军。"人生能有几回搏"的拼搏精神激励了一代又一代中国体育健儿不畏强手、拼搏奋进。这种精神同样激励了各行各业的中华儿女，勇挑重担、顽强拼搏，向着梦想的方向努力奋斗。

冲出亚洲　走向世界

1979 年 9 月,在墨西哥举行的第 10 届世界大学生运动会上,17 岁的中国跳水新星陈肖霞力压对手,夺得冠军。《体育报》在刊登陈肖霞夺冠消息的同时,专门配发了一篇评论,写道:“冲出亚洲,走向世界!他们立志要在亚洲以外的大型国际比赛中,与世界第一流选手较量,同世界冠军争高低。”“冲出亚洲,走向世界”不仅反映了中国体育健儿渴望在世界舞台上展示中国风采的心声,更是中华儿女追求国家富强、民族复兴的奋斗宣言。伴随着改革开放的时代潮流,各行各业戮力同心,锐意进取。“冲出亚洲,走向世界”成为催人奋进的时代强音。

一、体育强国　强体为国

为国争光、无私奉献的爱国主义精神是中华体育精神的核心要义。体育与爱国主义有着天然的联系。中华体育精神是爱国主义最具活力的载体和最鲜明的表现。我国体育健儿一直坚守“祖国高于一切”的崇高信念,甘于用生命去捍卫祖国的尊严和荣誉。金牌的背后是许多顽强拼搏、无私奉献、奋发图强、赤心报国的故事。体育健儿们将勇攀竞技高峰与报效祖国的远大志向紧密相连,用生动的体育故事诠释中华体育精神。

每个体育健儿都梦想着身披五星红旗站在奥运会的领奖台上,这就是浓浓的爱国主义情怀。当我们在赛场上看到中国运动员努力拼搏时,会竭力地为他们呐喊助威;当我们在赛场上听到奏响的《义勇军进行曲》时,会心潮澎湃;当我们看到升起的五星红旗时,会眼含热泪。这就是爱国主义在体育精神中的注入与升华。体育从来不是单独存在,体育精神的强大可以给整个国家带来强大的动力,促进爱国情怀和民族自信的强化,爱国情怀和民族精神同样也促进了体育事业的发展与体育精神的产生。

青年一代是实现中华民族伟大复兴的先锋力量。实现中华民族伟大复兴的中国梦,需要一代又一代有志青年接续奋进,始终把青春奋斗融入党和人民的事业。进入新时代,当代青年在实现中华民族伟大复兴的征程中,满怀激情投入心中的青春之梦,中国梦和青春梦成为当代青年为之奋斗的直接动力。正是有了千千万万有责任有担当的青年的先锋力量,我们实现了第一个百年奋斗目标,在中华大地上全面建成了小康社会,历史性地解决了绝对贫困问题。在实现第二个百年奋斗目标的新征程上,广大青年意气风发,勇于肩负起时代赋予的重任,以国家富强、人民幸福为己任,志存高远、脚踏实地,努力在实现中华民族伟大复兴的中国梦的生动实践中放飞青春梦想。

青年强则体育强,体育强则国家强。建设体育强国,是全面建设社会主义现代化国家的一个重要目标。从党的十九大报告明确提出“广泛开展全民健身活动,加快推进体育强国建设”的目标,到党的二十大报告中提出“广泛开展全民健身活动,加强青少年体育工作,促进群众体育和竞技体育全面发展,加快建设体育强国”为新发展阶段体育工作指明了前进方向,提供了根本遵循。

从《体育强国建设纲要》对体育的强国战略任务做出具体安排，到《中华人民共和国国民经济和社会发展第十四个五年规划和2035年远景目标纲要》中明确提出到2035年“建成体育强国”，体育已经成为中华民族伟大复兴的标志性事业。对此，习近平指出：“我们要坚持以增强人民体质、提高全民族身体素质和生活质量为目标，高度重视并充分发挥体育在促进人的全面发展中的重要作用，继续推进体育改革创新，加强体育科技研发，完善全民健身体系，增强广大人民群众特别是青少年体育健身意识，增强我国竞技体育的综合实力和国际竞争力，加快建设体育强国步伐。”

站在第二个百年奋斗目标的新征程上，体育事业进入发展新阶段，更需要发挥青年的先锋力量。青年朝气蓬勃，最富有活力、最具有创造性。2020年东京奥运会中国体育代表团顶住压力、奋力拼搏，其中67.98%的运动员首次参加奥运会，共获得38金、32银、18铜的优异成绩，展现了青年的力量。随着北京冬奥会不断激发冰雪运动热潮，青年将带动“三亿人上冰雪”；体教融合、体卫融合不断深入，青年将成为竞技体育、群众体育快速发展的强大后备军。加快体育强国建设，要充分发挥青年的聪明才智、贡献属于青年的智慧力量，建设体育强国必将成为当代青年承担的一大历史重任。

心中的五星红旗

1996年亚特兰大奥运会上，让国人热血沸腾的一幕呈现在眼前，王军霞带病参加女子5 000 m的比赛，她依靠强大的意志力，不可思议地在最后900 m就开始冲刺，参赛的一众顶尖高手瞬间被甩在身后，也看呆了所有的观众。当观众们缓过神来的时候，她已经穿过了终点线，创造了中国在奥运会上中长跑项目的历史。教练组没有想到王军霞会获得5 000 m长跑冠军，所以连国旗都没有准备。比赛后，王军霞沿着环形赛道慢跑，苦苦寻觅能有一面五星红旗。此时，观众席上的一位留学生把五星红旗抛给了她。满头大汗的王军霞稳稳地接住了五星红旗，披在了身上，一边奔跑一边笑着向观众挥手致意，这一刻的画面也永久定格在国人的心中。多年之后，王军霞把身披五星红旗的时刻称之为职业生涯中最荣耀的时刻。

2000年悉尼奥运会上，女子20 km竞走比赛中，王丽萍在主力队友被罚出场的情况下，顶住压力坚持比赛，拼尽全力与对手较量，最后出人意料地夺得金牌。然而，在王丽萍夺冠之后环顾四周，却没能得到她想要的五星红旗，她徒手绕场一周，眼里竟然涌动着酸楚的泪水。多年后，在接受记者采访时她表示：获得冠军后没有身披五星红旗成为她最大的遗憾。虽然她夺冠后没有身披五星红旗向世界展示中国的力量，但她心中的那面五星红旗永远值得她骄傲。

二、求实守纪　忠诚拼搏

科学求实、遵纪守法的实干精神是中华体育精神的标志象征。体育运动向来用实力说话。中华人民共和国成立以来，我国培育了许多世界顶级运动员，靠的就是科学求实的精神。1960年，中国登山队胜利登上珠穆朗玛峰，实现了人类历史上第一次从北坡登上世界第一高峰，靠的也是科学求实的精神。不仅如此，中国运动员是遵守体育规则和国际标准的典范，在世界赛场上，中国体育健儿积极弘扬奥林匹克精神和中华体育精神，尊重规则、尊重裁判、尊重对手，不仅取得了优异的成绩，还展现了中国青年一代使命在肩、奋斗有我的精神风貌，拿到了道德的金牌、风格的金牌和干净的金牌。

党的二十大报告指出："广大青年要坚定不移听党话、跟党走，怀抱梦想又脚踏实地，敢想敢为又善作善成，立志做有理想、敢担当、能吃苦、肯奋斗的新时代好青年，让青春在全面建设社会主义现代化国家的火热实践中绽放绚丽之花。"2022年布达佩斯游泳世锦赛所有比赛结束后，中国跳水队包揽了所有13个项目的金牌，创造队史最佳成绩。而在中国跳水队如此出色的成绩背后，是运动员日复一日的刻苦科学训练。1984年洛杉矶奥运会上，男子手枪慢射60发50 m的比赛中，27岁的中国选手许海峰以566环的优异成绩获得了金牌。这是中国运动员在奥运会历史上获得的第一块金牌。1995年底退役后的许海峰接任了女子手枪队的教练。在2000年悉尼奥运会上，他带领弟子陶璐娜出战比赛，第一次参加奥运会的陶璐娜顶住巨大的压力，关键时刻挺身而出，在女子气手枪项目上经受了3个多小时的技术、体力和意志力的考验，凭自己的实力以690.4环的成绩为中国代表团获得首枚金牌。也正是陶璐娜夺冠的这一年，2020年东京奥运会同一项目再次夺得首金的"00"后小将杨倩刚好出生。中国射击队几代人为了国家荣誉努力拼搏、接续奋斗，用实际行动表达了对党和国家的忠诚。

一位中国独臂少年打篮球的视频在网上迅速走红。这段视频甚至吸引了美国职业篮球联赛（NBA）球星斯蒂芬·库里的注意，他甚至发出微博求助网友，希望能够联系上这位独臂少年。库里写道："这个孩子是谁？请帮我找到他！继续努力吧！别让任何人对你说不行！"随后，库里的微博还得到众多NBA球星的转发和点赞。时任中国男篮主帅杜峰、现役中国第一球星易建联以及中国男篮名宿朱芳雨也分别为这位独臂少年送上了祝福和寄语。于是，这位年仅14岁的独臂少年张家城的名字在极短的时间内迅速火遍中美，成为正能量网红，他也成为众多孩子尤其是篮球少年的励志榜样。张家城5岁那年，在帮大人进行油坊作业过程中，不慎被搅拌机绞断右手手腕，右手手臂也被烧伤。他没有因此而消沉，反而让他学会了独立和坚强。12岁那年，张家城学习篮球，从此便喜欢上了篮球。此后他夜以继日地刻苦练习基本功，从最简单的运球到背后、胯下运球，渐渐有了自信。他由于技术出众成为广东省云浮市中心体校的队员。张家城为何会一夜爆红，源于他对篮球的无比热爱，源于他对于无情命运的抗争，源于他在逆境中的拼搏，更源于他对梦想的执着与追求。张家城的成长轨迹就是一个完整的励志故事，他现在还在路上继续前行。有志者事竟成，一切皆有可能。我们能在这个励志的独臂少年身上看到连成年人都做不到的乐观，也看到了青年一代拼搏进取，勇当民族复兴大任的时代新人的决心。

精益求精　科学训练

苏炳添这个名字大家并不陌生，100 m 最好成绩 9 s 83，亚洲纪录保持者，唯一跑进奥运百米决赛的中国人，东京奥运会 4×100 m 接力铜牌，室内 60 m 最好成绩 6 s 42，亚洲纪录保持者，世界历史成绩榜第五。在世界百米顶级运动员的行列中，这个黄皮肤、“矮个子”、年龄大的中国选手显得那么特别，他所创造的成绩是那么不可思议。苏炳添 2009 年进入国家队。2010 年就遭遇伤病，但他没有放弃，而是采用科学的康复训练慢慢恢复。2012 年伦敦奥运会，苏炳添首次登上奥运舞台，也是中国短跑史上首位跑进百米半决赛的选手。此次奥运会，和博尔特的同场竞技让苏炳添看到了同世界顶尖水平的差距，也坚定了他跑进 10 s 的信念。通过学习研究，他发现要提高成绩，必须解决自己之前存在的股后肌群力量和踝关节力量不足、主动下地速度和发力速率偏慢、起跑姿势不合理等问题，2014 年，苏炳添决定将起跑脚改为左脚，同时优化脚踝下压、摆臂等技术。这对于一个早已形成肌肉记忆的职业运动员来说难如登天。他在走路时、睡觉前都想的是左脚起跑，终于，历经数月的磨炼，他成功了。2015 年尤金钻石联赛，他跑出 9 s 99 的成绩，成为第一个跑进 10 s 的亚洲人。作为年龄偏大的运动员，任何微小的突破，都要付出巨大的努力。2019 年，苏炳添受腰伤困扰，接连退出多个大赛，30 岁的年龄加上严重的伤病，回到巅峰几乎是不可能的。可他不打算放弃，他要去参加东京奥运会。为了备战奥运会，他一方面总结自己多年的比赛经验，另一方面通过学习对运动体能、技术、恢复等各个环节进行全方位调整，制定符合专项竞技能力发展规律、人体生理机能状态变化规律和运动员个人特点的科学化训练方案，全面提升自己的竞技能力。结果便是他在 32 岁的“高龄”创造了 9 s 83 的奇迹！他超越了年龄、超越了伤病、超越了自己！这也是对精益求精、科学求实的中华体育精神的最好诠释。

体育精神重于金牌

2022 年北京冬奥会，中国选手苏翊鸣“意外”获得单板滑雪男子坡面障碍技巧赛银牌。从而引发了苏翊鸣与本次比赛冠军马克思·帕洛特的分数争议，裁判长事后对此也公开表示对苏翊鸣的分数打低了。广大观众对此非常气愤，纷纷表示对裁判的批评，支持苏翊鸣才是决赛冠军。针对打分争议，苏翊鸣和教练专门致电裁判长，表示尊重判罚，理解裁判实时打分的困难性。同时恳请大家终止对决赛中各位裁判的批评，请大家对金牌得主马克思·帕洛特表示热烈祝贺。遵守规则、尊重裁判是竞技体育的内在要求。赛场上，尊重裁判本身就是一项重要规则，尊重判罚、维护裁判权威更需要每个运动员、教练员的支持。面对打分争议，中国年轻小将和教练的做法彰显了理性与成熟，是奥运赛场运动员良好竞技品格的体现。

三、团结协作　锤炼意志

团结协作、顽强拼搏的奋斗精神是中华体育精神的鲜明传统。中华民族的奋斗精神造就了中国体育不怕挫折、勇于拼搏、敢于胜利的优良传统。中国人的奋斗既是个人的奋斗，更是集体主义的奋斗，既注重体育运动员的独特价值，更追求团队成员间的相互团结与密切合作。胜利最终属于执着信念、不言放弃、勇于超越的顽强拼搏者。正是因为能够团结协作、自强不息，敢于顽强拼搏、超越自我，我们才取得了一个又一个胜利，在各项赛事上大放异彩，弘扬了奥林匹克精神和中华体育精神。

我国一些项目形成了自身独特的体育精神，中国女排就是优秀项目的最典型代表。1986 年中国女排成为世界排球史上第一支获得“五连冠”的队伍，始终激励国人奋发进取、为国争光。30 多年来，中国女排有过成功登顶的辉煌，也有过跌入低谷的挫折，但她们胜不骄、败不馁，始终保有那么一股不服输的拼劲、打不垮的韧劲。2019 年 9 月 30 日，习近平在会见中国女排代表时，高度赞扬中国女排“在赛场上展现了祖国至上、团结协作、顽强拼搏、永不言败的精神面貌”，强调实现体育强国目标要大力弘扬新时代的女排精神。踏上向第二个百年奋斗目标进军的新征程，需要大力弘扬新时代的女排精神，使之化为全国各族人民团结奋斗的强大精神力量。中华体育精神反映着中国体育的价值导向和文化追求，不仅是中国体育的灵魂，也是中华民族的宝贵精神财富，更是实现中华民族伟大复兴的内在动力，为中华民族伟大复兴提供凝心聚气的强大精神力量，具有强大的社会动员力和社会影响力。中国女排“祖国至上、团结协作、顽强拼搏、永不言败”的奋斗精神，很好地诠释了奥林匹克精神和中华体育精神，不仅激励了全国人民、振奋民族精神，而且在国际舞台上展示了国家文化软实力，具有鲜明的时代感和震撼力，弘扬新时代的女排精神就是传承和发扬中华体育精神。

每一个传奇都隐藏着坚守与执着，跳水女皇郭晶晶亦是如此。1996 年奥运会后，郭晶晶训练时腿部受伤，开放性骨折。对于运动员来说，这是一次相当大的打击，做手术会影响训练。于是采取保守治疗，打着石膏的郭晶晶回到河北。10 个月后就是中华人民共和国全国运动会(简称“全运会”)，选择保守治疗的郭晶晶花 5 个多月的时间慢慢愈合。伤好了，接下来就是魔鬼训练，她每天早上 6 点起床，练习到 8 点，再吃早餐。中午，别人午睡，她穿着出汗服，顶着烈日，在晒得发烫、反着白光的马路上跑步。下午继续高强度训练。1997 年夏天，是郭晶晶运动生涯最艰苦的一段时间，全运会预赛，她还打着石膏，拄着双拐看比赛。再过几个月就是全运会，所有人都不相信她能取得好成绩。可她没有放弃心中的坚守与执着，在逆境中磨炼顽强的意志和坚韧的斗志。最后，伤后复出的郭晶晶拿下了 3 m 板亚军，取得了优异的成绩。

青年一代在学习、生活和工作中有时也会身处逆境，当他们看到体育健儿们努力拼搏的事迹，以及他们身上展现出来的中华体育精神后，青年一代就会振奋精神，砥砺前行。青年一代不仅要继承中华体育精神，还要与时俱进、不断创新中华体育精神，中华体育精神将进一步发扬光大。要将弘扬中华体育精神与践行社会主义核心价值观结合起来，把社会主义核心价值观融入体育活动之中。

永不言败

2016年的里约奥运会上,中国女排处在新老交替的调整期,队里伤病较多。女排小组赛2∶3荷兰、0∶3塞尔维亚、1∶3美国,仅仅以2胜3负的战绩位列小组第四,不得不在淘汰赛首轮就要面对上届奥运冠军巴西队。巴西队当时正处在巅峰时期,又是东道主,小组赛中轻松地取得5连胜。赛前中国队一直不被看好。中国女排不畏强敌、不屈不挠,通过顽强拼搏和团队协作以3∶2艰难战胜巴西队。

半决赛,女排姑娘更是敢打敢拼,永不言败,多次极限救球赢得观众喝彩。最终以3∶1战胜小组赛输过的对手荷兰队。决赛对手是小组赛零封中国女排的欧洲冠军塞尔维亚队。决赛中国女排展现了祖国至上、团结协作、顽强拼搏、永不言败的精神,以3∶1战胜对手获得冠军。中国女排的夺冠之路荡气回肠,催人奋进,激励着年青一代奋发图强、奋勇向前!

四、中华体育精神的传承与发扬

回望历史,1949年之前,中国积贫积弱、体育落后、国民体质羸弱,备受西方列强欺凌。1908年,《天津青年》杂志的一篇文章向国人发出过著名的"奥运三问",表达了当时体育界对国衰民弱现状的强烈不满。许多有识之士率先意识到要把体育与救国相连,认为挽救国家民族必须培养新的国民,要以体育推动国民觉醒,促进救国图强。在争取民族独立和人民解放的伟大斗争中,中国的体育运动与革命战争密切结合,不仅增强了人民身心素质,还有力提升了军民的斗争精神,对夺取中国革命的胜利发挥了重要作用。

中华人民共和国成立后,体育健儿在中华体育精神的激励下奋勇前进。五星红旗一次次在国际赛场升起,背后凝聚着一代又一代运动员的奋斗与拼搏。中国体育健儿在赛场上展现出的"使命在肩、奋斗有我,祖国至上、顽强拼搏"的精神激励着一代又一代祖国建设者。"中华体育精神""女排精神""登山精神""北京冬奥精神"等倡导的爱国主义精神、拼搏精神,与社会主义核心价值观深度契合。2008年,北京奥运会成功举办,中国人民更加增强了民族自豪感和凝聚力。

在全面建设社会主义现代化国家的新征程上,新时代青年生逢其时、舞台广阔、前景光明。新时代是追梦者的时代,也是广大青少年成就梦想的时代。以习近平同志为核心的党中央擘画了中华民族伟大复兴的宏伟蓝图,这幅宏图盛景既属于国家和民族,更属于当今青年一代,是青年成长进步、建功立业的大好际遇,也是青年传承历史、开拓未来的神圣责任。"时间之河川流不息,每一代青年都有自己的际遇和机缘,都要在自己所处的时代条件下谋划人生、创造历史。"新时代华章铺展,广大青年一代在以"女排精神"为代表的中华体育精神的激励下必将奋勇拼搏,谱写靓丽的青春之歌。

体育强则国家强,国运兴则体育兴。建设体育强国是全面建设社会主义现代化国家的一个重要目标。人民是发展体育事业的主体,弘扬中华体育精神要把满足人民健身需求、促进人的全面发展作为出发点和落脚点。2014年,国务院印发《关于加快发展体育产业促进体育消费的若干意见》,将全民健身上升为国家战略。党的十八届五中全会提出"发展体育事业，推广全民健身，增强人民体质”的工作方针。2021 年，国务院印发《全民健身计划(2021—2025 年)》，对促进全民健身向更高水平发展、更好满足人民群众的健身和健康需求做了详细部署。当前，大力弘扬中华体育精神，要积极推广全民健身活动，普及科学健身和健康生活知识，带动更多人参加体育锻炼，不断开创体育事业发展新局面。

第二节　弘扬红色体育精神　勇担民族复兴重任

一切伟大的事业都需要在承前启后、继往开来中推进。我们要发扬光荣传统、传承红色基因，不忘初心、继续前进，努力在坚持和发展中国特色社会主义伟大进程中创造无愧于时代、无愧于人民、无愧于先辈的业绩。

——2016 年 9 月 28 日，习近平在纪念刘华清同志诞辰 100 周年座谈会上的讲话

把红色这样的一些革命故事学好，铭记在心里。同时把我们建设社会主义的现代化知识和本领也都掌握好，做我们社会主义的接班人、建设者，我们是大有希望的。

——2020 年 9 月 16 日，习近平在湖南考察时的讲话

希望同学们把红色基因传承好，好好学习知识和本领，努力成长为德智体美劳全面发展的社会主义建设者和接班人。

——2020 年 9 月 16 日下午，习近平来到汝城沙洲瑶族村小学考察调研时的讲话

广大青年要做社会主义核心价值观的坚定信仰者、积极传播者、模范践行者，向英雄学习、向前辈学习、向榜样学习，争做堪当民族复兴重任的时代新人，在实现中华民族伟大复兴的时代洪流中踔厉奋发、勇毅前进。

——2022 年 4 月 25 日，习近平在中国人民大学考察时的讲话

不忘初心、方得始终；信念永恒，才能继往开来。2019 年 9 月，习近平在河南考察调研时强调：“要讲好党的故事、革命的故事、根据地的故事、英雄和烈士的故事，加强革命传统教育、爱国主义教育、青少年思想道德教育，把红色基因传承好，确保红色江山永不变色。”党的十八大以来，习近平一直高度重视红色基因的传承，多次发表重要讲话、做出重要指示。党的二十大报告中指出：“社会主义核心价值观是凝聚人心、汇聚民力的强大力量。弘扬以伟大建党精神为源头的中国共产党人精神谱系，用好红色资源，深入开展社会主义核心价值观宣传教育，深化爱国主义、集体主义、社会主义教育，着力培养担当民族复兴大任的时代新人。”革命战争年代，革命地区依靠传播马克思主义精神、宣传英雄模范事迹，激起了军民的强烈革命斗志，取得了革命斗争的伟大胜利。中华人民共和国成立以来，传承红色基因发挥重要作用，激励广大人民坚定不移跟党走，为实现美好生活而奋斗。红色基因是中国共产党的宝贵精神财富，它犹如一条红线贯穿党的百年征程，成为共产党人的价值内核和精神底色。新时代大学生在学习红色体育文化的过程中也要汲取红色养分，促进身体和精神的全面成长，努力成为担负祖国复兴大业的栋梁之材。

一、红色体育

红色体育因“红色”而独具特色，特指中国共产党领导下的红色革命政权存在期间的体育。从五四运动后中国革命斗争力量的萌芽直至1949年中华人民共和国成立的30年，在中国共产党领导下的军队体育、革命根据地体育和长征途中的体育，在人民求解放、政治需变革的历史条件下，革命的领导者把全民身体素质的提高和精神面貌的改变作为当时体育的主要任务，并把强身健体与革命斗争结合起来，提出了“身体是革命的本钱”的理念。

二、红色体育的时代价值

中国共产党在革命战争时期领导、宣传和组织的红色体育运动，使工农阶级和广大民众实现了享受体育、追求幸福的基本权利，对培养坚强意志的革命志士有不可磨灭的贡献。当今，在全面建设社会主义现代化国家的新征程上，体育强国建设无疑是实现中华民族伟大复兴的推动力量。红色体育给我们留下了丰富的物质文明和宝贵的精神财富，传承和弘扬红色体育文化与精神具有重要的时代价值。

（一）增强体育文化自信心

近代中国被侵略和欺压的历史，使很多人对中国优秀的传统文化失去了信心。在中华民族悠久的历史中，创造了无数博大精深的优秀文化，红色体育文化便是在革命战争时期形成的一种具有中国特色的优秀文化。它伴随着中国共产党领导中国人民实现民族独立与人民解放的艰难历程，凝聚了中华民族自强不息、开拓创新的民族精神，彰显了中华民族伟大的民族智慧。在革命战争时期所形成的红色体育文化是特殊历史条件下的主流文化，为争取民族独立与革命战争胜利起到了重要作用。共产党人在民族危亡的关键时期，通过体育竞赛等联谊活动促进了国共两党军队的沟通交流，增强了民族凝聚力，维护了民族团结与民族大义，为抗日战争的胜利奠定了基础；红色体育文化所蕴含的优秀品质与精神，成为民族独立与解放斗争的动力和源泉，不仅为抗日战争提供了精神支撑与文化合力，更体现了共产党人优秀的文化内涵与卓越的政治智慧。时至今日，它仍是中华民族乃至全世界优秀文化的重要组成部分，也必将为今后树立中华民族的体育文化自信心继续发挥作用。

（二）为体育强国建设提供经验

在民主革命时期，共产党人就意识到体育运动应该在工农大众中得到普及和发展，于是提出了“在普及基础上提高，在提高指导下普及”的方针。红色体育“普及与提高”相结合的体育方针，有力地推动了革命根据地民众体育的蓬勃发展和苏区体育军事化进程。同时，中国共产党还注重发挥体育的教育功能，对增强军民体质、振奋民族精神和提高军队战斗力起到了至关重要的作用。在向体育强国迈进的今天，群众体育一直是我国体育事业发展的重要基础，体育强国应是在群众体育、竞技体育、体育产业和体育文化等方面的全面、协调的发展；在群众体育的基础上实现竞技体育的突破。这与“在普及基础上提高，在提高指导下普及”的体育思想是高度契合的。《解放日报》曾指出“组织体育运动工作要创造出更大众化、更适合边区环境和经济条件的运动。尤其是应该更多地提倡体育运动，要从实际出发，因地制宜、因陋就简地开展适合广大人民群众参加的体育活动”。现阶段，我们也要结合实际,因地制宜,建设好群众体育的公共服务体系,让群众体育发展好,为建设体育强国奠定基础。

(三)留下宝贵精神财富

革命战争时期,红色体育使官兵们的身体和意志得到极大增强,也成为中国革命胜利的关键。官兵们在体育运动中发扬坚忍不拔、勇往直前的革命精神;在比赛中展现了强烈的团队意识和集体主义精神。他们在艰苦的条件下自力更生,动手制作各种体育器材,充分展现了勤劳俭朴的生活作风和开拓创新的创造精神。红色体育文化彰显了中华民族在国家和民族危亡的关键时期争取民族解放和独立的革命斗争中形成的艰苦奋斗、勤劳勇敢、团结友爱、自强不息的民族精神和实事求是、开拓创新的民族品格。老一辈共产党人留下的宝贵精神财富,成为今天中华儿女在民族复兴进程中的强大推动力量。

三、传承红色体育精神

红色体育精神是中国共产党领导中国革命时期在体育运动中形成的,具有强烈爱国主义情怀的体育精神。红色体育精神具备强大的生命力,它所提倡的体育为民、艰苦奋斗、开拓创新、团结协作和积极乐观的精神内涵也为中华体育精神奠定了基础。中华体育精神是红色体育精神在新的历史时期的延续和发展。虽然时代不同,但在中国共产党的领导下,体育服务人民的宗旨即以人民为中心,以祖国利益至上的精神内涵接续传承,没有改变。

红色体育精神具有独创性、革命性、人民性和发展性的精神特质,在不同时期起到了凝聚人心、汇聚力量的积极作用,一直激励、鼓舞着中国共产党人和广大人民群众艰苦奋斗、开拓创新,积极投入祖国建设之中。新时代青年大学生要在学习党史中不断汲取奋进力量,激发为国争光的拼搏精神与斗志,把红色体育精神与中华体育精神结合起来,让红色基因为青年学生提供强大的精神力量,勇于担负起为民族复兴、为祖国强大的历史使命。

红色体育是中国体育史上璀璨的一页,也是中国革命史上辉煌的篇章。红色体育见证了中国共产党领导中国革命取得胜利的伟大历程,也将指引新时代中国体育事业的发展。红色体育给当代大学生留下了永恒难忘的记忆,它铭刻着中国共产党人的初心使命,也将继续引领青年一代实现体育强国的伟大梦想。

【思考题】

1. 弘扬中华体育精神的意义是什么?
2. 如何传承红色体育精神?
3. 如何弘扬中华体育精神?
4. 红色体育精神对我们当今体育强国有哪些重要价值?

下篇　实 践 篇

第八章　游　　泳

第一节　游泳运动简介

一、游泳运动的起源与发展

人类的游泳活动源远流长。从地球上有人类出现开始，为了生存就不可避免地要与水打交道。人们在生活、劳动和与大自然做斗争的过程中，积累了在水中移动的技能，逐渐学会了漂浮、游泳和潜水，并使游泳活动得到发展。

在 1896 年第一届现代奥林匹克运动会上，竞技游泳被列入了正式比赛项目。

二、分类及项目

游泳被分为实用游泳和竞技游泳两大类。实用游泳分为侧泳、潜泳、反蛙泳、踩水、救护、武装泅渡；竞技游泳分为蛙泳、爬泳、仰泳、蝶泳。

竞技游泳的项目包括爬泳（50 m、100 m、200 m、400 m、800 m、1 500 m），仰泳（50 m、100 m、200 m），蛙泳（50 m、100 m、200 m），蝶泳（50 m、100 m、200 m），个人混合泳（100 m、200 m、400 m）和接力（4×100 m 混合泳、4×100 m 自由泳、4×200 m 自由泳）。

三、锻炼价值

（1）游泳能有效地提高和改善人的心血管系统的机能，尤其是从小参加游泳锻炼，可以促进心血管系统的发育，这一点是其他运动项目不可替代的。

（2）游泳时水对胸廓形成一种压力，呼吸肌必须额外克服这种压力才能维持正常呼吸，经常如此，可以增强呼吸肌的功能，增加肺活量。

（3）游泳时水温是低于体温的，冷水对于皮肤的刺激可以增强人体对于水温、气温变化的适应能力，从而增强体质。

第二节　游泳运动的基本技术

一、蛙泳的基本技术

蛙泳是一种模仿青蛙游泳动作的游泳姿势，也是最古老的一种泳姿。

蛙泳的技术由身体姿势、腿部动作、手臂动作、臂部动作以及完整配合动作组成。

（一）身体姿势

蛙泳在游进时身体不是固定在一个位置上，而是随着手、腿的动作不断变化。当一个动作周期结束后，身体应展胸、稍收腹、微塌腰，两腿并拢，两臂尽量伸直，颈部稍紧张，头置于两臂之间，眼睛注视前下方（图 8-1）。

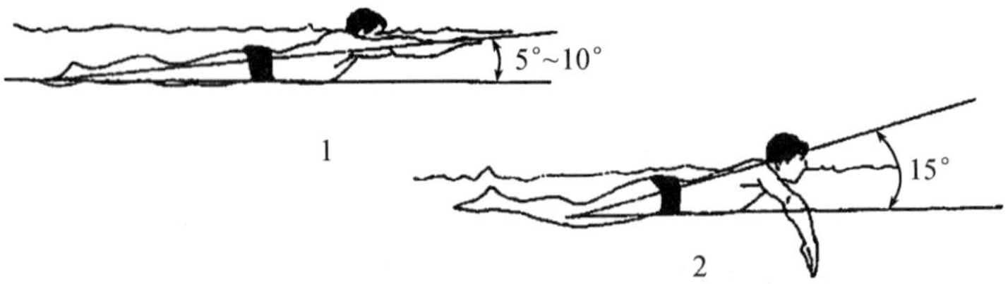

图 8-1　蛙泳身体姿势

（二）腿部动作

腿部动作分为收腿、翻脚、蹬夹水和滑行四个阶段。

1. 收腿

开始收腿时，两膝自然逐渐分开，小腿向前回收，回收时两脚放松，脚跟向臀部靠拢，边收边分，收腿时力量要小（图 8-2）。

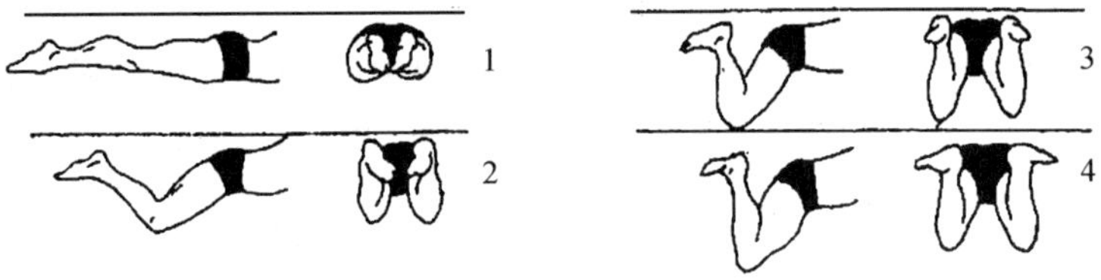

图 8-2　蛙泳收腿和翻脚

2. 翻脚

收腿即将结束时，脚仍向臀部靠近，这时膝关节向内扣，同时两脚向外侧翻开，使脚和小腿内侧对好蹬水方向（图 8-2）。

3. 蹬夹水

由大腿发力，向后做蹬夹水的动作。蹬夹水的动作是一个连续的完整动作，蹬夹水的速度是从慢到快，力量是从小到大的（图 8-3）。

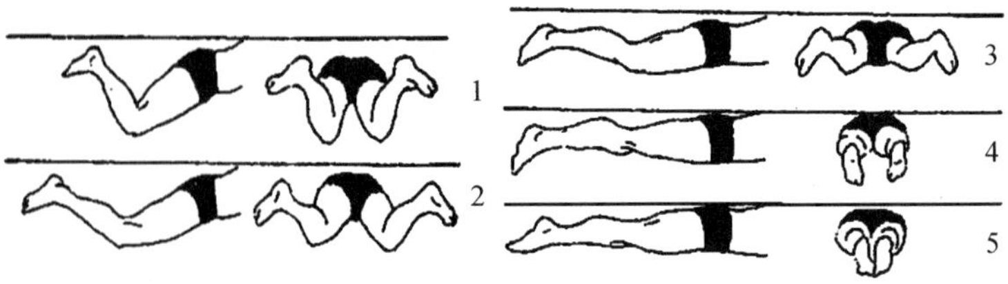

图 8-3　蛙泳蹬腿（蹬夹水）

4. 滑行

蹬夹水结束后,身体随着蹬水的动力向前滑行,准备做下一个循环动作。

5. 常用蛙泳腿部技术学练方法

陆上模仿:俯卧池边做腿部收、翻、蹬夹、停的动作。

水中练习:扶池边做练习;扶板做蛙泳腿练习;滑行做蛙泳腿练习;蛙泳腿和呼吸练习。

蛙泳腿部技术口诀:边收边分慢收腿,向外翻脚对准水;弧形向后蹬夹水,并拢伸直漂一会儿。

(三)臂部动作

臂部动作可分为开始姿势、滑下、划水、收手和向前伸臂。

1. 开始姿势

两臂应保持一定的紧张,自然向前伸直,并与水面平行,掌心向下,手指自然并拢,使身体形成较好的流线型(图 8-4)。

2. 滑下

从开始姿势起,手臂先前伸,并使重心向前,同时肩关节略内旋,两手掌心略转向外斜下方,并稍屈手腕,两手分开向侧斜下方压水,当手掌和前臂感到有压力时,就开始划水(图 8-5)。

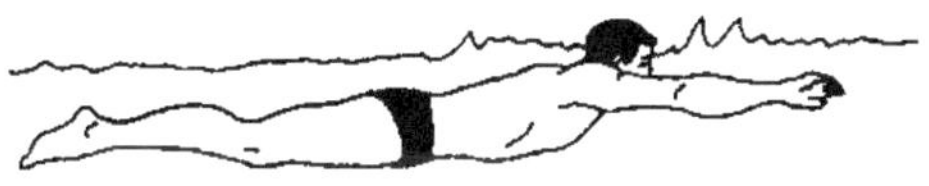

图 8-4 开始姿势

图 8-5 滑下

3. 划水

当两手做好抓水动作、两手分成 40°~45°角时,手腕开始逐渐弯曲,这时两臂两手逐渐积极地做向侧、下、后方的屈臂划水动作(图 8-6)。

4. 收手

收手是划水阶段的继续。当手收至头前下方时,两手掌心由后转为向内、向上的姿势。在整个收手动作过程中,手的动作应积极、快速、圆滑,收手结束时,肘关节应低于手,大、小臂的角度小于 90°(图 8-7)。

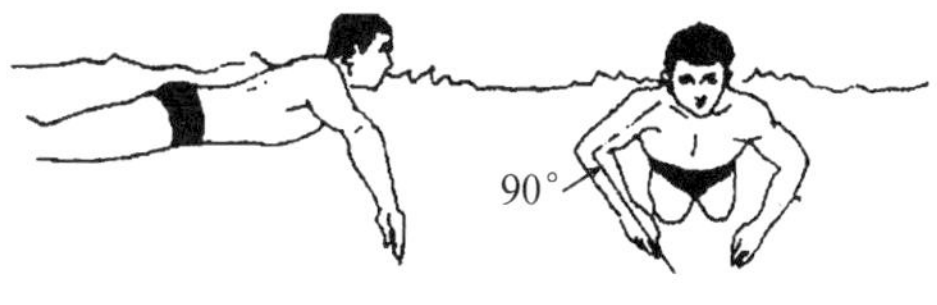

图 8-6 划水

图 8-7 收手

5. 向前伸臂

向前伸臂是由伸直肘关节、肩关节来完成的,掌心由开始的向上逐渐转向内,双掌合在一起向前伸出,在最后结束前逐渐转向下方(图 8-8)。

6. 常用蛙泳手臂技术学练方法

陆上模仿:原地站立,上体前倾,做臂部划水模仿动作。

水中练习:两脚开立站于水中,上体前倾,做陆上练习的内容;走动中做练习;俯卧滑行练习。

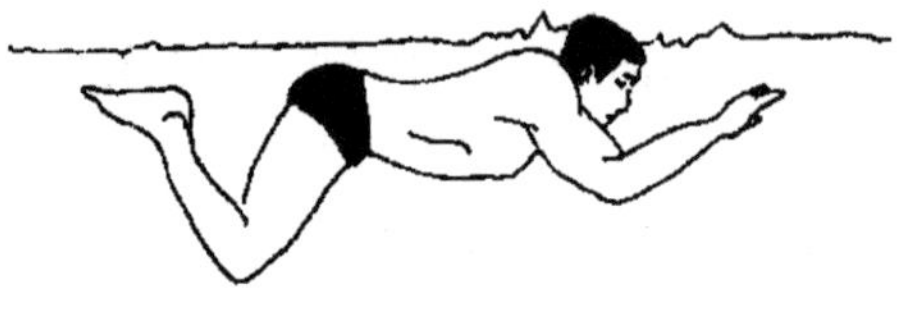

图 8-8　向前伸臂

(四) 完整配合

在蛙泳的一个周期内做 1 次手臂、1 次腿和 1 次呼吸(图 8-9)。手臂划水时抬头吸气,手臂前伸时低头水中吐气。

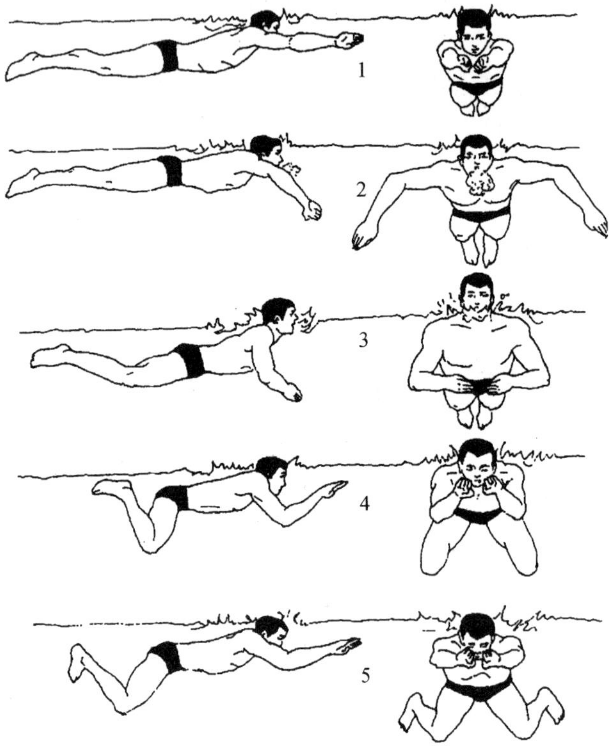

图 8-9　完整配合

蛙泳完整动作配合口诀:划手腿不动,收手再收腿;向前伸臂再蹬腿,臂腿伸直漂一会儿。

二、爬泳的基本技术

爬泳是四种竞技游泳技术中速度最快的一种姿势,在游泳比赛的自由泳项目中,运动员都采用这种姿势,所以通常人们称之为“自由泳”。

爬泳技术动作由身体姿势、腿部动作、手臂动作、两臂配合、呼吸与臂的配合动作,以及完整配合动作组成。

(一)身体姿势

身体要保持良好的流线型,头部位置与水面平行,眼望池底。游进时整个身体作为一个整体随着手臂和腿部的动作围绕纵轴有节奏地转动(图 8-10)。

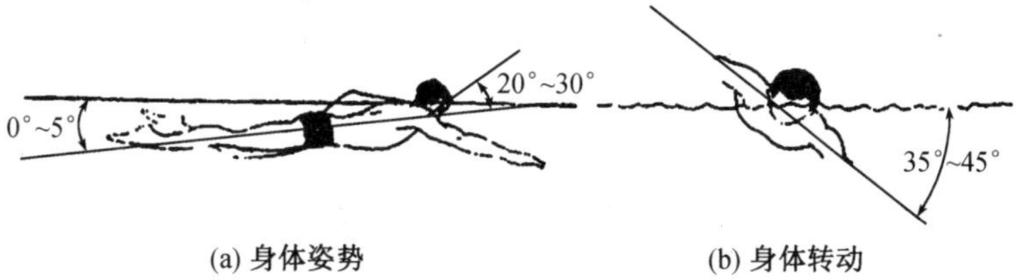

图 8-10　爬泳身体姿势

(二)腿部动作

腿部动作由向下打水和向上打水两部分交替构成。打水过程中两腿应稍内扣,踝关节放松,由髋关节发力,传至大腿,带动小腿和脚做鞭状打水(图 8-11)。

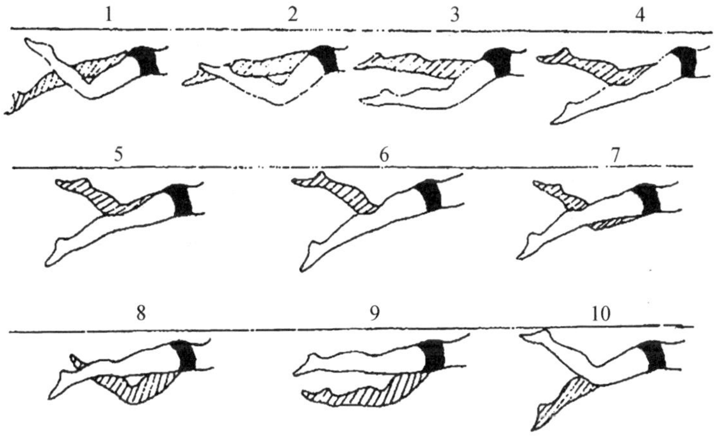

图 8-11　爬泳打水

常用爬泳腿部技术学练方法如下。

陆上模仿:坐池边做模仿打水动作练习。

水中练习:手扶池壁打水动作练习;扶板做爬泳腿练习;蹬边滑行做练习;爬泳腿和呼吸配合练习。

(三)手臂动作

爬泳手臂划水动作分为入水、划水、出水和空中移臂四个部分(图 8-12)。

1. 入水

手的入水点在肩的延长线上或身体中线和肩的延长线之间。手臂入水后在水面下继续向前下方伸展,动作应尽量流畅,在手臂接近伸直或完全伸直时,做好向后划水的准备。

图 8-12　爬泳手臂技术

2. 划水

手入水和伸臂后，屈腕，使手掌朝下方，沿螺旋曲线划水。

3. 出水

在肩的带动下将手臂提出水面，动作应快速连贯，出水的顺序是肩、上臂、前臂和手。

4. 空中移臂

空中移臂是出水的继续，不能停顿。移臂动作应借助于肩关节的自然内旋，应放松自然。

5. 常用爬泳手臂技术学练方法

陆上模仿：原地站立，上体前倾，做臂部划水模仿动作，先单臂练习，再两臂交替练习。

水中练习：两脚开立站于水中，上体前倾，做陆上练习的内容；走动中做练习；俯卧滑行练习，可先做单臂练习，然后双臂交替练习。

(四) 两臂配合

爬泳的两臂配合有三种基本交叉形式，即前交叉、中交叉和后交叉（图 8-13）。

(a) 前交叉 (b) 中交叉 (c) 后交叉

图 8-13 爬泳划水的三种基本交叉形式

(五)呼吸与臂的配合动作

爬泳的呼吸动作与身体绕纵轴的转动同时进行,转头应该在身体的转动幅度达到最大时进行,吸气时肩和头应向同侧转动。

(六)完整配合动作

爬泳完整配合技术有多种形式,其中6:2:1配合是较常见的一种,即6次打腿、2次划水与1次呼吸。此外,还有4:2:1或2:2:1等形式。

三、仰泳的基本技术

仰泳是人体仰卧在水中进行游泳的一种姿势。

仰泳技术动作由身体姿势、腿部动作、臂部动作、两臂配合、呼吸与臂配合动作,以及完整配合动作组成。

(一)身体姿势

游仰泳时,身体要自然伸展,仰卧在水面,头应保持相对稳定,头和肩部稍高,腰部和腿部保持水平,腰部肌肉要保持适度的紧张,身体纵轴在水平面上构成的迎角约为10°(图 8-14)。

图 8-14 仰泳身体姿势

(二)腿部动作

腿部动作是由下压动作和上踢动作组成的,即直腿下压,屈腿上踢。以髋关节为轴,大腿带动小腿上下鞭状打水(图 8-15)。

常用仰泳腿部技术学练方法如下。

陆上模仿:坐池边做模仿打水动作练习。

水中练习:仰卧水中手扶池壁做打水动作练习;蹬边滑行后仰卧水中做打水练习。

(三)臂部动作

仰泳手臂的划水动作是产生推进力的主要因素,一个完整的手臂动作分为入水、抱水、划推水、出水和空中移臂等(图 8-16)。

1. 入水

臂入水时应保持直臂,入水点应在身体纵轴与肩的延长线之间,或在肩的延长线上。

2. 抱水

臂入水后要利用移臂时所产生的动量积极下滑到一定的深度,手掌向下、向侧移动,通过伸肩、屈肘、上臂内旋和屈腕的动作,使手掌和前臂对准水并有压力的感觉。

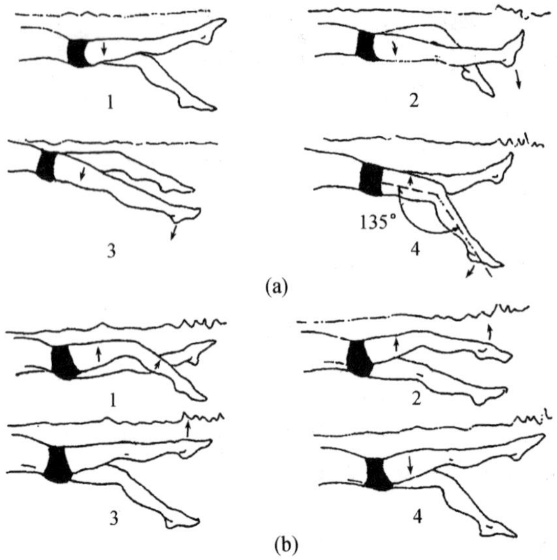

图 8-15　仰泳腿部技术

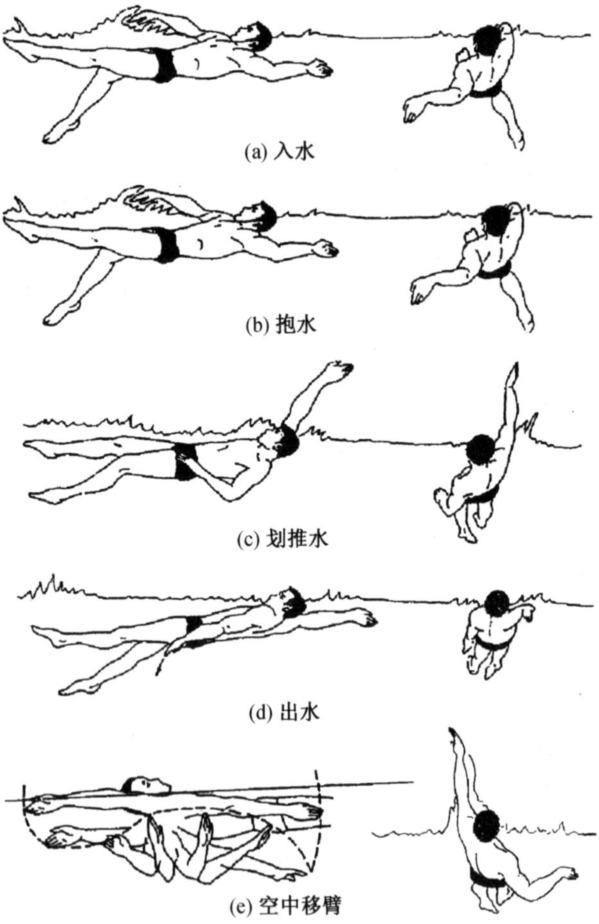

图 8-16　仰泳手臂技术

3. 划推水

划水动作是推动身体前进的主要动力。整个动作是由屈臂抱水开始,以肩为中心,划至大腿外侧下方为止。

4. 出水

推水结束后,借助于手掌压水的反弹力迅速提臂出水。要注意使手臂自然、放松、迅速,并且要先压水后提肩,肩部露出水面后,由肩带动大臂、小臂和手依次出水。

5. 空中移臂

提臂出水后,手臂应伸直,迅速从大腿外侧垂直于水面移至肩前。

(四)两臂配合

现今采用后交叉配合的较多,即一臂入水时,另一臂划水结束,两臂基本处于相反的位置,一臂结束划水动作后,另一臂能立即产生新的推进力。

(五)呼吸与臂配合动作

保持一定的呼吸节奏,2 次划水 1 次呼吸。

(六)完整配合动作

现代仰泳较常见的是 6 次打水、2 次划臂、1 次呼吸的配合技术(即 6:2:1 配合)。

四、蝶泳的基本技术

(一)身体姿势

游蝶泳时,身体各部分由于波浪动作而上下起伏,没有固定的身体位置。两臂和两腿的动作在同一水平面内同时进行。

(二)躯干和腿部动作

腿部动作由向下打水和向上打水两部分组成,其中向下打水是产生推进力的主要阶段,应用较快的速度完成。蝶泳打水时,两腿应自然并拢,两脚稍内扣,两腿的动作应同时进行(图 8-17)。

(三)臂部动作

蝶泳手臂的划水动作所产生的推进力是推动身体前进的主要因素。蝶泳臂部动作与爬泳类似,不同的是蝶泳两臂同时对称地划水。蝶泳的臂部动作由入水、划水、出水和空中移臂四部分组成。

(四)完整配合动作

臂腿的配合有不同的方式,有的第一次腿轻,第二次腿重;有的正好相反;还有的采用两次均匀打水。完整配合的方式有采用 2 次打水、1 次划水、1 次吸气(2:1:1)的,也有采用 4 次打水、2 次划水、1 次吸气的(图 8-18)。

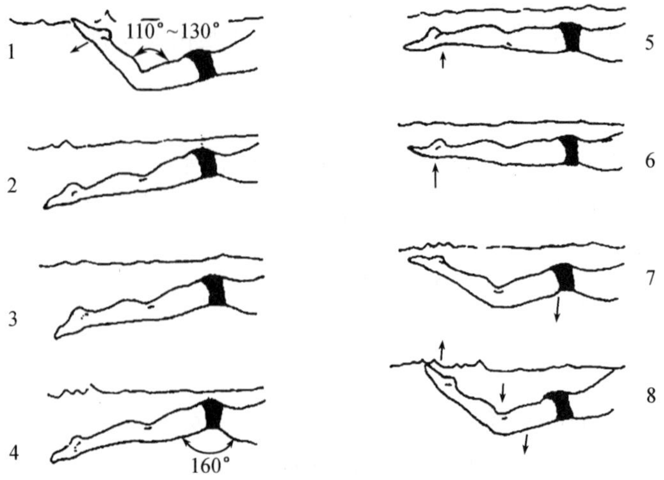

图 8-17　蝶泳打水一个周期全过程

图 8-18　蝶泳完整配合

五、转身技术

(一)蛙泳转身

1. 触壁

不减速地游近池壁,两臂前伸,在正前方的地方触壁。

2. 转身

触壁后，随着惯性屈肘、屈膝团身，同时身体沿纵轴向左侧转动（以左转身为例），并抬头吸气，左手离开池壁在水中随着身体向左侧转动并逐渐向左前伸。当身体转至侧对池壁时，头向前进方向甩并低头入水，右臂推离池壁，从空中摆臂，同时提臀使两脚触壁，两手经颌下前伸，两腿弯曲准备蹬壁。

3. 蹬壁

两脚蹬在水面下约 40 cm 处，两臂向前伸直，头夹在两臂之间，然后用力蹬离池壁。

4. 滑行和一次长划臂动作

蹬壁后，身体成流线型滑行，当速度减慢到正常游泳速度时，两手开始长划臂至大腿两侧稍停，滑行速度稍慢时，开始收腿和两手前伸，当两臂伸直夹头时，蹬腿、滑行，两臂开始第二次划水至最宽点时，头必须露出水面（图 8-19）。

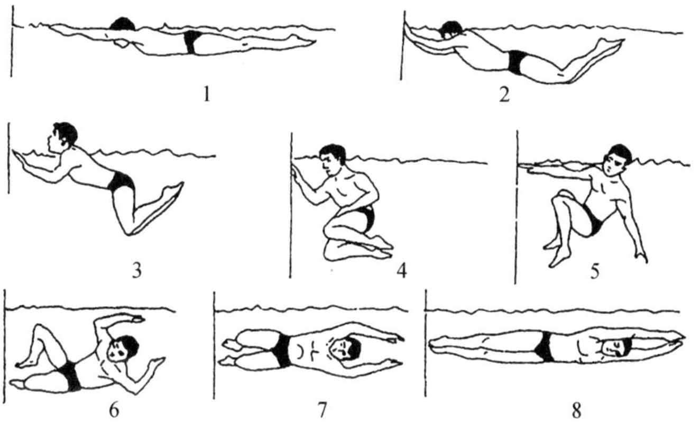

图 8-19　蛙泳转身

（二）爬泳转身

1. 摆臂式转身

（1）游近池壁

以右手触壁为例，随着左臂最后一次划水动作，右臂向前伸触壁。

（2）转身

随着游进的惯性，右臂屈肘，身体向左转，并向前屈膝收腿，使头和肩出水面，两腿向池壁靠近。然后右臂推池壁，向回转方向甩头摆臂，两腿继续靠近池壁。转动中左臂在水中由下向上拨水，帮助身体迅速沉入水中。右臂从空中回摆切入水中，两脚蹬在池壁上，身体成侧卧的蹬壁姿势。

（3）蹬壁

转身后两臂伸直，头夹在两臂之间，两脚用力蹬出。

（4）滑行与开始游泳

蹬壁后，身体成流线型在滑行中转成俯卧，当速度下降时，开始打腿并接着划水起游，在 15 m 之前头部必须露出水面（图 8-20）。

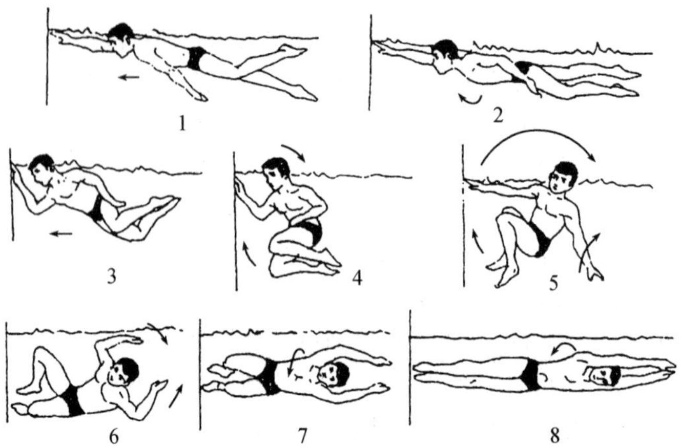

图 8-20　爬泳摆臂式转身

2. 前滚翻转身

(1)游近池壁

当游近到头离池壁 1. 5~2 m 时(以游速的快慢和身材的高矮而定),做强有力的最后一次划水动作,为转身做好准备。

(2)转身

利用划臂所获得的速度,两臂放在体侧, 低头、压肩、并腿向下打水,掌心转成朝下,随着头继续向下,两手向下方拨水,提臀收腹屈膝,使身体向前滚翻,同时身体绕纵轴转动。

(3)蹬壁

蹬壁与滑行起游,同摆臂式转身(图 8-21)。

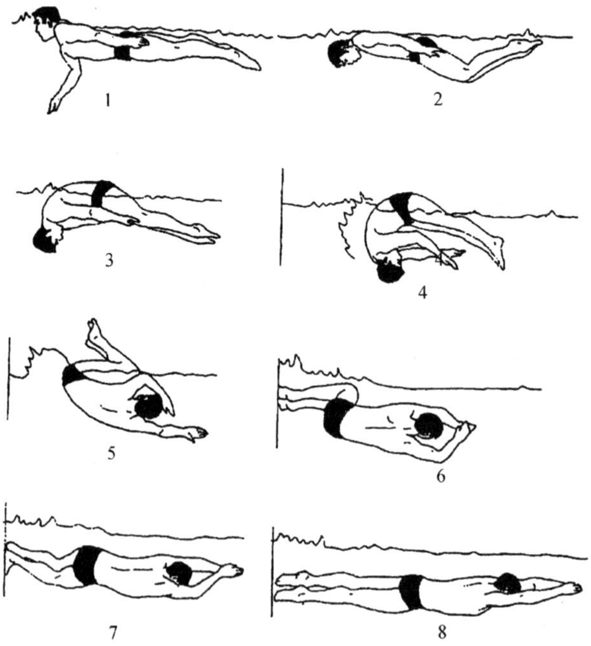

图 8-21　爬泳前滚翻转身

(三)仰泳转身

仰泳的前滚翻转身和爬泳的前滚翻转身技术基本上是一样的,在接近池壁前身体由仰卧转变成俯卧做前滚翻的转身,转身后身体必须以仰卧的姿势蹬离池边(图 8-22)。

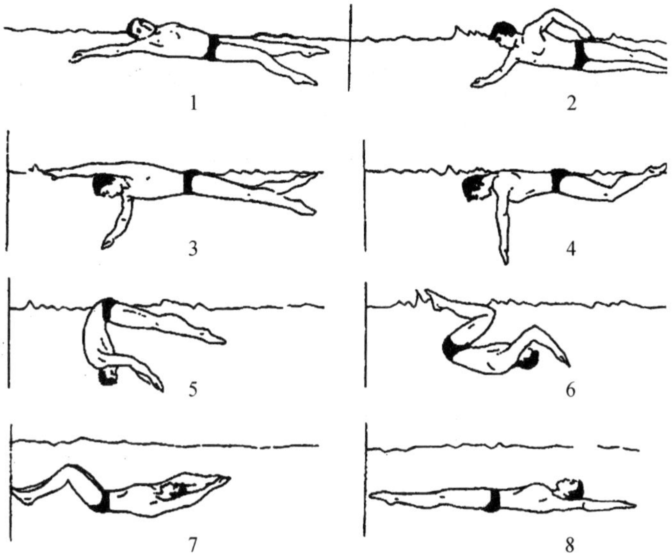

图 8-22　仰泳前滚翻转身

(四)蝶泳转身

蝶泳转身与蛙泳转身有些相似,转身后两腿可在水下打腿多次,在 15 m 前头部必须露出水面。

六、出发技术

(一)出发台出发

1. 准备姿势

双脚分开,与肩同宽,脚趾抠住跳台边缘(双脚或一脚)。两手抓住出发台的前沿,臀部处于双脚正上方,膝盖弯曲到 130°~140°,身体重心尽量向前(图 8-23)。

2. 起跳

向前摆臂,双手并拢,摆臂之后应紧跟着腿部有力的蹬出动作。

3. 腾空

身体伸展成流线型。

4. 入水

手臂、头、躯干、腿、脚依次入水,此阶段身体应呈流线型。

5. 滑行

入水之后的滑行根据不同泳姿有所不同。

图 8-23　出发台出发

蛙泳：入水之后，双臂可以在水下做一次长划臂动作，双腿可做一次蛙泳腿的动作。在第二次划手至最宽点前，头部必须露出水面。

爬泳：在入水滑行时做快速的爬泳腿或蝶泳腿的打水动作，在 15 m 前头部必须出水面。

蝶泳：在入水滑行时做快速的蝶泳打水动作，在 15 m 前头部必须出水面。

(二)仰泳出发

1. 准备姿势

身体在水中面对池壁，两手可正握或侧握出发台上的拉杆，肘伸直，低头团身，脚尖低于水面，两脚平行或上下蹬住池壁，等待出发口令(图 8-24)。

图 8-24　仰泳出发

2. 准备起跳

听到“各就位”口令后，两臂屈肘上拉身体，低头团身，两膝稍展开，把臀部提拉出水，以减小起跳时水的阻力。

3. 起跳技术

身体拉出水后，双手向下或向内按拉杆，然后经上或两侧向后上摆臂同时蹬腿起跳。

4. 入水

摆臂时带动身体后倒并逐渐打开髋关节，当膝、踝关节达适宜角度时蹬壁起跳，身体伸展，挺胸、头后仰夹于两臂间，身体成反弓形入水。

5. 水中滑行技术

身体入水后应伸展成一直线，两臂在头前，速度稍减时开始打水，在 15 m 之前头必须出水面。

七、踩水技术

踩水的方法有很多，比较常见的是采用立式蛙泳的动作技术。

（一）身体姿势

整个身体几乎垂直于水面，稍前倾，头部始终露在水面，下颌接近水面。

（二）腿部动作

踩水的腿部动作几乎和蛙泳腿一样，但收蹬腿的幅度要小。

（三）臂部动作

两臂稍弯曲，在体前做向外、向内摸压水的动作，动作幅度不能太大。向外时，手掌心向外侧下，有分开水的感觉；向内时，手掌心向内侧下，有挤水的感觉。向内摸压至肩宽距离即分开。两手掌摸压水的路线呈双弧线形。

（四）臂、腿、呼吸配合

臂腿的动作配合要连贯、协调，一般是两腿做蹬夹水时，两臂向外做摸压水的动作，收腿时，则向内压，呼吸要跟随臂腿自然进行。蹬夹水（臂向外）时吸气；收腿（臂向内）时呼气。可以一个动作做一次呼吸，也可以几个动作做一次呼吸。

踩水技术常用的学练方法如下。

（1）蛙泳时把头的位置抬高，始终保持在水面以上，这是最简单的踩水。

（2）蛙泳时身体逐渐直立在水中，蹬夹腿无须并拢和伸直；手在胸前小幅度地划水，保持身体平衡。

（3）将手（单手或双手）举出水面，只用蛙泳腿的上述动作原地踩水。

第三节　游泳锻炼计划的制订与安全

游泳是一项男女老幼皆宜的锻炼项目。在初步掌握了某种泳姿之后不能盲目进行，要制订科学合理的锻炼计划，有计划、有步骤地进行自我锻炼。

一、计划安排

（一）说明

以下计划适用于已掌握三种姿势，身体健康的普通爱好者。以每周锻炼3次为例，可根据自己身体情况和游泳能力逐渐增加每周练习次数与每次练习数量。

（二）锻炼目标和任务

目标：提高速度和有氧耐力，增加连续游能力。

方法：采用分解练习，间歇游和长游练习。

任务:改进技术,提高速度和有氧耐力。

(三)具体计划

1. 第1次
陆上:力量耐力练习。
水上:
(1)200 m 蛙泳。
(2)12×50 m 腿扶板(蛙泳、自由游、仰泳)。
(3)12×50 m 自由泳划手。
(4)800 m 自由泳。
(5)放松游。
2. 第2次
陆上:力量耐力练习。
水上:
(1)400 m 自由泳。
(2)300 m 仰泳技术游。
(3)300 m 蛙泳技术游。
(4)1 000 m 自由泳。
(5)200 m 三种泳姿技术游。
3. 第3次
陆上:柔韧练习。
水上:
(1)200 m 蛙泳。
(2)10×100 m 自由泳腿扶板。
(3)6×50 m 划手(蛙泳、自由泳、仰泳)。
(4)800 m 自由泳。
(5)放松游。

二、游泳卫生与安全

(1)游泳前必须做一次体格检查。不仅是为防止发生意外伤害事故,而且是为防止传染性疾病的蔓延。

(2)在每次下水前做好准备活动。

(3)游泳时如果出现“抽筋”现象,要立即上岸,以免发生危险。如小腿或脚趾抽筋时,先吸一口气,仰卧水面,用抽筋肢体对侧的手握住抽筋的脚趾,用力向身体方向拉,另一手压住抽筋腿的膝关节,帮助膝关节伸直,反复几次即可。大腿抽筋时,吸一口气,仰卧水面,弯曲抽筋腿的膝关节,两手抱住小腿用力使其贴紧大腿,再向前伸直大腿,反复几次即可。

(4)下列情况不适宜游泳:患有严重高血压、心脏病、活动性肺结核、肾炎以及其他严重的内脏器官疾病。精神病人、癫痫病人也不宜游泳,以免发生意外。传染性皮肤病、严重沙眼、中耳炎、细菌性痢疾不宜下水游泳。此外,病后初愈、饭后、酒后、妇女月经期等不宜下水游泳。

第九章　足　　球

第一节　足球运动简介

一、足球运动的起源与发展

现代足球起源于英国。12 世纪初,英国开始有了足球赛。1848 年,足球运动的第一个文字形式的规则《剑桥规则》诞生了,即是在 19 世纪早期的英国伦敦牛津和剑桥之间进行比赛时制定的一些规则。因为当时在学校里每套宿舍住有 10 名学生和 1 名教师,因此他们就每方 11 人进行宿舍与宿舍之间的比赛,当前的 11 人足球比赛就是从那时开始的。

1862 年,英国诺丁汉郡成立了世界上第一个足球俱乐部。随后,英国又成立了第一个足球协会(简称英足总),并统一了足球规则,人们称这一天为现代足球的诞生日。这次制定的足球规则共 14 条,它是现今足球规则的基础。从 1900 年的第 2 届奥运会开始,足球被列为奥运会正式比赛项目,但它不允许职业运动员参加。1904 年 5 月 21 日,国际足球联合会(简称"国际足联")在巴黎成立。1930 年起,每四年举办一次世界足球锦标赛(又称世界杯足球赛),比赛取消了对职业运动员的限制。

二、重大赛事介绍

(一)世界杯足球赛

世界杯足球赛是国际足联组织的规模最大、水平最高的足球比赛。1928 年,国际足联在荷兰首都阿姆斯特丹举行会议,决定每四年举行一届世界足球锦标赛,后改称为世界杯足球赛。

(二)世界杯女子足球赛

20 世纪 80 年代以后,女子足球运动蓬勃兴起,各种形式的比赛交流日益增多。为此,国际足联决定举办世界女子足球锦标赛,即世界杯女子足球赛。1991 年,首届世界女子足球锦标赛在中国广东举行。

(三)奥运会男子、女子足球赛

足球是较早进入奥运会的比赛项目之一。在以往的奥运会中,除 1932 年洛杉矶奥运会未正式设足球比赛项目外,其他各届均将足球或列入奥运会比赛项目或作为表演项目。足球被列为正式比赛项目是在 1912 年的第 5 届奥运会上。

(四)欧洲杯

欧洲足球锦标赛，也称欧洲杯，是一项由欧洲足球协会联盟举办，欧洲足球协会联盟成员国间参加的最高级别国家级足球赛事。1960 年举办第 1 届，其后每四年举办一届，已举办 15 届。该项赛事最初的目的是填补两届世界杯之间四年的空白，从而让欧洲各国有更多的比赛机会。

(五)亚洲杯

亚洲杯是由亚洲足联举办的国际性成年男子足球队比赛，每四年举办一届。亚洲杯是世界上除了美洲杯以外历史最悠久的洲际国家队比赛，比第 1 届欧洲足联锦标赛还要早四年创办。亚洲杯也是亚洲地区内最高级别的国家级赛事，参赛球队必须是亚洲足球联合会成员。

(六)美洲杯

美洲杯是一项由南美洲足球协会成员国参加的最重要国家级足球赛事，赛事前身为南美足球锦标赛，亦是全世界历史最悠久的国家级足球赛事。1916 年 7 月 2 日—17 日于阿根廷举行首届赛事。

三、足球运动的特点

(一)整体性

足球运动的整体性特征是其竞技性质和比赛要求所决定的。场上 11 名运动员虽位置、职责、分工不同，但必须按照既定的战术策略和要求协同一致，队伍才有战斗力，才能取得比赛的主动权。

(二)对抗性

技术、战术、身体、心理等因素的综合对抗和全面较量是当今足球比赛的显著特征。以控球权的争夺为焦点，多数技术动作是在强对抗条件下运用或完成的。

(三)多变性

技术多样，战术多变，胜负难测是当今足球运动的另一特点。全面型足球的问世，打破了运动员职责范围的局限性，运动员是比赛场上的多面手，既能攻，又能守，技术的全面化导致了战术的多变性。

四、足球运动的价值

(一)有利于培养良好的个性品质

足球比赛对抗激烈，攻守转换频繁，局面复杂多变，这对运动员注意力、想象力、创造力、思维能力和时间、空间感知等心理品质的形成有较好影响。长期参加足球运动可以培养勇敢顽强、坚忍不拔、拼搏进取的意志品质,以及团结协作、遵守纪律、公平竞争、积极向上的道德品质。

(二)有利于增强体质

经常参加足球运动可以全面提高人体的速度、力量、耐力、灵敏度、柔韧性等身体素质,改善人体的神经系统、心血管系统、呼吸系统等内脏器官系统和肌肉、骨骼等运动系统的功能,达到增强体质、促进健康的目的。

(三)有利于振奋民族精神

足球运动蕴含着深刻的文化和思想内涵,它的影响已远远超过其自身的竞技运动范畴,成为政治、经济、文化、生活的重要组成部分。从某种角度讲,足球运动关系到一个地区或一个国家的形象。重大国际比赛的胜利,就犹如盛大的节日,举国欢庆,民族自豪,不仅鼓舞斗志,还能振奋民族精神,激发人们的爱国热情。

(四)有利于国际交往

足球运动是人类文明的结晶,是现代社会文化生活的重要内容,是促进人们相互交往、加深了解的纽带和桥梁。足球比赛不仅可以传播友谊,扩大交往,还能宣传与展示国家和民族的精神风貌。

(五)促进经济发展

足球是世界上影响最大的体育项目,高度的国际化、职业化和产业化发展趋势,使其具备了巨大的经济利益和商业价值。足球运动以其影响力和自身价值,促进了足球资源、信息技术、中介服务等市场体系的形成,并通过彩票、门票、转会、广告、电视转播等促进经济发展。

第二节 足球运动的基本技术

一、颠球

颠球是指运动员用身体的各个有效部位连续地触击球的技术动作。

(一)技术动作要领

1. 双脚脚背颠球

脚向前上方摆动,用脚背击球。击球时踝关节固定,击球的下部。两脚可交替击球,也可一只脚支撑,另一只脚连续击球。击球时用力均匀,使球始终控制在身体周围。

2. 双脚内侧、外侧颠球

抬脚屈膝,用脚的内侧或外侧向上摆动,击球的下部。两脚内侧或外侧交替击球。

(二)易犯错误

1. 双脚脚背颠球易犯错误

(1)脚击球时踝关节松弛,造成用力不稳定。

(2)踢球时脚尖向下坠或向上翘,造成球受力后不能垂直弹起,难以控制。

2. 双脚内侧、外侧颠球易犯错误

(1)脚在击球时,脚内翻或小腿向上摆动不够,不能造成球垂直弹起。

(2)因支撑腿膝关节弯曲不够,上体直立,造成脚外侧颠球时球不能靠近身体而失去控制。

(三)学练方法

一人一球原地颠球:每人一球用某一部位颠球,或用多部位颠球。例如,脚背正面和脚内侧交替进行。

二、踢球

踢球是指运动员有目的地用脚把球击向预定目标的技术。踢球是足球技术中最重要的技术,主要用于传球和射门。

(一)技术动作要领

踢球的方法很多,主要有脚内侧踢球、脚背正面踢球、脚背内侧踢球等。这些动作结构完全一致,均由助跑、支撑脚站位、踢球腿摆动、脚触球和踢球后的随前摆动五个环节组成。

1. 脚内侧踢球

用脚内侧部位(跖趾关节、舟骨、跟骨等所形成的平面)踢球的一种方法,其特点是脚与球接触面积大,出球准确平稳,且易于掌握。但由于踢球时大腿前摆过程中须外展且屈膝,故大腿与小腿的摆动幅度受到限制,因此出球力量相对较小。

脚内侧踢定位球要领:直线助跑,最后一步稍大些,支撑脚站在球的侧面约 15 cm 处,脚尖正对出球方向,支撑腿膝关节微屈。在支撑脚着地时,踢球腿大腿带动小腿由后向前摆动,在前摆的过程中大腿外展,当膝关节摆动至接近球的正上方时,小腿做爆发式摆动,在触球前将脚跟送出使得脚内侧部位所形成的平面与出球方向垂直,踢球脚脚尖微微翘起,脚底与地面平行,踝关节功能性地紧张使脚型固定,触(击)球后身体跟随向前移动(图 9-1)。

2. 脚背正面踢球

脚背正面踢球由于踢球腿摆幅和脚背踢球接触面相对较大,因而踢球力量也大,准确性也较强。但出球的方向不易控制。在比赛中经常使用脚背正面踢定位球、地滚球、空中球、反弹球及倒钩球。

脚背正面踢定位球要领:直线助跑,最后一步稍大些,支撑脚着地支撑,在球的侧面 10~12 cm 处,脚尖正对出球方向,膝关节微屈,踢球腿向后摆动,小腿弯曲,支撑的同时踢球腿以髋关节为轴,大腿带动小腿由后向前摆动。当膝关节摆至接近球的正上方时,小腿做爆发式的摆动,脚趾屈,以脚背正面部位击球的后中部。击球后身体及踢球腿随球前移(图 9-2)。

图 9-1　脚内侧踢定位球

图 9-2　脚背面踢定位球

3. 脚背内侧踢球

这是一种用第一跖骨和跖趾关节部位触击球的踢球方法。

脚背内侧踢定位球要领：斜线助跑，助跑方向与出球方向约成 45°，最后一步稍大，支撑脚脚尖指向出球方向，距球内侧后方 20~25 cm，膝关节微屈。在支撑同时，踢球腿已完成后摆，并开始以髋关节为轴大腿带动小腿由后向前摆动，当大腿摆至与支撑腿接近同一平面时，小腿做爆发式摆动，此时脚尖外转、脚背绷直，以脚背内侧部位触击球。击球后踢球腿及身体继续随球向前(图 9-3)。

图 9-3　脚背内侧踢定位球

(二)易犯错误

(1)支撑脚位置偏后，踢球时身体或臀部后坐，脚触击球的位置偏低等，导踢出球偏高。

(2)踢球脚的后摆较小或没有后摆，仅是将球踢出，以致前摆过分造成踢球无力或出球较高。

(3)踢球腿摆动不稳定，触球点不准确，使球产生不应有的旋转和准确性降低，并且又影响了出球的力量。

(4)脚趾屈得不够，以致不能用脚的正确部位触球，出球力量和方向均受到影响，且易损伤脚趾。

(三)训练方法示例

1. 各种踢球技术动作的模仿练习

设想地面有一足球，跨步上前做各种踢球动作，然后过渡到慢跑几步的踢球模仿练习，最后可做快速助跑踢球的模仿练习。练习中注意设想触球瞬间踢球脚踝关节的固定和脚背绷紧。

2. 一人用脚底挡球，另一人踢球

此方法应注意踢球腿摆动与触球部位的正确与否，同时还要检查其支撑阶段的状况。

3. 距足球墙 5 m 左右进行技术练习

此种方法主要强调小腿的摆动，脚与球接触面，支撑环节是否正确。练习一段时间后，可将距离加到15~25 m,再进行中等力量的练习,此时大腿的摆动应引起足够的重视。当踢静止球有一定基础后,可逐步增加踢个人控制的活动球及球墙反弹回来的活动球。利用足球墙进行各种踢球技术练习时,一般都应从静止到活动,从注意技术环节的正确与否到要求踢向预定的目标。

三、接球

接球是指运动员有目的地用身体的合理部位把运行中的球停下来,控制在所需要的范围内,以便更好地衔接下一个技术动作。接球是为下一个动作服务的,接球质量的好坏直接影响下一个动作的顺利完成。由于比赛中来球的性质、状态各有不同,因此接球应根据不同情况,采用不同的动作方法。

(一)技术动作要领

接球的方法有多种,常用的有脚内侧、脚背外侧、脚背正面、脚底、大腿、腹部、胸部、头部等部位的接球。

1. 脚内侧接地滚球技术要领

支撑脚脚尖正对来球,膝关节微屈,接球腿提膝,大腿外展,脚尖微翘,脚底基本与地面平行,脚内侧正对来球并前迎,当脚内侧与球接触的一刹那迅速后撤,把球停在脚下(图9-4)。

图9-4　脚内侧接地滚球

2. 脚背外侧接地滚球技术要领

将接球点放在接球腿一侧,支撑腿膝关节微屈。接球腿提起屈膝,脚内翻使小腿和脚背外侧与地面成一锐角,并对着接球后球运行的方向,脚离地面的高度应略等于球的半径,触球时大腿向接球后球运行的方向推送,同时身体随球移动(图9-5)。

3. 脚背正面接空中球技术要领

这种方法多用于接有较大抛物线的来球。根据球的落点,及时移动到位,脚背正面上迎下落的球,当球与脚面接触的一瞬间,接球脚与球下落的速度同步下撤,此时接球腿膝关节、踝关节、脚趾均保持适度的紧张,脚尖微翘将球接到需要的地方(图9-6)。

图9-5　脚背外侧接地滚球

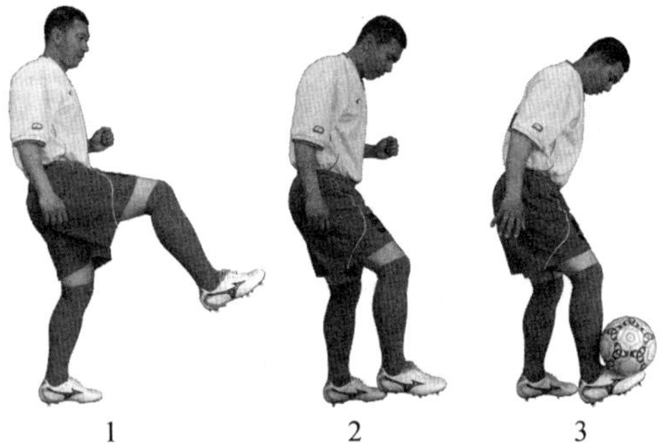

图9-6　脚背正面接空中球

4. 脚底接地滚球技术要领

身体正对来球方向,移动前迎,支撑脚站在球的侧面(或前或后均可),脚尖正对来球方向,膝关节微屈。同时接球腿提起,膝关节微屈,脚背略屈,使脚底与地面约小于45°(且脚跟离开地面),一般以前脚掌接触球的上部为宜。在触球瞬间接球脚可轻微趾屈(前脚掌下点)将球停住,也可根据需要在接球同时将球推向前方或拉向身后(图9-7)。

5. 大腿接空中球技术要领

面对来球方向,根据球的落点迅速移动到位,接球腿大腿抬起,当球与大腿接触的瞬间大腿下撤将球接到需要的位置(图9-8)。

图 9-7 脚底接地滚球

1 2 3

图 9-8 大腿接空中球

6. 挺胸式接球技术要领

面对来球站立(两脚左右或前后开立),两膝微屈,重心置于支撑面内,上体后仰,下颌微收,两臂自然张开,维持身体平衡。接触球瞬间,两脚蹬地,膝关节伸直用胸部轻托球的中下部使球微微弹起于胸前上方(图9-9)。对于较高的平直球也可采用这种方法将球接于胸前,但触球瞬间膝关节由直变屈,脚由提踵状态变全脚掌落地,整个身体保持接球时的姿势,下撤将球接在胸前。

1 2 3

图 9-9 挺胸式接球

(二)易犯错误

1. 接地滚球易犯错误

(1)未掌握好脚的触球部位距离地面的高度,球从脚下漏过。

(2)接球时触球的部位过高(接近球的直径),将球卡死在接球地点。

(3)接球时,缓冲、加力或触球时所形成的反射角不当,球未能达到理想的位置。

(4)接球后身体不能及时跟上,影响控制球。

2. 接空中球易犯错误

(1)对球在空中运行的速度与轨迹判断不准确,或迟或早,或高或低而造成漏接。

(2)接球用力和触球部位不当,未能将球接到理想的位置。

(三)学练方法

个人接球技术练习如下。

(1)利用足球墙进行练习:采用足球墙练习各种方法接地滚球。由开始原地接逐渐过渡到迎上去接,或开始接在脚下逐渐过渡到接至设想的位置上。根据需要可加大踢球力量,提高反弹球速,增加接球难度。另外,也可练习接反弹球与空中球。

(2)个人将球踢高,然后进行接反弹球的各种练习(用手抛起后再进行练习也可以)。

四、运球

运球技术从狭义上讲,仅是指运球的方法,即指用身体的某一部分触球,使球能随运球者一起运动;从广义上看,则不仅让球随人运动,还必须越过对方的防守,也就是说如何使用这些运球方法达到越过对方防守的目的。

(一)技术动作要领

常用的运球技术有脚内侧、脚背正面、脚背外侧、脚背内侧运球。

1. 脚内侧运球技术要领

运球前进时支撑脚位于球的侧前方,肩部指向运球方向,支撑腿膝关节微屈,重心放在支撑腿上,另一条腿提起屈膝,用脚内侧推球前进,然后运球脚着地。

2. 脚背正面运球技术要领

运球时身体持正常跑动姿势,上体稍前倾,步幅不宜过大,运球腿提起,膝关节稍屈,髋关节前送,提踵,脚尖下指,在着地前用脚背正面部位触球后中部将球推送前进。

3. 脚背外侧运球技术要领

运球时身体保持正常跑动姿势,上体稍前倾,步幅不宜过大,运球腿提起,膝关节稍屈,髋关节前送,提踵,脚尖绕矢状轴向内旋转,使脚背外侧正对运球方向,在运球脚落地前用脚背外侧推拨球的后中部。

(二)运球过人方法

前面所述仅是运球的基本方法,掌握了这些基本方法之后,在无对手阻拦时可以将球控制在自己的周围。但若遇对手阻挡时要想越过对手的阻拦,必须恰当地使用运球过人方法,抓住对手瞬间出现的漏洞,达到越过对手的目的。

1. 利用速度强行过人

持球队员以突然的快速推拨球,并与快速的奔跑相结合越过对手的阻拦。

2. 利用身体的掩护强行过人

当持球队员接近对手时双方速度减慢,持球队员侧身用身体靠住对手以另一侧脚将球拨出，同时转身将对手倚在身后并随球越过对手。

3. 利用变速运球过人

对手在持球队员侧面，持球队员用另一侧脚运球，利用运球速度的变化达到甩掉对手或越过对手的目的。

4. 人球分路过人

这种方法主要是利用防守队员注意力集中在球上，并认为可以触到球的心理，达到过人的目的。

5. 运球假动作过人

这种方法是运球队员利用腿部、上体的晃动使对手产生错觉，在防守队员做抢球动作时，使其重心产生错误的移动，运球队员则抓住时机从另一方向越过防守队员。

（三）易犯错误

（1）眼睛只盯着球，不能随时观察周围情况，因而不能根据临场情况及早采取措施。

（2）身体僵硬影响了动作的协调自如，造成不恰当地触球或触球时力量过大。

（3）运球技术运用不合理，造成脚尖捅球。

（4）运球时步幅过大，重心偏高，不能随心所欲地控球。

（5）运球时由于触球部位不当，球不能按照运球队员的意图运行。

（四）学练方法

（1）在慢跑中分别用单脚内侧运球、脚背正面运球、脚背外侧运球，运球方向沿直线进行。

（2）在慢跑中沿弧线运球。用脚内侧、脚背外侧沿中圈线做顺时针、逆时针运球练习。

（3）慢跑中单脚交替用脚内侧和脚背外侧运球，沿折线运行。

五、抢截球

抢截球技术是指运动员在足球竞赛规则允许的范围内，使用身体的合理部位将对手的控球权夺过来或破坏掉。

（一）技术动作要领

1. 正面跨步堵抢技术要领

防守队员两脚前后开立，迎着运球队员站立，两膝微屈，身体重心下降并置于两脚间。当运球队员与防守队员间的距离缩小到一定范围（即防守队员上前跨一大步可触及球），运球队员脚触球后即将落地或刚刚落地时，防守队员后脚用力蹬地并跨步向前，以脚内侧去堵截球，当已堵住球时，另一只脚应迅速上步做支撑。若运球队员也堵住球时，防守队员的抢球脚在不脱离球的情况下迅速向上提拉，使球从运球队员脚面滚过，身体重心也迅速跟上并将球控制好。

2. 合理冲撞抢球技术要领

当防守队员并肩与运球队员跑动追球时，防守队员重心稍下降，靠近运球队员一侧的手臂紧贴身体，利用运球队员同侧脚离地的过程，用肘关节以上部位适当冲撞运球队员同样部位，使运球队员身体失去平衡，乘机将球控制住。

(二)易犯错误

(1)正面堵抢时,出脚时机不当或触球部位不准确造成失误。

(2)侧面抢球冲撞时,冲撞动作不正确造成犯规。时机选择不当,如在对手同侧脚支撑时效果欠佳。

(三)学练方法

(1)两人一球练习:队员甲将球踩在脚下,队员乙与其相距 2 m,上步做正面脚内侧堵抢练习。让队员乙体会上步动作及触球部位。两人轮换抢球。

(2)两人一球练习:甲、乙两队员相对站立,队员甲慢速向队员乙运球,队员乙选择好时机实施正面脚内侧堵抢。

(3)两人同方向慢跑,在跑的过程中两人可做适当的合理冲撞,体会冲撞的时机和冲撞的部位以及冲撞时如何用力等。

六、头顶球

头顶球是指运动员有目的地用前额将球击向预定目标的动作。足球比赛中不仅要处理各种各样不同形式和不同性质的地滚球,同时也要处理各种空中球。当遇到胸以上部位的球时就需要用头部来处理,因为头是人体最高的一个部位,额骨的前面较为平坦,只要掌握顶球技术,顶出的球就会有力。

(一)技术动作要领

头顶球技术分前额正面头顶球与前额侧面头顶球。

前额正面头顶球技术要领:这是由额肌覆盖着的额骨正面部分去击球的一种动作方法,身体正对来球方向,眼睛注视运动中的球,两脚左右开立(或前后开立),膝关节微屈,重心置于两脚间的支撑面上(或后脚上),两臂自然张开。当球运行到将垂直于地面的时候,两腿用力蹬地,迅速向前摆体,微收下颌,在触球瞬间颈部做爆发式振摆,用前额正面击球中部,上体随球前摆。

(二)易犯错误

(1)由于恐惧心理,顶球时闭眼或缩颈,造成错误部位顶球,影响出球准确性。

(2)对运行中球的速度、轨迹判断不准确,因而不能很好地选择顶球点,顶不着球。

(3)身体摆动环节不能协调有力,影响顶球力量。

(三)学练方法

(1)做各种头顶球的模仿动作。

(2)自己双手举球在头前,用前额正面或侧面去触击球,体会触球部位,培养顶球过程中注视来球的习惯。

(3)两人一组,利用一个球,相互抛顶。

七、假动作

足球比赛中,运动员为了争取时间、空间的优势,取得控球权或控球后达到射门的目的,常采用一些假动作掩饰自己的真实意图。假动作使防守队员产生错误的判断,造成重心错误的偏移,形成对自己有利的形势以实现自己的目的。假动作渗透在各种技术中,如踢球、接球、顶球、运球、抢截球、掷界外球以及守门员技术等。

(一)技术动作要领

1. 传球前的假踢技术要领

如传球前为了使堵住传球路线的防守队员闪开空当,可先向一方做假踢动作,当对手去堵假踢的传球路线时,突然改变踢球脚法将球从另一方向传出。

2. 接球前的假接技术要领

如对手在体侧或后方紧逼的情况下,可先向一侧做假接球动作,当防守队员重心发生不适当的偏移时,突然改变向另一侧接球。

3. 接球前的假顶技术要领

接高度在胸部或头部的空中来球,防守队员迎面准备抢截,接球队员可做假顶动作,诱使防守队员减速或停下,准备截获顶出之球,此时突然用头或胸将球接在自己控制范围。

4. 顶球前的假接技术要领

面对高空来球,做出胸部接球的假动作,诱使对手逼近准备抢球,等防守队员逼近时,突然用头将球传出,使对手来不及去防守接球的队员。

5. 运球过人假动作

(1)运球过人时的虚晃假动作技术要领:如面对防守队员控球过人时,防守队员逼得较紧,可向一侧用身体或腿部做虚晃动作(或是身体与腿同时并用),诱使防守队员跟随虚晃动作发生重心的偏移,然后迅速用另一侧脚背外侧向同侧拨球,并转身越过防守队员。

(2)运用减速或停顿的假动作,再突然起动的方法越过防守队员。快速运球时,防守队员在自己一侧紧追不舍,待与自己跑平时,做一个减速或停顿的假动作,使防守队员产生错觉。当防守队员也减速或停顿时突然加速推球向前甩掉防守队员。

(二)易犯错误

(1)假动作不够逼真,易被对方识破。

(2)真动作衔接太慢,不易收到预想的效果。

(3)缺乏观察判断和随机应变能力,不善于假作真来真亦假,真真假假迷惑对手。

(三)学练方法

1. 在无对抗的情况下做练习

(1)向右(左)假踢,向左(右)拨球前进。

(2)向右(左)假接,向左(右)拨球前进。

(3)向右(左)假踢球,瞬间改用前脚掌将球拉回,再向左(右)推拨球前进。

(4)向右(左)跨过球,向左(右)拨球前进。

2. 在有对抗情况做练习

(1) 两人一组,其中一人进行消极防守,两人轮流进行假动作练习。

(2) 在掌握一定的假动作技术基础上,可结合球进行假动作后的传球、射门练习,也可利用 3 对 3 或 4 对 4 的传球、抢球练习,或用小比赛进行假动作的练习。

八、掷界外球

由于掷界外球时接球人不受越位规则的约束,因此,不仅用于恢复比赛,而且可以为进攻创造有利条件。尤其是在前场 30 m 内掷界外球,将球直接掷入门前,可以给对方造成很大威胁。

(一) 技术动作要领

原地掷界外球技术要领:面对出球方向,两脚前后或左右开立,双脚均应有一部分站立在边线上或边线外。膝关节弯曲,上体后仰成背弓,重心移到后脚上(左右开立时,重心在两脚间),两手自然张开,拇指相对,持球的侧后部,屈肘将球置于头后。掷球时,后脚用力蹬地(或两脚用力蹬地),两腿迅速伸直,身体重心由后脚移到前脚,收腹屈体,同时两臂急速前摆。当球摆到头上时用力甩腕将球掷入场内。掷球时,后脚可沿地面向前滑动,两脚均不得离地。

(二) 易犯错误

(1) 掷界外球时动作不符合规则要求,造成犯规。

(2) 用力不协调,掷出角度不合理而影响出球的距离。

(三) 学练方法

(1) 两人一球,相距 15 m,原地互掷界外球。

(2) 两人一球,相距 25 m,两端设两条平行线,助跑互掷界外球。

第三节　足球比赛的基本战术

一、二过一配合

二过一配合是指在局部区域,两名进攻队员通过相互间的传球和无球跑位越过一名防守队员的进攻配合方法。二过一是足球比赛中最常用、最有效、最简捷的进攻配合方法。无论在球场任何区域,任何两名同队队员均可采用二过一的进攻配合方法。

(一) 二过一配合方法

1. 传切配合二过一

传切配合二过一是两名进攻队员通过"一传""一切"越过一名防守队员的配合方法。传切配合二过一有斜传直插二过一和直传斜插二过一两种。当两名进攻队员进行配合时,要保持适当的距离,掌握好传切配合的时机。控球队员可采用运球或其他动作,诱使防守队员上前阻截,伺机将球传至防守队员身后的空当。插上的队员必须突然、快速起动,避免过早切入造成越位或过晚切入被对手抢得先机。

2. 踢墙式二过一

踢墙式二过一是指两名进攻队员通过两次传球越过一名防守队员的配合方法。带球队员逼近防守队员,吸引防守队员上前阻截,距离防守队员 2~3 m 时传球。最好传地滚球,力量适当,方向准确。传球后即刻快速切入,准备接球。

3. 回传反切二过一

回传反切二过一是通过三次传球完成的配合方法。持球队员距接应队员 8~10 m 处传球。应向接应队员脚下传球,力量要稍大些。接回传球后,立即将球传至防守队员身后的空当,传球到位、力量适当。回撤接球动作要逼真,以引诱防守队员实施紧逼,制造出防守队员身后的空当。回传球要传脚下球,传球力量应稍大些。回传后,迅即转身,插向防守队员身后的空当。回传反切二过一配合运用时,要有一定的纵深距离。特别是靠近罚球区前中路区域,要估计到守门员可能出击抢断的情况。

4. 交叉掩护二过一

交叉掩护二过一是两名进攻队员通过运球交叉时,利用身体的掩护越过一名防守队员的配合方法。用远离防守队员的脚运球,置身体于球与对手之间保护球。与同伴交接球时可做运球假动作而不触球。完成配合后应继续跑位进攻。靠近运球同伴以接应之势迷惑对手。选择有利时机突然起动,接球后运球越过防守队员。

(二)训练方法

1. 二过一配合射门练习

在罚球区前沿 20 m×10 m 的范围内进行各种二过一配合射门练习。

2. 二对二练习

在 10 m×20 m 的场地上进行二对二练习,设两个球门,要求防守一方必须有一人为守门员,在规定时间内相互展开攻守。

二、封堵与紧逼技巧

(一)封堵的技巧

当对球失去控制转为防守的瞬间,为了限制对方快攻,给本队赢得及时回防的时间,封堵是常用的防守方法之一。封堵内线,迫使对手走边,不让球推进到本方门前。封堵边路,逼迫对手走中路,抑制对手擅长的边路进攻。封堵攻方向前、向边的进攻路线,迫使其横向移动,阻止其向前渗透和威胁性进攻。

(二)紧逼的技巧

所谓紧逼是指防守队员几乎能接触到进攻队员,运用一个动作就可以直接阻碍进攻队员处理球的防守方法。紧逼有时并不一定能够直接抢下球,但由于紧逼队员的干扰,常常能够为本方其他队员创造良好的抢球契机。同时,可以造成进攻队员的失误。

1. 紧逼的重点区域

依据战术需求,队员可在球场的任何区域实施紧逼。紧逼应是从本方失去控球权时即刻实施。本方后场是进行紧逼的重点区域。中场也是实施紧逼防守的重点区域。当本方在中场取得人数上的优势时,必须对对手实施紧逼,最大限度地破坏或延缓对方中场的进攻,为本方在后场进行有效的防守提供有力支援。

2. 紧逼的距离

紧逼距离一般距对手 1~1.5 m 为宜。如此,既能随时断截对方的传球,又能在对手转身突破时处于领先的位置。

3. 紧逼的站位角度

紧逼的站位要尽可能争取站在对手和本方球门之间,逼迫对手只能在自己前面处理球。紧逼的姿势往往以侧身面对持球队员为好,这样既利于上前抢断球,也便于被对手突破后进行快速回追。

4. 紧逼的时机

当对手单独深入时,应勇于上前对其实施紧逼盯人;当以少防多时,应尽可能延缓对手的进攻速度,待保护的同伴到位时,再实施紧逼。当实力明显强于对手时,可大胆展开紧逼;当实力不及对手时,应尽快收缩,在本方后场实施紧逼。

(三)训练方法

在 60 m×40 m 的场地上进行六对六练习方法:每队 6 名队员,其中一名守门员,采用标准球门,实行越位规则。要求:防守队员紧逼持球队员,阻止其转身面向进攻方向,将攻方的进攻限制在防守的前面。防守队员实施紧逼时应注意紧逼的时机、距离与站位角度。

三、保护技巧

(一)保护的概念

"保护"通常是指队员位于抢球队员身后,并直接提供增援的防守方法。他与抢球队员之间的距离和位置,应根据球、本方球门和攻方队员的具体位置而灵活选择,伺机而变。

(二)保护的作用

1. 进攻作用

如果本方抢球队员抢球成功,担当保护的队员可迅速转换职能成为第二进攻者,即接应队员。

2. 防守作用

如果抢球队员受挫,担任保护的队员可迅速转换职能成为第一防守者,继续阻止对方展开进攻。

3. 精神作用

保护队员居后增援,用语言和位置上的呼应与鼓励,使第一防守者面对对方的控球队员时信心更足,无后顾之忧。

(三)保护的技巧

保护技巧包括距离、角度和呼应三要素。妥善处理三要素及彼此关系,才能充分发挥保护的作用。保护的距离指保护队员(第二防守者)与抢球队员彼此间相隔的距离。保护距离同球在场区的位置及当时攻守局势的发展情况有紧密的关系。选择适宜的保护角度，对同伴和对手分别能起到支持和制约作用，通常站位角度为靠球门一侧与抢球队员成45°。呼应是比赛场上同伴间的语言联系，也是一支成熟而有经验球队的重要标志。

四、常见的进攻打法

（一）边路进攻

边路进攻是指在对方半场两侧地区的进攻，以传中创造射门为目的。边路区域空当相对较大，便于发动组织进攻，突破防线。但由于离球门较远，角度小，直接射门得分的可能性小，因此，主要采用边路突破传中后，由中路和异侧同伴包抄完成攻门。

（二）中路进攻

中路进攻一般有后场发动、中场发动及前场发动进攻三种。后场发动进攻有守门员发动进攻和后卫发动进攻。中路进攻的主要战术配合是由中场发动的，前卫队员担负着组织核心的重要角色。摆脱对方防守的方法主要采用短传配合及各种二过一配合。前场发动进攻主要靠前锋回撤后在其身后形成空当，并由其反切插上，或由前卫、后卫插上突破防守的进攻。

（三）中边转移

由于中路或某一侧防守力量偏重，中路进攻不能奏效时，应及时往边路转移或由一侧向另一侧的边路进行转移，以分散中路防守的力量和注意力，然后再由边路进攻的方向转移至中路。

（四）快攻

快攻是最有实效的一种进攻战术。其主要特点是由守转攻时，利用对方防守组织体系松散，来不及布防之际，通过简练快速的传递配合创造射门机会。快攻形式有三种：一是守门员获得球迅速传给埋伏在前场的本方队员，由于此时对方三条线压上，利于形成快攻的良机；二是在中、前场断截球后即刻发动进攻；三是在中、后场快速罚出任意球，也能形成快攻机会。

五、常见的防守打法

防守方法基本上可分为三种，即人盯人防守、区域盯人防守和混合盯人防守。人盯人防守通常是除自由人以外，防守队员各自都有明确的盯防对象，专门负责防守指定的对象。原则上盯防对象跑到哪，就盯到哪。实际运用中主要根据对方的实力而采用不同的形式。区域盯人是指每一防守队员都有一定的防守区域，进攻队员一旦进入该区域时，该区域的防守队员即对其严密盯防，限制其在该区域的一切进攻行动。当某一区域防守失败，则邻近区域的防守队员必须及时补位。所谓混合盯人防守是人盯人与区域盯人互相结合的一种防守形式。这是一种常用的、非常灵活的防守方法，其主要取决于对方队员的特点以及本方整体防守的设计方案。

六、比赛阵型

比赛阵型是指在比赛中队员的位置排列。

(一)4-4-2 阵型

这种阵型后场和中场均安排 4 名队员,不仅有利于巩固后防,力保不失球,而且有利于夺取中场主动权。两名前锋突破能力强,善于捕捉战机,通过积极跑位在中路和边路创造空当,利于组织和发动点多面广的进攻,使后卫、前卫的插上进攻具有突然性和隐蔽性。前锋主要有双中锋和一边锋一中锋的两种排列。前卫有一字形排开或菱形排列两种,可分工为一名防守型前卫、一名进攻型前卫和两名边前卫。

(二)3-5-2 阵型

这种阵型中场人数多,力量强,有利于夺取中场优势和比赛主动权。用 3 名后卫盯防两名前锋,有人数优势,盯人后卫可实施紧逼盯人,自由后卫可保护补位并能有效控制门前危险区域。中场队员插上进攻点多面广,具有突然性和隐蔽性。

(三)4-5-1 阵型

这种阵型是相对侧重防守的阵型。4 名后卫主要职责是防守,帮助控制中场和助攻,较少进入前场或对方罚球区参与进攻。中场力量强,人数多,有利于夺取中场优势和主动权,可减轻后防压力。进攻时,中前场空区较大,有利于组织快速反击和点多面广的进攻,使进攻更具突然性和隐蔽性。

第十章　篮　　球

第一节　篮球运动简介

一、篮球运动的起源

1891 年 12 月初,美国马萨诸塞州斯普林菲尔德市基督教青年会国际训练学校(后为春田学院)的体育教师詹姆斯·奈史密斯(James Naismith)博士苦于美国东部地区入冬较早,天气较为寒冷,为了设计适宜冬季学生能在室内从事的体育活动,他从当地儿童喜欢用球投向桃子筐(当地盛产桃子,各家各户都备有桃筐)的游戏中得到了启发,进而设计发明了篮球游戏。

二、篮球运动的发展

篮球运动自诞生之日起至今已有 100 多年历史。100 余年来,它从一个游戏活动演进发展成为世界上最普及的运动项目之一,特别是 20 世纪 90 年代允许美国职业队队员参赛,把世界篮球运动推向了一个新的高峰。进入 21 世纪,篮球运动又进入了一个崭新的发展时期,队伍大型化,高大队员速度快、技术全面、位置趋向模糊,在高速、强对抗中能高质量地完成技术动作,战术更加简练,更有实效性。女篮将继续向男篮风格发展,篮球运动职业化的程度将不断提高,技术、战术、身体和心理素质、高水平的全面对抗将向更高层次发展。

三、我国篮球运动的发展历程

1895 年,美国人来会里博士到天津,把近代篮球传入中国。1896 年 1 月,天津中华基督教青年会举行篮球赛,这是中国关于篮球运动有文字记载的最早比赛。此后,全国各大城市大、中、小学的篮球活动逐渐开展起来,其中天津、北京、上海水平较高。1910 年,旧中国第 1 届全运会将其列为比赛项目。1921 年,中国男子篮球队获得第 5 届远东运动会的冠军。中国男篮参加了 1936 年、1948 年两届奥运会篮球赛,结果小组均未出线。1949 年后,中国派遣了第 1 支大学生男子篮球队参加了社会主义国家大学生运动会。1951 年,通过第 1 届全国篮球比赛大会(即第 1 届全国篮、排球比赛大会)组建了新中国的第 1 支国家男子篮球队。1954 年,在国家体委倡导下,开展了全国篮球学术讨论,建立了全国联赛的竞赛制度。1956 年改为甲、乙两级升降联赛制度,举办了全国篮球教练员训练班,增加了全国锦标赛,试行了运动员、教练员和裁判员的等级制度。1957 年又改为甲、乙、丙三级升降制度。20 世纪 70 年代中国篮球队多次获得亚洲冠军,在代表亚洲参加的世界大赛中获得了好成绩;20 世纪 80 年代中国篮球实现了冲出亚洲、走向世界的目标;20 世纪 90 年代,中国篮球运动开始了职业化进程;进入 21 世纪,我国篮球职业化程度也越来越高。我国男子篮球在世界大赛取得的最好成绩为奥运会第8名,女子篮球在世界大赛取得的最好成绩为奥运会亚军。

第二节　篮球运动的基本技术

篮球技术的分类,主要是根据技术动作的攻守属性和技术动作在比赛中的作用,以及技术动作的结构相类似特点进行的。按篮球技术动作的攻守属性,篮球技术分为进攻技术和防守技术两大类。各类技术又有多项、多种技术动作方法,如图10-1所示。

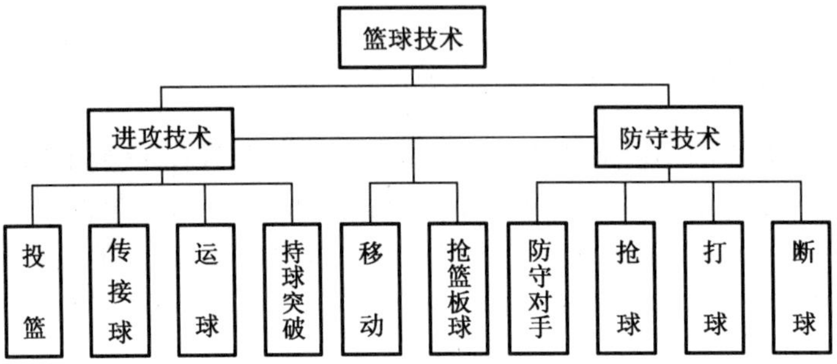

图10-1　篮球技术框架图

一、移动

移动是队员在比赛中为了改变速度、方向、位置和高度所采用的各种脚步动作的通称。移动是篮球技术的重要组成部分,也是学习和运用其他各项技术的基础。在篮球运动中,各项技术动作的运用大都是以组合形式进行的,而各项技术动作的组合都必须包含移动技术动作,没有移动技术动作,组合技术动作无法完成。所以说,移动是篮球比赛中各项技术运用的基础。

(一)变向跑

1. 动作要领

变向跑是队员在跑动中利用方向的变化完成攻守任务的一种方法。以从右向左变向为例,最后一步用右脚前脚掌内侧用力蹬地,同时脚尖稍加内扣,迅速屈膝降重心,腰部随之左转,上体向左前倾,移动重心,左脚向左前方跨出,加速前进。

2. 动作要点

变方向的瞬间屈膝降重心、移重心、异侧脚前脚掌内侧迅速蹬地,同侧方向的脚迅速跨出,蹬地脚及时跟上。

(二)侧身跑

1. 动作要领

侧身跑是队员在向前的跑动中,为观察场上的情况,侧转上体进行攻守行动的一种方法。队员在向前跑动时,头部与上体侧转向球的方向,脚尖朝向跑动的前进方向,内侧腿深屈,外侧脚用力蹬地,内侧肩在前。

2. 动作要点

面向球转体,切入方向的内侧腿深屈,外侧脚用力蹬地,重心内倾。

(三)跨步急停

1. 动作要领

队员在快速跑动中急停时,先向前跨出一大步,用脚跟先着地,然后迅速地过渡到全脚掌抵住地面的同时,立即屈膝降重心,身体微向后仰,后移重心,紧接着再跨出第二步。脚着地时,脚尖稍向内转,用脚前掌内侧蹬住地面,两膝弯曲(如先跨左脚后上右脚,则身体向左侧转),并微向前倾,重心落在两脚之间,两臂屈肘自然张开,保持身体平衡。

2. 动作要点

第一步要大,后仰降重心,第二步要跟得快,用前脚掌内侧蹬住地。

(四)转身

1. 动作要领

转身时,重心移向中枢脚,另一只脚的前脚掌蹬地,同时中枢脚以脚前掌为轴用力碾地,上体随着移动脚转动,以肩带腰向前后改变身体方向。在身体移动过程中,要保持身体重心平稳,转身后重心应转移到两脚之间 。转身分前转身和后转身。移动脚向中枢脚前方跨步转动的叫前转身;移动脚向中枢脚后方撤步转动的叫后转身。

2. 动作要点

中枢脚用力碾地,同时异侧脚用力蹬地、转胯,身体重心始终保持在一个水平面上。

(五)滑步

1. 动作要领

滑步是防守移动的一种主要方法。它易于保持身体平衡,可向任何方向移动。滑步可分为侧滑步(横滑步)、前滑步和后滑步。现以侧滑步为例,其动作方法是:滑步前,两脚左右开立约肩宽,膝微屈,上体稍前倾,两臂侧伸,目平视盯住对手。向左滑步时,右脚前脚掌内侧用力蹬地,同时左脚向左跨出,在落地的同时,右脚迅速随同滑行,然后依次重复上述动作。滑步时身体要保持平稳。

2. 动作要点

重心平稳。移动时做到异侧脚先蹬,同侧脚同时跨出,异侧脚再跟,保持原来姿势。

(六)学练方法

(1)基本站立姿势,原地小步跑看信号突然起动快跑。

(2)原地起跳落地,看信号起动快跑。

(3)基本站立姿势,走两三步做跨步急停。跑 3~5 步做跨步急停。

(4)慢跑中急停,向左右做前后转身 180°起动跑。快跑跳步急停后,转身 180°起动快跑。

(5)基本站立姿势,助跑 2~3 步单脚起跳。变方向跑 2~3 步单脚起跳。

(6)基本防守姿势,向左、右侧滑步。基本防守姿势,向前交叉步接侧滑步。

二、传接球

(一)传球

1. 双手胸前传球

这是一种最基本、最常用的传球方法。

(1)动作要领:如图 10-2 所示。双手持球于胸腹之间,两肘自然弯曲于体侧,身体成基本姿势站立,眼睛注视传球目标。传球时,后脚蹬地,身体重心前移的同时,两臂迅速向传球方向伸出,同时两手腕随之内旋,拇指用力下压,食、中指用力拨球将球传出。球出手后,两手略向外翻,身体迅速调整成基本站立姿势。

1　2　3　4

图 10-2　双手胸前传球

(2)动作要点:小臂前伸略内旋,手腕翻转,指用力。

2. 双手头上传球

(1)动作要领:如图 10-3 所示。传球时,双手持球于头上,两肘弯曲,持球手法与双手胸前传球相同。近距离传球时,前臂内旋、手腕前屈,拇指、食指和中指用力拨球,将球传出。传球距离较远时,脚蹬地,腹腔用力,前臂迅速前摆,手腕前屈、手指用力拨球,将球传出。

1　2　3　4

图 10-3　双手头上传球

(2)动作要点:前臂手腕迅速向前"鞭打"出球。

3. 双手低手传球

(1)动作要领:传球时双手持球于腹前或腹侧,两脚左右或前后开立,屈膝时,前臂外旋、手腕前屈、小指、无名指和中指用力拨球,将球传出。

(2)动作要点:前臂前摆,腕指翻拨球。动作要柔和、一致。

4. 单手肩上传球

(1)动作要领:以右手传球为例,双手持球于胸前,两脚平行开立。传球时,左脚向传球的方向迈出半步,同时将球引到右肩上方,肘关节外展,上臂与地面近似平行,手腕后仰,右手托球,左肩对着传球方向,重心落在右脚上,右脚蹬地、转体,前臂迅速向前挥动,手腕前屈,通过食指、中指拨球,将球传出。球出手后,随着身体重心前移,右脚向前迈出半步,保持基本站立姿势。

(2)动作要点:肘关节外展,迅速向前挥臂,手腕前屈,拨指出球。

5. 单手体侧传球

(1)动作要领:以右手传球为例,两脚开立,两腿微屈,双手持球于胸前。传球时,右手持球后引,经体侧向前作弧线摆动,手腕前屈,用食指、中指的力量拨球将球传出。

(2)动作要点:当球引至体侧时,前臂摆动要快,幅度要小,腕指急促用力抖动将球传出。

6. 反弹传球

(1)动作要领:如图 10-4 所示。以双手传球为例,传球时双手持球于胸前,两脚开立,传球时,眼睛注视传球目标,前臂向传球方向伸直,手腕翻转,拇指用力下压,食、中指用力拨球并将球传出,双手向前下方伸出,使球通过击地反弹到同伴的手中。

1　　　　2　　　　3

图 10-4　反弹传球

(2)动作要点:腕指下压,出球要快。

7. 学练方法

(1)原地两人对面传球练习(先练双手传球再练单手传球)。

(2)两人相距 4~6 m,行进间传球练习。

(3)"8"字跑动传接球练习。跟进切入时起动要及时快速,接传动作要连贯,传球要准确。

(4)三角传接球练习。每组 4~5 人。按逆时针方向传球和换人。接球时要上步,接传动作要连贯,不得走步。

(二)接球

1. 双手接胸部高度的球

(1)动作要领:接球时,两眼注视来球,两臂伸出迎球,手指自然分开,两拇指成“八”字形,手指向前上方,两手成一个半圆形。当手指触球后,两臂随球顺势后引缓冲来球的力量,两手握球于胸腹之间。保持身体的平衡,做好传球、投篮或突破的准备。

(2)动作要点:伸手迎球,触球后引,紧握护球。

2. 双手接头部高度的球

动作要领:和双手接胸部高度的球相同,只是迎球时臂向前上方伸出。

3. 双手接低于腰部的球

(1)动作要领:接球时,两腿微屈,一脚向来球方向迈出,上体前倾,眼睛注视来球,双手向前下方伸出迎球,五指自然分开,两小指成“八”字形,手心向着来球方向。当手指触球后,两臂随球顺势后引,两手握球于胸腹之间,保持身体站立姿势,以便转换或衔接其他进攻动作。

(2)动作要点:上步及时,重心下降,两手向来球方向伸出。

4. 双手接反弹球

(1)动作要领:接球时,迎球跨步,上体前倾,眼睛注视来球,双手向前下方伸出,五指自然分开。当手指触球后,两手握球顺势将球移至胸腹间,保持身体站立姿势,以便转换或衔接其他进攻动作。

(2)动作要点:手心向着来球方向,触球紧握顺势回收球。

5. 单手接球

(1)动作要领:以右手为例接球,右脚向来球方向迈出,两眼注视来球,接球时,手掌呈勺形,手指自然分开,迎着来球的方向伸去。当手触球时,手臂顺势将球向后引,手立即握住球。双手将球持于胸腹之间,保持基本持球姿势。

(2)动作要点:触球顺势后引,另一手迅速护、控球。

6. 学练方法

(1)原地接不同方向的球的练习。

(2)行进间接不同方向的球的练习。

三、运球

运球技术的动作方法主要有以下几种。

(一)高运球

1. 动作要领

如图 10-5 所示,原地运球时,两腿微屈,上体稍前倾,手按拍球的上方;行进间运球时,手按拍球的后上方,跑动时手用力向前下方推按球,球的落点在身体侧前方,使球反弹的高度在胸腹之间,手脚协调配合,使球有节奏地向前运行。

2. 动作要点

目光平视,手脚协调一致,手按拍球的部位正确。

（二）低运球

1. 动作要领

如图 10–6 所示，运球时两腿深屈，重心下降，上体前倾，用上体和腿保护同时用手短促地按拍球，球的反弹高度在膝关节以下，以便更好地控制球和摆脱防守。

图 10–5　高运球

图 10–6　低运球

2. 动作要点

降低重心，上体前倾，手按拍球要短促有力。

（三）体前变向换手运球

1. 动作要领

以从对手右侧突破为例（图 10–7）。运球队员先右手向对手左侧运球，当对手向左侧移动时，然后向对手右侧变向。变向时右手按拍球的右侧上方，把球从自己的右侧按拍到左侧前方，同时，右脚向左前方跨出，上体左转，用肩挡住对手保护球，然后换手，左手运球，加速前进。

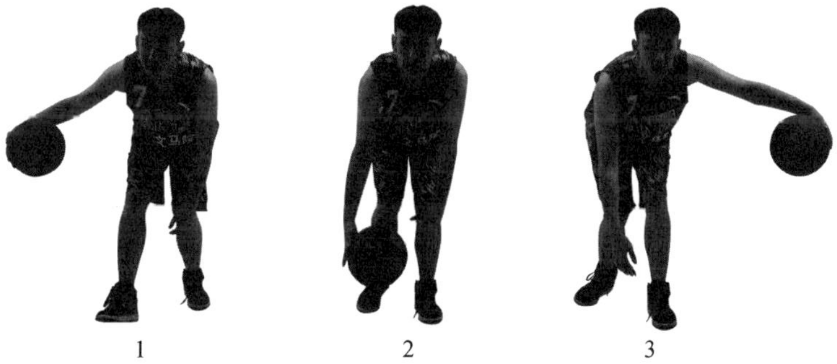

图 10–7　体前变向换手运球

2. 动作要点

重心下降，转体探肩，蹬跨有力，换手迅速，变向加速。

（四）运球急停急起

1. 动作要领

以右手运球为例。运球急停时，手按拍球的前上方，然后原地快速按拍球；急起时，身体重心迅速前移,拍球的后上方,加速运球前进。

2. 动作要点

重心转移要快,按拍球部位变换要正确、迅速,急停要稳,急起要突然。

(五)背后运球

1. 动作要领

如图 10-8 所示,以右手运球向左变向为例。变向时,左脚在前,右手将球拉到身后,迅速按拍球的右后方,并将球从身后拍至左脚的侧前方,即刻换左手运球,右脚迅速向前胯出,同时向左侧身用肩保护球,加速前进。

1　　2　　3　　4

图 10-8　背后运球

2. 动作要点

向后拉球并向侧前方按拍球用力,拉、拍、换手运球动作连贯,协调。

(六)转身运球

1. 动作要领

如图 10-9 所示,以右手运球为例。当对方靠近并堵截运球者右侧时,此时以左脚为中枢脚做后转身,右手按拍球的前上方,随着后转身动作,将球从右侧拉向身体的左后侧方,然后换左手运球,加速前进。

2. 动作要点

转身时重心下降,快速平稳,拉球动作与转身动作协调一致。

(七)学练方法

(1)左右手交替做横运球,体会换手时拍按球的部位和拉球、推球的动作。

(2)做体侧前后推运球,体会向前向后运球的触球部位。

(3)原地双手运两个球,提高控球能力。

(4)原地“8”字运球,即在两腿的外侧和中间交错运球,提高控制球能力。

(5)行进间直线运球。每组一个球,鸣笛后各组第一人运球至端线,返回时换手运球,然后交给下一队员,轮流进行练习。

(6)换手变向运球。队员围绕 3 个圆圈进行练球。在运至两圈之间时换手。在圆圈的外侧运球时,必须用外侧手。

图 10-9 转身运球

四、投篮

投篮技术的动作方法很多,常用的方法如下。

(一)原地单手肩上投篮

1. 动作要领

以右手投篮为例。两脚前后开立,右脚在前,左脚稍后,两膝微屈,重心落在前脚掌上;右手持球于同侧头或肩的前上方,左手扶在球的左侧,右大臂与肩关节平行,大、小臂约成90°,肘关节内收,目视瞄篮点。投篮时,下肢蹬地发力,腰腹伸展,右臂向前上方伸出,手腕前屈,食、中指用力拨球,通过指端将球投出。球出手时,身体随投篮方向伸展,手臂随之自然跟出,脚跟提起(图 10-10)。

图 10-10 原地单手肩上投篮

2. 动作要点

上下肢协调用力,充分伸臂,手腕前屈,手指柔和用力,食、中指控制方向。

(二)原地双手胸前投篮

1. 动作要领

双手持球于胸前,肘关节自然下垂,两脚左右或前后开立,两膝微屈,重心落在两脚之间,目视瞄篮点。投篮时,两脚蹬地,腰腹伸展,两臂向前上方伸直,前臂内旋,两手腕同时向内翻转(内旋),拇指下压,食、中指用力拨球,使球通过指端投出。球出手时,身体随投篮方向自然伸展,脚跟提起(图 10-11)。

1　2　3　4

图 10-11　原地双手胸前投篮

2. 动作要点

屈肘下垂;投篮时两臂用力均衡,前臂内旋,手指拨球用力与下肢动作协调一致。

(三)行进间单手高手投篮

1. 动作要领

如图 10-12 所示(以右手投篮为例),跑动中右脚跨出一大步时接球,左脚跨出一小步并用力蹬地起跳,右腿屈膝上抬,同时举球至右肩上,腾空后当身体接近最高点时前上方伸出,手腕前翻,食、中指拨球,通过指端将球投出。

1　2　3

图 10-12　行进间单手高手投篮

2. 动作要点

起跳充分,伸臂举球,翻腕拔指动作连贯协调,用力适度。

(四)行进间单手低手投篮

1. 动作要领

以右手投篮为例。右脚向前跨一大步同时接球,左脚接着跨步并用力向前上方起跳,右腿抬起,同时双手向前上方举球,右手掌心向上托球下部。投篮时,借助身体上升的惯性,手臂向前上方伸展,接着手腕上挑,使球由食、中指指端柔和地投出(图 10-13)。

图 10-13 行进间单手低手投篮

2. 动作要点

充分向前上方起跳,投篮出手前保持单手托球的稳定性,用指、腕上挑,动作柔和地使球前旋投出。

(五)原地跳起单手肩上投篮

1. 动作要领

以右手投篮为例。双手持球于胸前,两脚前后或左右开立,两膝微屈,重心落在两脚之间。起跳时两脚(或一脚向前迈半步)用力蹬地向上跳起,双手举球至肩上,右手托球,左手扶球的左侧方。当身体接近最高点时,左手离球,右臂向前上方伸直,手腕前屈,食、中指拨球,通过指端将球投出,落地时屈膝缓冲,保持身体平衡。

2. 动作要点

蹬地要充分,起跳、举球要同步,空中保持身体平衡。

(六)急停跳起投篮

1. 接球急停跳起投篮

(1)动作要领:在快速移动中接球,同时跨步或跳步急停,急停的同时两脚迅速有力蹬地起跳,两手持球迅速上举。当身体接近最高点时,前臂向前上方伸直,手腕前屈,食、中指拨球,通过指端将球投出。

(2)动作要点:接球降低重心,起跳突然有力,动作协调、连贯。

2. 运球急停跳起投篮

(1)动作要领:在快速运球中,用跨步或跳步急停,同时两脚突然快速有力蹬地起跳,迅速上举。当身体接近最高点时,前臂向前上方伸直,手腕前屈,食、中指拨球,通过指端将球投出。

(2)动作要点:急停重心要平稳,蹬地、起跳、举球要协调一致。

(七)扣篮

(1)动作要领:原地或行进间跳起后,身体在空中充分伸展,双手或单手尽量将球高举超过篮圈,用屈腕动作把球自上而下扣入篮圈。

(2)动作要点:起跳要迅速、有力,充分向上举球,自上而下有力屈腕。

(八)学练方法

(1)每人一球原地单手肩上投篮持球基本姿势练习。反复多做几次体会单手肩上投篮持球的手法。

(2)两人一组一球相距4~5 m进行对面投篮动作练习,反复体会投篮时的用力顺序。

(3)每人一球在罚球线上排成单行,自投自抢,依次反复进行。

(4)两人一球,一投一传,投篮者定位完成规定次数的投篮后交换练习。

五、持球突破

(一)交叉步持球突破

1. 动作要领

以向右侧突破为例。突破前,面向对手两脚左右开立,稍大于肩,两膝微屈,重心在两脚之间,持球于胸腔前。突破时,左脚前脚掌内侧用力蹬地,同时上身稍右转,左肩向右前下方压,重心向右前方移动。接着左脚向右前方跨出,紧贴防守方,将球引至右侧并用右手运球,推向移动的前方,球击地后,右脚中枢脚迅速用力地加速运球突破,超越对手。

2. 动作要点

交叉跨步要快,步幅要适中,重心前移,转体探肩护球动作要连贯。

(二)同侧步持球突破

1. 动作要领

以向右侧突破为例。突破前,面向对手两脚左右开立稍大于肩,两膝微屈,重心在两脚之间,持球于胸腹间。突破时,右脚向右前方跨出一大步,同时转体探肩,重心前移,右手将球引至右侧向前方快速地推放球,中枢脚左脚迅速用力地蹬地向突破方向跨出,加速运球超越对手。

2. 动作要点

跨步、下球要同步,动作要迅速、连贯。

(三)学练方法

(1)每人一球,原地做持球交叉步和同侧步突破的第一步、转探肩及保护球的基本姿势练习。两脚轮流作中枢脚进行练习,要反复体会蹬地、转探肩、保护球的动作。

(2)在同上练习的基础上,加上放球动作的练习。重点要求队员放球手离地面越低越好,减少时间。

(3)在以上练习的基础上,再加上异侧脚蹬地,进行完整动作的练习。

(4)每人一球练习原地持球交叉步和同侧步突破的练习。突破上篮后抢篮板球到队尾排队继续进行。要重点强调蹬转探、放球、再蹬地动作一气呵成、连贯有力。

六、抢篮板球

(一)抢进攻篮板球

1. 动作要领

当同伴或自己投篮时,处在近篮区的进攻队员首先应判断球的反弹方向,然后先向相反方向的侧前方跨步,做身体虚晃的假动作,诱开身前的防守队员,利用绕跨步挤到对手的前面或侧前面,抢占有利位置,借助跨步或助跑起跳,至最高点补篮或抢篮板球。落地时两臂弯曲,重心落在两脚之间,两肘外展将球置于胸腹之间。高大队员可将球置于头上,以便衔接其他进攻技术动作。

2. 动作要点

准确判断,及时向相反方向侧跨步,抢占有利位置,起跳迅速,跳至最高点补篮或抢篮板球,进攻队员抢篮板球要强调一个“冲”字。

(二)抢防守篮板球

1. 动作要领

当对手投篮时,篮下防守队员要根据对手的行动和当时与进攻队员所处的位置、距离的远近,运用上步、撤步和转身抢占有利位置,把对手挡在身后。挡人抢位时,保持正确的站位姿势,即两膝弯曲,上体稍前倾,重心放在两脚之间,两臂外展抢占空间面积,保持最有力的起跳姿势;起跳时,前脚掌用力蹬地,提腰向上摆臂,同时手向球的方向伸展。抢到球后,力争在空中传球或将球点拨给同伴发动快攻。如果在空中没有传球,落地时应保持身体平衡,侧对前场,将球置于胸腹之间或头上,以便运用传、运、突等技术。

2. 动作要点

判断球的方向和落点,及时抢占有利位置,合理运用移动和转身动作挡住对手篮下冲跑的路线。

(三)学练方法

(1)原地连续双脚起跳,单或双手触篮板或篮圈 10~20 次。

(2)前、后转身跨步连续起跳,单或双手触篮板或空中标记 10~20 次。

(3)两人一组,相距 1 m,对面站立,进攻队员运用假动作设法摆脱防守,抢占有利位置。防守队员利用转身设法将攻方挡住,并起跳模仿抢篮板球的动作,做一定的次数后,攻守交换。

第三节 篮球比赛的基本战术

篮球战术是指在篮球比赛中,队员之间采取有组织、有策略、有意识的协同配合,进行有效攻守对抗的组织形式。篮球战术是篮球运动的重要组成部分,是比赛中发挥集体力量和个人作用的重要手段。一个队战术运用是否得当,在很大程度上决定比赛的胜负。

一、篮球战术基础配合

篮球战术基础配合，是指比赛中队员两三人之间有目的、有组织地协调行动的配合方法。它是现代篮球战术的重要组成部分。篮球战术基础配合包括进攻战术基础配合和防守战术基础配合两个部分。

（一）进攻战术基础配合

进攻战术基础配合是指在篮球比赛中，进攻队员两三人之间组成的简单配合，它是组成全队进攻战术配合的基础。

1. 传切配合

传切配合是指进攻队员之间利用传球和切入技术所组成的简单配合。

（1）传切配合的方法

①一传一切配合，是指持球队员传球后，利用起动速度或假动作摆脱防守，向篮下切入接回传球投篮的配合。例如，如图 10-14 所示，⑤传球给⑥，⑤向左侧做切入假动作，同时观察❺的移动情况，然后突然从右侧切入，侧身面向球接⑥的传球投篮。

②空切配合，是指无球队员掌握时机，摆脱对手，切向防守空隙区域接球投篮或做其他进攻配合。例如，如图 10-15 所示，④传球给⑤时，⑥利用❺未及时调整位置的机会，突然横切或沿底线切向篮下接⑤的传球投篮。

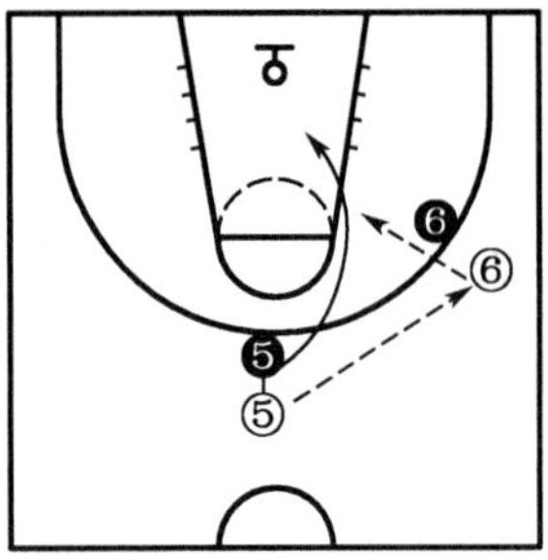

图 10-14　一传一切

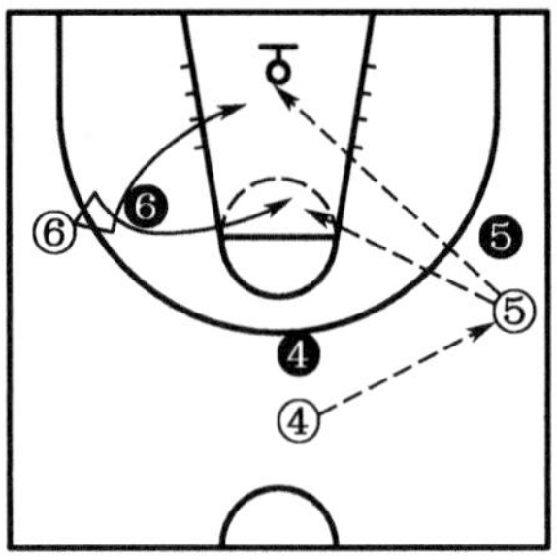

图 10-15　空切

（2）传切配合的基本要求

①要有一定的配合空间，选择合理的切入路线。

②切入队员要充分利用防守队员选位不及时或注意力分散的空隙，快速起动或利用假动作摆脱对手。

③传球队员动作要隐蔽、及时、准确。

2. 突分配合

突分配合是指持球队员突破对手后，遇到对方补防或协防时，及时传给进攻位置最佳的同伴进行攻击的一种配合方法。

（1）突分配合的方法

示例一：如图 10-16 所示，④持球从左侧底线突破❹后，遇到❺补防时，及时传球给横切的⑤投篮。

示例二：如图 10-17 所示，④持球纵向突破❹，当❺关门协防时，④及时传球给⑤投篮。

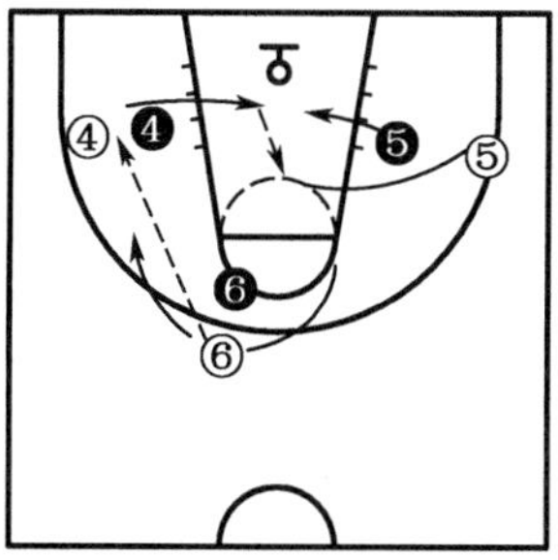

图 10-16　突分配合（示例一）

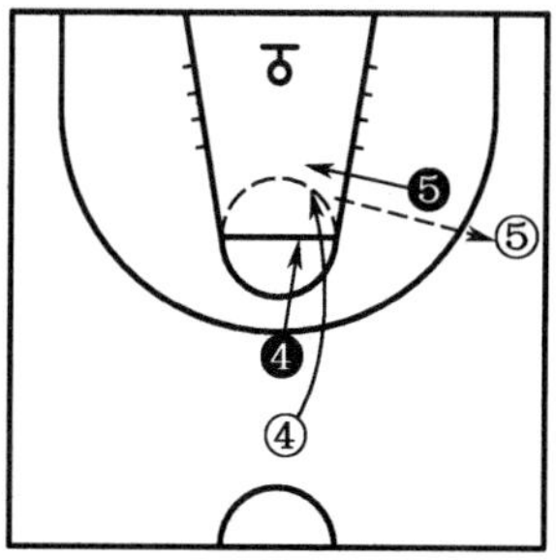

图 10-17　突分配合（示例二）

（2）突分配合的基本要求

①队员在突破中动作要快速、突然，在准备投篮的同时，注意观察攻守队员的位置变化，准确地将球传给进攻位置更好的同伴。

②当持球队员突破后，其他的进攻队员都要摆脱对手接球进攻或抢篮板球。

3. 掩护配合

掩护配合是指进攻队员选择正确的位置，利用自己合理的身体技术动作挡住同伴防守者的移动路线，使同伴借以摆脱防守，获得接球投篮攻击或其他进攻机会的一种配合方法。

掩护配合的动作方法：两脚平行开立，两膝微屈，上体微前倾，两臂屈肘放于体侧成交叉放于胸前，与对方队员保持适当的距离。正确的掩护动作有利于自我保护和攻守对抗，并可避免犯规。

（1）前掩护

前掩护是指掩护队员站在同伴的防守者身前所进行的一种掩护方法。

（2）侧掩护

侧掩护是指掩护队员站在同伴防守者的侧面进行配合掩护的方法。

（3）后掩护

后掩护是指掩护者站在同伴防守者的身后所组成的 ·种掩护配合方法。这种掩护不易被对方发现，成功率较高。

4. 策应配合

策应配合是指进攻队员背对或侧对球篮接球后，通过多种传球与外线队员的空切、绕切相结合，借以摆脱防守，创造各种里应外合进攻配合的方法。

策应配合的动作要领：接球时，背对球篮两脚开立，两膝弯曲，上体稍前倾，保持身体平衡，两肘微屈，用身体和躯干将对手挡在身后；接球后，两手持球于腹前或置于头上，用臂和身体保护球，并随时注意攻守者的变化情况。

（二）防守战术基础配合

防守战术基础配合是指两三名防守队员之间为了破坏对方进攻配合，或同伴防守出现困难时，所采用的协同防守配合方法。防守战术基础配合的方法有挤过、穿过、绕过、交换、夹击、补防、关门等防守配合，不同的防守基础配合方法都是针对不同的进攻方法而运用的，它是全队防守战术的基础。

1. 挤过配合

当对方运用掩护进攻时,防守者为了破坏对方的掩护配合,当掩护者临近的一刹那,被掩护者的防守者主动靠近自己的对手,并从两个进攻者之间侧身挤过去,继续防住自己的对手所采用的一种配合方法。

挤过配合的要点如下。

(1)要及时发现对方的掩护行动;挤过时,不要过早暴露挤过配合的意图,以防对方反方向切入。

(2)在两个进攻队员身体靠近之前,果断抢步贴近对手,快速侧身、提臀、跨步抢过。

2. 穿过配合

穿过配合是指当对方进行掩护时,防守掩护者的队员及时提醒同伴时从自己和掩护队员之间穿过去,继续防守自己对手的配合方法。

穿过配合的要点如下。

(1)防掩护队员要及时提醒同伴,并主动后撤一步选好位置,留出让同伴穿过的通路。

(2)当对方掩护时,防守被掩护者的队员要撤步侧身,避开掩护队员,使其及时穿过。

3. 交换配合

交换配合是指当进攻队员进行掩护配合时,防守掩护者的队员与防守被掩护者的队员及时主动地交换自己所防对手的配合方法。

交换配合的要点如下。

(1)防守掩护者的队员应及时发出信号提醒同伴,相互换防堵截进攻队员的攻击路线。

(2)防守被掩护者的队员应及时撤步,在掩护队员转身切入前抢占有利的防守位置。

4. 夹击配合

夹击配合是指两个以上的防守队员,利用对手在场地边角运球或运球停止时,突然快速上前封堵和围夹持球者的一种防守配合方法。

夹击配合的要点如下。

(1)当对手沿边线埋头运球或在场角、中线附近和限制区内运球停止时,是夹击的最好时机。

(2)夹击时两个防守队员的身体要靠紧,两臂垂直上举,封堵其传球。

(3)夹击的目的不是为了从对方队员手中抢球,而是迫使他传球失误,给同伴创造抢断球的机会,因此,应减少夹击时的犯规。

5. 补防配合

补防配合是指当防守队员被对手突破或出现漏防时,邻近的同伴果断放弃自己的对手,及时快速地进行补漏防守的一种配合方法。

补防配合的要点如下。

(1)防守队员应全面观察和判断场上出现的漏防情况,补防时应大胆、果断、迅速地抢占有利位置,避免犯规。

(2)被对手突破的防守队员应快速向补防队员方向移动,及时防守被同伴放弃的对手,并观察对方的传球意图,争取抢断球。

6. "关门"配合

"关门"配合是指邻近的两名防守队员协同堵截进攻队员运球突破的一种防守配合方法。通常运用于区域联防和半场人盯人防守战术中。

“关门”配合的要点如下。

(1)防突破的队员应及时向侧后方滑步卡位,堵住进攻者的突破路线。

(2)邻近突破一侧的防守队员,应快速向同伴移动靠拢进行“关门”配合停球和传球,决定围堵或回防。同时,根据持球队员的停球和传球,决定围堵或回防。

(3)“关门”配合时,防守队员两肩紧靠,微屈膝,含胸,两臂自然上举或侧举,发生身体接触时要用暗劲,避免受伤。

二快攻与防守快攻

(一)快攻战术

快攻是指防守队获球后由守转攻时,力争在对手布阵未稳之际,以最快速度,在最短时间内,争取以多打少或在速度上超越对手,而果断、合理地发动攻击的一种速决性的进攻战术方法。

快攻的组织形式主要有长传快攻、短传快攻和运球突破快攻等三种形式。

1. 长传快攻的配合方法

长传快攻是指队员在后场获球后,用一次或两次传球把球传给已迅速摆脱对手的快下同伴进行攻击的一种配合形式。其主要方法有抢篮板球后的长传快攻(图 10-18)、掷后场界外球的长传快攻(图 10-19)、断球的长传快攻(图 10-20)等。

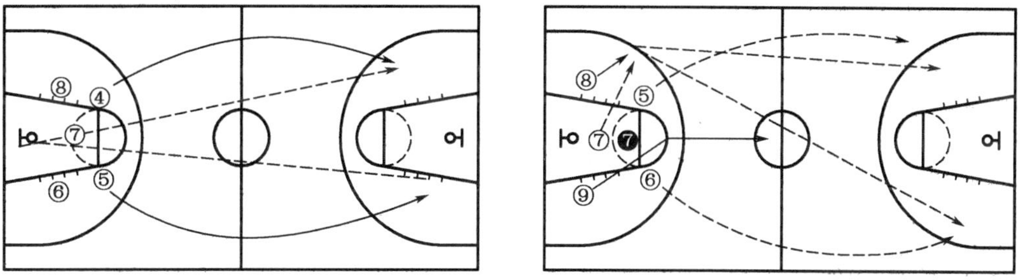

(a)　　(b)

图 10-18　抢篮板球后的长传快攻

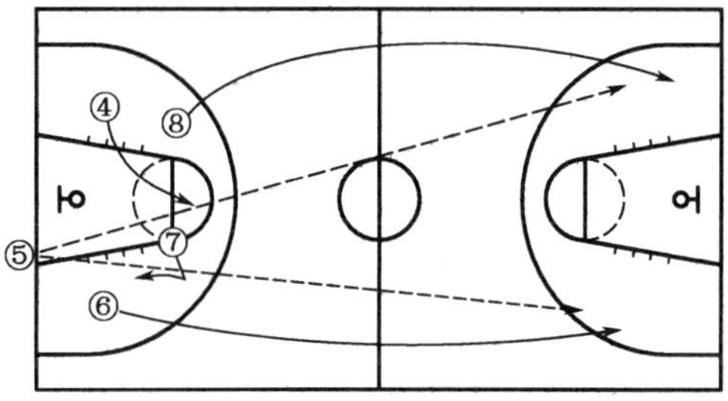

图 10-19　掷后场界外球的长传快攻

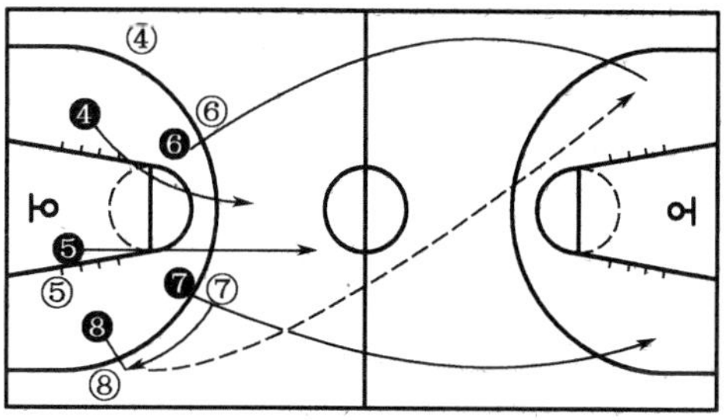

图 10-20　断球的长传快攻

2. 短传快攻配合方法

短传快攻是指防守队获球后,立即以快速的短距离传球的方式,直逼对方篮下进攻的一种快攻方法。这种快攻具有灵活、机动、多变的优点,参加配合的人数多,容易造成以多打少的局面。

例如,如图10-21所示,⑤抢到篮板球后,④拉边接应,无传球机会立即运球突破,④突破中传给⑦,如⑥有接球机会,⑦快速将球传给⑥,或⑦继续向前运球,随后其他队员快速跟进。

3. 运球突破快攻的配合方法

运球突破快攻指防守队员个人抢断球或抢获篮板球球后,利用运球超越防守,自己投篮得分或传球给比自己投篮机会更好的同伴进行攻击的方法。这一方法的特点是,抓住战机,减少环节,加快进攻速度,主要是个人攻篮。

例如,如图10-22所示,④抢到篮板球后,将球传给插中接应的⑦,⑥和⑧沿边线快下,⑦中路运球突破视情况将球传给⑧或⑥投篮,⑤和④跟进。

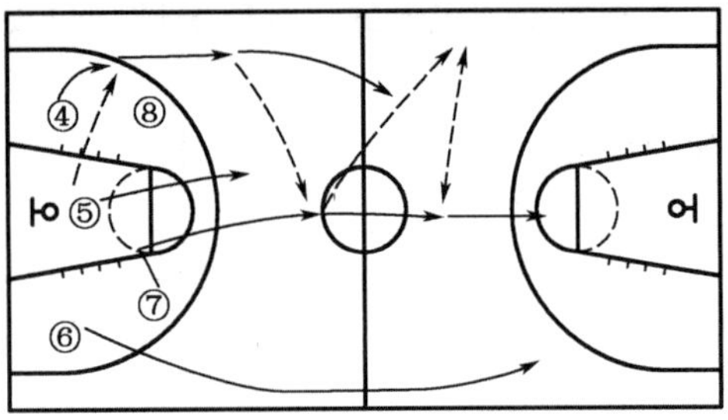

图10-21　短传快攻

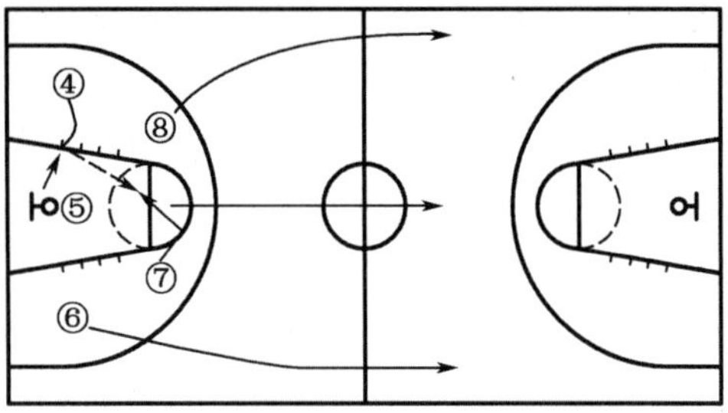

图10-22　运球突破快攻

(二)防守快攻

防守快攻是由攻转守的瞬间,全队有组织、有针对性地阻止和破坏对方快攻的防守战术方法。在篮球比赛中,由进攻转入防守时,首先要组织力量阻止对方发动快攻。

1. 组织拼抢前场篮板球

防守快攻,首先要在进攻时尽量减少失误与违例,不给对方偷袭快攻的机会,同时要掌握好投篮时机,布置队员拼抢篮板球和退守,注意攻守平衡。进攻投篮后,立即拼抢篮板球。

2. 防守快攻的发动与接应

一旦对方抢到篮板球或掷界外球时,要防止对方长传偷袭快攻;要积极进行堵截、夹击与控制,破坏和干扰其传球或突破,力争制止对方发动快攻。这是防守快攻的关键。

3. 防快攻的推进

防守快下队员:在进攻队发动快攻时,防守队员应积极堵截中场,使进攻队员不能直线长驱直入篮下,无论是对无球队员还是对运球突破队员,都要采取堵中退边的策略,以终止和延缓其进攻的时间,使其失去快攻的时机。因此要求防守队的后线防守队员要边退边防,控制后场;要对快下的队员严加防范,切断对方长传路线,在兼顾控制中场的同时,积极运用退守领防、抢占有利的路线和位置的方法,并紧堵沿边线快下的无球进攻队员,控制对手的推进速度,阻挠其传球与运球,达到延缓对方推进速度的防守目的。

4. 防快攻的结束

对方推进至前场后,这时是防守快攻的决战时刻,要积极展开争夺。在人数上处于劣势的情况下，防守队员要冷静判断，大胆出击，干扰破坏对方控制的球。例如，利用防守假动作，造成对方错觉，延缓其投篮速度或造成其失误，赢得时间上和力量上的均衡。如果对方投篮，要积极跳起封盖，影响其命中率和拼抢篮板球。

三、半场人盯人防守与进攻半场人盯人防守

（一）半场人盯人防守

1. 半场扩大人盯人防守

半场扩大人盯人防守是一种带有紧逼性的防守战术。其目的主要是防球，并控制对方的三分球，封锁切断对方的传球路线，有效扼制对方的习惯打法，破坏与分割对方内外结合的进攻配合，给对方造成心理的压力，借以适时组织夹击，争取抢断球反击。

2. 半场缩小人盯人防守

半场缩小人盯人防守区域是后场的 1/2 区域内。其主要防守的重点是以防内线为主，保护篮下为目的，对持球人采用抢前紧逼防守，对无球人错位防守，严密封锁将球传给内线的队员，积极阻挠中锋在内线的接球。当中锋接球时，要夹击围守，严防其他队员空切，当中锋把球传给外围队员时，其他队员要迎上防持球队员中远投篮，并积极控制篮板球和组织快攻反击。

（二）进攻半场人盯人防守

进攻半场人盯人防守战术是由传切、突分、掩护、策应等基础配合组成的全队战术打法。进攻半场人盯人防守战术是根据对方防守的区域范围和队员的防守能力，结合本队的实际，扬长避短而设计的全队进攻战术。

下面以双中锋落位进攻法为例进行讲解。

1. 1-2-2 落位的双中锋进攻法

中锋⑧接⑥的球后可以强攻，或传给内线横插的⑦投篮，同时⑥、⑦、⑧准备抢篮板球，④与⑤注意回防，保持场上的攻守平衡（图 10-23）。

2. 1-2-2 落位转换 1-3-1 的双中锋进攻法

1-2-2 落位后，⑧上提，接④的球，转变成 1-3-1 阵型，⑧接球后转身面向篮，可以跳投也可以传给横插的⑦投篮，同时⑥、⑦、⑧准备抢篮板球，④与⑤准备回防（图 10-24）。

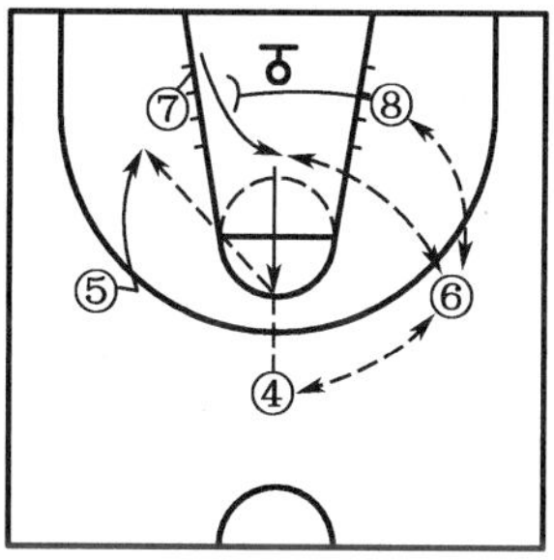

图 10-23 1-2-2 落位的双中锋进攻法

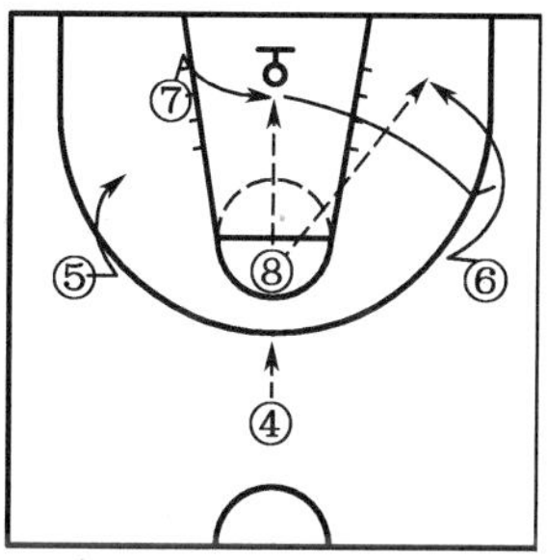

图 10-24 1-3-1 的双中锋进攻法

四、全场紧逼人盯人防守和进攻全场紧逼人盯人防守

(一)全场紧逼人盯人防守

全场紧逼人盯人防守是指由攻转守时每个队员立即看守住邻近的对手,并在全场范围内紧紧盯住对手,以个人积极的防守和全队的协同配合,破坏对方进攻,达到转守为攻的目的的一种攻击性和破坏性很强的防御战术。

全场紧逼人盯人防守是在全场范围内与对手展开激烈争夺。为了更好地组织和协调防守力量,把球场划分为前场、中场和后场三个区域来进行防守。

(二)进攻全场紧逼人盯人防守

进攻全场紧逼人盯人防守,首先要对这种防守战术的特点和规律有充分的了解,并针对个人防守面积大、队员分散不利于协防的弱点,由守转攻时争取对方未组成集体防守布局时,迅速摆脱防守,利用传切、突分、掩护、策应等配合,不断加强对防守的压力,或以进攻半场人盯人防守配合为基础,有目的地展开全场攻击,争取比赛的主动权。

进攻全场人盯人防守的方法很多,从进攻的形式上可归为两类:一是快速进攻法,二是阵地进攻法。快速进攻法是指由守转攻时动用快攻战术展开攻击的方法。它是破坏全场紧逼人盯人防守最有效的方法。阵地进攻法是指由守转攻没有快速反击机会时,队员有组织地迅速落位布阵等配合去突破对方紧逼人盯人防线,打乱对方防守部署的方法。

五、区域联防与进攻区域联防

区域联防与进攻区域联防是篮球比赛攻守战术体系的另一大系统,是在个人与两三人配合攻防策略与方法的基础之上发展的更为高级和强悍的全队攻防战术手段,其中蕴含着丰富的理论与实践内容。

(一)区域联防

区域联防是由攻转守时,防守队迅速退回后场,每个队员分工负责防守一定的区域,并与同伴协同配合,形成一定的阵型,把每个防守区域有机地结合起来所组成的全队防守战术方法。区域联防的战术阵型一般有“2-1-2”联防阵型、“2-3”联防阵型、“3-2”联防阵型和“1-3-1”联防阵型。

(二)进攻区域联防

进攻区域联防是针对区域联防的特点、阵型和变化所采用的进攻方法,它是篮球进攻战术系统的重要组成部分。针对区域联防的阵型,而采用相应的进攻阵型。确定阵型的原则是根据进攻的点、面和本队队员的技术特点,合理部署队员占据联防的薄弱地区,避免与防守队员形成一对一的站位,在局部区域形成以多打少的优势,并始终保持攻守平衡。常用的落位阵型有“1-2-2”阵型、“1-3-1”阵型、“2-1-2”阵型和“2-3”阵型等。

六、区域紧逼与进攻区域紧逼

（一）区域紧逼

区域紧逼是由攻转守时，全队按预定的战术阵型分区落位，不断组织封堵夹击，紧逼对手并以争夺球为目的的一种积极防守战术。区域紧逼战术的运用，常常是在对方未防备的情况下，作为战术变化所采用，突然性很强，往往使对方措手不及，给对方造成不适，并使对方在防守的阻截和夹击中产生失误或违例而陷于被动。

区域紧逼的方法有全场区域紧逼和半场区域紧逼。全场区域紧逼是在投中或前场失球后，立即在全场进行的一种攻击性防守战术。全场区域紧逼一般把球场划分为前、中、后场三个区域，由攻转守时，根据防守的具体任务和侧重点，队员在各区落位的人数不同，防守的阵型也有所不同。运用中队员只要向前后左右移动位置，就可以根据比赛需要而改变防守阵型。全场区域紧逼防守的主要阵型有“1-2-1-1”阵型、“2-2-1”阵型、“2-1-2”阵型和“1-3-1”阵型。半场区域紧逼是在后场范围内组织的一种攻击性防守战术。半场区域紧逼的阵型主要有“1-2-2”阵型、“1-3-1”阵型和“2-1-2”阵型等。

（二）进攻区域紧逼

进攻区域紧逼是根据区域紧逼的特点，抓住防守的薄弱环节，有针对性地进行攻击的方法。进攻区域紧逼分为进攻全场区域紧逼和进攻半场区域紧逼。

1. 进攻全场区域紧逼

区域紧逼是按一定的队形划区落位盯人，防守力量的配备总有薄弱的区域，它很难防守集中在一条线的进攻阵型。因此，抓住这一弱点，合理布置进攻队形就能打破全场区域紧逼防守。常用的主要方法有回传跟进、中区策应、组织空切、转移进攻方向等。

2. 进攻半场区域紧逼

进攻半场区域紧逼时，与进攻全场区域紧逼的要求基本相同。由于半场区域紧逼具有防守范围小、配合距离短和重点控制篮下的特点，因此，在组织进攻时可运用向有球一侧的斜插，并结合进行向对角远程转移和溜底背插等方法来进攻。

第十一章　排　　球

第一节　排球运动简介

一、排球运动的起源与发展

排球运动起源于美国。1895 年,美国马萨诸塞州霍利约克市基督教青年会干事威廉·基·摩根创造了一项球类游戏:用篮球胆为球,在两米高的网球场球网的两侧,把球拍来拍去,使球不落地的一种游戏。

首次排球比赛是 1896 年在美国斯普林费尔体育专科学校举行的。出场人数由双方共同商定,不限多少,但必须相等。哈尔斯戴士博士将此项运动命名为"volleyball",即"空中截击"的意思,这就是排球运动的雏形。

1897 年 7 月,美国体育杂志公开介绍了排球比赛的打法及简单规则,从此排球运动在美国逐渐开展起来。

1949 年举行第一届男子排球锦标赛,1964 年排球被列为奥运会正式比赛项目。

国际排球联合会简称国际排联(FIVB) 成立于 1947 年,总部在瑞士的洛桑,我国于 1954 年加入国际排联。

亚洲排球联合会简称亚排联(AVC)成立于 1964 年,现总部设在中国北京,曾担任过亚排联主席的有前田丰、松平康隆、袁伟民、魏纪中等。

由于排球运动易于接受,且深受人们喜爱,所以不断分化、繁衍,形成了多种多样的形式,如气排球、沙滩排球、软式排球、小排球、妈妈排球等。

排球运动于 1905 年传入中国,最初在广州市一带开展,每队 16 人,站成四排,故称为排球。男女排球分别于 1914 年、1930 年列为国内正式比赛项目。中国女排运用"快速反击""位置差""单脚起跳背飞"等新技术,在 20 世纪 80 年代曾连续五次获得世界大赛冠军,被誉为"五连冠",为振奋中华民族精神起了巨大的作用。

二、排球运动的锻炼价值

(1)增进健康、强健体魄。

(2)培养与锻炼良好的心理素质。

(3)培养协作、助人、拼搏的优秀品质。

(4)培养人的信息意识,提高配合及应变能力。

第二节 排球运动的基本技术

排球技术是指在规则允许的条件下,运用人体解剖和运动生物力学的原理,所采用的各种合理击球动作。

排球技术根据不同的技术特点和运动方法可分成六大类,即准备姿势与移动、传球、垫球、发球、扣球和拦网等。

一、准备姿势与移动

准备姿势与移动是排球基本技术之一,属于无球技术,是完成发球、垫球、传球、扣球和拦网等各项有球技术的前提和基础,并对各项有球技术的运用起串联和纽带作用。准备姿势和移动是相辅相成的,准备姿势主要是为了移动,而要快速移动,又必须做好准备姿势。

(一)准备姿势

按照身体重心的高低,准备姿势可分为半蹲准备姿势、稍蹲准备姿势和低蹲准备姿势三种。

两脚左右开立与肩同宽,一脚在前,两膝微屈,身体重心位于两脚之间,并稍靠近前脚,后脚跟稍提起,上体稍前倾,两臂放松,自然弯曲置于腹前。两眼注视球并兼顾场上各种情况,两脚保持微动状态。

准备姿势技术要领:两脚自然开立,双腿适当屈膝;收腹重心前移,身体放松微动(图 11-1)。

1　　2　　3

图 11-1 准备姿势

(二)移动

从起动到制动的过程称为移动。移动的目的主要是及时接近球,保持好人与球的位置关系,以便击球。迅速的移动可占据场上的有利位置,争取时间和空间。队员能否及时移动到位,直接影响着技战术的质量。移动是由起动、移动步法和制动三个环节所组成的。

1. 起动

起动是移动发力的开始,它的快慢是移动的关键,起动的速度取决于正确的准备姿势、反应能力和腰腿部的速度力量。在排球比赛中,应根据场上的情况,采取不同的准备姿势,以利于随时改变移动方向和迅速移动。

2. 移动步法

移动的基本步法包括以下几种。

(1)并步与滑步

当来球距身体一步左右时可采用并步移动,如向前移动时,则后腿蹬地,前脚向来球方向跨出一步,后腿迅速跟上做好击球准备。当球在体侧稍远时,并步不能直接接近球时,可快速连续并步,连续的并步即滑步。

(2)跑步

球离身体较远时需用跑步,采用跑步移动时,两臂要配合摆动,根据来球的方向,边跑边转身,并逐渐降低重心,保持好击球准备。

(3)交叉步

以向右交叉步为例。上体稍向右转,左脚从右脚前面向右交叉迈出一步,然后右脚再向右跨出一大步,同时身体转向来球方向,保持击球前的姿势。

(4)跨步和跨跳步

跨步比交叉步移动距离近,便于接1~2 m低球。移动时步幅较大,身体重心较低,如向前移动,则后脚用力蹬地,前脚向前跨出一大步,膝部弯曲,上体前倾,身体重心移至前腿上,可以向前、向斜前或向侧方。跨步过程中有跳跃腾空即为跨跳步。

(5)综合步

以上各种步法的综合运用。

3. 制动

制动是移动的结束,也是击球动作的开始。在快速移动后,为了保持稳定的击球姿势,必须经过制动,克服身体移动的惯性,以便于完成下一个击球动作。

影响制动快慢的因素有两个:一是支撑反作用力的大小,支撑反作用力越大,制动越快;二是支撑反作用力与地面夹角的大小,夹角越小,制动越快。排球运动中往往可以通过重心下降,上体后仰等来减小其夹角。

常用的制动方法主要有两种,即一步制动法和两步制动法。

(1)一步制动法

一步制动时,在移动最后跨出一大步,同时降低重心,膝部和脚尖适当内转,全脚掌横向蹬地,以抵住身体重心继续移动的惯性力,并以腰腹力量控制上体,使身体重心的垂直线停落在脚的支撑面以内。

(2)两步制动法

即以最后第二步开始做第一次制动,紧接着跨出最后一步做第二次制动。

二、传球

利用全身协调力量并通过手指手腕的弹力,将球传至一定目标的击球动作为传球。传球是组织进攻战术的基础。传球是排球运动的基本技术之一,主要用于衔接防守和组织进攻。传球在比赛中也常用来接对方的处理球、吊球和被对方拦回的高球。

传球一般分为双手和单手传球两大类,总共有正面、背面、侧面、跳传四种传法。

(一)传球技术分析

1. 正面传球

面对目标的传球称正面传球。

(1)动作方法

①准备姿势:采用稍蹲姿势,仰头看球,两手自然抬起,屈肘,放松置于脸前。

②迎球动作:当来球接近额前时,手指微张从脸前向前上方迎出。全身动作应协调一致。

③击球点:在脸额前上方约一球距离处。

④手型:手触球时,十指应自然张开使两手成半球状,以拇指内侧、食指全部、中指的二、三指节触球的后下部,无名指和小指在球两侧辅助控制球的方向。两拇指相对近"一"字形(图 11-2)。

图 11-2 传球手形

⑤用力方法:当手触球前,手腕和手指要有前屈迎球的动作,当手触球时,各关节应继续伸展,最后用手指手腕的弹力将球击出(图 11-3)。

图 11-3 传球技术

(2)技术要领

蹬地伸臂对正球,额前上方迎击球;触球手型成半球,指腕缓冲控制球。

2. 背向传球

背对传球目标的传球称背向传球。

(1)动作方法

①准备姿势:上体稍后仰,双手自然抬起置于脸前。

②迎球动作:抬上臂、挺胸、上体后屈。

③击球点:在头上方略偏后。

④手型:与正面传球相同,但触球时手腕要稍后仰,掌心向上,拇指托在球下,击球的下部。

⑤用力方法:利用蹬腿和指腕的弹力,把球向后上方传出。

(2)技术要领

上体稍直臂上抬,掌心向上腕后仰;背部对正目标处,协调传球后上方。

3. 跳传

跳起空中传球称为跳传。跳传既可加快进攻的节奏又具有较强的隐蔽性，当身体上升到最高点时将球传出。跳传有时也可用单手传球。

（二）传球技术练习方法

（1）原地做正面双手上手传球的徒手练习，体会正确的传球动作和正确的击球点。

（2）原地向上做抛接球练习，体会正确的传球手形和正确的击球点。

（3）原地自传。每人一球，连续向上自传，传出球的高度由低到高，主要体会传球动作，击球点，手型，提高控制球的能力。

（4）一抛一传。两人间隔 4 m，相对站立，一人抛出带有弧度的球，另一人传球给抛球人，着重体会全身协调用力，建立正确的动作概念。然后两人互换。

（5）两人对传。两人一组，相距 4 m 站立对传球，要求提高每人控球能力，能连续传球。

（6）自传与对传。两人一组相距 4 m 左右对传球，在接到对方传来球时，先自传一次，再将球传给对方，要求提高控球能力，注意传球方向的变化和全身协调用力。

（7）左右跑动传球。两人一组，一人将球抛到另一人的左右两侧，另一人左右跑动到位后传球，然后两人互换，要求移动速度要快，传球时面对抛球人，做到正面迎送来球。

（8）隔低网传球。两人一组，分别站在低网两边 3 m 线以内对传球，要求控制传球弧度，进一步体会全身协调用力。

（9）三角传球。三人一球，成正三角形站立，按不同方向传球，要求面对出球方向，保持正面传球。

（三）传球技术易犯错误与纠正方法

1. 易犯错误

（1）传球手形不好，影响传球效果。

（2）击球点过高或过低。击球点过高是因为传球时两臂近似伸直，击球点过低主要是肘关节过于外展所致。

（3）上下肢传球时用力不协调。

2. 纠正方法

（1）反复做徒手练习，建立正确动作概念，体会正确动作。

（3）反复做原地抛接球练习，逐渐体会正确手型和正确击球点，练习熟练以后，将球抛离身体，通过快速移动，人至球下将球接住。

（3）多做简单抛传动作，体会传球正确动作和全身协调用力。

（4）传球时固定击球点后，肘关节应自然下垂。

（5）多观察别人动作，改进自己动作。

三、垫球

用除手指弹击动作外的身体任何部位击球的动作称为垫球。最常用的是前臂垫球。垫球主要用于接发球、接扣球、接拦回球以及防守和处理各种球。垫球技术是组织一攻、反攻的重要环节。

垫球技术包括正面垫球、体侧垫球、背垫、手背垫球及鱼跃垫球等。

(一)垫球技术分析

1. 正面双手垫球

正面双手垫球是指运动员用双手在腹前将球垫起的动作方法,它是各项垫球技术的基础。

正面双手垫球动作要领:要在垫球时用腕关节以上 10 cm 处击球,并通过快速移动使球处于身体前面,而全身协调用力垫球,则要做到插、夹、提、移、蹬、跟六个字。

(1)插——降低重心,两臂前伸,插到球下。

(2)夹——含胸收肩,两臂夹紧,两肘伸直,前臂击球压腕。

(3)提——含胸后提肩。

(4)移——移动到位,正面对准来球。

(5)蹬——手臂击球时,下肢伸腿蹬地。

(6)跟——重心随球向前。

上下肢用力要协调配合,使垫球动作成为一个整体(图 11-4)。

图 11-4 垫球技术

2. 背垫球

背对垫球目标,从身前向背后双手垫球称为背垫球。

(1)动作方法

背垫球时,要判断好来球的方向,快速移动到球的落点处,背对垫出球的方向,两臂夹紧伸直。击球时,用脚蹬地、抬头挺胸、展腹和上体后仰的动作带动两臂向后上方摆动抬送,以前臂触球的前下方,将球向后上方击出。

(2)技术要领

蹬、挺、抬、仰,两臂摆动时,背对目标肩上击。

(二)垫球技术的练习方法

(1)原地与移动的徒手垫球动作练习:看教师手势做前、后、左、右的并步、交叉步、跨步的移动垫球动作练习。

(2)击固定球练习:两人一组,一人双手持球于腹前,另一人做垫击动作。

(3)垫抛球练习:两人或三人一组,相距 4 m,一抛一垫或一抛二垫。

(4)对墙垫球练习:学生每人一球,距墙 3 处连续对墙自垫。

(5)结合接发球的垫球练习,两人一组相距 7~8 m,先一掷一垫球练习,再过渡到一人发球,一人接发球。

(三)垫球技术易犯错误与纠正方法

1. 易犯错误

(1)传球手形不好,影响传球效果。

(2)击球点过高或过低。击球点过高是因为传球时两臂近似伸直;击球点过低主要是肘关节过于外展所致。

(3)上下肢传球时用力不协调。

2. 纠正方法

(1)反复做徒手练习,建立正确动作概念,体会正确动作。

(2)反复做原地抛接球练习,逐渐体会正确手型和正确击球点,练习熟练以后,将球抛离身体,通过快速移动,人至球下将球接住。

(3)多做简单抛传动作,体会传球正确动作和全身协调用力。

(4)传球时固定击球点后,肘关节应自然下垂。

(5)多观察别人动作,改进自己动作。

四、发球

队员在发球区用一只手将自己抛起的球直接击入对方场区的技术动作称为发球。

发球是比赛的开始,也是进攻的开始。其可以减弱对方一攻的威力,为本方防守创造有利机会。

发球的方式较多,常用的有正面下手发球、侧面下手发球、正面上手发球、侧面上手发球、大力发球和跳发球等。

(一)发球技术分析(以下均以右手击球为例)

1. 正面上手发飘球

正面上手发飘球是指击球力量通过球体重心,使发出的球不旋转而不规则地飘晃飞行的一种发球方法。

(1)动作方法

①准备姿势:面对球网,左脚在前,左手托球于体前。

②抛球与引臂:左手将球抛在右肩前上方,同时右臂上举后引。

③挥臂击球:上臂做鞭甩动作。击球时,五指并拢,手腕稍后仰,用掌根平面击球的中下部,使作用力通过球体重心。击球后,手臂要有突停动作(图 11-5)。

(2)技术要领

抛球稍低略靠前,挥臂轨迹呈直线形,掌根击球穿重心,击后突停不屈腕。

2. 正面下手发球

正面下手发球是正面对网,手臂由后下方向前摆动,在腹前将球击入对方场区的一种发球方法。下手发球在高水平队比赛中已不多见,但由于其具有动作简单、容易掌握、准确性高的特点,因此不仅初学者常用此发球方法,教练员在训练时也用此方法抛、供球。

图 11-5 正面上手发球技术

(1)准备姿势

面对球网,两脚前后开立,左脚在前,两膝微屈,上体稍前倾,重心偏后脚,左手持球于腹前。

(2)抛球

左手将球轻轻抛起在体前右侧,离手高约 20 cm。在抛球之前,右臂伸直,以肩为轴向后摆动。

(3)击球

借右脚蹬地力量,身体重心随着右手向前摆动击球而移至前脚上,在腹前以全手掌击球的后下方,随着击球动作重心前移,迅速入场。

3. 侧面下手发球

侧面下手发球是侧对网站立,转体带动手臂由体侧后下方向前挥动,在体前肩以下的高度击球过网的一种发球方法。这种发球,可借助转体力量带动手臂挥动击球,比较省力,但攻击性不强,一般适用于初学者。

(1)准备姿势

左肩对网,两脚左右开立,约与肩宽,两膝微屈,上体稍前倾,重心落在两脚间,左手持球于腹前。

(2)抛球

左手持球平衡抛至胸前,距身体约一臂远。

(3)击球

在抛球的同时,右臂摆至右侧下方,接着利用右脚蹬地向右转体的力量,带动右臂向前上方摆动,在腹前用全手掌击球的右下方,击球后顺势使重心前移,迅速进场(图 11-6)。

图 11-6 侧面下手发球技术

(二)发球技术的练习方法

(1)原地做侧面下手发球和正面上手发球的徒手练习。体会发球的正确技术动作。

(2)抛球练习。反复将球平稳抛向右肩前上方。

(3)两人一组分别站在两侧边线对发。要求发球动作完整正确,控制球的落点。

(4)在排球场两端发球区发球,体会完整的发球动作。

(5)划区发球。将排球场中间画一条直线,把场地一分为二,发直线与斜线球。要求控制球的落点,逐渐提高发球的准确性。

(6)连续发好球。连续在发球区里发若干个好球,若中间有失误,则重新计数。要求注意力集中,在发好球的基础上,提高发球的攻击性。

(三)发球技术易犯错误和纠正方法

1. 易犯错误

(1)球抛的不稳定,不垂直,影响击球的准确性。

(2)击球点不正确,使击出的球易下网或出界。

(3)击球手臂过于弯曲,影响击球速度和击球力量。

(4)击球后身体重心不前移。

2. 纠正方法

(1)反复进行发球的徒手练习,建立正确动作概念。

(2)多练习抛球,直至将球抛得又稳又垂直。

(3)多进行近距离发球,体会动作要点,固定击球点。

(4)互相观察发球动作,利于改进动作。

五、扣球

队员跳起在空中,用一只手或手臂将本方场区上空高于球网上沿的球击入对方场区的一种击球方法叫扣球。扣球与吊球是进攻中最积极有效的方法,也是从被动的防守转化为主动进攻最重要的手段。

扣球的技术种类较多,可分为正面扣球、勾手扣球、扣快球、调整扣球、单脚起跳扣球等。

(一)扣球的技术分析

1. 正面扣球

正面扣球是扣球技术中最基本的一种方法。由于面对球网,便于观察,因此准确性较高。现以两步助跑,右手扣球为例来分析其动作方法和技术要领(图 11-7)。

(1)动作方法

①准备姿势:采用稍蹲姿势,两臂自然下垂,站在离网 3 m 左右处,身体转向来球方向,观察来球,做好向各个方向助跑起跳的准备。

②助跑:左脚先向前迈出一步,紧接着右脚再快速跨出一大步,左脚及时并上,踏在右脚之前,两脚尖稍向右转,两臂绕体侧向上引摆。

③起跳:左脚并上踏地制动的同时,两臂自后积极向前摆动,随着双腿蹬地向上起跳,两臂配合起跳有力地向上摆动。

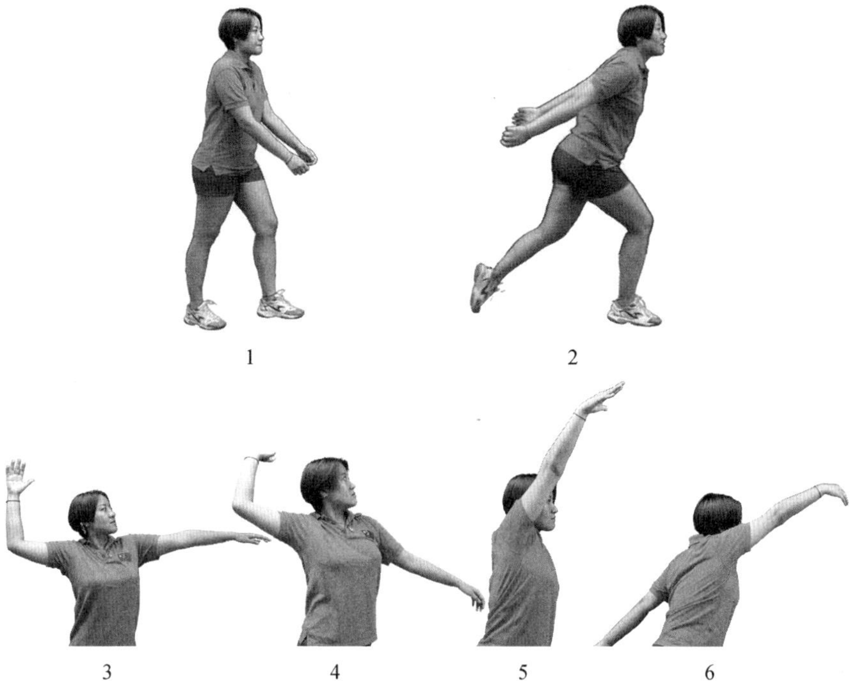

图 11-7 扣球技术

④空中击球:起跳后,挺胸展腹,上体稍向右转,右臂向后上方抬起,身体成反弓形。挥臂时,以迅速转体、收腹动作发力,依次带动肩、肘、腕各部位关节向前上方成鞭甩动作挥动。击球时,五指微张,以掌心为主,全掌包满球,在手臂伸直的最高点的前上方击球的后中部,同时主动用力屈腕屈指向前推压,使扣出的球呈上旋。

⑤落地:以两脚前脚掌先着地再迅速过渡到全脚掌着地,同时顺势屈膝、收腹,以缓冲下落的力量,立即做好下一个动作的准备。

(2)技术要领

助跑节奏慢到快,一步定向二步跨;后步跨上猛蹬地,两臂配合向上摆。

2. 单脚起跳扣球

单脚起跳扣球是指助跑的最后一步以单脚踏地,另一只脚直接向前上方摆动帮助起跳的一种扣球方法。这种扣球在现代排球中由于各种冲跳扣球的大量采用,使其有了更新的发展前景。它比双脚起跳动作快 0.2 s 左右。

(二)扣球技术的练习方法

(1)学生分别站在进攻线后,向网前做两步助跑起跳练习。

(2)自抛自扣练习:每人一球,距墙 5 m 左右先抛一次扣一次,然后连续对墙扣反弹球。

(3)扣抛球练习:两人或多人一组,一人站在距墙 5 m 抛球,另一人或多人依次对墙扣抛球。在低网前的一抛一扣练习,或在低网前轮流扣教师的抛球练习。

(4)4 号位扣球练习:扣球者每人一球,先将球传给 3 号位,再由 3 号位把球顺网抛或传给 4 号位,扣球者上步助跑起跳扣球。

(5)结合一传的扣球练习:接对方发的轻球,垫给 3 号位二传,然后二传把球传向 4 号位,由4号位队员助跑起跳扣球。

(三)扣球技术易犯错误与纠正方法

1. 易犯错误

(1)助跑起跳前冲,击球点保持不好,常常触网。

(2)上步起跳时机掌握不好,上步忽早忽晚,不能在最高点击球。

(3)挥臂扣球路线不正确,使击球点过低。

(4)击球手法不正确,非全手掌扣球。

2. 纠正方法

(1)反复做徒手练习,体会正确动作要领。

(2)多进行扣固定球练习,建立正确动作概念,体会扣球发力,使手臂挥动路线正确,手与球吻合得好。

(3)反复进行扣球练习,逐渐建立良好的时空感觉。

(4)多观察正确动作,以修正自己的动作。

六、拦网

靠近球网的队员,将手伸向高于球网处阻挡对方的来球,并触及球,称为拦网。

拦网是防守的第一道防线。拦网不但可以减轻本方后排防守压力,为反击创造有利条件,而且能够削弱对方进攻的锐气,给对方攻手造成心理威胁。

拦网技术可分为单人拦网和集体拦网两种。

(一)拦网技术分析

1. 单人拦网

单人拦网是集体拦网的基础。

(1)动作方法

①准备姿势:队员面对球网,两脚左右开立,距网30~40 cm,两膝微屈,两臂屈肘置于胸前。

②移动:常用的步法有并步、交叉步、跑步等。

③起跳:用力蹬地,两臂以肩发力,在体侧近身处,做划弧前后摆动,帮助身体迅速跳起。

④空中动作:两手从额前沿球网向上方伸出,两肩上提。拦网时,两臂应伸过网去接近球。两手自然张开,屈指屈腕成半球状。当手触球时,两手要突然紧张,手腕下压盖在球的前上方。

⑤落地:拦球后,要做含胸动作,以保持身体平衡(图11-8)。

(2)技术要领

判断移动及时跳,两臂摆动伸网沿;提肩压腕张手捂,眼看扣球拦路线。

2. 双人拦网

由前排两个队员互相靠近,同时起跳组成的拦网,称双人拦网。技术动作与单人拦网相同。

3. 三人拦网

三人拦网是在对扣球进攻力强,路线变化多时采用,但很少在轻扣和吊球时采用。

图 11-8　拦网

(二)拦网技术的练习方法

1. 原地扣拦练习

两人一组,面对面相距 1 m 左右站立,一人预先做好拦网手型,一人对准拦网人双手自抛自扣。

2. 网前原地起跳拦网练习

学生在网前做原地起跳拦网。

3. 网前左右移动一步起跳拦网练习

教师站在网前高台上持球于网上空,学生依次在网前左右移动一步起跳拦网。

4. 一抛一拦练习

两人一组隔网站立,一人向网口上沿抛球,另一人起跳将球拦回。

5. 拦对方 4 号位或 2 号位的扣球练习

学生在本方 2 号位或 4 号位拦对方的扣球。

6. 双人移动后配合拦网练习

两人一组,同时移动到 3 号位起跳配合双人拦网一次,然后分别向两侧移动,与 2 号位、4 号位队员双人再配合拦网一次。

(三)拦网技术易犯错误与纠正方法

1. 易犯错误

(1)拦网时,手臂有扑打动作,容易触网犯规。

(2)拦网时起跳时间不对,较多的是早跳。

(3)拦网时手指手腕放松,易挫伤手指。

2. 纠正方法

(1)讲清拦网手臂的正确动作要领并示范动作,让学生加深对正确动作的理解。

(2)讲解拦各种球的起跳时机。起跳时间要给以具体的概念。

(3)结合实例讲解手指手腕放松为什么容易挫伤手指道理。实践练习让学生结合体会手指手腕紧张用力和放松的不同感觉,以加深对拦网时手指手腕紧张用力的认识。

第三节　排球比赛的基本战术

排球战术是指运动员在比赛中,根据排球竞赛规则和排球运动的规律,比赛双方的具体情况和临场变化,合理运用个人技术及集体配合所采取的有意识、有组织的行动。

一、阵容配备

阵容配备就是根据本队队员的特点以及全队战术要求来安排场上的位置,其目的在于最大限度地发挥每个队员的作用和特长。阵容配备的组织形式主要有"四二"和"五一"配备等两种。

(一)"四二"配备

"四二"配备的方法:由四名进攻队员(主、副攻队员各两名)和两名二传队员组成,他们分别站在对角的位置上,如图 11-9 所示。

(二)"五一"配备

"五一"配备的方法:由五名进攻队员和一名二传队员组成,如图 11-10 所示。

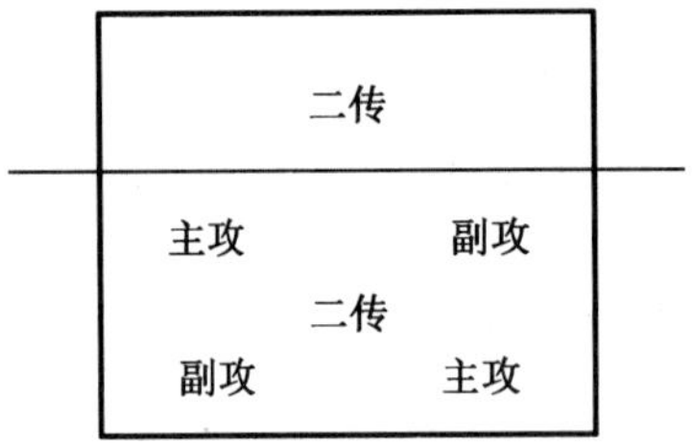

图 11-9　"四二"配备

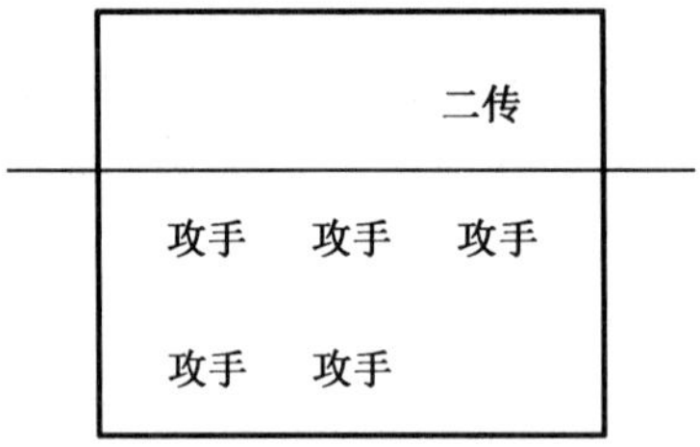

图 11-10　"五一"配备

(三)阵容配备位置基本要求

主攻:以中远网和调整球居多,要求有高度、力量、变化及准确性较高,强攻能力好。
副攻:战术的核心,以快、变、活突破为主,要求有高度,拦网好,跑动积极。
接应二传:要有一定的攻击力,技术较全面。
二传:要求头脑清晰,技术全面,善于观察临场情况,组织合理战术。

二、进攻战术

接发球进攻也称为第一次进攻,简称"一攻"。就是接起对方发来的球,并力争垫到预定的位置,组成各种进攻战术。接发球进攻战术形式主要有四种:"中一二""边一二""插上""两次球"。

(一)“中一二”进攻战术

中一二战术是进攻战术中最简单、最基本的战术形式,它是由3号队员作二传,把球传给2号位或4号位队员扣球的进攻形式。

特点:战术容易组成,但变化少,只能两点进攻,战术意图容易被对方识破,战术的突然性和攻击性较小。

(二)“边一二”进攻战术

“边一二”进攻战术形式即接发球时,把球传给前排2号队员,由他传给3号或4号队员扣球(图11-11)。

图11-11 “边一二”进攻战术

特点:两个扣球队员可以互相配合,起着一定的掩护作用,而且可有较多的战术配合变化,攻击性比“中一二”战术强。

(三)插上进攻战术

为了保证进攻战术的组织,后排传球队员由前排队员身后插至网前。

特点:能保持前排三人进攻。在进攻时,能充分利用网的全长,可以发挥每个人的特点,并能组成以快球为核心的跑动配合,打出多种战术变化。

(四)两次球进攻战术

两次球这种进攻形式难度较高,不仅要求一传稳妥、准确地垫到网前适当位置,而且要求前排队员要有较好的适应能力和跳传技巧,以便在腾空的一刹那,根据对方的拦网情况,立即决定扣两次球或者转移给同伴进攻。

三、防守战术

防守战术形式主要有“边跟进”“心跟进”。

(一)边跟进防守战术

“边跟进”多在对方进攻能力较强,吊球较少时采用。当对方 4 号位进攻时,本方 2 号、3 号队员拦网,其他队员组成半圆弧形防守。

其优点是加强了拦网;缺点是边上的队员又要防直线,又要跟进防前区,比较困难。

(二)心跟进防守战术

“心跟进”多在对方扣球能力较强,对方采取打吊结合时采用。当对方 4 号位进攻时,本方 2 号、3 号队员拦网,6 号位队员在本方拦网时跟在拦网队员之后进行保护,其余 3 名队员组成弧形防守。

其优点是加强了前区的防守能力,缺点是后排防守队员之间的空间较大。

第十二章　乒　乓　球

第一节　乒乓球运动简介

乒乓球起源于英国。19 世纪末,欧洲盛行网球运动,但由于受到场地和天气的限制,英国有些大学生便把网球移到室内,以餐桌为球台,书作为球网,用羊皮纸做球拍,在餐桌上打来打去。1890 年,几位驻守印度的英国海军军官偶然发现在一张不大的台子上玩网球颇为刺激。后来他们改用实心橡胶代替弹性不大的实心球,随后改为空心的塑料球,并用木板代替了网拍,在桌子上进行这种新颖的"网球赛",这就是 Table tennis 得名的由来。

乒乓球出现不久,便成为一种风靡一时的热门运动。20 世纪初,美国开始成套地生产乒乓球比赛用具,它是美国头号持拍运动,有超过 20 万美国人在打乒乓球。一位美国制造商以乒乓球撞击时所发出的声音创造出 Ping-pang 这个新词,作为他制造的"乒乓球"专利注册商标,Ping-pang 后来成了 Table tennis 的另一个正式名称,当它传到中国后,人们又创造出"乒乓球"这个新的词语。

乒乓球运动的很多用语是从网球变来的。打乒乓球所用的球叫 Ping-pong ball 或 Table-tennis ball,乒乓球台叫 Ping-pong table,台面称 Court,中间的球网称 Net,支撑球网的架子叫 Net support,乒乓球拍叫 Ping-pong bat。

乒乓球单人比赛原来一般采取三局两胜或五局三胜制(每局 21 分),2001 年改为七局四胜制或五局三胜制(每局 11 分),所谓"局",英文是 Set,发球叫 Serve。

第二节　乒乓球运动的基本技术

一、握拍法

(一)直拍握拍法

1. 快攻型握拍法

拍前食指第二指节和拇指第一节在拍的前面呈钳形,两指间距离 1~2 cm,拍柄贴住虎口,另外三指自然弯曲贴于球拍后的 1/3 上端。

2. 弧圈型握拍法

弧圈型握拍法与快攻型握拍法基本相同,其区别是:拇指和食指形成一个小环状,其他三指在拍背面自然重叠,由中指的第一指关节顶于拍柄的延长线上。

直拍握拍法,如图 12-1 所示。

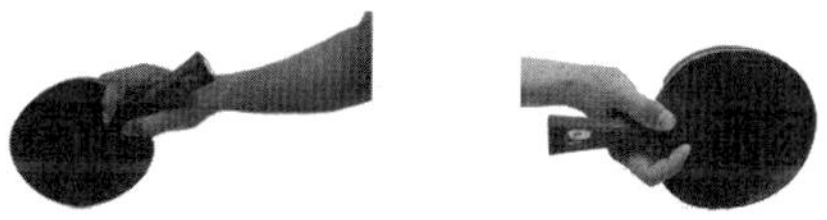

1　　2

图 12-1　直拍握拍法

(二)横拍握拍法

横拍握拍法(图 12-2)如同握手一样。中指、无名指、小指自然弯曲握住拍柄,拇指在球拍正面靠近中指,食指自然伸直,斜放于球拍背面。正手攻球时,食指稍向上移动;反手攻球时,拇指稍向上移动。

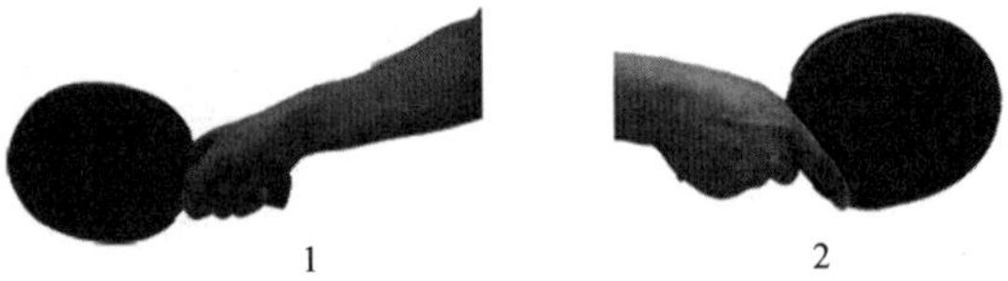

图 12-2　横拍握拍法

二、准备姿势

(一)身体姿势

两脚开立与肩同宽或比肩稍宽,两膝微屈,前脚掌着地(主要以脚内侧蹬地),脚趾轻微用力压地,脚跟微离地面,重心置于两脚之间,上体略前倾、收腹,持拍手臂自然弯曲。直握拍的肘部略向外张,球拍置于腹部右前方,手腕自然放松,拍头指向右斜前方;横握拍的肘部向下,前臂自然平举,手腕自然放松,拍头指向上方。非持拍手臂自然弯曲于身体左侧,两眼注视来球。

(二)站位

不同打法的人,其站位方式也不同。直拍左推右攻打法的站位,一般是左脚稍前于右脚,左脚位置基本处于球台左边线的延长线上。身体与球台端线的距离约为 40 cm 左右。

准备姿势如图 12-3 所示。

图 12-3　准备姿势

三、打法类型

打法类型包括快攻打法、弧圈打法、弧圈结合快攻打法、快攻结合弧圈打法、以削为主的削球打法、削球和进攻结合的削球打法。

四、发球

(一)正手发奔球

1. 特点

球速急、落点长、冲力大,发至对方右大角或中左位置,对对方威胁较大。

2. 要点

抛球不宜太高,提高击球瞬间的挥拍速度,第一落点要靠近本方台面的端线,点与网同高或稍低于网。

(二)反手发急球与发急下旋球

1. 特点

球速快、弧线低,前冲大,迫使对方后退接球,有利于抢攻,常与发急下旋球配合使用。

2. 要点

击球点应在身体的左前侧与网同高或比网稍低,注意手腕抖动发力,第一落点在本方台区的端线附近。

(三)发短球

1. 特点

击球动作小,出手快,球落到对方台面后的第二跳不出台,使对方不易发力抢拉、冲或抢攻。

2. 要点

抛球不宜太高;击球时,手腕的力量大于前臂的力量;发球的第一落点在球台,不要离网太近;发球动作尽量与发长球相似,使对方不易判断。

(四)正手发转与不转球

1. 特点

球速较慢,前冲力小,主要用相似发球动作,制造旋转变化去迷惑对方,造成对方接发球失误或为自己抢攻创造机会。

2. 要点

抛球不宜太高;发转球时,拍面稍后仰,切球中下部;越是加转球,越应注意手臂的前送动作;发不转球时,击球瞬间减小拍面后仰角度,增加前推的力量。

(五)正手发左侧上(下)旋球

1. 特点

左侧上(下)旋转力较强,对方挡球时向其右侧上(下)方反弹,一般站在中线偏左或侧身发球。

2. 要点

发球时要收腹,击球点不可远离身体;尽量加大由右向左挥动的幅度和弧线,以增强侧旋强度;发左侧上旋球时,击球瞬间手腕快速内收,球拍从球的正中向左上方摩擦;发左侧下旋球时,拍面稍后仰,球拍从球的中下部向左下方摩擦。

(六)反手发右侧上(下)旋球

1. 特点

右侧上(下)旋球力强,对方挡住后,向其左侧上(下)反弹。发球落点以左方斜线长球配合中右近网短球为佳。

2. 要点

注意收腹和转腰动作;充分利用手腕转动配合前臂发力;发右侧上旋球时,击球瞬间球拍从球的中部向右上方摩擦,手腕有一个上勾动作;发右侧下旋球时,拍面稍后仰,击球瞬间球拍从球的中下部向右侧下摩擦。

(七)下蹲发球

1. 特点

下蹲发球属于上手类发球,中国运动员早在20世纪50年代就开始使用。横拍选手发下蹲球比直拍选手方便些,直拍选手发球时需变化握拍方法,即将食指移放到球拍的背面。下蹲发球可以发出左侧旋和右侧旋,在对方不适应的情况下,威胁很大,关键时候发出高质量的球,往往能直接得分。

2. 要点

①注意抛球和挥拍击球动作的配合,掌握好击球时间。

②发球要有质量,发球动作要利落,以防在还未完全站起时已被对方抢攻。

③发下蹲右侧上、下旋球时,左脚稍前,身体略向右偏转,挥拍路线为从左后方向右前方。拍触球中部向右侧上摩擦为右侧上旋;从球中下部向右侧下摩擦为右侧下旋。

④发下蹲左侧上、下旋球时,站右中部向左上方位稍平,身体基本正对球台,挥拍路线为从右后方向左前方。拍触球摩擦为左侧上旋;从球中部向左下部摩擦为左侧下旋。

⑤发左(右)侧上、下旋球时,要特别注意快速做半圆形摩擦球的动作。

(八)正手高抛发球

1. 特点

最显著的特点是抛球高,增大了球下降时对拍的正压力,发球速度快,冲力大,旋转变化多,着台后拐弯飞行。但高抛发球动作复杂,有一定的难度。

2. 要点

①抛球勿离台及身体太远。

②击球点与网同高或比网稍低,在近腰的中右处(15 cm)为好。

③尽量加大向内摆动的幅度和弧线。

④发左侧上、下旋球与低抛发球同。

⑤触球后,附加一个向右前方的回收动作,可增加对方的判断时间(结合发右侧旋球,更有威力)。

五、攻球

攻球从大的动作结构来讲,可分为正手和反手攻球两大类。攻球是快速进攻最重要的一项技术,杀伤力强,是解决战斗的关键技术。

(一)动作要点(以右手为例)

1. 正手攻球

近台中偏右站位左脚稍前,身体斜对球台,持拍手自然放松置于腹前,拍半横状。顺来球路线略向右侧引拍,约与台面齐高,拍面与台面约成80°,前臂与台面基本平行。当球从台上弹起,持拍手由右侧向左前上方挥动,以前臂快速内收发力配合手腕内转沿球体做弧线挥动,在上升期击球的中上部,击球位置在身体右前方一前臂距离处。

正手攻球(横拍)和正手攻球(直拍),如图12-4和图12-5所示。

图 12-4　正手攻球(横拍)

图 12-5　正手攻球(直拍)

2. 反手攻球

站位近台右脚稍前,持拍手自然弯曲置于腹前偏左,重心偏于左脚。顺来球线路向后引拍。当球从台上弹起,持拍手由左后向右前上加速挥拍,前臂发力为主,手腕外转,拍面前倾,重心移至右脚,左右胸前击球上升时期的中上部。攻球的重点难点是挥拍发力和正确恰当的击球点。

反手攻球(横拍)和反手攻球(直拍),如图 12-6 和图 12-7 所示。

图 12-6　反手攻球(横拍)

图 12-7　反手攻球(直拍)

(二)常见的错误动作

(1)正手攻球时不敢大胆挥拍,有停顿,弧线制造不好。纠正方法:用徒手模仿挥拍练习,把拍挥够。

(2)上臂与身体夹角过小。纠正方法:放松肩部,加大上臂与身体的距离。

(3)抬肘抬臂。纠正方法:做近台快攻练习,强调击球时肘肩向后下方。

(4)手腕下垂,球拍与前臂垂直。纠正方法:强调手腕内旋拍柄向左,徒手模仿练习。

(5)判断球的落点不准,引拍动作不到位。纠正方法:用先做接平击发球的练习,再做连续推挡球的练习来纠正。

(6)反手攻球时拍面前倾过早。纠正方法:徒手做引拍练习使拍面稍后仰。

(7)拍面前倾不够。纠正方法:做平击发球练习,体会击球时手腕外旋的动作。

(三)学练方法

徒手模仿正、反手攻球动作,体会挥臂、腰部扭转和重心转换等动作要领。练习者站位近台中偏右(左),在右(左)角端线附近自抛自攻对方右(左)边斜线。体会前臂内收发力和手腕内(外)旋及击球点。两人对练,一人自抛自攻,另一人用挡球回击,互换练习。两人对角,一人正(反)手攻球,一人推挡回击,互换练习。两人对练,一人一点攻两点,另一个两点推挡一点,互换练习。两人正(反)手对攻斜线。两人对攻中路直线。

六、弧圈球

日本乒乓球队发明了弧圈球打法,它是一种强烈的上旋球,特点是既有强大的攻击力又有很强的稳定性。由于它的旋转非常强,因此它虽然是上旋球,却从传统上旋球中分离出来成为单独的一类。按击球的方位来划分,弧圈球可分为两种,即正手弧圈球和反手弧圈球。在正手弧圈球中又分为加转弧圈、前冲弧圈、侧旋弧圈、直板正胶弧圈(俗称小上旋)和不转弧圈(俗称假弧圈)。

(一)正手拉

1. 技术要领

(1)两脚开立,左脚在前,右脚稍后,收腹、含胸、屈膝,身体稍前倾,重心落在两脚之间,右肩略下沉。

(2)腰、髋向右转动,重心置于右脚前脚掌,右腿屈膝程度加大,前臂自然下垂,通过转腰带动大臂、前臂向侧后引拍。

(3)击球时,以右脚为轴,腰部带动大臂向左转动,当上身接近正对球台时,迅速收缩前臂。前臂向前上方挥动,压住拍形,摩擦来球的中上部。

(4)击球后,手臂继续顺势挥动,身体重心已移到左脚上,然后迅速还原。

正手拉弧圈球,如图 12-8 所示。

图 12-8　正手拉弧圈球

2. 练习提示

击球时,手腕要相对固定,不能晃动太大,直握球拍者还应注意避免吊腕。但在击球瞬间,手腕可以起到重要的调节作用,这是成为高水平运动员的必要条件。

理论上最佳的击球点应是在身体右侧前方,但在实践中往往难以做到。通常来说,只要在身体侧面即可,但一定不能落到身体后方。与身体间的距离可适当远一些,这样更容易发挥手臂挥动的加速度,因为此时力臂较长,但最好不要过远,否则不利于控制球。具体的位置,需要综合来球情况和自身客观条件来决定。

来球下旋强烈时,可在下降期触球,这样更容易通过摩擦来制造弧线;在爆冲弧圈球时,应提前至上升期。

3. 专家指导

拉弧圈球时为什么“吃”不住球?

拉球时,收缩前臂过晚,导致还没有将爆发力发挥出来便将球击出,此时击球脱板速度过快,就会有“吃”不住球的感觉。此外,如果收缩前臂过早,身体的力量已用出再触球,也可能有“吃”不住球的感觉。

(二)反手拉

1. 技术要领

(1)两脚开立,右脚在前,左脚稍后,收腹、含胸、屈膝,身体稍前倾,重心落在两脚之间。腰、髋向左转动,重心置于左脚前脚掌,左腿屈膝程度加大,前臂自然放松,通过转腰带动大臂、前臂向侧后引拍。

(2)击球时,以左脚为轴,腰部带动大臂向右转动,当上身接近正对球台时,前臂向右前上方外展，压住拍形，摩擦来球的中上部。

(3)击球后，手臂继续顺势挥动，身体重心已移到右脚上，然后迅速还原。

(4)反手拉弧圈球，如图 12-9 所示。

图 12-9　反手拉弧圈球

2. 练习提示

引拍至腹前近身处，球拍通常都略低于台面；手腕略屈使拍面前倾，肘部自然地向前支出；发力时，肘部相对固定，主要以腰带动前臂向前上方发力，注意避免过于向上用力而导致重心后坐。

(三)常见的错误动作

(1)在引拍过程中，前臂和上臂在肘关节处的夹角没有打开，而是靠拉肘向后引拍，影响拉球的发力。在训练中有意识地把前臂放下来，配合脚部的转动和重心移动，引拍效果会好些。

(2)击球前，腰部向后转动过大，形成掷铁饼式的准备姿势，影响向前发力。在实践中，只要感到身体的重心能够移至击球一侧脚时即可。

(3)击球时，球拍过于前倾，摩擦球过薄，使拉球的力量减小，准确性降低，容易打在拍边，出现人们常说的“飞碟”现象。击球时球拍不要过于前倾，同时注意手腕向内向前的转动，这样方可拉出高质量的弧圈球。

(4)拉球过程中，手臂由后直接向前挥动，成近似于直线形，难以制造拉球的弧线。正确的挥动方法是手臂由右后下方，以肘关节为轴，向左前上方挥动，其挥动轨迹近似于“小弧形”，这也部分地体现了弧圈球这一技术术语的内涵。

(5)肩部过于紧张，动作僵硬。由于弧圈球的动作比一般攻球动作稍大些，因此要做到拉后手臂，尤其是肩部要迅速放松还原，以利于连续拉和提高拉后扣杀的命中率。

(四)学练方法

(1)徒手模仿拉弧圈球的动作；

(2)一人发中路出台的下旋球，另一人练习拉弧圈球；

(3)一人推移，另一人练习连续拉弧圈球；

(4)一人正手攻球，另一人连续拉；

(5)两人对搓,固定一个搓中转拉;
(6)一人削球,另一人连续拉;
(7)以上练习,先拉固定点,再拉非固定点;
(8)上台连续拉上旋球,逐步过渡到2/3台;
(9)两点对一点的推拉练习;
(10)不同落点对一点的推、拉、攻练习;
(11)对拉练习;
(12)发球抢拉练习;
(13)接发球抢拉练习;
(14)拉、扣结合。

七、搓球

搓球,乒乓球运动技术名词,也称为"铲球",动作上近似削球,也称为"小削板"。它是近台还击下旋球的一种技术。其种类较多,根据击球时间、落点和旋转的不同,分快搓、慢搓、转与不转搓球、侧旋搓球等。一般在左半台使用较多。

(一)动作要点

1. 慢搓(以右手为例)

近台站位右脚稍前,持拍手臂自然弯曲。击球时用前臂和手腕向前下方用力,拍面后仰,在下降期击球中下部。

2. 快搓(以右手为例)

站位及击球方法与慢搓相同,击球时拍面稍横立避免出界或回球过高。

搓球的重点难点是前臂和手腕的挥拍路线与用力方法。

动作要点是:球拍在体前,击球时,上臂前伸,拍面稍后仰,利用上臂前伸和旋外的力量,将球拍向前下方送出,在来球的下降期摩擦球的中下部。特点是动作小,弧线低,落点活,旋转变化多等,可以牵制对方的攻势,并为抢攻或抢拉创造机会。

(二)学练方法

(1)徒手模仿搓球动作,掌握技术要领。
(2)自己在台上抛球,将球搓过球网。
(3)一人发下旋球,一人将球搓回。
(4)两人对搓中路直线,再对搓斜线。

(三)注意事项

1. 引拍

有球友认为搓球是在球的下部发力,所以引拍高度一般都低于球台平面,这是不对的;应注意搓球技术中大部分是从上向下发力的,所以引拍高度一定要在台面以上,一般情况下是基本与网高同高。

2. 发力

球龄较长的中老年朋友多以“抖腕”发力,这大多是“正胶”留下的后遗症,正胶因摩擦系数较小,所以用加大手腕动作来弥补摩擦力的不足;用反胶的初学球友没必要去模仿,只用手腕的前挺及小臂的合力就足够“转”,同时也利于控球。

3. 控拍

直板的控拍以拇、食、中指为主。但有球友在控制拍子的前倾、后仰角度时以姆、食指压拍肩的压力为主来调控拍形的,这样会使手腕与小臂紧张,不利于正确发力,更会增加整条手臂的负担;正确的方法应是利用小臂的内旋(后仰)及外旋(前倾)并配合自然放松的手腕来调控。

4. 借力

搓球技术中有很多时候是需要借助来球反弹力来与自发力反向运动形成摩擦的,这在书中已有交代,但这里还是要再一次强调需要注意击球时间尤其是上升期时的反弹力,以增加摩擦效果和有效控制弧线;同时注意下降期及顺旋转摩擦时的减、卸力。

5. 站位步法

由于搓球大部分是在台内,所以有部分球友的准备站位会距台较近,甚至有球友在搓来搓去中会不自觉地距台越来越近。这种现象在初学球友中体现较多,一旦对方“将球变长”或“追身”时,往往会来不及移动就已失分了。建议大家多注意国手们的预备站位及步法移动;正常站位应以 55 cm 或 60 cm 左右为基本台距,以双脚的前后左右移动来“迎前”。

搓球如图 12-10 所示。

1　　2　　3　　4

图 12-10　搓球

第三节　乒乓球比赛的基本战术

一、推攻

(一)特点

主要运用正手攻球和反手推挡的速度与力量,并结合落点变化和节奏变化来压制与调动对方,以争取主动或得分。推攻战术是左推右攻打法对付攻击型打法的主要战术,有反手推挡能力的两面攻运动员、攻削结合运动员等也常使用它。

(二)方法

(1)左推右攻;
(2)推挡侧身攻;
(3)推挡、侧身攻后扑正手;
(4)左推结合反手攻;
(5)左推、反手攻、侧身攻后扑正手。

(三)注意事项

(1)推、攻都要有线路变化、落点变化和节奏变化,这是推攻战术争取主动和创造扣杀机会的主要方法。

(2)推挡一般以压对方反手为主,然后突然变正手,以创造进攻机会。只有对方正手较差,才可以推对方正手为主。

(3)在推挡中突然加力推对方中路,使对方难于用力回击,然后用正手或侧身扣杀。

(4)遇到机会球时要果断扣杀,这是推攻战术得分的主要手段。

(6)推攻战术要坚持近台,又不能死守近台,要学会近台和中台的位置转换,掌握对手节奏。

(7)推攻战术对付弧圈类打法应坚持近台为主,用快推和加、减力推挡控制落点,伺机采用近台反拉或中等力量扣杀弧圈球,然后进入正手连续进攻。

二、两面攻

(一)特点

主要利用正、反手攻球技术的速度和力量压制对方,争取主动和创造扣杀机会。两面攻技术是两面攻打法对付攻击型打法的主要战术。

(二)方法

(1)攻左扣右;
(2)攻打两角,猛扣中路。

(三)注意事项

(1)正、反手攻球都要有线路变化和落点变化,以便创造扣杀机会。

(2)要以压对方反手为主,然后攻击对方正手或中路,以创造扣杀机会。

(3)遇到机会球时要大胆扣杀。

(4)两面攻战术在主动进攻情况下要坚持近台,被动情况下可适当后退,在中近台或中台进行反攻。

(5)两面攻战术对付弧圈球打法应坚持近台,用快带顶住对方的弧圈球,伺机采用近台反拉或中等力量扣杀弧圈球,然后转入连续进攻。

三、拉攻

(一)特点

连续运用正手快拉创造进攻机会,然后采用突击和扣杀来作为得分手段。拉攻战术是快攻打法对付削球类打法的主要战术。

(二)方法

(1)正手拉后扣杀。
(2)反手拉后扣杀。

(三)注意事项

(1)拉、扣的力量要有较大的悬殊,以使对方措手不及。
(2)拉球要有线路和落点变化以调动对方,争取主动和创造进攻机会。
(3)遇到机会球时要大胆扣杀或突击。
(4)采用拉攻战术要有耐心,不要急于求成,对没有把握的机会球不要过凶。

四、拉扣吊结合

(一)特点

由拉攻与放短球相结合而成,是快攻型打法对付削球打法的常用战术。

(二)方法

(1)在拉攻战术的扣杀或突击后放短球。
(2)在拉攻战术中放短球后,结合扣杀或突击。

(三)注意事项

(1)拉攻中放短球,要在对方站位较远并且来球比较近网时进行。这样,放短球的落点容易靠近球网,可增加对方向前移动的距离和难度。

(2)放短球后扣杀时,如果对方靠台极近,可对准对方身体方向扣杀。这样,往往能使对方难于让位还击。

五、搓攻

(一)特点

主要运用“转、低、快、变”的搓球控制对方,以寻找战机,然后采用低突、快点或拉攻等技术展开攻势并进入连续进攻;在搓球中遇到机会球时进行扣杀,常常带有突然性,往往可以直接得分。搓攻战术是乒乓球各种打法都不可缺少的辅助战术。

(二)方法

(1)正、反手搓球结合正手快拉、快点、突击或扣杀。
(2)正、反手搓球结合反手快拉、快点、突击或扣杀。

(三)注意事项

(1)搓攻战术既要尽可能早起板,以争取主动,但又不能有急躁情绪,否则,起板容易失误。

(2)在搓球中遇到机会球时要大胆扣杀,这是搓攻战术的主要得分手段。

(3)在搓短中摆短,可使对方不易抢先进攻,故有利于创造进攻机会,以便伺机用正、反手或侧身进攻。

六、削中反攻

(一)特点

由削球和攻球结合而成,常以逼角加转削球为主,伺机反攻。或以转、低、稳、变的削球,迫使对手在走动中拉攻,以从中寻找机会,予以反攻。这种战术有“逼、变、凶、攻”的特点,是攻、削结合打法的主要技术。

(二)方法

(1)正、反手削球逼角,结合正手攻或侧身攻对方右侧空当。
(2)正、反手削两大角长球,结合正、反手反攻。

(三)注意事项

(1)正、反手削球都要注意旋转强度的变化。在削加转后用削加转球相似的手法削不转球,是使对方拉出高球,以进行反攻的有效方法。

(2)削球时要尽可能压低弧线,以避免对方扣杀或突击。

(3)削球逼角时要适当配合削另一角,以使对方在走动中击球。

七、发球抢攻

(一)特点

发球抢攻战术是以旋转、线路、落点以及速度不同的发球来增加对方回击的难度,使其出现机会球,或降低回球质量,然后抢先进攻,以争取主动或直接得分。这是乒乓球所有打法特别是进攻型打法的主要战术和得分手段。

(二)方法

(1)发下旋转与“不转”抢攻。
(2)发正、反手奔球抢攻。

(3)发正、反手侧上、下旋球抢攻。

(三)注意事项

(1)发球要有线路和落点变化,以使对方前、后、左、右走动中接发球。

(2)发球后要有抢攻准备,以不失抢攻的机会。

(3)自己发什么球,对方可能以什么技术回击,要做到发球前心中有数。这样,才能较好地做好抢攻的准备。

(4)抢攻要尽可能凶,又不能过凶,否则,会影响命中率。

八、接发球抢攻

(一)特点

由某一单项攻球技术所形成,进攻性强,可变接发球的不利地位为主动地位,也可直接得分,是乒乓球运动各种打法特别是进攻型打法的主要战术。

(二)方法

用快点、快攻或中等力量突击进行接发球抢攻。

(三)注意事项

(1)由于接发球抢攻是在对方主动发球,自己处于被动的接发球地位时所采取的进攻性打法,所以难度较大。接发球抢攻一般不可过凶,要看准来球的旋转方向、旋转强度和高度,采用适当的方法进攻。例如,对方发加转下旋球,接发球抢攻时要采用提拉手法,以免下网。同时,攻球的力量不可过大。

(2)接发球抢攻动作结束后,要立即做好对攻或连续攻的准备,以便继续处于主动地位。

(3)接发球抢攻、抢冲的力量越小,应越注意球的路线或落点,一般应多打在对方反手;若对方反手强而正手弱,则可多打在对方正手。

第十三章　羽　毛　球

第一节　羽毛球运动简介

一、羽毛球运动的起源与发展

羽毛球运动源远流长。早在两千多年前,一种类似现代羽毛球运动的游戏,就已经在中国、印度以及其他欧亚国家出现。中国称“打手毽”,印度称“普纳”,西欧等国称“毽子板球”。那时,这些“游戏”没有固定的规则,游戏方法大致是用一块自制的木板或用牛皮做成的毽子板,两人、三人或四人击打一个用鸡毛或羽毛插在不同材料制成的球托上的“毽子球”。

现代羽毛球运动诞生于 1873 年。在英国格拉斯哥郡的伯明顿镇有一位名叫鲍费特的公爵,羽毛球名字由来也与此有关。

1893 年,在英国格拉斯哥郡的伯明顿镇举办了第一届“全英羽毛球锦标赛”,此后每年举办一次,延续至今。1934 年,成立了世界羽毛球联合会,总部设在伦敦。1939 年,世界羽毛球联合会通过了《羽毛球竞赛规则》。羽毛球运动从不列颠诸岛流传到英联邦各国,20 世纪初流传到亚洲、美洲、大洋洲,最后传到非洲。1981 年 5 月,世界羽毛球联合会重新恢复了中国在世界羽毛球联合会的合法席位。在 1988 年汉城(现首尔)奥运会上,羽毛球被列为表演项目。1992 年巴塞罗那奥运会将其列为正式比赛项目,从此羽毛球运动进入了一个新的发展时期,相继出现了系列世界重大羽毛球赛事。

二、世界重大羽毛球赛事

(一)汤姆斯杯赛

汤姆斯杯赛即世界羽毛球男子团体锦标赛。汤姆斯杯为世界羽毛球联合会第一任主席汤姆斯爵士 1939 年所捐赠。因第二次世界大战所阻,到 1948 年才举行第一届比赛。原来每三年举行一届,现已改为每两年一届,在偶数年举行。比赛由三场单打和两场双打所组成。

(二)尤伯杯赛

尤伯杯即世界羽毛球女子团体锦标赛。尤伯杯由英国著名羽毛球运动员尤伯夫人所赠。从 1956 年开始举办比赛,比赛方法与汤姆斯杯基本相同。

(三)苏迪曼杯赛

苏迪曼杯赛即世界羽毛球混合团体比赛,从1989年开始举办,每两年举行一届,与世界羽毛球锦标赛同年举行。比赛有男子单打、女子单打、男子双打、女子双打和混合双打五个单项组成。

(四)世界羽毛球锦标赛

这是世界羽毛球单项锦标赛,共设有男子单打、女子单打、男子双打、女子双打和混合双打五个比赛项目。比赛从1977年起每三年举行一届,1983年起改为每两年举行一届,在奇数年举行。

三、羽毛球运动的特点和锻炼价值

羽毛球运动是一项技巧性很强的竞技性比赛项目,也是一项普及较广、老少皆宜的运动。这项运动深受广大学生喜爱。无论是从事竞技性运动,还是一般性的大众健身活动,都需要在场上不停地移动跳跃、转体、挥拍击球。因此,青年学生经常参加羽毛球运动,能促进生长发育,提高身体各方面的机能;培养不怕困难、不甘落后、顽强拼搏的精神,从而提高身体素质和增进健康。

第二节 羽毛球运动的基本技术

一、握拍法

羽毛球拍握方法要根据击球的不同而采用不同的握拍法,基本的握拍法有两种,即正手握拍和反手握拍。

(一)正手握拍

以右手为例(下同),如图13-1(a)所示。握拍之前,先用左手拿住球拍拍颈,使拍面与地面垂直,再张开右手,使手掌根部靠在球拍的拍柄底托部位,虎口对着拍框,小指、无名指、中指自然并拢,食指与中指稍稍分开,自然弯曲并贴在拍柄上。

正手搓球握拍法:在正手握拍的基础上,拇指、食指稍松开,使拍柄离开掌心,拍柄紧贴手指根部。拇指斜贴拍柄内侧的小棱边上,食指稍向前伸,使第二指带斜贴在拍柄外侧的宽面上。

正手勾对角握拍法:在正手握拍的基础上,拍柄稍向外转拇指斜贴在拍柄内侧的宽面上,拍柄不贴掌心。

(二)反手握拍

反手握拍是在正手握拍的基础上把球拍框往外转,即往左方向转,拇指前内侧部位贴在拍柄的窄面部位,食指往中指、无名指、小指并拢。通常反手握拍的时候,手心与拍柄之间留有一定的间隙,这种握拍法有利于手腕力量和手指力量的灵活运用(图13-1(b))。一般击身体左侧的来球,用反手握拍击球。

(a) 正手握拍

(b) 反手握拍

图 13-1 握拍

(三)握拍的灵活性

根据对方来球的不同位置和便于控制球的落点,各种握拍的方法也会有细微改变。例如,正手搓球时,球拍要放在手掌上,靠手指发力;反手勾球时,虎口对着拍柄宽面上,等等。

(四)常见的错误握拍法

(1)"拳握法":五指并拢用力一把抓的握法,类似握刀的方法。这种握法使手臂的肌肉僵硬,影响手指、手腕发力的灵活性。

(2)"苍蝇拍握法":虎口对准拍面的握法,初学者较常见。这种握法限制了屈腕动作,妨碍对拍面角度的自由控制。

(3)反手击球时,没有转换成反手握拍法。

二、发球与接发球

发球是运动员在发球区将球由静止状态,用球拍击出,使之在空中飞行,落到对方的接发球区。发球分为正手发球和反手发球,按球在空中飞行的弧线,又可分为发网前球、平快球、平高球、高远球。除高远球采用正手发球外,其余用正手或反手发球均可。

(一)发球

用正手发不同的弧线球时,击球前的准备和前期动作是相仿和一致的(保持动作的一致性),只是在击球时及其后的动作有所不同。

1. 正手发球

(1)正手发高远球

发球时,站在靠近中线一侧,离前发球线约 1 m 左右的位置上。身体左肩侧对球网,左脚在前,脚尖指向球网方向,右脚在后,脚尖指向右侧,两脚距离与肩同宽,身体重心放在右脚上。准备发球时,右手握拍向右后侧举起,肘部微曲,左手拇指、食指和中指夹住球,举在腹部右前方,然后放开球的同时挥拍击球。在左手放开球使之下落时,右手转拍由上臂带动前臂,自右后方沿身体向前左上方挥动。当球落到右臂向前下方伸直能够接触到球的刹那,紧握球拍,并利用手腕屈伸的力量向前上方发力击球,然后顺势向左上方随势挥动。击球时,身体重心从右脚移至左脚上(图 13-2)。

图 13-2　正手发高远球

(2)正手发平快球

发平快球时,要充分利用前臂带动屈腕的爆发力向前方用力击球,使球直接从对方肩稍上高度越过落到后场。击球动作要小而快。

(3)正手发网前球

发网前球时,握拍要放松,上臂动作要小,主要靠前臂带动手腕向前切送,球的弧度要贴网而过,落点在前发球线附近,注意手腕不能有上挑动作。

2. 反手发球

发球时,站在前发球线后 10~50 cm,靠近中线附近。面向球网,两脚前后开立,右脚在前,或左右开立(双打时),上体稍前倾,身体重心在前脚上。右手臂屈肘,用反手握拍将球拍横举在腰间,拍面在身体左侧腰下。左手拇指与食指捏住球的羽毛,球托朝下,球体或球拖在拍前对准拍面。击球时,前臂带动手腕向前横切推送,使球的飞行弧线略高于网顶,下落到对方前发球线附近。发网前球时用力要轻,主要靠"切"送;发平快球时要突然发力,拍面要有"反压"动作(图 13-3)。

1　　2　　3

图 13-3　反手发球

3. 常见错误动作及纠正方法

(1)发球时,挥拍动作僵硬;脚移动;放球与挥拍配合不当;击球点靠近身体或离得太远;握拍太紧以致力量发不出,发球过手、过腰。

纠正方法：

①按正确挥拍路线的慢动作挥拍练习，逐渐过渡到正常速度的挥拍练习；

②掌握动作结构、顺序，多做放松、协调的发球练习；

③反复练习发球放球，强调落点，保持球托向下落，采用多球发球练习。

(2)发高远球时，球拍直向前挥未顺势向左上方随势挥动。

(3)发平高球时，弧度掌握不好，手腕爆发力差，发不到底线，易被对方拦截。

(4)发平快球时，手腕没有鞭打动作，造成球速慢，易被对方抢攻。

(5)发网前球时，手腕上挑过高，没有切送动作，球离网太高，易被对方扑杀。

纠正方法：

①加强手腕的爆发力练习，如中小重量的快速屈、伸腕练习；

②加强发球力量和速度；

③强调发球动作的一致性。

(二)接发球

1. 接发球的站位和姿势

接发球分为单打和双打两种。单打接发球站位于距前发球线 1.5 m 处，在右发球区靠近中线的位置；在左发球区则在中间位置。左脚在前，右脚在后，侧身对网，重心在前脚，后脚脚跟稍提起，双膝微屈，收腹含胸，持拍于体前右侧，两眼注视对方。

双打接发球准备姿势基本同单打，但重心可随意放在任何一只脚上，球拍高举在肩上，注意力要高度集中。双打发球多发网前球，接发球时要尽量站在靠近前发球线的位置（如图 13-4）。

2. 接发各种来球

(1)在接对方发高远球或平高球时，可用平高球、吊球或杀球还击。

(2)在接对方发网前球时，可用挑球、放网前球、平推球还击；如对方发球质量不佳，可采用扑球还击。

(3)对方发平快球时，可用平推球、平高球还击。

3. 学练方法

(1)用讲解法陈述技术动作结构、动作要领，建立动作概念和表象。

(2)示范教学法：教师做示范、学生之间互相做示范，可采用分解和完整示范结合的学练方法。

(3)模仿练习法：采用重复练习法，按照示范动作让学生无球（或有球）挥拍模仿。

(4)多球练习法：准备几十个球，学习者按照规范动作发球与接发球练习。

三、击球法

羽毛球击球技术动作按场区分为前场技术、中场技术和后场技术，主要有击高球、吊球、杀球、搓球、推球、勾球、扑球、抽球、挑球等，每一种技术又分为正手和反手击球法。

(一)后场击球技术

1. 高球

高球是自本方后场端线打到对方后场端线经过高空飞行的球。击高球可分为正手、反手、头顶直线和对角线高球。

（1）正手高球

首先要判断好来球的方向和落点，采用退后场步法侧身后退，使球处在自己右肩稍前上方的位置。左脚在前，右脚在后，重心在右脚上，左肩对网。左臂屈肘，左手自然高举；右手持拍，手臂自然弯曲，将球拍举在右肩上方，两眼注视来球。击球时，由上臂后引，随之肘关节上提明显高于肩部，将球拍后引至头部，自然伸腕（拳心朝上）。然后在后脚蹬地、转体收腹的协调用力下，以肩为轴，上臂带动前臂快速向前上方甩腕（鞭打），在手臂伸直的最高点击球。击球后，持拍手臂顺惯性往前下方挥动并收拍至体前。与此同时，右脚向前迈出，左脚后撤，身体重心由后脚移到前脚上（图 13-4）。

图 13-4　正手高球

（2）反手高球

当判断来球是在后场反手区时，迅速将身体转向左后方，移动到位，背对球网，并用反手握拍法握拍，最后一步用右脚前交叉跨到左后方，球拍由身体前举到左肩附近。击球时，以上臂带动前臂，在右肩上方击球，击球用力时，要注意拇指的侧压力与甩腕的配合，以及两腿蹬地转体的协调发力动作（图 13-5）。

图 13-5　正手高球

(3)头顶高球

动作要领与正手高球基本相同,只是击球点偏左肩上方。准备击球时,侧身稍后仰。击球时,上臂带动前臂使球拍绕过头顶,从左上方向前加速挥动,注意发挥手臂内旋发力击球。落地时,左腿向左后方摆动幅度大些,并用左脚后蹬向中心位置回动。

2. 吊球

吊球是自本方后场打到对方前场向下坠落的球。吊球技术分为正手、反手和头顶三种,按球的飞行速度和落点可分为轻吊、劈吊和拦截吊。劈吊击球前动作同高球、杀球。击球时用力较轻,手腕快速做切削动作,使拍面与球托的右侧或左侧接触而把球击出。拦截吊是把对方击来的平高球拦截回去,击球时用拍面正对来球,轻轻拦切或点击,使球以较平的弧度、较慢的速度越网垂直下落。轻吊击球前动作和高球相似,击球时,拍面正对来球,在接触球的一刹那,突然减速轻点或轻切来球,使球刚一过网就下落。

(1)正手吊球

击球准备动作同正手击高球。不同之处是击球时拍面稍倾斜,手腕做快速切击球托的右侧后下部,关键是用力方向朝前下,使球越网后旋即下落。若吊斜线球时,则球拍切削球托右侧并向对角斜下方发力;若吊直线球,则拍面正对前向前下方切削(图 13-6)。

图 13-6 正手吊球

(2)反手吊球

击球准备动作同反手击高球。不同之处是击球时拍面的掌握和力量的运用。吊直线球时,用球拍切削球托的后中部,向对方右网前发力

吊斜线球时,用球拍反面切削球托的左侧,朝对方左网前发力。

(3)头顶吊球

击球准备动作同头顶高球。吊直线球时,击球的一刹那前臂突然往前下方挥拍,向前轻切球托后下部,使球朝直线方向飞行。球越网后即下落。吊斜线球时,前臂突然反腕(内旋)往前下方挥拍,经内旋手臂和手腕的后伸外展带动球拍轻切或轻点球托的左侧后下部,使球向对角方向飞行,球越网后即下落。

3. 杀球

杀球是把对方击来的高球在尽量高的击球点上斜压下去。这种球力量大、弧线直、落地快,给对方造成的威胁很大。它是进攻的主要技术。杀球从力量上分为重杀、轻杀和点杀,从落点上分为长杀和短杀。

(1)正手杀球(侧身起跳)

准备姿势与正手击高球相似,不同的是最后用力的方向朝下。在右脚起跳后,身体后仰成反弓后收腹用力,靠腰腹带动上臂、上臂带动前臂、前臂带动手腕,形成鞭打向下用力,球拍正面击球托的后部,无切击,使球沿直线向前下方快速飞行。击球后还原成准备姿势(图 13-7)。

图 13-7 正手杀球

(2)腾空突击杀球

采用正手握拍法,侧身右脚后退一步准备起跳。起跳后,身体向右后腾起,上身后仰或成反弓形,右臂右上抬,肩尽量后拉。击球时,以肩带臂,主要以前臂和手腕快速挥拍压腕产生爆发力,高速向前下击球。球扣杀后,右脚先着地屈膝缓冲,重心在右脚,即刻回动。如果球向左侧边飞来,则用左脚向左侧上方起跳使身体向左侧上空腾起,肘关节高举靠近头部,举拍于头后,到最高点时,主要以前臂内旋和手腕快速挥拍扣杀球。扣杀后,以左脚先着地屈膝缓冲,即刻回动。

4. 常见错误及纠正方法

(1)击球点选择不当,打不到球。对于初学者无论是高远球、平高球、吊球、杀球,在选择击球点时都易出现打不到球的情况。纠正方法:做挥拍练习(固定击球点挥拍)。在适当的高度上(直立持拍上举拍面击到球的高度)用细绳吊一个羽毛球进行挥击练习。

(2)动作不协调,发力不好,高、吊、杀技术动作缺乏一致性。击球时用力顺序不协调。杀球时腰腹力量用不上,手腕下甩不够。纠正方法:进一步了解、领会技术要领;加强挥拍练习,体会闪腕击球"鞭打"击球技术的要领;加强腰腹、手臂力量练习,例如哑铃、沙袋、挥网球拍练习;做小重量快速挺举,屈伸臂、腕,仰卧起坐等练习;进行综合性高、吊、杀练习。

(3)球的落点差,出球的弧线掌握不好。高球打不到底线、高度不够,杀球压不下来,吊球过网弧线太高,落点掌握不好。纠正方法:一是应区分各种击球点、拍面角度和发力方向的不同要求;高远球的击球点在右臂上方伸直处,拍面稍后仰向前上方用力;杀球、吊球的击球点在右臂上方稍前处,拍面要适当前倾,向前下方发力,平高球的击球点同高远球相似,拍面后仰程度略小,发力方向略平直一些。二是发多球,有针对性地练习不同的技术动作。三是两人专门对打高远球、平高球、杀球、吊球技术动作练习。

(二)前场击球技术

1. 搓球

搓球是用球拍搓击球托侧下部,使球旋转翻滚越过网顶的击球技术。搓球技术有正手搓球和反手搓球两种。

(1)正手搓球

侧身对右边网前,左腿跨成弓箭步,重心放在右脚,正手握拍。击球前,球拍随前臂稍外旋向右前上方斜举,手腕由后伸至稍内收闪动,握拍手的食指和拇指夹住拍,中指、无名指和小指轻握拍柄,使球拍在手腕和手指的挥摆下用力,搓击球托的右下底部,使球旋转翻滚过网(图 13-8)。

1　　2　　3

图 13-8　正手搓球

(2)反手搓球

侧身对左边网前,反手握拍。击球前前臂稍往前上举,手腕前屈,手背约与网同高,拍面低于网顶,反拍迎球。搓球时,主要靠前臂的前伸外旋和手腕由内收至外展的合力,搓击球托的右侧后底部,使球旋转滚动过网(图 13-9)。

1　　2　　3

图 13-9　反手搓球

2. 放球

放网前球即将对方的吊球或网前球用球拍轻轻一托，将球向上弹起，球刚过网就朝下坠落的技术动作。

（1）正手放网前球

击球时，前臂稍外旋，手腕由后伸至稍内收闪动，握拍手的食指和拇指夹住球拍，中指、无名指、小指轻握拍柄，使球拍在手腕和手指的挥摆用力下，轻击球托把球轻送过网。挥拍的力量、速度和拍面角度的大小，主要取决于来球距离的远近和速度的快慢。来球离网远，速度快些，则放球时力量要大些，反之则力量小些。放球后，身体还原至准备姿势。

（2）反手放网前球

击球动作要领同反手搓球动作，只是方向相反。反手握拍，反面迎球，击球时主要靠前臂的前伸、外旋和手腕由内收至外展的合力，轻击球托底部把球轻送过网。击球后，还原成准备姿势。

3. 推球

推球是把对方击来的网前球推击到对方的后场左、右底角去。球飞行的弧度较低平，速度较快。推球分正手推球和反手推球。

（1）正手推球

击球前准备动作同搓球相似，不同之处是击球一刹那拍面竖得较直。推球时，身体稍往前移，右前臂往前伸，并带内旋，手腕和手指控制拍面角度，手腕由后伸至伸直并闪腕，食指向前压和小指、无名指一起突然握紧拍柄，拍子急速地由右经前上至左侧的挥动路线，使球沿边线方向飞向对方后场底角；推对角线球，击球前的准备动作同推直线球相似，不同之处是推击球的右侧后部，使球沿对角线方向飞行至对方场区底角（图 13-10）。

1 2 3

图 13-10 正手推球

（2）反手推球

侧身在左网前，以反手握拍。前臂往左前上方伸举，前臂稍向左胸前收引，肘关节微屈，手腕外展，变成反手推球的握拍法，球拍松握，反拍面迎球。当前臂往前伸的同时稍外旋，手腕由外展到伸直闪腕，中指、无名指、小指突然紧握拍柄，拇指顶住拍柄，推击球托的后部，使球沿边线方向飞行。击球后，还原成准备姿势。

4. 扑球

当对方回击的球过网的弧线较高时,抢高点将球向对方场区下方扑压过去的球称为网前扑球。扑球有正手和反手两种方法。

(1) 正手扑球

跨步上网或右脚蹬步上网,身体稍右前倾,屈肘向右前上方举拍,拍面前倾。击球时,利用前臂带动手腕和手指快速闪动发力,如果离网顶较近,靠手腕从右前向左前"滑动"击球。击球后立即收拍,以免触网(图 13-11)。

1　　2

图 13-11　正手扑球

(2) 反手扑球

右脚跨至左前再蹬跳上网,身体右侧前倾,反手握拍举于左前上方。击球时,前臂伸直外旋带动手腕内收到外展,拇指顶压加速挥拍扑球。若来球靠近网顶,手腕可外展由左向右"滑动"切击球,以免触网。击球后,右脚着地屈膝缓冲,回收球拍于体前。

5. 挑高球

挑高球是把对方击来的吊球或网前球挑回到对方后场的技术,这是在比较被动的情况下采取的一种防守技术。可以赢得时间重新调整好身体重心与场上位置,准备下一次击球。

(1) 正手挑球

准备动作同正手放网前球。击球前前臂充分外旋,手腕尽量后伸,右脚向右网前跨出一大步,重心在右脚上。击球时,从右下向右前方至左上方挥拍击球。在此基础上,若球拍向右前上方挥动,挑出的是直线高球;球拍向左前上方挥动,挑出的则是对角线高球。击球后,身体重心即刻还原成准备姿势(图 13-12)。

(2) 反手挑球

准备动作同反手放网前球。击球前右臂往左后拉屈肘引拍至左肩旁,同时右脚向左前方跨出一大步,重心放在右脚上。击球时前臂充分内旋,手腕由屈至后伸闪动挥拍击球。若球拍由左下向左前上方挥动,则球向直线飞行;若球拍由左下向右前上方挥动,则球向对角线飞行。击球后,身体即刻还原准备姿势(图 13-13)。

图 13-12　正手挑球

图 13-13　反手挑球

6. 勾球

勾球是把在本方右(左)边的网前球击到对方左(右)边网前去的技术动作。勾球分正手和反手两种。勾球是一种技巧性较高的技术,它与搓球、推球等交替运用,常能达到声东击西的战术效果。

(1)正手勾对角球

击球前,球拍随前臂往右前斜上举。在前臂前伸时稍有外旋,手腕微后伸,握拍手将拍柄稍向外捻动,使拇指贴在拍柄的宽面上,食指的第二关节贴在拍柄的背面宽面上,拍柄不触掌心。拍面朝右侧前挥动,拍面朝向对方右网前。击球时,靠前臂稍有内收往左拉收,手腕由稍后伸至内收闪腕挥拍拨击球托的右侧下部,使球沿网的对角线飞行落入对方网前角处。拨击球时,手腕要控制拍面角度。

(2)反手勾对角球

站在左网前,反手握拍法,随着前臂前伸拍子平举。在身体前移的过程中,球拍随手臂下沉,握拍变成反手勾球的握拍法,拍面正对来球。当来球过网时,肘部突然下沉,同时前臂稍外旋,手腕由微屈至后伸闪腕,拇指内侧和中指把拍柄往侧一拉,其他手指突然握紧拍柄,拨击球托的左侧后部,使球沿对角线飞越过网。

7. 常见错误及纠正方法

(1)击球后,身体重心继续前冲,回动有困难。纠正方法:最后一步向前跨时,脚要超越膝关节,并做到以脚跟外沿先着地,然后过渡到前脚掌着地,以脚趾制动。与此同时,上体稍前倾,左臂往左后张开,以利身体平衡。如最后一步蹬跨步幅度很大,在右脚着地后左脚向前拖滑跟近一段距离,以利回动。

(2)球不过网或过网弧度太高。纠正方法:进一步领会网前技术动作要领。握拍要根据动作需要灵活放松,以维持用手指灵活控制拍面角度和掌握用力大小的能力。击球点离网较近时,拍面后仰的程度要适当大些;击球点离网较远时,拍面后仰的程度要适当小些。

(3)搓球不够滚动,勾对角不到位,挑球不够高、不够远,放球离网太远、太高,扑球出界、触网或不过网。纠正方法:根据球离网的远近及自己所处的位置,掌握好拍面角度,采用相应技术。如搓球离网近时抢点要高,手腕、手指切搓力量须掌握好。挑高球时注意拍面角度,用向上挑球的爆发力。放网时应根据来球调整拍面角度和用力大小。扑球如果击球点较远网,可用前臂和手腕向下扑击;如果击球点近网,则应使球拍向侧劈击("滑拍"),扑球时,上网要快,击球点要高于网顶,动作要小而迅速地完成。网前技术练习强调动作的一致性和连贯性。有目的地锻炼判断和处理球的能力。网前多球练习(一人隔网抛球,另一人按要求练习)。

(三)中场击球技术

中场击球技术大致分为挡网前技术、抽球技术和接杀球技术等。由于中场区是攻防转换的主要区域,双方的距离较近,球在空中滞留的时间也比较短,因此,中场击球技术要求挥拍预摆幅度小,突出体现一个"快"字。

1. 挡网前球

一般用于杀球力量大、球速快时,借助来球的反弹力量把球挡回去,分为正手和反手。

(1)正手挡网前球

接球前步法移至右场区,身体右倾,手臂右伸,前臂外旋,手腕外展。击球时,前臂内旋稍翻腕带动球拍由右下向前上方挥动击球,把球挡向直线网前;也可以在击球时前臂由外旋到内收,带球拍由右向前切送挡直线网前。击球后,身体左转成正面对网,然后右脚上前一步,球拍随身体向左转收至体前。挡对角网前球时,在肘关节屈收的同时前臂稍旋内,手腕由后伸到内收闪动击球托右侧。击球点在右侧前,手腕、手指控制拍面角度,使球向对角线网前坠落。

(2)反手挡网前球

准备姿势同正手相似,只是动作方向与正手相反。击球时,借对方来球的冲力,以前臂带动球拍由左上方向左前方用拇指的顶力挥拍轻击球托,把球挡回直线网前;击球后,身体右转成正面对网,球拍随身体的移动收至体前。反手挡对角线球时,手腕由外展到后伸闪动挥拍击球托的左侧下部,使球向对角网前坠落。

2. 抽球

抽球是把在头部以下,腰部以上,身体左右两侧的来球平扫过去。它可分为正手抽球和反手抽球两种。

(1)正手抽球

站在右场区中部,两脚平行开立稍宽于肩,重心在两脚间,微屈膝收腹,正手握拍举于右肩前。击球前肘关节前摆,前臂稍往后带外旋,手腕稍外展至后伸,引拍至体后。击球时前臂内旋,手腕伸直闪动,手指抓紧拍柄,球拍由右后往右前方高速平扫来球。击球后手臂顺势左摆,左脚往左前迈进一步,准备迎击第二次来球(图 13-14(a))。

1　　2

(a) 正手抽球

1　　2

(b) 反手抽球

图 13-14　抽球

(2)反手抽球

右脚前交叉在左侧前,重心在左脚上,右手反手握拍在左侧前。击球前,肘部稍上提,前臂内旋,手腕外展,引拍至左侧。击球时,在髋部右转带动下,前臂外旋,手腕由外展到伸直"闪击"球托底部,击球后,球拍随身体的回动收至体前(图 13-14(b))。

3. 接杀球

接杀球是转守为攻的打法,可用上述挡网前球、抽后场球和挑高球等技术回击。

4. 常见错误及纠正方法

(1)击球点在体后,造成出球无力

纠正方法:一是进一步明确对各种来球击球点都应在体前、体侧的要求;二是根据不同的来球对应的准备姿势、拍面角度、力量、动作速度应有区别;三是多做以肘为轴,以前臂带动手腕做小幅度的快速挥拍练习,这样有利于体会击球的时机;四是多做连续挥拍练习或多球练习,强调前后动作的衔接性。

(2)反应慢,接不到球

纠正方法:一是首先要提高反应速度及对各种来球的判断能力。二是加强对接各种来球的准备姿势移动、手法的练习。如两人快速平抽平打,练习动作速度、反应速度。三是采用多球专门练习,提高控制球的能力。

(3)接球不过网

纠正方法:一是提高握拍的灵活性。手腕、手指根据不同来球控制球的力量、角度、方向。二是适当增加向前上方提拉的力量。

四、步法

羽毛球比赛中,运动员要在本方场区内来回奔跑并完成各种击球动作,如果没有快速而准确的步法,就会顾此失彼,疲于奔命。羽毛球基本步法包括蹬步、跨步、腾跳步、交叉步、垫步、并步等，在此基础上组成了上网、后退、两侧移动和起跳腾空等组合步法。

（一）上网步法

上网前，如果站位靠前，可用两步交叉步上网（图 13-15（a）），若站位靠后场，则采用三步交叉跨步的移动方法，即右脚向右前方迈一小步后，左脚接着前交叉迈过右脚，然后右腿顺着这一方跨大步（图 13-15（b））。为了加速上网，还可采用垫步上网，即右脚向右前迈一小步后，做较快速跟进到右脚跟后，利用左脚掌内侧后蹬，右脚向右前迈出一大步（图 13-15（c））。

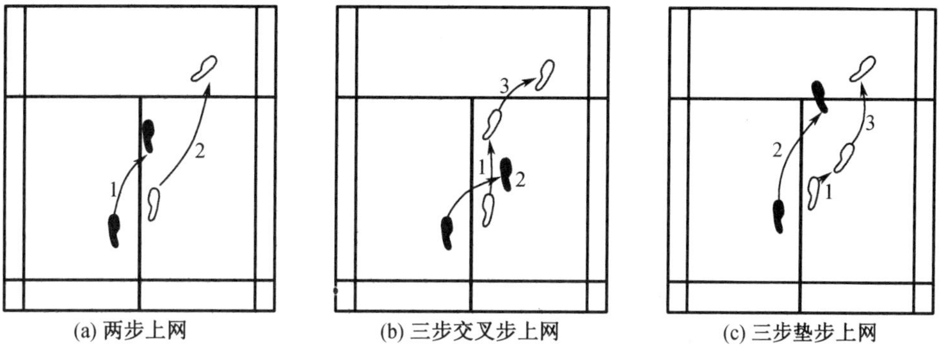

图 13-15　上右网前步法

（二）后退步法

正手后退右后场：后退步法一般都用侧身后退，以便于到位后挥拍击球。如果右脚稍前的站位，则先完成右脚后蹬—髋部右后转—成侧身站位，然后采用三步并步后退或交叉步后退（图 13-16）。

图 13-16　后退右后场步法

第三节　羽毛球比赛的基本战术

一、羽毛球战术的原则

羽毛球战术是指运动员在比赛中为表现出高超的竞技水平和战胜对手采取的计谋与行动。在羽毛球比赛中,双方都想控制对手,力争主动。以己之长,克彼之短,抑彼之长,避己之短,控制与反控制的竞争是十分激烈的。能够根据不同对手的特点,采取相应变化手段而胜制,这便是战术的意义。运用战术是为了以下目的:一是调动对方位置,二是迫使对方击出中后场高球,三是使对方重心失去控制,四是消耗对方体力。

二、羽毛球单打战术

(一)发球抢攻战术

发球不受对方干扰,发球者可以根据规则,随心所欲地以任何方式将球发到对方接球区的任意一点。善于利用多变的发球技术,能先发制人,取得主动。以发平快球和网前球配合,争取创造第三拍的主动进攻机会。

(二)攻后场战术

采用重复打高球、远球或平高球的战术,压对方后场两角,迫使对方处于被动状态,一旦其回球质量不高,便伺机杀、吊对方的空当。

(三)逼反手战术

一般来说,后场反手击球的进攻性不强,球路也较简单。对于后场反手较差的对手要毫不放松地加以攻击,先拉开对方位置,使对方反手区露出空当。然后把球打到反手区,迫使对方使用反拍击球。

(四)打四方球突击战术

以快速的平高、吊球准确地打到对方场区的四个角落,迫使对方前后左右奔跑,当对方来不及回中心位置或失去重心时,抓住空当和弱点进行突击。

(五)吊、杀上网战术

先在后场以轻杀配合吊球把球压下,落点要选在场地两边,使对方被动回球。若对方还击网前球时,便迅速上网搓球、勾对角、快速平推球;若对方在网前挑高球,可在其后退途中把球直接杀到他身上。

(六)先守后攻战术

这一战术可用来对付那种盲目进攻而体力又较差的对手。比赛开始,先以高球诱使对方进攻,或者在对方体力下降、速度减慢时再发动进攻。这是以逸待劳,后发制人的战术。

三、羽毛球双打战术

(一)攻人战术

这是一种经常运用的行之有效的战术。当发现对方有一个人的防守能力或心理素质较差,失误率比较高或防守时球路单调,就可以用这种战术,把球进攻到这个较弱者的一边。这种战术可集中优势兵力以多打少,以优势打劣势,造成主动或得分;有利于打乱对方防守站位。

(二)攻中路战术

不论对方把球打到什么地方,我方攻球的落点都应集中在对方两人之间的结合部,并靠近防守能力较差者一侧,或在中线上。攻中路战术可以造成对方抢球或漏球,可以限制对方挑出大角度的球路,有利于我方网前的封网。

(三)攻直线战术

即杀球路线和落点均为直线,没有固定的目标和对象,只依靠杀球的力量和落点来取得主动或得分。当对方的来球靠边线时,攻球的落点在边线上;当对方的来球在中间区时,就朝中路进攻。这个战术在使用上较易记住和贯彻。

(四)攻后场战术

遇到对方后场能力较差的对手,可采用平高球、推平球、接杀挑高球等,迫使对方一人在底线两角移动。一旦其还击球质量下降时,便大力扑杀。如另一对手后退支援时,即可攻网前空当。

(五)后攻前封战术

当本方取得主动攻势时,后场队员逢高必杀球或吊球,前场队员积极移动封网扑杀。

(六)守中反攻战术

防守时,对方攻直线球,我方挑对角平高球;对方攻对角球,我方挑直线平高球,以达到调动对方的目的。然后可采用挡或勾网前转换成进攻的战术。

第十四章　网　　球

第一节　网球运动简介

一、网球的起源与发展

网球与高尔夫球、保龄球、桌球并称为世界四大绅士运动。它的起源可以追溯到12世纪至13世纪的法国,当时在传教士中流行着一种用手掌击球的游戏,后出现在法国宫廷。

现代网球起源于英国。1873年,英国少校温菲尔德,设计了一种适用于户外的、男女都可以从事的网球运动。1877年7月,在英国伦敦郊外温布尔顿举办了首届草地网球锦标赛,即温布尔顿第一届比赛。随后草地网球也由英国的移民、商人等传至全球。

1913年在法国的巴黎成立了世界网球的最高组织——国际网球联合会。它的成立为网球的进一步发展开辟了一条更加广阔的道路。男、女网球曾分别于1896年和1900年被列为奥运会比赛项目,后因在职业运动员参赛问题上出现分歧,1924年奥运会后被取消。1988年重返奥运会。

20世纪70年代以后,网球又得到了进一步的发展,取消了职业选手和业余选手的界限,增加了大赛的激烈程度,从而促进了运动员技术水平的提高,吸引了广大网球爱好者从事该项运动的热情和观看网球比赛的积极性。

进入20世纪90年代后,网球向大众化发展,网球不再只是贵族从事的运动,而在群众中得到普及;随着器材的改革,尤其是球拍的研制,网球将向着力量、速度型方向发展;加之各种大赛奖金的不断提高,网球的职业化、商业化程度会越来越高。总之,作为绅士运动的网球将以其无比的魅力和不断发展的技术赢得越来越多的爱好者。

二、我国网球运动的发展简况

我国网球运动是在19世纪后期,由英、美、法等国商人、传教士、士兵作为娱乐活动相继传入的。随之在上海、广州、北京等城市教会中出现打网球活动,后在教会学校中也开展起来。

中华人民共和国成立后,网球运动逐渐发展起来,定期举行全国网球单项比赛、青少年网球比赛,近年来又兴起群众网球赛,如老年网球赛、高校网球赛、少年网球赛。这些竞赛对促进网球运动的普及起到了积极的推动作用。从世界竞技角度看,目前仅女双排名较靠前,李婷/孙甜甜跻身世界前三十,改写了中国网球运动员世界排名最高纪录,并获得第28届雅典奥运会女双冠军,但与世界强手相比仍相差甚远。

三、网球运动的特点和锻炼价值

网球运动球速快，变化多，健身性、趣味性强，时尚高雅，运动量可大可小，是一项男女老少皆宜的体育项目。

经常从事网球运动可增强体质，促进身心全面发展，能有效地提高中枢神经系统的反应能力，改善心脑血管系统的机能，并能有效地发展速度、力量素质，增强协调性和提高耐久力，提高动作速度和活动能力，还能发展人的机智勇敢、沉着冷静、敢于拼搏的优良心理素质，因此，网球运动具有较高的健身锻炼价值。

第二节　网球运动的基本技术

一、握拍法与准备姿势

（一）握拍法

1. 拍柄各部位介绍

网球拍柄是多边形的，有 8 个面。球拍拍面垂直地面时，拍柄的 8 个面分别名为：上平面、下平面、左平面、右平面、左上斜面、右上斜面、左下斜面和右下斜面，如图 14-1 所示。

图 14-1　拍柄

2. 握拍法

东方式正手握法：先使拍面与地面垂直，然后如同与人握手一样握住拍柄。这时拇指与食指间的 V 形虎口，恰好在拍柄的上平面偏右的位置。拇指第一关节扣住拍柄的左平面，食指则轻绕至拍柄右侧至下平面。中指、无名指和小指紧握，并与拇指接触（图 14-2）。

东方式反手握法：使 V 形虎口略偏左侧于左平面和上平面之间的左上斜面，食指关节在右上斜面的位置（图 14-3）。

大陆式握法：使 V 形虎口略偏左侧于左上斜面和上平面之间，食指关节在右上斜面的位置（图 14-4）。

图 14-2　东方式正手握法

图 14-3　东方式反手握法

图 14-4　大陆式握法

西方式握法：手掌 V 形虎口位于拍柄的上平面和右上斜面的交接处，手掌中心握住拍柄的右平面，手腕稳固地贴紧拍柄后侧的右平面，拇指关节在拍柄的左上倾斜面的位置（图

14-5)。

双手反拍握法:右手握法介于“东方式反手”与“大陆式”握法之间,左手使用“东方式”正手握法(图 14-6)。

图 14-5　西方式握法

图 14-6　双手反拍握法

半东方半西方式握法:其握法正好介于东方式与西方式之间的握法。

(二)准备姿势

上体微前倾,注视对方或来球。球拍置于腹前,拍头指向前方略偏左,微上翘,手腕低于拍头,用正手握法轻握球拍,不持拍手轻扶着球拍的颈部。双脚开立,比肩略宽,脚掌着地,屈膝提踵,身体重心置于两脚前脚掌之间(图 14-7)。

图 14-7　准备姿势

(三)学练方法

1. 用手抓抛球练习

(1)将球抛起,分别在落地前和落地后用双手抓住,单手抓住(以右手为主,用左手抛球,右手接球。下同)。

(2)面对墙抛球,撞墙落地后先用双手接住,熟练后再用单手接住。

(3)面对墙抛球,撞墙后不等球落地直接在空中用双手或单手接住。

(4)将球向上抛,分别在原地转圈后接住落地球或空中球。

(5)两手各抓一球,同时抛起,落地后再用同侧手同时接住。熟练后,同时抛起同时在空中接住球。

(6)两人面对面抛球,分别接住落地球或空中球,距离逐渐拉长,角度逐渐拉开。

2. 单人持拍练习

(1)用球拍拍起地上的球和用球拍与脚配合拾起地上的球。

(2)用球拍向上颠球,达到熟练后,加上移动、转圈和按口令颠球。

(3)颠球几次后,让球停在球拍上,再将球向上送出,继续颠球,再停下,反复练习。

(4)向下拍球。开始拍一下等一下,过渡到连续向下拍球;达到熟练后,可移动拍球、转圈拍球、蹲下拍球等。

(5)用拍框拍球至熟练,注意眼睛要紧盯住球。

(6)对墙练习。面对墙 1~2 m,颠球五次,等球落地后将球轻打向墙,再落地后接起,颠球五次。连续十个回合后,开始颠球四次、三次、二次、一次,最后过渡到不颠球的连续打墙练习。

(7)距墙 1 m 左右,持球拍向上颠球五次后,将球轻打向墙,撞回在空中接住,再颠球五次。十个回合以后,依次颠球四次、三次、二次、一次,直至连续对墙碰击,距离可根据掌握情况适当拉开。

3. 两人持拍练习

(1)两人间隔 1 m,一人颠球五次,落地后轻打向中间,另一人等球弹起后接住,再颠球五次。反复练习,十个回合以后,依次颠球四次、三次、二次、一次,直至连续多回合轻打。

(2)基本同上,只是颠球最后一次时,直接颠向两人中间,依次连续练习, 直至连续多回合轻打。

(3)两人用一把球拍。一人颠球三次后(低→低→高),把球拍交给同伴,在球落地之前接住,再颠球三次。反复练习这一动作,直至颠球二次,颠球一次换拍。

(4)两人间隔 1~2 m,一人颠球五次,不落地直接送给同伴,同伴在球未落地之前接起,也颠球五次,再回送对方。十个回合以后,依次颠球四次、三次、二次、一次,直至连续多回合不落地轻打。距离可逐渐拉开练习。

(5)一人将球停在球拍上,轻送向同伴,待球落地弹起后,同伴接住,颠球一次,并迅速将球停在球拍上。反复练习至熟练。

(6)两人用两个球,各颠球三次,同时送向对方,球弹起后各自再颠球三次。反复练习至熟练。

二、正、反手底线击球

(一)正手击球

动作方法:右手持拍(下同),从准备姿势开始,移动到来球位置,最后一步要保持左脚在前,身体左侧朝向来球方向。这时将球拍充分向后挥摆,拍头翘起,手臂伸展,从后摆进而向前挥动时紧握球拍,手腕后伸、固定,用力蹬脚,转动身体和挥拍,正拍的击球点在身体的右侧前方不超过腰的高度,身体重心从右脚逐渐移到左脚,击球后球拍随势挥到身体的左侧前上方,随挥动作如同将拍扛在肩上,之后迅速还原(图 14-8)。

图 14-8　正手击球

（二）单手反手击球

动作方法：当来球飞向反手位置时，移动到位的最后一步要保持右脚在前，身体右侧朝向来球方向，球拍向左后挥摆。这时持拍手臂的肘部保持适当弯曲，拍头稍翘起，在迎球过程中，挥拍手臂与向右转体动作相配合，使球拍由低向高挥动，击球点在身体左前方，高度在腰间（图 14-9）。

图 14-9　单手反手击球

拍触球时手腕固定握紧球拍，拍面垂直或稍后仰，击球的中部附近位置，击球后球拍随势挥至身体右侧前上方。身体重心从左脚移至右脚，并迅速还原。

（三）双手反手击球

动作方法：当判断来球是反手位时，在移动到位的最后一步应保持右脚在前，身体右侧朝向来球方向，双手握球拍向左后挥摆，右臂伸展较大，左臂弯曲。在迎球时，挥臂与转体动作相配合，使球拍由低向高挥动，拍与球的击球点保持在髋前。拍触球时双手握紧球拍，两肩和两髋随着转动，拍面垂直或稍后仰，击球的中部位置。击球后双手随势挥至右侧头部高度，身体重心从左脚移至右脚，并迅速还原（图 14-10）。

图 14-10　双手反手击球

（四）学练方法

单人的练习方法如下。

（1）徒手挥拍练习，巩固、熟练正确的正反手挥拍击球技术。

（2）原地对着练习墙站立，自抛球，用正手（或反手）打不落地球。一定次数后，再打落地反弹下降至腰部高度的球。

（3）原地对着练习墙站立，进行反手的自抛球落地击球练习。

（4）对练习墙稍远站立，正手打落地球上墙，反弹落地后，再连续正手击打，反复练习，然后交换练习反手击球。

（5）保持与墙一定距离，进行正手连续击球，争取最多的回合而不失误。然后，再进行反手练习。

（6）站在底线后，用多个球练习，分别练习正手击打落地球过网。然后，过渡到两人底线对击球。

三、发球与接发球

（一）发球

发球是网球基本技术之一，如图 14-11 所示。发球技术一般分为平击发球、侧旋发球和上旋发球三种。发球基本技术中包括握拍法、准备姿势、抛球与后引动作、挥拍击球和随挥等技术。

图 14-11　发球

1.发球基本技术

（1）握拍法

初学者用东方式正手握拍法发不太旋转的球，当达到一定水平后，可以考虑用大陆式握拍法或东方式反手握拍法来发旋转球。

（2）准备姿势

左脚指向网柱，右脚与端线平行，两脚分开与肩同宽，左肩侧对球网，重心放在右脚上，把球和球拍放在身体前面胸部高度。在右区发球时,站立的位置要靠近中点,在左区发球时,要站在离中点约1.5 m处。

(3)抛球与后引动作

抛球时整个手臂向着身体的前右上方抬起,利用手臂向上惯性使球平稳地离开手指,尽可能让球垂直向上,抛球应偏向右前方,高度应是握拍手臂充分伸展时球拍的顶部。后引球拍是从前方开始至下向后上方摆起。

(4)挥拍击球

当球落到击球点时,迅速挥拍击球后上部,手臂与身体充分伸展。

(5)随挥跟进

击球后,继续保持向前上方伸展的随挥动作,挥拍至身体的左下方。

2. 平击发球

动作方法:以东方式正手握法为主,平击发球时,先将球向右侧上方抛起,然后球拍下垂从背后开始挥拍迎球,挥拍过程中力争球拍瞬时速度最快的片刻,在头上合适高度使拍触球击球后部,击球后继续使球拍向目标挥动,头部保持随球移动,拍随势挥过身体左侧,身体重心随之向前进入球场。

3. 侧旋发球

动作方法:以大陆式或东方式反手握拍法为主,选位、引拍、迎球挥拍的动作同平击发球动作一致,只是在拍触球时触球体的左侧,这种球以侧旋为主,发球时,球拍在球的背面横向移动并稍向下挥动,以制造旋转。击球随势向前下挥拍,并迅速还原。

4. 上旋发球

动作方法:以东方式反手握拍法为主,与平击发球和侧旋发球略有不同,这种发球的击球点不是很高,击球时球拍多向上切削,触球的中下部或侧中下部,发出的球旋转较强,发球后随势向前下方或左前下方挥拍,并迅速还原。

(二)接发球

(1)接发球一般位于端线附近,力求在接发球时向前移动击球。准备姿势:保持两脚平行站立,比肩略宽,右手持拍者一般右脚稍前,两膝微屈,上体稍前倾,脚跟提起,将球拍置于体前。

(2)在接发球的全过程中眼睛始终注视来球,一直到完成还击的动作。要观察对手的抛球,这样有利于判断发球的方向和旋转。

(3)对方第一次发球时多采用大力发球,站位应偏后一些,如果是第二次发球时可略向前移,采取攻击性的还击。接大力发球时不要做大幅度的后摆动作,主要是控制好拍面角度并握紧球拍,以免拍面被震转动。

(4)还击来球之前要观察对方行动,对自己的回球路线和落点有所考虑。选择好接发球落点,对控制对手发球后抢攻有重要意义。

(三)学练方法

(1)在发球线后蹲下,左手抛球,右手持拍由下而上挥动,将球击打到对方发球区内;待基本掌握后,由发球线向后移动2~3 m,再继续练习蹲下发球;最后移至底线后,练习蹲下发球。这种方法简单易学,便于初学者在击球过程中着重体会“向上—向前—向下”挥拍的感觉。

(2)找一个小凳,分别放置在发球线后、中场和底线后,练习坐着发球。体会稳定重心后的手臂、手腕击球动作。

(3)在发球线后站立,练习向对方发球区发球。主要体会向下挥拍击球的感觉;练习至熟练后,向后移动 2~3 m,继续练习,体会"向前—向下"挥拍的感觉;最后移至底线处练习发球,体会"向上—向前—向下"挥拍的感觉。

(4)在练习墙上画一条与网齐高的线,并标出中心网带线。距墙 6 m 左右,对墙练习发球,随着技术的提高,发球位置可逐渐后移,最后移至距墙 10 m 左右,同网球场上的实战发球相似。

(5)当基本掌握发球技术以后,多准备一些球,在对方的发球区内设定三个目标,分别放在内角、中间、外角,可以选用圆桶或垫子等作为目标。进行发球练习时,将球发向目标;也可先制订以发中目标几次为计划,不断轮换左右区,不断增加发中次数。

四、截击球与高压球

(一)截击球

截击球的后摆动作不应过大,击球点应保持在身体前方 30~60 cm,向前迎击来球,注意拍头不要下垂,要保持拍头高于手腕,击球时手腕固定,拍子应紧握,击球时拍不能转动。高于网的球截击时平击的成分多一些,打出具有进攻性的、力量较大的深球或斜线球;低于网的球,必须充分下蹲,保持拍头仍然要高于或平行于手腕,以利身体重心稳定。截击球的中下部,成切削下旋,这种低于网的截击球,不宜打得力量太大,应以推深落点为目的。如果对方来球力量太重,自己就不应再主动发力,只要握紧球拍打准落点即可。截击球除要求打深落点和打斜角度外,也可以用截击打法回出短球,这项技术需要较好的手上感觉和良好的控制能力。

正手截击动作方法:截击时站在网前 2.5~3 m 的位置,准备姿势与一般击球大体相同,但拍头要高一些,截击后摆动作要小,击球点保持在身体前方,拍触球瞬间手腕固定,用力紧握球拍,略加向前推击的动作即可。截击较近的球,左脚跨出一步,截击较远的球要跨出一大步(图 14-12)。

1　　2　　3　　4

图 14-12　正手截击球

反手截击动作方法：准备姿势同正手截击，动作区别是反手截击比正手截击的击球点要靠前一些，因此要及早跨出右脚，重心也要置于右脚，击球时手腕固定，用力紧握球拍，拍面稍前倾，触球中下部，击球后右臂伸展，向前下方压送(图 14-13)。

1 2 3 4

图 14-13 反手截击球

(二)高压球

高压球多用在网前的击球动作，当自己上网时，对方挑高球破上网，这时多在头部上空用高压动作还击球。高压球要求及时侧身，早举球拍，眼睛看准球，找准击球点。高压球一向以平击高压为主，也可以用切削高压打出好的角度和落点。当对方挑高球挑得很高、很深时，可打落地高压球，这种球要求快速后退，后退时眼睛不能离开球，要求步子退足了，然后再向前做高压击球动作。

高压球的动作与发球动作相似，只是没有向后拉拍的挥拍动作，而是直接把球拍引向头后。在向来球方向跑动中，抬头仰视球，上体右转，同时使球拍垂向背后，完成击高压球的准备动作，当来球下落到合适高度，左脚蹬地起跳，在头部上方跳起，向前下挥击，完成高压动作。

(三)网前截击的学练方法

1. 挥拍练习

对着镜子，分别练习正手截击动作和反手截击动作。注意动作的规范性。

2. 对墙练习

对墙距离 2 m 左右，用球拍颠球 5 次，然后正手将球推送上墙，再用球拍接住球颠 5 次。连续 10 个回合后，改颠球 4 次，再连续 10 个回合，依次类推，直到直接与墙进行正、反手截击练习。随着对墙练习的熟练程度的提高，逐渐与墙拉开距离，进行正、反手截击练习。

3. 两人的截击练习

(1)正手截击练习时，一人在网前用左手接住同伴扔向右侧的球。要点是跨步上前抓球；然后再跨步上前用右手抓球，接着右手握住拍颈上前挡球；熟练后，再握住拍柄中部挡球；最后握住拍柄底部进行常规的截击练习。

(2)两人在网前相距 3 m 左右，进行直线的连续正手截击练习。然后再进行反拍直线截击练习，距离可适当拉开。

(3)教师或学生(下同)在发球线后多球抛送，让学生分别进行定点的正、反手截击练习，要求分别打到指定的目标区域内。

(4)教师在底线击球，学生在网前截击球，教师将球回击到网前，学生再将球截击过网。

如此连续多回合的直线截击球练习。

(5)学生在球网中间稍后位置准备,教师在中后场分别抛送不同方向球,学生跑上前把球截击到固定区域。

(6)教师在同侧底线多球抛送,学生在右侧截击直线球后,迅速移动触摸左侧标志物,随即再回到右侧截击斜线球。

4. 三人的截击练习

(1)三人在网前二对一地连续截击练习。

(2)两人在底线后,一人在网前,进行二对一的连续截击练习。三人可轮流交换练习。

5. 四人的截击练习

(1)二对二的网前相互连续交替截击练习。可采取碰到直线球的球员以斜线球回击。碰到斜线球的球员以直线球回击的练习方法。然后,让打直线球的球员与打斜线球的球员交换练习。

(2)两人站在底线,两人站在网前,连续交替截击练习。也可采取碰到直线球的球员以斜线球回击,碰到斜线球的球员以直线球回击的练习方法。然后,让打直线球的球员与打斜线球的球员交换练习。

五、步法

网球运动的各种击球动作都是根据场上的具体情况,通过精确观察、判断落点、选择时机及时跑动来完成的。步法移动的规律是:起动时前两三步步幅要小,中段加快速度,到快要击球时,应缩小步幅,并予以调整到最佳击球位置。

(一)正手击球步法

站在端线外做好击球前的准备姿势,正手击球时,一般只需 1~2 步即可达到适当的击球位置。当到达击球位置时,右脚跨出最后一步并向右转动,然后左脚跨交叉步,形成关闭式步法,最后重心前移并击球(图 14-14)。最后一步左脚不跨成交叉步,而是几乎面对来球方向击球,则形成开放式步法,最后重心前移并击球。

1　　2　　3

图 14-14　正手击球步法

(二)反手击球步法

反手击球步法与正手击球步法相反,运动员在端线外站立,左脚跨出 1~2 步,到达适当的击球位置。当到达预定位置时,左脚跨出最后一步,并向左转动,然后右脚跨成交叉步,形成闭合式步法,最后重心前移并击球。最后一步右脚不跨成交叉步,而形成几乎面对来球方向击球的开放式步法,最后重心前移并击球。

(三)前进步法

在比赛中,要想打好每一个球,不仅需要左右跑动,也需要前后跑动。如上网截击、打随击球和对方放短球时,都需要准确判断,向前跑动到位,完成击球动作。

向前移动步法的动作是:由准备姿势开始起动,向来球方向迈出1~2步,当到达适当的击球位置时,最后的步法动作同左右移动时的最后步法移动动作,也有闭合式与开放式步法之分。前进步法正反手动作相同,方向相反。

(四)后退步法

在对方挑高球时(本方上网截击时),往往迫使自己快速后退至来球的后面,在来球刚出手至飞行到网前的过程中就要准备起动,并快速转身向端线奔跑4~6步(背对球网),然后在移动到位后转身面对来球做好击球准备,最后的步法也有闭合式与开放式之分。

(五)步法学练方法

1. 单人的练习方法

(1)持拍做前后左右的连续垫步、跨步挥拍练习。在移动中要保持引拍结束时的姿势,等到位站稳后,再向前挥拍练习。

(2)在网球场上连续按"1,2,3,4"四点跑动练习。"1—2"用侧滑步,"2—3"用小步跑,"3—4"用侧滑步,"4—1"用小步跑。然后再连续按"4,3,2,1"的四点练习(图14-15)。

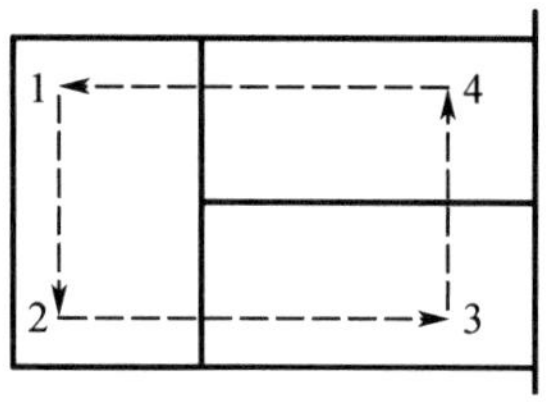

图14-15　网球场

(3)将一个球筐放在底线中点后,分别在1,2,3,4的每点上放一个球。要求从球筐处开始,迅速将五个球都拣回球筐内,并每次只能拣一个球放入球筐里。可进行计时练习。

2. 两人的练习方法

(1)教师(或学生)在网前用多球抛送地滚球,每次用一个球滚向左侧,再用另一个球滚向右侧。要求学生快速拣起每个球,并将球立即滚回球网中间。

(2)教师(或学生)在网前用一个球,扔向场地左侧,要求学生在球落地一次时抓住,并迅速扔还给教师。教师立即将球再扔向右侧,要求学生再抓住扔回。不断反复练习。

(3)教师(或学生)在球网后用多个球分别抛向"1,2,3,4"四个点,要求学生在球落地一次时抓住,并将球扔回过球网。

第三节　网球比赛的基本战术

一、单打战术

(一)底线战术

把球打深是指打出的球的落点要靠近球场端线附近。在单打比赛中,把球打深将对手压在底线附近,这样可以防止对手上网,还能使自己有更充裕的时间为下次击球做好准备。另外,还能使对手回球的角度减小。对准备随球上网来说,将球打深也有重要作用。这里应当提醒的是,在底线击球要想把球打深,应使球在网的上空较高处通过,大约离网上空至少 1.5 m 左右。

当一个兼有双打和单打的场地挂着双打球网用于单打时,球网必须用高度为 1.07 m 的两根支柱支撑,这两根支柱称为“单打支柱”。它的直径或边长不得超过 7.5 cm,单打支柱中心距单打场地边线外沿 0.914 m。

(二)调动对手

所谓调动对手就是把对手调离他能较好发力击球的位置,使其在场上出现空当,这样就能争取比赛的主动权。一般通过打斜线球和直线球来达到调动对手的目的。打斜线球可以有较高的安全系数,因为斜线球要通过球网上空的中间位置,而球网中间的网高,要比两侧立柱低,故容易击球过网,它对提高命中率有较大作用。打直线球对调动对手也有特殊意义。因为直线球距离比斜线球相对来说短一些,故它能适当加快回击速度,当对手打来斜线球时,以直线球还击,可以左右调动对手,在对手出现空当时,用直线球还击,可增大击球的威胁性。当对手还击浅球时,可迅速向前移动,用直线球进攻。比赛中利用长短球结合,可以前后调动对手。

(三)上网战术

当处于较有利的网前位置时,可充分发挥网前快速截击的威力。截击时采用变线打法,向空当还击,取得良好效果。所谓变线打法就是对手打斜线球,我方用直线球还击,或者对方打直线球,我方用斜线球还击。

二、双打战术

双打比赛中,要求掌握与单打一样的基本技术。双打比赛速度一般比单打快,双打要求具有较高的战术意识。争取上网是双打比赛的战术原则。

(一)双打的基本站位

双打时除发球员和接发球员在端线附近外,同伴都站在网前位置。发球员的同伴站在规定的发球区的网前,接发球员的同伴则站在规定发球区的另一侧的网前,有时发球的同伴也可以站在端线附近,位于发球人的另一侧。有时接发球员同伴不直接站在网前,而是站在发球线附近，当对手打球后再向左前或右前扑截球。

（二）发球

双打发球落点要深，如果发球有足够的深度，就能控制对手到网前进行截击。第一发球应采用大力发球，发球后随球上网。这时动作要迅速，先冲前3~4步，然后停下来，准备进行第一截击。如果不能上网，可打出一个浅球，到接球员一侧，或挑一个越过网前对手头顶的高球。发球员的同伴在对手接发球后，往往可以用截抢的办法，这时经常是向斜前方移动。也可以向边线外远角发球，以破坏接球员的节奏。如果对手能回接，再发中场直线球，以试探其接球的能力。

（三）接发球

对方发球时，接发球员的同伴一般站在发球线附近，接发球员回球的情况将直接影响他的同伴的动作。如果接球员能有效地接过发球，并且能够上网，这时两个人都应同时上网；如果接发球员还击的力量较弱，这时接球人的同伴就应立即退到端线附近，不要停在原地。对发过来的球不能做有力的还击，就要到端线附近防御。如果两人同在后场站位时，应保持使球落在中间地带，以减少对手回球的角度。

（四）及时补位

双打比赛中两个人及时补位很重要，它可以补救场上出现的薄弱地区。例如，发球队员的同伴由于截抢冲力过大，而冲过中线，这时发球队员就应及时向空当补位。如果遇到两个对手同时上网时，同伴向中路回球较低，被对手截击，这时处在截击队员对面的网前队员应及时截抢。如果接球队员将球打给网前队员，这时接球队员的同伴应迅速后退到中场。

（五）双上网和双底线

双打是两个人互相配合而进行的比赛，两个人应当发挥出一个整体水平来。如果两个人是处于双上网的位置，而同时对方也是双上网，这种情况下双方都会向有球的一侧移动。很多球是在中场来回击打，因此球场另一部分就会出现一个很大的空区。这一空区往往是对手进攻偷袭的地区，比赛中应当有意识地注意这一地区。如果两个人是处于双底线位置，那么还击时就应该使球多落在中间地区，以减少对方回球的角度。另外，双打比赛应随时注意保护中间地带，这一地带是被攻击的主要目标，所以要求两人有很好的配合。

第十五章　英式橄榄球

第一节　英式橄榄球运动简介

一、英式橄榄球运动起源

英式橄榄球是19世纪20年代起源于英国的一项体育运动。它是一项具有对抗性剧烈而又富有欣赏性的球类运动项目，至今已有190余年的历史。目前，国际橄榄球理事会(IRB)已有92个会员和一个地区性协会国际业余橄榄球联盟。我国于1997年加入国际橄榄球理事会，成为第76个会员国，目前橄榄球运动特别是7人制橄榄球运动已在100多个国家开展，风靡全球。此外，"触摸式橄榄球比赛"和"非撞式橄榄球比赛"正在世界各国的青少年当中如火如荼地开展，深受广大青少年的喜欢。国际橄榄球理事会已于1997年9月成为国际奥委会单项组织会员，国际奥委会于2012年奥运会将7人制橄榄球项目接纳为正式比赛项目。

英式橄榄球运动员只穿一些简单的护具，基本上采用足球运动员的服装，故有软式橄榄球之称。

赛制及场地：正式比赛分15人制(前锋8人，后锋7人)和7人制(前锋3人，后锋4人)，比赛在长方形平坦的场地上进行，比赛场地分为比赛区域和达阵区域。比赛区域长不超过100 m，宽不超过70 m，达阵区域长5~22 m。

比赛时间：15人制为80 min，中场休息10 min；7人制为14 min，中场休息1 min，都分上、下半时，下半时开始时双方互换场地。

比赛方法：根据规则规定，传球时，不得向前传，只能回传或横传。比赛中不得冲撞或阻挡不持球的队员，而对持球队员可以采用抓、枪、摔等方法阻碍其前进，并可以合理冲撞。如严重犯规要由对方队员在犯规地点罚踢任意球；一般犯规则要在犯规地点进行争球。

得分方法：(1)达阵或惩罚达阵得分，得5分；(2)达阵后的射门即在一次达阵后，在达阵地点所在的平行于边线上任意一点，将球定合理踢或落踢进入横梁上方球门得分，得2分；(3)因对方犯规，罚踢进入横梁上方球门以及一般比赛中的落踢进入横梁上方球门得分，得3分。

二、英式橄榄球运动的特点

橄榄球比赛是通过运用个人技术的相互配合，以达到攻守的目的。它的特点是参加比赛的人数最多，是所有球类项目无法比拟的。比赛中有30人在场上奔跑争夺，场面十分壮观；其次场地最大、技术复杂、战术多样。橄榄球运动不仅要求运动员具有强健的体魄、高大的身材、快速的奔跑能力和勇敢顽强的意志，而且还要求运动员在有对手阻挡的情况下完成复杂的身体接触的技术动作和弹跳能力,不仅要有足球运动员娴熟踢球脚法的功夫,还要拥有田径短跑运动员的快速敏捷的速度。它是一项集篮球、足球、田径为一体的综合体育项目,具有很高的趣味性和观赏性。

三、英式橄榄球运动的锻炼价值

经常参加橄榄球运动能有效地提高身体素质,增强体质,提高人体各器官系统的功能。长期参加橄榄球运动,不仅能培养勇敢顽强,机智果断,坚忍不拔,勇于克服困难,团结协作的优良品质和集体主义精神,还可以培养高尚的人格、绅士的风度。

四、英式橄榄球运动的场地及器材

(一)场地

场地如图 15-1 所示。

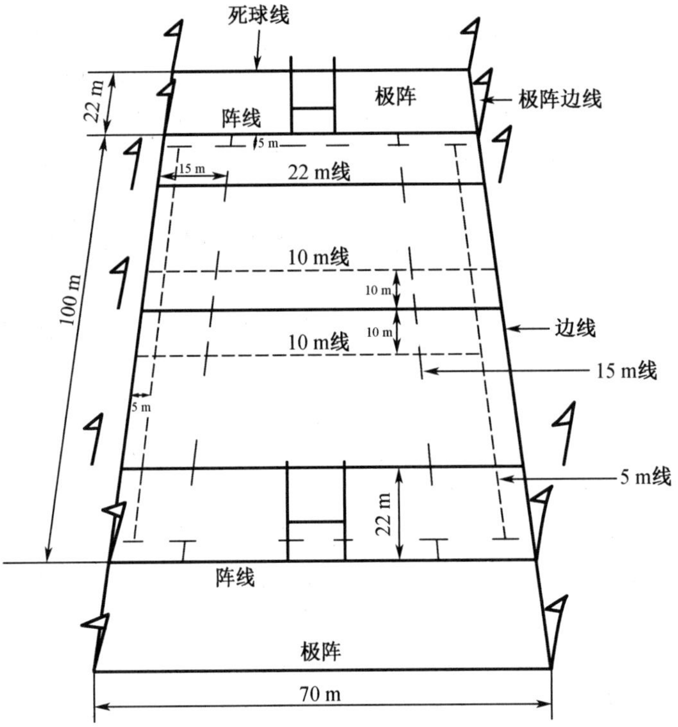

图 15-1　场地

1. 赛场

赛场是指两条阵线和两条边线所围成的区域,但阵线与边线不包括在赛场内。

2. 比赛面积

比赛面积是赛场和极阵的面积,边线、极阵边线与死球线不包括在比赛面积内。

3. 极阵

极阵是阵线和死球线之间,以及两阵线之间的面积。它包括阵线,但不包括死球线和极阵边线。

4. 22 m 区

22 m 区是阵线和死球线之间的面积。它包括 22 m 线而不包括阵线。

5. 比赛场地所要求的尺寸

(1)赛场不超过 100 m 长、70 m 宽。每个极阵不超过 22 m 宽。

(2)在可行的范围内,阵线与边线的距离不可小于 10 m。

6. 比赛场地的线段

(1)实线

①死球线和极阵边线:两者都位于极阵区以外。

②阵线:位于极阵区以内,但位于赛场外。

③22 m 线:平行于阵线。

④中线:平行于阵线。

(2)虚线

①10 m 线:平行于中线,距中线 10 m。

②5 m 线:距离边线 5 m 并且平行于边线。

③12 段 1 m 长线段:每一阵线前各有 6 段 1 m 长线段,距离阵线 5 m 分别位于距离边线 5 m,15 m 处和两根门柱前。

④10 段 5 m 长线段:每一边线内侧赛场以内各有 5 段,距离边线 15 m,并且平行于边线的 5 m 长线段,分别与 22 m 线、10 m 线和中线相交。

⑤4 段 5 m 长线段:在每一边线内侧,赛场以内各有 2 段,距离边线 15 m,平行于边线的 5 m 长线段,它们分别从阵线处向中线方向延伸到距离阵线 5 m 的地方,并与距离阵线前 5 m 的 1 m 长线段相交。

⑥0. 5 m 长线段 1 条,在中线的中点与中线相交。

(二)门柱的尺寸

两门柱内缘的间距为 5. 6 m,横杆上缘距地面 3 m。

(三)球

1. 形状

如图 15-2 所示,球必须是椭圆形而且由四块材料制成。

图 15-2　球

2. 大小

长轴:280~300 mm。

长轴周长:740~770 mm。

短轴周长:580~620 mm。

3. 质量

质量:410~460 g。

4. 比赛开始时球胆内气压

每平方厘米 6. 7~7 N。

(四)队员人数

每队上场队员不得超过七人,替补队员为三名。

(五)比赛时间

比赛时间为 14 min,分上下半场比赛。每个半场比赛各 7 min,中间休息 1 min。决赛时间为 20 min,上下半时各 10 min,中间休息 2 min。淘汰赛中如果出现平局,将进行延长期比赛。延长期比赛分上下半场,每个半场比赛各 5 min。上半时比赛结束后,双方交换场地,中间不休息。

第二节 英式橄榄球运动的基本技术

橄榄球的基本技术分为四大类,即手上的操控球的技术(传球)、跑的技术(过人)、足踢的技术和冲撞的技术。

(一)手上的操控球的技术(传球)

1. 普通传球法

橄榄球尖朝自己的身体,传球时身体正面朝向传球的目标方向,转动手腕,并压低身体重心,向目标挥动手臂将球传出,如图 15-3 所示。

1　　2　　3

图 15-3　普通传球法

2. 旋转传球

橄榄球长轴与身体平行,传球时身体侧面朝向传球的目标方向,手腕转动球,并压低身体重心,向目标挥动手臂将球旋转传出。

3. 前卫争球的传球(SH)

仔细看清楚要传球的目标方向,朝向传球的方向,跨出一大步,并压低身体重心,采取低姿势的传球,如图 15-4 所示。

1　　　　2　　　　3

图 15-4　前卫争球的传球

(二)跑的技术(过人)

1. 切入过人

先朝防守者的外侧跑,等到防守者朝向自己移动时,在向防守者的内侧方向切入。

2. 切出过人

先朝防守者的内侧跑,等到防守者朝向自己移动时,在向防守者的外侧方向切入。

3. 绕过对方的过人

先朝防守者跑,踏稳重心脚脚步,再做扭腰的动作,变换进攻路线,以大幅度跑向外侧(图 15-5)。

1　　　　2　　　　3

图 15-5　过人技术

(三)足踢的技术

1. 高、长踢球

身体以约 15°朝向目标,橄榄球长轴与身体正面平行,将球放下,在球未落地时脚尖下压,脚抬高踢出。

2. 落地踢

身体以约 15°朝向目标,橄榄球长轴与身体正面平行,将球放下,在球落地弹起瞬间踢出。

3. 滚地踢

身体以约15°朝向目标，橄榄球长轴与身体正面平行，将球放下，在球落地弹起瞬间踢出。

足踢的技术如图15-6所示。

1　　2　　3

图15-6　足踢的技术

（四）冲撞的技术

冲撞的技术指一个持球者球员被防守者拦阻而防方用双手抱住持球者双脚的方法。如攻击方的持球撞人、防守者的防守撞人。

第三节　英式橄榄球运动的基本战术

一、斯克兰争球

（一）基本内容

（1）屈膝、抬头、后背伸直，采取有利于用力向前推的姿势。

（2）先进行1对1的练习，再由前排的三人进行编组练习。·

（3）牢固地夹扎在一起，钩球员由两边的支柱支撑着。

（4）钩球员的脚要能自由地活动。

正集团争球，如图15-7所示。

1　　2　　3

图15-7　正集团争球

(二)组成方法

(1)按前排、链锁球员、侧锋、8 号球员的顺序组成。
(2)阵型要牢固,要了解推动的方向及脚的位置。
(3)确定谁在左边,谁在右边,组成最有力的阵型。

(三)推动

(1)确认各自的姿势。
(2)明确各自的推动方向,脚的位置,牢固地夹扎在一起。
(3)阵型稳固后,根据传锋的信号一齐用力向前推。

(四)传锋投球

(1)熟悉规则,正确地把球投入。
(2)同钩球员及前排配合一致。

(五)钩球

(1)在球触地的同时触击球。
(2)本方的球一定要钩到。
(3)对方的球于本方有利时也要努力钩到。
(4)对方钩球的时候要让他难以控制。

二、拉克和冒尔

(一)拉克

(1)拉克是在被摔倒的队员之上或周围形成的正集团争球。
(2)多数时前锋的位置与一般的正集团争球不同。
(3)不能忘记向前推进。
拉克如图 15-8 所示。

(二)冒尔

(1)对持球的同伴进行有力的支援。
(2)组成有力的楔形阵型向前进。
(3)把球传出持续地进攻。
冒尔如图 15-9 所示。

三、争边球

(1)如果球或带球队员跑过边线,用争边球重新开始比赛,每队 2~7 名队员,两队间隔 1 m 远。

(2)将球投进两队间隔 1 m 远的中线上,来争夺球权。

图 15-8　拉克

图 15-9　冒尔

(3)对方也可以跳起抓球,争夺球权。

(4)投球准确,弹跳力好可以增加获得球权的机会。

争边球如图 15-10 所示。

四、基本战术理论

橄榄球战术所指的是在比赛攻守过程中,为了战胜对手,根据主客观的实际情况所采用的个人行动和整体配合的总称。战术在比赛中的作用是将全队的力量组织起来,发挥每一名队员的特长,根据对手和自己的情况,采用一定的阵型和配合方法,使队员在技术、身体素质、战术意识等方面发挥较高水平,从而取得比赛的胜利。一个橄榄球队水平的高低与队员的技术、身体素质、心理及意志品质紧密相关。技术、身体素质是战术的物质基础,心理和意志品质是战术的思想保证。在比赛中技术、身体素质与心理及意志品质总是在具体的战术配合行动中反映出来。因此,在进行技术和身体训练中,必须对运动员的战术意识提出明确要求。橄榄球运动是攻防转换非常快的一项集体项目。要使运动员明确:参加比赛就是要力争取胜,如胜不了就设法求和。要取得胜利就要依靠进攻,完成进攻是靠达阵得分而取得胜利的。同时,还要注意防守,不让对方达阵得分。转攻为守和转守为攻是所有比赛的关键所在,比赛的原则就是进攻与防守相结合,保持攻守平衡。

1

2

图 15-10 争边球

(一)进攻原则

1. 获得地域上的扩展

当队员持球后,其同伴要及时跑位,把防守队员拉开,通过快速的跑动传球及踢球向前推进,寻找薄弱环节突破,制造对方防守上的漏洞。一般来讲,对方已经退守到位,前锋应及时赶到,持球队员敢于向前推进,受阻时立即转身,待同伴支援后形成冒尔、拉克。在22 m线外尽可能避免盲目踢球,造成失去球权使己方队员处在越位位置上。

2. 不断制造连续进攻的机会

通过跑动传球、个人突破不断形成冒尔和拉克,并不断缩小对方防守区域,使球逐渐接近对方阵区,制造可能得分的有利时机。

3. 机动灵活随机应变

在实施进攻战术的过程中,除了向前推进或形成冒尔和拉克外,还要求队员能机动灵活地运用个人技巧,摆脱对方的防守,从而达到得分目的。这种能力是建立在队员身体素质全面发展、技术动作熟练和良好的战术意识基础之上的。

(二)防守原则

1. 延缓对方的进攻

进攻时一旦失去球权,离对方控制球队员最近的己方队员要立即封堵,阻止控制球队员的推进和传球,以达到延缓对方进攻的时间,不给对方进行快速反击的机会,所获得的时间使同伴迅速布置防守阵型。如果在可行时,采用扑搂技术使其失去球权乃至夺回球权。

2. 寻找平衡

在失去控制球后，除了阻挠对方控制球外，其他队员应迅速退守，使防守队员在人数上与对方相等或以多防少。队员头脑要十分清晰，切记盯人防守，不可使对方形成以多打少的局面。

3. 对位盯人

每个队员都要紧紧盯住对手，不让对手轻易向前推进和有意识地传球，不给对方突破达阵的机会，力求把对方控制的球夺过来，变守为攻。

橄榄球战术教学必须要求队员遵循上述原则，不得放任轻率，以免一人失误致使全队遭受损失。

第十六章 慢投垒球

第一节 慢投垒球运动简介

一、慢投垒球运动的起源与发展

“慢投垒球”(SLOW-PITCH SOFTBALL)运动是棒垒球系列的球类运动之一。在20世纪,随着棒垒球运动技战术发展的不断专业化、竞技化、高水平化,而没有棒垒球基础的普通大众群体难以驾驭其技术,一些追求休闲性、娱乐性运动的人们把复杂的棒垒球相关规则进行了简化,从而衍生出了慢投垒球(慢垒)这个新兴的体育运动项目。

慢垒运动在棒垒球发达国家和地区开展得十分普及,是棒垒球运动的群众基础。在美国有三个慢投垒球协会,上万支慢投垒球队伍,其中包括职业、半职业、业余以及青少年各级别的慢投垒球队伍。中国台湾地区的慢垒运动也十分发达,仅台北市就有500支以上的慢投垒球队伍,中国台湾地区有1 500~2 000支慢投垒球队。在我国大陆慢投垒球运动更是开展得如火如荼,各省份都有一定规模数量、不同年龄层次的慢投垒球球队。该项目也深受大学生群体的广泛喜爱,仅北京地区各高校均有社团或校代表队等形式的球队,北京市大学生体育协会每年定期举办全北京市高校大学生的慢投垒球比赛。慢投垒球项目因其在全世界范围内开展势头强劲,俨然已成为21世纪的一项崭新的全民参与运动休闲项目。

二、慢投垒球运动的特点及锻炼价值

慢投垒球除了在场地和上场球员数量、器材规格等方面与棒垒球项目略有不同外,主要体现在规则上与正式的棒垒球比赛有所不同。其要求投手高抛投球,以限制球速,降低了击球者的击球难度。虽然它的技术难度、剧烈程度不及棒垒球,但是突出了棒垒球运动的游戏性、休闲性。此外,慢投垒球运动具有简单易学、运动量适中、不同年龄层次可以同场竞技等鲜明的运动特色。

由于慢垒运动需要参与者进行传球、接球、挥棒击球以及跑垒,对人体的力量、速度、灵敏性和反应等能力起到了全面的促进作用。慢垒运动延续了棒垒球运动中个人英雄主义与集体主义完美结合的特点。击球员独自站在击球区面对对方十名防守队员是英雄挺身而出需要其责任担当的良好体现,而防守球员之间传接球配合、相互补位等行为更是团队协作默契,集体协同大局观的体现。

第二节　慢投垒球运动的基本技术

一、投球基本技术

（一）投球技术

慢投垒球比赛中投手采用持球手臂后摆下，手高抛球的方式投球，其中一只脚必须踏在投手区内的投手板上。投手投球时，应当将球向前上方投，使球产生一定的弧度。投球过程中，投球手臂及手腕需同时前送，根据所要投出球的落点及高度选择出手时机、位置及发力大小（图 16-1）。

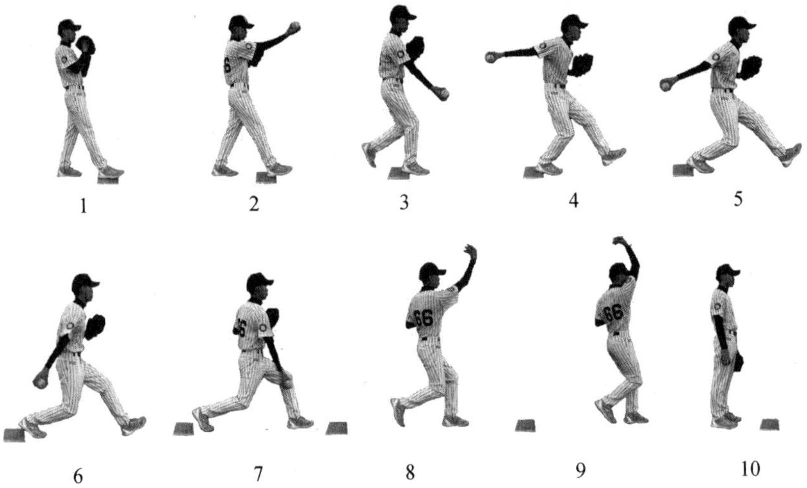

图 16-1　投球

（二）投球技术学练方法

1. 加强肩关节柔韧性的练习

（1）肩部和上肢的各种主动性和被动性伸展练习。

（2）徒手摆臂向后上方伸展，或由同伴在身后帮助向后牵拉。

2. 加强上肢、下肢力量与灵活性练习

（1）用手指支撑身体做俯卧撑。

（2）手持哑铃，做屈腕练习。

（3）曲臂拉橡皮带、引体向上等上肢力量练习。

（4）负重半蹲、深蹲练习。

3. 加强起跑速度、耐力和灵敏性练习

（1）起跑、急停、弯道跑和变向跑练习。

（2）俯身捡球，转体向各个垒位传球。

（3）长跑、越野跑。

4. 投球练习

(1)多球练习。

(2)增加投球距离的投球练习。

(3)在不同垒位安置跑垒员进行投球练习。

(4)结合比赛进行投球练习。

5. 投手、接手配合练习

接手以手套做暗示,投手按其指定投点投球。可预先规定具体的投球数量,分组练习并做记录,检查分析投球效果。

二、接球基本技术

慢投垒球运动中的传球与接球属于防守技术,比赛中全部防守配合都是通过传球和接球来完成的。传、接球是限制攻方进攻,阻止上垒、进垒和得分的重要手段,是防守战术配合的基础。掌握正确的传球和接球技术,是完成比赛遏制对手得分的前提条件之一。

(一)接球技术

1. 戴手套和使用手套方法

接球的作用就是用手把正在运动着的球停住。要把速度快的球接住,需要两手对球施加阻力,使球速减到接近于零,这就要借助于特制的器具。棒、垒球手套不但可以保护手,把来球的冲击力减小,而且增大了接球范围可以取得好的接球效果。手套戴得正确,才能使手移动时不累赘,接球牢而且稳,传球手取球方便。手套不要戴得过深或过浅,过深影响动作的灵活,过浅容易脱落或被球打掉。

一般来说,手掌根部与手套的下沿齐平比较合适,食指可以放在手套背层的外面。接球时手指自然张开,拇指与中指相对,无名指和小指贴近中指,虎口、拇指、食指和中指及相连的手掌就形成了一个凹兜,它就是接球的部位。接球时用这个部位对准来球,两臂及手要放松并保持正确的手形和身体姿势。根据来球的高低或左右,接球者要移动接球的位置,变换手指和手套的方向,使人和手套的接球部位对准来球(图 16-2)。

图 16-2　手套正确戴法

2. 正手接球和反手接球方法

接球时身体以腰部为高低分界线,以人体中轴线为左右分界线,接球的方法有所不同。

如果在接球手这一侧接球,通常称正手接球。接腰部以上的来球时,两手拇指相并靠,手指向上,戴手套的手对准来球的线路,传球手在手套的侧后,手指自然伸展或屈指半握。接低于腰部的球时,两手应以小指并靠,手指向下,但传球手不要半握拳(图 16-3)。

图 16-3　正手接球

如果接传球手这一侧的球,通常称作反手接球。接球手必须先翻转手套使接球部位对准来球的路线，往往脚也要先移动到接球的恰当位置。反手接球时，球分别在腰部以上或以下部位。不论接高低左右的球，都要尽可能双手接球，以便迅速传球。决不能使手指对着来球接球（图 16-4）。

图 16-4　反手接球

3. 接球技术要点

（1）接球的准备姿势与移动

准备接球时两膝微屈稍内扣，收腹，上体自然前倾，身体重心置于两脚之间，两手置于体前或膝上，面对来球方向，两眼向前平视。当击球员开始挥棒击球或传球队员挥臂传球时，接球者身体重心前倾，做好起动或接球准备。接球前的准备姿势是为了便于迅速移动，能及时地移动是扩大防守范围的重要因素。

（2）接平直球

面对来球的方向，两脚平行开立约与肩同宽，脚尖稍内扣，两膝稍弯曲，上体稍前倾，重心放在两脚前脚掌上，两眼平视来球方向或传球人，两臂放松弯曲，两手拇指靠近并使传球手的拇指轻贴在手套拇指的背侧部位。球即将接触手套时，两手应顺势后引——两肘轻柔而短快地后收，同时翻起手套用手套的凹处接住来球，并立即将手套向右肩（传球手）转腕，推送。传球手放松，手指弯曲护球，随接球手套的推送动作将球握住，撤臂后引，转入传球的准备动作。只要有可能，应尽最大努力用双手接球。因为双手接球必须让身体正面对着来球，这个接球姿势的重心稳，伸展幅度大，接球后转入传球最便捷。这种接球方法对于初学者或高水平运动员都同样重要，也是最基本、最常用的接球方法。这与比赛时情况紧急，只能用单手才可能把球接住的具体需要并不矛盾（图 16-5）。

（3）接地滚球

1　　2

图 16-5　接平直球

地滚球是较平直球、高空球最难接的球。其原因：一是因为击出的地滚球在速度、旋转、方向、弹跳等方面各种各样；二是比赛场地的平整度、软硬度、水分等都影响地滚球的弹跳或方向。必须掌握地滚球的旋转、弹跳规律，熟练掌握接地滚球的技术，在接球前认真判明球路，迅速抢占落地点，就能接好地滚球。接地滚球时，应首先判断球的方向、球速、弹跳和落点，并立即起步迎球接球。迎球接球是为了调整好脚步与球的关系，抢占落点，使身体正面对球，也是为了赢得防守时间。起步迎球的跑动应先快后慢，到距球 2~3 m 处，轴心脚制动，伸踏脚顺势上步停稳。双手配合脚步动作放松伸向来球，手套张开，对准球的前进路线和预定的接球点。必须双手接球，球接触手套时，双手顺势后引，准备垫步传球。在实战中，绝大多数地滚球都是在左右两侧前方而不是在正前方，这就需要迅速地提前跑到预计与球前进路线的交点处，将身体调整成正面对着球的前进路线接球。如果地滚球在身体的右侧时，应该用反手接球。手套要插到底，几乎与地面垂直，掌心对准球的前进路线，臂与手放松保持接球手型。无论向前、向侧或其他方向跑动迎球，两手应自然随跑摆动，在接近接球点时，随身体降低重心和上体前弯动作向前伸向来球。接球时，全神贯注球的运动，两眼一直注视球进入到手套里面（图 16-6）。

(4)接高空球

高空球有多种,但都呈抛物线飞行。按其下落的路线分为直线下落和抛物线下落两种。这是决定用上举接球还是前伸接球的依据。

接高空球的关键是能迅速准确地判断出球的路线及落点,早于球到达落点处接球。在准备接球时,面对来球方向,两脚开立稍比肩宽,前导脚可稍前,两膝微屈,上体前倾,双手放松置于胸腹前,两眼注视来球。当球呈抛物线下落时,两脚分开站稳在落点稍后方1~2 m处,正对来球,眼睛注视球的运动。随着球的下落,两手拇指靠近,指尖向上,放松上举到面部的前上方,用手套凹兜对球,两肘弯曲,球即将接触手套时,两臂及手放松后撤,右手顺势内转护球。

高空球直线下落时,两手小指靠近,掌心向上向前伸出约在胸腹之间的高度。肘及腕要保持接球的正确姿势并放松,眼睛注视球直到球进入手套接稳。呈弧线在空中飞行的高飞球,受风向和风力的直接影响会改变路线及落点,阳光也影响对高飞球的观察和判断。接球过程中还要兼顾落点处周围的情况,在跑动中大声喊叫,避免接球时只顾看球而与同队队员相撞,或者以为别的队员会接球而漏接。当高空球落向自己所站位置的后方时,应迅速判明球的落点和距离,并起步跑向落点。在追接的过程中可以转头再确认球的飞行和距离,不要看着球跑,看球时不要停,要尽可能早几步到达落点处,转身正面对球,用双手接球(图16-7)。

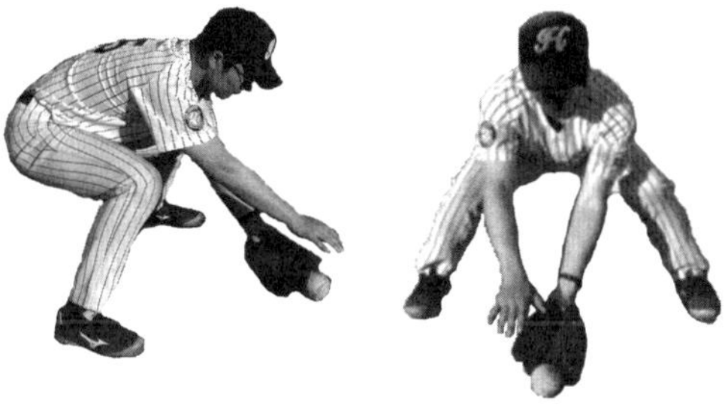

1 2

图16-6 接地滚球

1 2

图16-7 接高空球

三、传球基本技术

一般常用的传球技术有肩上传球、体侧传球、低手传球和下手传球。其中,肩上传球是最主要最基本的传球技术,肩上传球传得较远且传得准,适用于中远距离传球。其余三种传球技术适合在跑动中或俯身接低球时采用,也适合在接球后保持原来的身体姿势很快地传近距离或两侧的球。

(一)握球方法

传球的握球方法与投球握球方法基本相同。慢垒一般采用三指握法,三指握法是食指和中指自然分开紧贴球的上面,拇指第一关节扶球的左下侧,无名指微屈,以指侧托球的右下侧。拇指压在球下方的缝线上并对着球上方稍微分开的食指与中指之间,在手掌与球之间以及虎口、手心都不要接触球。握球不要过松或过紧,过紧则手腕僵硬,过松则在摆臂时球易脱落或滑出，这都影响传球的速度和准确性。垒球也可采用四指握法，食指与中指的间隔应小一些，以保证力量集中。两指在球体中心线两侧，如偏握一侧，投出的球就会走偏，力量也分散（图 16-8）。

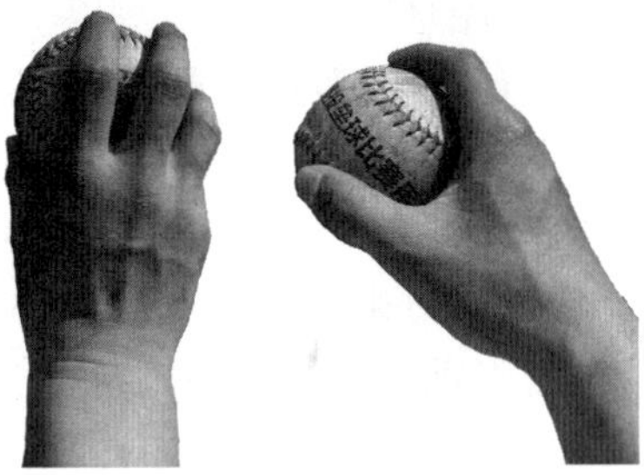

1　　2

图 16-8　传球的握球方法

（二）肩上传球

肩上传球的特点是从肩上出球，以肩部用力为主，动作符合人体的生理结构，肩部不易受伤。肩上传球动作有力，传球准确，球路平直，是棒球运动中最基本、使用最多的传球方法。这种方法多用于内场手之间的中距离传球和内、外场手之间的中、远距离传球。

传球前的准备姿势：面对传球目标，两脚开立约与肩同宽，膝部微屈，两手持球于胸前，两眼注视传球目标。

传球：传球臂从胸前握球姿势放松下落至提肘屈腕后引，肘关节弯曲，手腕放松提球。上体以轴心脚为轴，支撑身体重心向传球方向侧转，伸踏脚也向侧前方踏出一小步（2.5～3.5 个脚长）。完成引臂、伸踏、转体时的姿势应是侧对传球目标，两臂前后分展，头部保持正视目标。随着伸踏脚落地，完成引臂动作，身体重心从轴心脚前移，并借轴心脚蹬地前送转腰，带动上体向左转。传球臂提球，肘与肩平，球高于耳。借转体转肩带动传球臂加速前挥，身体重心继续前移到前腿上并支撑住。传球臂约在右耳前上方，以鞭打动作向传球目标屈腕、拨指、出球。

在整个传球过程中，头部应始终保持正视目标。出手后的球应当向自己（由下向上）旋转，使球平稳前进。远距离的传球应采用幅度较大的摆臂动作。球一离手就应放松，手臂随身体惯性送出自然落下，上体前倾左转，轴心脚自然前移到与伸踏脚平行成开立姿势，准备迎接新情况。两眼应始终注视场上局面。肩上传球适用于各个位置，适合中、远距离传球（图 16-9）。

四、传球和接球的学练方法

（一）初学者的练习方法

（1）自抛自接，熟悉手套的性能。单手向上抛球，由低到高，当球落下时，在胸前或腹前用双手接球，接球时检查手套的位置和手型。

（2）右手持球向自己左手手套用甩腕、拨指的方法传球，距离由近到远，由轻传到逐渐加大传球力量。通过这个练习可以逐渐熟悉用手套接球的手形和传球出手的动作，以及传球时甩腕出指的方法。

（3）两人近距离用下手抛掷接球，掌握接球时手套的正确位置。

（4）跑动中接教师抛出的球。

（5）单手持球在体前，向地面抛反弹球，球弹起后，用手套接球，体会接反弹球的时间感觉和动作。

图 16-9　肩上传球

(二)专项性辅助练习

(1)原地半蹲或全蹲做近距离的传接球,也可以单膝或双膝跪在地面传接球。主要体会运用上肢、肩带、手臂和手腕传球力量的协调感。

(2)挥臂以手掌鞭打吊在空中的物体(如树叶等)。

(3)在行进间或跑动中,单手向前抛出地滚球 2~3 m,向前跑并转体下蹲接地滚球,体会接地滚球时降低身体重心的接球姿势和动作要点。

(4)在 10 m 距离内练习对墙的用力传球。

(5)对墙传球掷准练习,距墙 15~20 m,在墙上划出固定的传球目标,向墙上的目标传球。传球后根据球的反弹,快速移动将球接住。

(6)教师以教练棒击出各种不同类型的球,要求接球者以准确的判断、快速的起步和正确的接球方法去接球。接球后把球快速传回。

(三)两人或多人的传接球练习

1. 两人对传练习

相距 10~20 m,要求传球距离由近到远,速度由慢到快。

2. 移动接球练习

两人面对面相距 8~10 m,一人传球,将球传向接球人的左右两侧,接球人根据来球的位置左右移动接球。此练习的传球方式可采用地滚球、平直球或高空球等不同方法轮流进行,传球的速度和力量,以及传向接球人左右两边的距离可以根据练习者的技术水平逐渐增加难度。

3. 三角传球、四角传球、对角传球练习

三四人站成三角形或正方形，按照顺时针、逆时针或对角线等方向传球。这种联系形式由于传球方向不一致，要求面对来球方向接球，传球时左肩和左脚对准传球方向，转体和左脚伸踏动作要协调。

4. 转体传球练习

三人一组，分别站在前、中、后的位置，要求中间的队员接球后向左或向右转体把球传出。

5. 跑动中传接球练习

练习者分为甲、乙两组，各成一路纵队对面而立，两队的排头相距 10 ~ 15 m。甲组的排头在跑动中将球传向乙组排头，传球后快速跑向乙组的队尾；乙组排头在跑动中接球后，传球给甲组的第二人，依次练习。此练习可以采用计时或计数的方法进行强化练习，要求动作准确、迅速。

6. 边跑边传练习

队员接教练员击出的地滚球后，向前或向两侧跑几步，并在跑动中把球传回给教练员。

7. 接力传球练习

要求外场手接腾空球后快速传给上前接应的队员。接应队员接球后，转体回传给教练员。接球后两人交换位置。

8. 长传球与接球练习

练习者排成一路纵队，面对传球的教练员（或指定的传球者），相距 30 m 左右，每人持一球，练习时依次向教练员传出平直球，传球后及时跑动，接教练员传回的地滚球或腾空球，接球后回到队尾。练习时要求起动要快，传球要准，接球要稳。

9. 捡球传球练习

场内放几个球，队员捡球后听教练员指挥传向各垒位。

五、击球基本技术及学练方法

慢垒运动与棒垒球运动虽然有所区别，但大同小异，其击球技术要点基本相同，只是比赛时在技术的运用方法上稍有不同。

击球是一项难度大而又极其重要的进攻技术，也是进攻时首先用以对抗对方投手投球的手段。

（一）握棒

1. 球棒的选择方法

由于人与人之间有身体条件等的区别，因此在选择球棒时，要注意选择与自己力量相适应的，或是外形合适的球棒。一般来说，长握棒，挥棒用力时可选择稍细些的球棒；短握挥棒时可选择稍粗些的球棒。球击出的远近，不是靠球棒的重量，而是靠迅猛的挥棒，因此，在挑选球棒时，要挥棒试几下，选择容易挥动的球棒。

2. 握棒方法

在迅猛有力的挥棒时，注意肩部和手臂不可用力过大，但是两手的小指、无名指和中指要紧握住球棒。握棒时，不要使球棒贴虎口太紧，主要用手指握住，如同拿雨伞一样轻轻地拿在手里。

（二）站姿

站姿是击球动作的基础。没有好的站姿，就不可能成为好的击球员。如果站姿自然正确，挥棒时就能用上身体和手臂的力量，就能做出好的击球动作来。在站姿中，经常看到的缺点是，由于身体的僵硬而造成身体过于向前伸，或者腰部过于向后扭，或者肩部斜向某一侧等。把体重平均分在两脚，膝关节和腰部保持放松，这是打出好球的基本要素。

"站法"是指击球员两脚所处位置的站立方法，一般有三种形式，即平行式站立、封闭式站立和开放式站立，如图 16-10 所示。

（1）平行式站立：两脚与本垒平行的站立方法（图 16-10（a））。（2）封闭式站立：靠捕手一侧的脚向后撤的站立方法（图 16-10（b））。（3）开放式站立：靠投手一侧的脚向后撤、或只是其脚尖向外展开的站立方法（图 16-10（c））。这三种站法各有其特点，再加上击球员的习惯不同，很难说必须采取什么样的站法，只能根据个人的具体情况来选择适合自己特点的站法。

(a) 平行式站立　(b) 封闭式站立　(c) 开放式站立

图 16-10

1. 平行式站立

通过两脚尖的线，与连接投手和本垒的线平行。从投手的方向来看，击球员采取这种姿势后，从腋部到腰部的线像一块平板。这样可使投手有难以发现其漏洞、朝什么地方投球都有可能被打出的感觉。与另外两种站法相比，由于这种站法身体没有偏向哪一侧，因此没有特别的缺点，是一种比较理想的站法。

2. 封闭式站立

靠投手一侧的脚踏出，采取这种站法能对投手产生一种威慑感，对善打外角球的击球员有利。由于较靠近本垒，右打者对右投手的朝膝下的自然曲线球，或对左投手的曲线球处理起来较困难，即使能击中球，也多是内场的地滚球。

3. 开放式站立

由于是靠投手一侧的脚向后撤，或是其脚尖部分向外展开，因此身体的一半是向投手展开的。采取这种站法可以更好地注视来球，对打内角球很有利。但是，由于腰部从一开始就有了稍许的展开，所以在击球时几乎没有腰部的转动力量，很难能打出远球。此外，对打外角球也很弱。对于腰部力量较弱的人，这种站法是较适合的。

(三)挥棒击球

1. 向后引棒

(1)以后脚(右打者为右脚,下同)支撑体重。

(2)腰部向右转(右打者),以积蓄力量。

(3)握棒不要过紧。

(4)头部保持不动。向后引棒的时机可因个人的情况而有所不同,但是以后脚支撑体重时向右转腰必须做得充分。重要的是保持从向后引棒开始的动作的流畅。

2. 伸踏

(1)前脚(右打者为左脚)的伸踏为横向迈出。

(2)伸踏的幅度在 15 cm 左右。

(3)伸踏出的脚尖与本垒呈直角。

(4)即使在伸踏后,重心也仍放在后脚上。采用前脚抬起,仅以后脚站立支撑向后引棒的人,由于是在伸踏的同时将球棒挥出,因此可以将重心移于前脚。

3. 挥棒

(1)利用腰部的转动进行挥棒。

(2)挥棒时球棒不要远离身体。

(3)挥棒的轨迹不要有波动。

(4)腋部不要张开。

(5)以左臂用力挥击,右臂在球与球棒相撞的中心位置上。

(6)眼睛要盯住来球。

击球就是正确地用球棒击中球,并利用有力的爆发力将球击出。为此,在挥棒时,要利用腰部以及肩部的旋转,最后以手腕抛出球棒那样将球棒挥出。挥棒的路线最好是水平方向。由于是在触球的瞬间水平挥棒即可,所以开始挥棒时应向下挥棒。球棒从上向下约 45°挥出,在触球时左手臂(右打者)向前方伸展,并由此开始水平地挥棒。就触球瞬间来说,要水平地挥棒;而就整个动作来说,也可以认为是以左前臂为主导的向下挥棒。

4. 击球

(1)击球时手臂力量、腰部的转动等都要自然地进入到随挥中。

(2)要注意保持身体的平衡。

(3)掌握好击球点和球棒中球的部位。

5. 随挥

(1)翻腕,两臂继续向前伸展。

(2)挥棒至右脚后跟抬起时止。

(3)脸部继续面向前方。挥棒后,身体的自然回转动作即为随挥动作。

随挥如图 16-11 所示。

(四)棒击球的练习方法

1. 挥棒技术动作分解练习

初学者可采用分解练习法,先练握棒、挥棒动作,再练脚步动作,然后再练习完整的挥棒动作。

图 16-11 随挥

2. 专项辅助练习

(1)利用各种不同质量的棍棒,按击球的准备姿势站立,用短握或中握法握棒,进行下述挥棒辅助练习,即左手持短棒,做单臂肘部领先向左下侧引棒,收腕,挥棒的练习;右手持棒,做向左侧前送推棒,收腕挥棒的练习。

(2)以下肢转髋发力,带动肩、臂、甩摆手腕的出棒动作。体会击球时全身动作的协调配合。

(3)双手持棒,以肩部发力,上臂带动前臂向左侧前收腕,连续挥棒。体会用上肢力量挥棒时前臂和上臂的配合动作。

(4)右手持棒接近二分之一处,掌心向上,腋部轻夹棒柄,棒头向前横于体前,利用前臂、手腕的力量轻微向上连续颠击球。可以在原地或行进间进行练习,尽量使球不落地,并记住颠击次数,练习击球判断的准确性。

3. 挥空棒练习

按照击球的动作要领,从击球准备动作开始,用长握法或短握法反复练习挥空棒,以纠正不正确的动作,巩固正确技术要领。挥空棒的练习形式可采用下述方法:

(1)挥重棒与挥轻棒交替进行;

(2)由同伴手持一细软树枝在本垒上空作为目标,击球员挥棒击树枝;

(3)柱子上按“好球”高度做一标记,练习人挥棒轻触标记;

(4)挥棒击吊起的沙袋或实心球;

(5)一人在距离击球员 5~6 m 处伸拳表示来球位置,击球员对准位置挥空棒做击球练习;

(6)面对镜子做不同高度的挥棒击球练习。挥空棒可以采用分组练习,每组 15~25 棒。

4. 击打固定球练习

利用击球座进行练习,在挡网前安装击球座,挥棒击打放在击球座或立柱架上的球,要求击球时必须盯住球,这是解决击球力量和准确性的有效方法。

5. 击抛球练习

(1)击直抛球

两人一组,一人侧向蹲、坐或跪在挡网前 2~3 m 处,把球集中在身前,单手拿球向上抛起 0.60~0.80 m 的高度。击球员面向抛球者 1 m 左右的距离，按照完整的击球动作，连续将球击向挡网。击球时眼睛注意看球并体会击球力量的协调。两人交换抛击练习。

(2)击斜抛球

两人一组，抛球者距挡网 3 m 左右侧向站立，向击球员连续投中速球。击球员在挡网斜前方 8~9 m 处，将投来的球击向挡网。击球时注意眼睛盯球，边体会击球动作的协调，边观察并分析击球效果。两人轮流投击球。

6. 轻击练习

1 人击球，3 人站成一列横排进行防守，防守人距击球点 10~15 m。投手在击球员的正面投出中速好球，要求击球员用 20%~30%的力量轻击，击出直线球或地滚球。这种练习方法常用于正规击球练习前或比赛前的击球练习。

7. 击投手投球的练习

4~5 人为一组，每组 2~3 个球。可以固定投手或轮换投手，投球距离 9~10 m，投手投出快、慢、高、低球，击球员要判断是好球还是坏球，并迎击好球，检查击球效果。也可以 4 人按照击球员、投手、接手和外场手轮换位置，轮流击球，每人击中 8~10 次后轮换。

8. 自抛自击练习

2~4 人为一组，每组 1~2 个球。击球员自抛自击，将球击成平直球、地滚球或高空球。其他 2~3 名接球者距击球员 15~20 m，做好接球准备，主动截接击出的球，然后传向接手。接手在击球员的侧后方，接传来的球，给击球员供球。

(五)击球教学和训练时的注意事项

(1)练习挥空棒或击球时，教师要随时观察每个学生的击球技术动作，抓住主要问题，及时纠正。

(2)练习击球时，特别是在做挥空捧练习时，教师要经常向学生进行安全教育，并进行合理组织，防止伤害事故。

第三节　慢投垒球比赛中的位置介绍

一、防守位置及职责

根据慢投垒球规则规定，上场比赛防守人数为 10 人，分别为：投手、接手(或称捕手)、一垒手、二垒手、三垒手、游击手、左外野手、中外野手、右外野手和自由人，如图 16-12 所示。

(一)投手

站位于圆形的投手区内，除负责正常投球职责之外，还需要为各垒进行补位，防止队友漏球。

(二)接手

站位于好球区后方，除负责接投手投到本垒区域的来球外，还负责接传向本垒垒位来球，以及调整投手投球点变化和场上防守位置的阵型的变化。

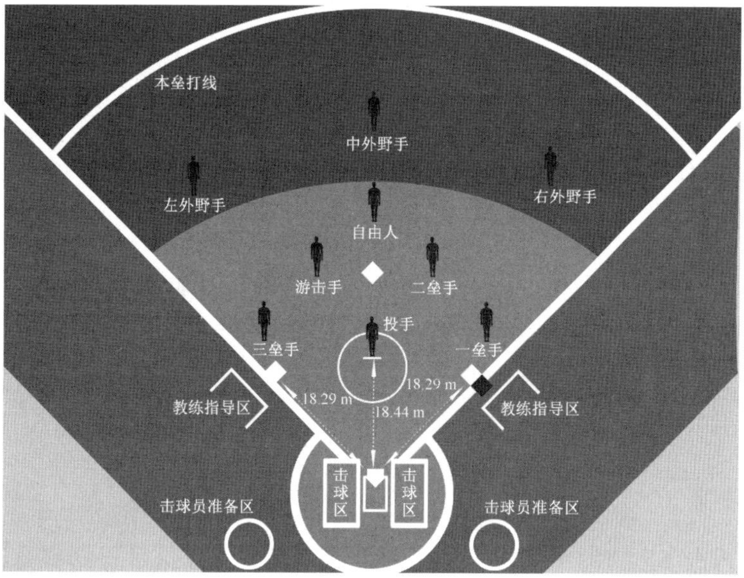

图 16-12　防守位置图

(三)一垒手

站位于一、二垒之间靠近一垒一侧,除负责该区域范围的防守来球以外,还负责接传向一垒的来球以及外野手传向内场地区的来球打截职责。

(四)二垒手

站位于一、二垒之间靠近二垒一侧,除负责该区域范围的防守来球以外,还负责接传向二垒的来球以及外野手传向内场地区的来球打截和为一垒手补位等职责。

(五)三垒手

站位于二、三垒之间靠近三垒一侧,除负责该区域范围的防守来球以外,还负责接传向三垒的来球以及外野手传向内场地区的来球打截职责。

(六)游击手

站位于二、三垒之间靠近三垒一侧,除负责该区域范围的防守来球以外,还负责接传向二垒的来球以及外野手传向内场地区的来球打截和为二垒补位等职责。

(七)左外野手

站位于三垒手、游击手身后的外野区域,主要负责该方向区域的来球的防守以及与中外野手或自由人之间的补位及三垒的补位。

(八)中外野手

站位于游击手和二垒手身后的外野区域,主要负责该方向区域的来球防守以及与左外野手、右外野手、自由人之间的补位和二垒的补位。

(九)右外野手

站位于一、二垒手身后的外野区域,主要负责该方向的区域的来球防守以及与中外野手、自由人之间的补位以及一垒的补位。

(十)自由人

一般站位于内野手和外野手前后之间的区域或与其他外野手平行站位,具体位置不固定,根据场上局面相应调整站位。他主要负责外野和内野手衔接及各垒的补位工作。

二、进攻位置及职责

(一)击球员

击球员进入击球区协助本队得分的进攻发起队员。击球员可根据自身击球习惯自行选择左右打击区站位。

(二)跑垒员

跑垒员是指已经成功占上垒包上的进攻队员。跑垒员在进垒过程中按一垒、二垒、三垒、本垒的顺序逐一踏触垒后,才能得分。

第十七章　散　　打

第一节　散打运动简介

散打，又称散手，古称相搏、手搏、卞、白打、对拆、手战等，是一项互以对方技击动作为转移的斗智、较技的对抗性竞赛项目。今天的中国散打基本是与拳、腿、摔结合，将传统武术的直接攻击方法简化概括为散打，但散打取消了传统技击中的反关节擒拿以及膝、肘等伤害性较大的攻击手段。

中华武术源远流长、博大精深，是我国劳动人民在长期的劳动生产中创造和发展起来的具有独特风格的民族传统体育项目。散打，是武术对抗形式的一种，在中国具有悠久的历史，在历史上多用徒手相搏的形式在台上进行，又称“打擂台”。为继承民族传统，弘扬中华武术，1979 年国家体育运动委员会决定开展散打训练、比赛等方面的研究，1989 年定为正式体育竞赛项目，1993 年被列为全运会项目和第二届世界武术锦标赛项目，1998 年成为十三届亚运会项目。现代散打运动是指以两人踢、打、摔等技法为基本动作，按照规定的场地、时间、条件进行的一项较技、斗智的激烈对抗项目。

散打运动是在一定的条件下制定的，有一定的竞赛规则进行攻防性的实战。散打运动的比赛是在高 60 cm、边长 8 m 的正方形台上进行的。上面铺有软垫，运动员要戴护具，护具包括护头、护腿、护裆、护脚背和拳套，赤脚在台上进行实战性的攻防演练，比赛禁击部位有颈部、裆部，同时不能用肘、膝，不能击后脑，比赛中以得分多少定胜负，但在比赛实战中有一方被击倒后 10 s 若站不起来，对方就是绝对胜利。目前的散打锦标赛，要求每局净打 2 min，局间休息 1 min，采用三局两胜制。武术散打作为格斗对抗性项目，其技术的使用全部是在竞赛规则允许的范围内进行，因此，评判技术成败与否的唯一标准是以竞赛规则的评分办法为依据的。

现代大学体育课程中散打成为高校选课的热门项目，散打也成了大学生喜爱的一项体育运动。散打运动之所以深受学生喜欢是因为学生通过学习散打，既可以强身健体，又可以学会一项自我保护的体育技能；既可磨炼自己的意志，又可以锻炼自己的勇气；既在技艺切磋中增进相互的友谊，又在力量与智慧的较量中赢得自信与尊严，可谓一举多得。

第二节　散打运动的基本技术

一、实战姿势和步法技术

（一）实战姿势

（1）拳的握法：五指内屈握紧，拇指第一指节压在食指和中指的第二指节上，如图 17-1 所示。

图 17-1　拳的握法

（2）步型：开立步，两脚前后开立，略比肩宽，两脚尖稍内扣，两膝微屈。

（3）实战姿势（以左势为例，以下均同）：侧身，成开立步，两手握拳，拳眼斜朝上，左前右后屈举于体前；左臂屈 90°～110°，右臂屈小于 90°，垂肘紧护右肋；下颌微收，闭嘴合齿；面部和左拳、左肩正对对手（图 17-2）。

（二）步法

（1）进步：前脚（左脚）先向前进半步，后脚再跟进半步，如图 17-3（a）所示。要点：进步步幅不宜过大，后脚跟进后的身体姿势不变，进步与跟步衔接越快越好。

（2）退步：后脚（右脚）先后退半步，前脚再退回半步，如图 17-3（b）所示。与进步动作相反。

图 17-2　实战姿势

图 17-3　步法

（3）上步：后脚向前上一步，同时左、右拳前后交换成反架势，如图 17-4（a）所示。要点：上步时身体不能前后摆动，上步与两手动作要同时进行，要协调、迅速。

（4）撤步：前脚向后撤一步，成右前左后，左脚跟离地，右脚脚尖外展，重心偏于右腿，如图 17-4（b）所示。要点：撤步不宜过大，重心移动不要明显。与上步相反。

(5)插步:后脚向左横移一步,脚跟离地,两脚略呈交叉状,如图 17-5 所示。要点:插步时上体的左侧面仍与对手相对,插步后要及时成预备势。

图 17-4　上步、撤步

图 17-5　插步

(6)垫步:后脚蹬地向前,脚内侧并拢;同时前腿屈膝提起(图 17-6)。

(7)步法要诀:活,是指步法移动、变换要灵活敏捷;疾,是指步法移动的速度;稳,是指步法移动的稳定性。

图 17-6　垫步

二、拳法、腿法基本技术

(一)拳法

1. 左冲拳,预备势

右脚微蹬地面,重心微向前脚移动;同时左拳直线向前冲出,力达拳面(图 17-7)。

2. 右冲拳,预备势

右脚微蹬地并向内扣转,转腰送肩的同时;右拳直线向前冲出,力达拳面;左拳变掌回收至右肩内侧(图 17-8)。

3. 左掼拳,预备势

上体微向右转;同时左拳向外约 45°,向前、向里横掼,臂微屈,拳心朝下,力达拳面;右拳护于右腮旁(图 17-9)。

图 17-7　左冲拳

图 17-8　右冲拳

图 17-9　左掼拳

4. 右掼拳,预备势

右脚微蹬地并向内扣转,合胯并向左转腰,同时右拳向外约 45°向前,向里横掼,力达拳面或偏于拳眼侧;左拳变掌屈臂回收至左腮前(图 17-10)。

5. 左抄拳,预备势

重心略下沉,左拳由下向前上方勾起,上、前臂夹角为 90°~110°,拳心朝里,力达拳面。

6. 右抄拳,预备势

右脚蹬地,扣膝合胯,微向左转腰的同时,右拳由下、向前、向上抄起,上、前臂夹角为 90°~110°,拳心朝里,力达拳面;左手回收至右肩内侧(图 17-11)。

图 17-10 右掼拳

图 17-11 右抄拳

7. 鞭拳

以右鞭拳为例:右脚经左腿后插步,身体向右后转 180°;同时,两手屈臂一起回收至胸前;动作不停,上体继续向右转体 90°,同时右拳反臂向右侧横向鞭打,拳眼朝上,力达拳背(图 17-12)。

8. 弹拳,预备势

左拳以伸肘弹腕的力量,反臂向前弹击,力达拳背。右手弹拳转腰顺肩(图 17-13)。

图 17-12 鞭拳

图 17-13 弹拳

(二)腿法

1. 左蹬腿

右腿直立或稍屈,左腿提膝抬起,勾脚,以脚跟领先向前蹬出,力达脚跟。亦可送髋,脚掌下压,力达脚前掌(图 17-14)。

2. 右蹬腿

身体重心前移;左腿直立或稍屈,身体稍左转;右腿屈膝前抬,勾脚,以脚跟领先向前蹬出,力达脚跟。亦可送髋,脚掌下压,力达脚前掌(图 17-15)。

1　　2　　3

图 17-14　左蹬腿

1　　2　　3

图 17-15　右蹬腿

3. 左鞭腿

右腿直立或稍屈支撑,上体稍向右侧倾;同时左腿屈膝向左摆起,扣膝,绷脚背,随即挺膝向前弹踢小腿,力达脚背、小腿下端(图 17-16)。

4. 右鞭腿

左腿直立或稍屈支撑,上体左转 180°,稍向左侧倾;同时右腿屈膝前摆,扣膝,绷脚背,随即挺膝向前弹踢小腿,力达脚背、小腿下端(图 17-17)。

1　　2

图 17-16　左鞭腿

1　　2

图 17-17　右鞭腿

5. 左踹腿,预备势

右腿直立或稍屈支撑,左腿屈膝抬起,小腿外摆,脚尖勾起,脚掌正对攻击目标,展髋,挺膝向前踹出,力达脚掌,上体可侧倾(图 17-18)。

1　2　3

图 17-18　左踹腿

6. 右踹腿,预备势

左腿直立或稍屈支撑,身体向左转 180°,同时右腿屈膝前抬,小腿外摆,脚尖勾起,脚掌正对攻击目标,用力向前踹出,力达脚掌,上体可侧倾(图 17-19)。

1　2　3

图 17-19　右踹腿

三、防守基本技术

(一)非接触防守

1. 撤步防守

前脚由前向后收步,接近后脚时脚前掌着地,重心落于后脚,如图 17-20 所示。

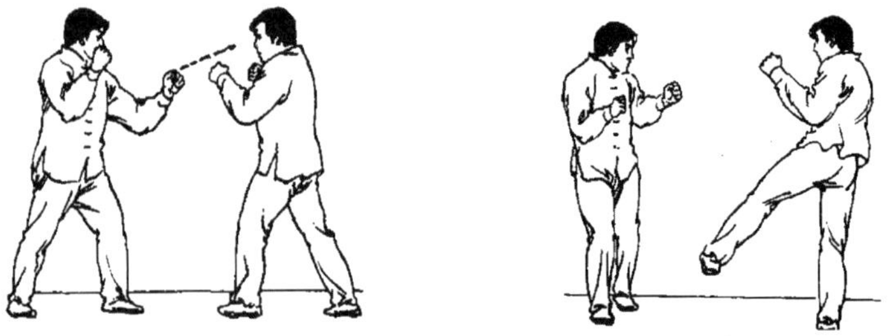

1　2

图 17-20　撤步防守

2. 后闪防守

重心后移，上体略后仰闪躲，如图 17-21 所示。

1　　2

图 17-21　后闪防守

3. 侧闪防守

两膝微屈，俯身，上体向左侧或右侧躲闪，如图 17-22 所示。

1　　2

图 17-22　侧闪防守

4. 下蹲防守

屈膝，沉胯，缩颈，重心下降，弧形向下躲闪，两手紧护胸部，如图 17-23 所示。

5. 跳步躲闪

两脚蹬地使身体向后、向左或向右跳闪，如图 17-24 所示。

1　　2

图 17-23　下蹲防守

图 17-24　跳步躲闪

6. 提膝躲闪

后腿微屈，独立支撑，前腿屈膝提起，如图 17-25 所示。

1　　2

图 17-25　提膝躲闪

(二)接触防守

1. 拍挡

左手(右手)以拳心或掌心为力点向里横向拍挡,如图 17-26 所示。

1　　2　　3

图 17-26　拍挡

2. 挂挡

左手(右手)屈臂向同侧头部或肩部挂挡,如图 17-27 所示。

1　　2　　3

图 17-27　挂挡

3. 拍压

左拳(右拳)变掌以掌心或掌根为力点由上向前下拍压,如图 17-28 所示。

4. 掩肘

以左掩肘为例:左臂弯曲,前臂外旋,在腰微向右转的同时,向内、向腹下滚掩,掌心朝里,以前臂尺骨下端(小指侧)为防守力点;含胸、收腹、低头(图 17-29)。

1　　2　　3

图 17-28　拍压

1　　2

图 17-29　掩肘

5. 阻挡与阻截

以肩部和手心阻挡对方拳法进攻,以脚掌屈膝抬起阻截对方腿法进攻,力点为前脚掌(图 17-30)。

1　　2　　3

图 17-30　阻挡与阻截

6. 外挂与里挂

以左手挂防为例:左拳由上向下,向左后方斜挂格挡对方腿法攻击为外挂;用左手翻肘向体前挂防对方腿法攻击为内挂(图 17-31)。

7. 外抄与里抄

外抄为左(右)手臂外旋弯曲,上臂紧贴肋部,前臂与上臂约 90°,手心朝上;同时右(左)手屈臂,立掌,手心朝外,手指朝上。里抄为左(右)手臂微屈并外旋,紧贴腹前,手心朝上;同时右(左)手屈臂紧贴胸前,立掌,掌心朝外(图 17-32)。

(a) 外挂　(b) 里挂

图 17-31　外挂与里挂

(a) 外抄　(b) 里抄

图 17-32　外抄与里抄

四、摔法与跌法基本技术

(一)摔法技术

1. 抱腿摔技术

(1)抱腿别腿摔

甲站立或起左侧弹踢腿时;乙将甲左腿抱住,并向甲的支撑腿后上左步;上体左转,成右弓步,用左腿别甲左腿;同时用胸下压甲腿(图 17-33)。

图 17-33　抱腿别腿摔

(2)抱腿打腿摔

甲打拳;乙下躲闪身,同时上左步,两手抱甲左腿;抱起后,左腿向前摆至甲右腿膝窝处;随上体右转,左小腿后打甲右腿(图 17-34)。

1　　2　　3

图 17-34　抱腿打腿摔

(3)抱腿前顶摔

甲出拳击乙头部时;乙上左步,下潜躲闪,两手抱甲双腿,屈肘,两手用力回拉;同时用左肩前顶甲大腿或腹部,将甲摔倒(图 17-35)。

1　　2

图 17-35　抱腿前顶摔

(4)抱腿上托摔

甲用左腿蹬乙胸部;乙两手立即抓握住甲左腿;屈臂上抬,两手上托其左脚后,向前上方推送使甲倒地(图 17-36)。

1　　2

图 17-36　抱腿上托摔

(5)抱腿过背摔

甲用右腿蹬乙胸部;乙立即用两手抓握住甲右脚,右脚向后背步,屈膝,将甲右腿上抬到左肩上,随即两腿蹬直,低头,弓腰,将甲过背摔倒(图 17-37)。

图 17-37　抱腿过背摔

2. 过背摔技术

(1)夹颈过背摔

双方(以下称甲、乙方)由实战姿势开始(以下均同)。甲以左直拳击乙头部;乙用前臂格挡甲左前臂,左臂由甲右肩上穿过后,屈臂夹甲颈部;同时右脚背步(转体撤步)至与左脚平行,两腿屈膝,身体右转,以左侧髋部紧贴甲方前身;继而两腿蹬伸,向下弓腰,低头将甲背起后摔倒。通常格挡对方出右拳(图 17-38)。

图 17-38　夹颈过背摔

(2)插肩过背摔

方法与夹颈过背摔相似,不同在于格挡对方手臂后,另一只手从对方肩下穿过,提肩将对方过背摔倒(图 17-39)。

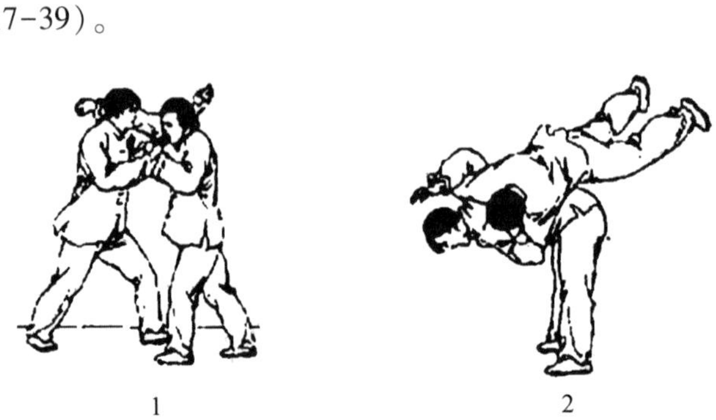

图 17-39　插肩过背摔

(3)抱腰过背摔

甲用右掼(直)拳击乙头部;乙向前上半步,右闪身,左臂由甲右臂下穿过,左手抱甲腰部,右手拍挡甲左拳;背右步,屈膝后蹬直,向下弓腰,低头将甲摔倒(图 17-40)。

图 17-40 抱腰过背摔

(二)跌法技术

1. 前滚翻与抢背

由站立姿势开始,身体下蹲,双手撑地,重心移至两手上;两脚用力蹬地,同时低头屈臂,团身向前滚动,然后双手抱小腿成蹲立,再站起。有腾空即为抢背(图 17-41)。

图 17-41 前滚翻与抢背

2. 团身后滚翻

身体下蹲,双手撑地;低头含胸,快速后倒,团身经臀、腰、肩、后脑依次向后滚动;然后双脚触地,双手推撑站立(图 17-42)。

图 17-42 团身后滚翻

3. 左右侧倒

在学习跌法时,一定要有保护垫,要在教师的指导、保护下进行练习,以防受伤。通过跌法的练习,既可掌握被摔倒后的自身保护技巧,又能增强身体的抗击打能力(图 17-43)。

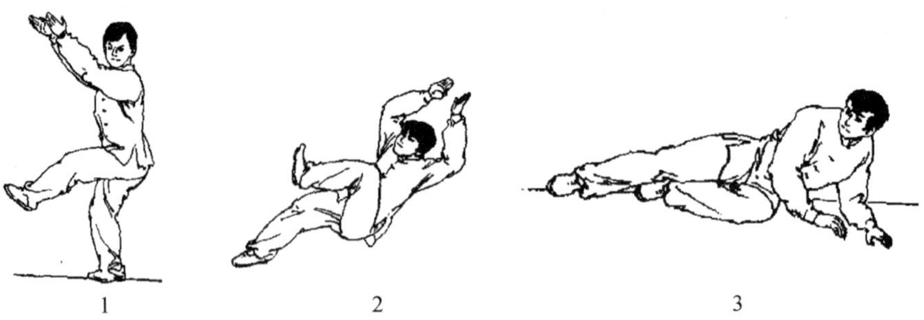

图 17-43 左右侧倒

第三节 散打运动的基本战术

随着散打运动的发展,尤其比赛中运动员技术水平和身体训练水平的日趋接近,要想在激烈的赛场中取胜,就要求运动员科学地运用自己的技术、合理安排体力等,要根据自身和对手的实际情况采取有针对性的行动,充分发挥自己的长处,并能够随场上的细微变化而及时调整。这种运动员为战胜对手而根据各自的实际情况所采取的计策和方法就是散打的战术。

一、散打常用战术训练方法

(一)假设训练

假设练习即“假想敌”练习,要求练习者在练习时有意识地针对某一场景、某一对手的惯用战术、某一特定战术集中在脑部进行思维、表象的一种练习方法。“练时无敌似有敌”,假想对手就在面前,从感觉信号→运用方法→击打目标都要以意识引导动作。

假设练习可通过对完成动作的思维、想象和体验活动来作用于心理、生理,并使完成动作的过程和概念得到熟练与加强,促使神经系统的条件反射过程加快,久而久之就达到了自动化程度。另外,假设练习没有危险,可消除学生学习的惧怕心理,减少运动损伤的发生。

假设练习,要求学生对战术的概念清楚,意识准确,动作到位,时机和节奏的调节符合实战特征。同时要引导学生在安静、放松的状态下进行练习,尽量排除环境干扰和意识干扰,以期达到最佳的练习效果。

(二)条件训练

这是在有一定限制条件下进行的战术练习。如针对拳法的战术练习,针对腿法的战术练习,针对摔法的战术练习等。

条件训练是为了提高学生某一特定的战术的运用能力而采用的一种练习方法,有很强的针对性,也是实战的初级阶段和在训练的调整期常用的一种方法。此法可使练习者在较低或没有心理压力的状态下进行训练,使之更能集中精力、专一提高某一个或几个战术,快速形成特定的条件反射。

条件练习对双方练习者的战术都有严格的规定,练习时务必严格按照规定进行练习,注意互相理解,互相帮助,互相切磋。

(三)模拟训练

模拟练习是模仿实战中某战术的运用特征、某一运动员的打法特点等进行有针对性的练习。这种练习在培养战术意识、提高心理承受能力以及在实战中战术的应变能力等方面都有很好的练习效果。

模拟练习,关键在模拟,模拟要逼真、形象,动作要准确、到位。而练习者必须根据具体情况迅速做出相应的打法,在把握时机、感觉距离、判断空间以及动作的速度和力度上都要从难、从严、从实战出发,保证练习质量。

(四)实战训练

实战训练是二人按照一定的规则进行的对抗练习,它是检验和提高战术的重要方法,也是总结、积累实战经验的有效措施。

实战练习可参照当前通用的散打竞赛规则,也可根据具体情况附加一些新的要求,如有裁判员裁决,更能增加实战的激烈程度和战术运用的有效性。因为实战练习是实实在在的比赛,既要要求练习者百倍地投入精力,从每一个动作的攻防、每一个战术的运用都全力以赴,力争打好每一次比赛。又要排除斤斤计较胜负的心态的干扰,敢于大胆地使用战术,从成功与失败中不断总结经验。如对手实力较强,自己可有意地提高自己的长处,发展优势;如对手实力较弱,自己则有意地提高较差的战术,使自己的弱项得到改善。

需要特别指出的是:实战练习需要身体的直接对抗,难免会发生击伤、撞伤、摔伤等伤害事故,每一个练习者都要承受一定的心理压力,尤其是初级阶段的练习者心理压力更大。因此,安排实战练习要适时、适度,绝不能过早、过频,以免产生心理障碍或伤害事故。

二、散打常用战术、战例分析

散打丰富的技术内容及立体攻击的技术特点决定了散打战术的灵活性和多变性,下面就散打中的常见情况及常用战术做进一步的分析。

(一)如何实施佯攻战术

随着散打技战术水平的普遍提高,赛场的争斗也日趋激烈,双方的防守也更为严密。因此,直接的进攻往往容易被防守、截击或反击,很难奏效。为了更为有效地实现自己的目的,在比赛中运动员常常首先采用假动作进行诱骗性攻击,待对方做出错误反应后,迅速实现我方真实攻击。这种为了有效进攻对手,而采用假动作欺骗对手的战术就是佯攻战术。这种指上打下、指下打上的虚晃动作,等假动作可以转移、分散对方的注意力,促使对方对自己的虚假动作产生某种反应,有效造成对方错觉,从而为我方进攻创造有利条件,它是散打比赛的常见战术之一。

在进行佯攻时,佯攻动作要逼真,迫使对方对我方动作做出错误反应。如我方欲用侧踹腿进攻对方,可先用前手直拳进行佯攻,待对手做出错误反应,集中精力对我方拳法进行防守时,我方迅速用侧踹攻击其躯干部位。

(二)对付高个子的选手的战术

高个子的选手在身材上一般具有身高臂长的特点,因此无论其腿法或是拳法,都有着较长的攻击距离,因此对付高个子选手首先就要避开对方的有效攻击距离。在与对手对阵时,要保持较远的距离,尽量在对手腿法距离之外;在进攻时,要迅速突然,利用灵活的步法迅速调整与对手的距离,要快进快出,在近距离时尽量靠近对方,使用组合拳法和摔法,使对手发挥不出其身高臂长的优势。正如拳谚所云"短见长,脚下忙"。

(三)对付低个子的选手的战术

对于低个子的选手,它们一般具有速度快的特点,且往往在摔法上有一定的先天优势,但同时也有着腿臂短、击点近的弱点。因此,与对付高个子的选手不同,与低个子选手对阵时,应尽量发挥自己身高臂长的优势,多用前腿和前手动作,将对手控制在我方拳脚范围,不让其突破我方防守,尤其应控制对方,不让对方贴近。

(四)对付力量型的选手的战术

力量型的选手,他们在力量上一般有一定优势,但同时在协调速度等方面存在欠缺,因此对付力量型的选手要尽量避免与之死拼硬打,硬充分发挥散打技法全面、立体进攻的特点,在战术上要灵活多变。

在首届中国武术散打世界杯的比赛中,来自 14 个国家和地区的散打精英在上海卢湾体育馆一决雌雄。在 80 公斤级的较量中,中国的柳海龙对伊朗选手,比赛一开始伊朗选手就充分显示了在力量方面的绝对优势,有效克制了以腿法见长的柳海龙的优势,场上局势一下变得扑朔迷离,第一局后,柳海龙败下阵来。整个比赛的气氛异常的紧张起来,观众更是捏了一把汗。在第二局开始后,柳海龙迅速改变了策略,成分发挥自己技术方面的优势,指上打下、声东击西,运用组合动作向对手展开立体攻击,并避免与对方较死劲,并将这种优势保持到最后,取得了 80 公斤级的胜利,也打破了中国选手在大级别上没有作为前例,有利显示了中国功夫的精髓之所在。

(五)对付技术型的选手的战术

在远距离里发动攻击,显然腿法有一定优势;中距离时拳法则往往大显威力,而近距离时摔法运用得当又可以很好地克制其他技术的运用。因此对付拳法好的选手,就要尽量避免与对手在中距离进行拼打,可用腿法将对手控制在远距离内,在中距离要尽快调整,或迅速撤出,或贴近对手立即实施摔法,使其拳法技术无法发挥;如果对手腿法较好,就要尽量避免在远距离与之作战,要利用灵活的步法和假动作等迅速接近对手,在中近距离内与之进行拳法或摔法的较量;而对于摔法较好的选手,就尽量不要使对手靠近,要有效利用拳法或腿法,将对手控制在中远距离,在对手靠近时,也不要与之硬摔,多进行防守,保存实力进行下一回合的较量。

(六)如何实施重击战术

重创战术使用力量打击对方使其失去战斗力。

在河北廊坊举行了中国武术散打王争霸赛冠军赛,决出大级别的冠军,争夺自然是异常的激烈。在大级别的比赛中赵子龙与杨晓靖的对决更为引人注目。在以前的争霸赛中赵子龙与杨晓靖曾多次交手,赵子龙均不敌杨晓靖。杨晓靖虽然体重较大,但步法灵活,拳法精湛,前边腿速度快,连续 6 次获得本级别擂主称号。比赛刚一开始就马上进入了白热化,双方展开了激烈的拼杀。在赵子龙一次进攻后,杨晓靖显然有点急躁,结合前进步用左右直拳向赵子龙发动了攻击,赵子龙迅速用后鞭腿迎击对手头部,杨晓靖后拳攻击到一半,头部便被赵子龙的后鞭腿结结实实地击中,鞭腿的力量本来就大,加上迎击的合力,杨晓靖倒在了擂台上,惜败。

第十八章　武　　术

第一节　武术运动简介

一、武术的起源与发展

武术是以技击为主要内容,以套路和搏斗为运动形式,注重内外兼修的中国传统体育项目。它是经历了漫长的历史发展过程而形成的内容丰富精彩、社会价值广泛、文化色彩浓厚的我国特有的体育文化形态,与我国传统文化的诸多方面有着密切的联系,是中国传统文化的重要组成部分。

中国武术的源头,可以追溯到我国远古祖先的生产活动中。早在100多万年前,在生产资料异常贫乏,生产力极为低下的条件下,人类为了生存不得不进行采集和狩猎活动。人们在与禽兽的斗争中逐渐形成奔跑、跳跃、拳打、脚踢、躲闪等技法,还拿起石头、木棒与野兽抗争。原始人类徒手和使用器械本能的、自发的防卫和攻击动作逐渐形成有意识地运用这些格斗技术并加以不断的经验积累,这些击打技能虽然是原始的、低级的,却为武术的形成准备了一定的先决条件。

明、清时期是中国武术大发展时期。其重要标志是武术流派林立,不同风格的拳术、器械技艺都得到了空前的丰富和发展,呈现出蓬勃发展的繁荣局面。武术作为军事技术、健身手段及表演技艺的多种价值为人们所认识和利用。

自明代始,以戚继光、程宗猷、茅元仪等为代表,对宋以来的武艺技法和教学训练总结出较为系统的基本理论。如戚继光的《纪效新书》、何良臣的《阵记》都总结出拳术是学习器械的基础,并且明确提出武术的健身强体的功效。在明代,武术与道教养生的导引术进一步结合,并逐步形成武术内功。到了清代,大量的武术专著问世,如吴殳的《手臂录》、程真如的《峨眉枪法》、黄百家的《内家拳法》、张孔昭的《拳经拳法备要》、王宗岳的《太极拳论》等,这些著作中包括拳械的图谱、口诀、技法、拳理以及练气诀、养气论等,使武术理论进一步丰富和发展。著名的少林拳、内家拳、太极拳、八卦拳、八极拳均形成于明清时期。

鸦片战争之后,随着火器的大量输入,冷兵器时代的结束,武术的军事实用价值功能弱化,中国传统武术被人们重新认识。当时有识之士倡导"强国强民"。一些以研究和开展武术为宗旨的武术社团纷纷建立。如当时上海有"中华武士会""致柔拳社""武当太极拳社"等,北京有"北京体育研究社""中华尚武学社",天津有"中华武士会"等许多武术组织。1909年霍元甲在上海创立精武"体操学校",1910年改为"精武体育会",其规模最为庞大。国民政府于1928年在南京建立了"中央国术馆",后相继在24个省市建立了国术馆。19世纪末20世纪初,随着西方体育大量传入中国,体育在学校的位置得到确立,一些学校相继在体操中增添了武术课。1936年8月,第11届奥运会在德国柏林举行,由11人组成的中国武术队前往表演。有太极拳、拳术、器械的单练和对练,历时一个小时,博得万余观众的赞誉。武术队的表演向世界体坛展示了中国武术,揭开了近代武术对外交流的序幕。

中华人民共和国成立后,党和国家领导人对中华武术的传承与发展非常重视。1950年,中华全国体育总会召开了武术座谈会,倡导发展武术运动。为了推动武术及民族形式体育的发展,国家体育运动委员会(简称"国家体委")成立后,下设武术竞训处,领导和管理全国的武术活动。1956年,中国武术协会在北京成立。1958年,国家体委制定了第一部以长拳、太极拳、南拳为竞赛内容的《武术竞赛规则》,根据国内、国际武术发展的需要,2002年又推出了一部新的武术套路竞赛规则。1985年1月,国家体委颁布了《武术运动员等级试行标准》,分为武英级、一级武士、二级武士、三级武士、武童等五个等级。1990年北京亚运会,武术被列为正式比赛项目。

为了推动武术运动的发展,武术运动管理中心于1998年1月正式颁布由国家体委批准实施的《中国武术段位制》。2002年7月,中国武术管理中心在多年准备之后正式启动武术会员制,并推出《中国武术协会会员管理办法》。

二、武德与武礼

武德,即武术道德。它是指在从事武术活动群体中形成的对习武者行为规范要求的总和。它包括从事武术活动的人在社会活动中所应遵循的道德规范和所应具有的道德品质。武德协调着习武者之间的人际关系,影响着习武者的各类活动,包括心性修养、道德作风、精神境界和武术礼仪,贯穿于拜师择徒、教武、习武、用武的全过程,是社会伦理道德思想在武术这一特殊领域的具体作用,即强调练武与修身的统一,使尚武和崇德成为密不可分的两个方面。

"礼"来自人的恭敬辞让之心,是为人处事,待人接物的礼节。随着武术的发展和走向世界,国际武术联合会规定的"抱拳礼"就是由中国传统"拱手礼"加以规范、统一而来,并赋予新的含义。右手握拳,寓意尚武;左手掩掌,寓意崇德,以武会友;左手四指并拢,寓意四海武林团结奋进;屈左拇指,寓意虚心请教,永不自大;两臂屈圆,寓意天下武林是一家。行礼的方法是:并步站立,左手四指并拢伸直成掌,拇指屈拢;右手成拳,左掌心掩贴右拳面,左指尖与下颏平齐。右拳眼斜对胸窝,置于胸前屈臂成圆,肘尖略下垂,拳掌与胸相距20~30 cm。头正、身直,目视受礼者,面容举止自然大方。

三、武术的内容与分类

按照运动形式,可以把武术分为套路运动和搏斗运动两大类。

(一)套路运动

套路运动是指以技击动作为内容,以攻守进退,动静疾徐,刚柔虚实等矛盾运动变化规律为依据编成的组合及整套练习。按照演练形式的不同分为单练、对练和集体演练三种类型。其中单练又包括拳术和器械两类内容。

1. 拳术

拳术是指徒手练习的套路运动。拳术的种类很多,有长拳、南拳、太极拳、形意拳、八极拳、八卦掌、通背拳、劈卦拳、翻子拳、地躺拳、象形拳等。

2. 器械运动

器械运动是指手持武术兵器进行练习的套路运动。器械又可分为：短器械，如刀、剑等；长器械，如棍枪大刀、朴刀等；双器械，如双刀、双剑等；软器械，如九节鞭、三节棍、绳镖、流星锤等。

3. 对练

对练是指在单练的基础上，两人或两人以上，在预定条件下进行的攻防练习的套路形式。其中包括徒手对练、器械对练、徒手与器械对练。

4. 集体演练

集体演练是指多人（竞赛中通常要求6人以上）徒手、器械或徒手与器械同时进行演练的套路形式，练习时可变换队形，可用音乐伴奏，要求队形整齐，动作一致。可以变换队形图案，还可以配乐。如集体基本功、集体拳、集体刀、集体长穗剑、集体太极拳等。

（二）搏斗运动

搏斗运动是两人在一定条件下，按照一定的规则进行斗智较力的实战攻防格斗。其包括散打、推手和短兵等。

1. 散打

散打又称散手，古称手搏、白打等。它是两人按照一定的规则使用踢、打、摔等方法制胜对方的竞技项目。

2. 推手

推手是两人按照一定的规则，使用掤、捋、挤、按、采、挒、肘、靠等技法，双方粘连黏随，通过肌肉感觉来判断对方的用劲，然后借劲发力将对方推出界外或使之倒地以决胜负的竞技项目。

3. 短兵

短兵是两人手持一种特制的短器械，按照一定的规则，使用劈、砍、刺、崩、点、斩等方法以决胜负的竞技项目。

四、武术套路的特点和锻炼价值

武术套路有长拳、太极拳、南拳等拳术，长、短、双、软等兵器，其运动灵活，方法多变，各具风格特点。长拳动作灵活、快速有力；太极拳柔和缓慢、势势相连；南拳动作紧凑，刚健有力；刀术勇猛快速，剑术刚柔相兼，枪术力贯枪尖，棍术横扫一片。

（一）武术套路的特点

1. 以攻防技击动作为基本内容

武术套路从内容看，有踢、打、摔、拿、击、刺等动作。从技法看，有冲、撞、挤、靠、崩、挑、劈、砸等打法，有蹬、踹、弹、缠、挂、摆等踢法。这些动作虽然在技术规格、运动幅度等方面与技击的原形动作有所变化，但是动作方法仍然保留了攻防技击的特点。

2. 具有内外合一、形神兼备、整体统一的运动观念

武术的套路运动既讲究形体规范，又追求精神传意，内外合一的整体观念。所谓内外合一的“内”，指的是心、神、意、气等内在的心理活动和气息的运行；“外”指的是手、眼、身法、步等外在的形体活动；“合一”指的是内与外要形成有机联系的整体，达到形神兼备。武

术套路在技术上往往要求把内在的精、气、神与外部的形体动作紧密结合，完整合一，从而体现“内外合一”和“形神兼备”的整体统一观。

3. 具有广泛的适应性

武术套路内容丰富，演练形式变化多样，不同的拳种和器械有不同的动作结构、技术要求、运动风格和运动负荷，分别适应人们不同年龄、性别、体质的需求，人们可以根据自己的条件、兴趣、爱好以及场地、器材等情况，选择合适的项目进行练习。

（二）武术套路对人体锻炼的价值

1. 对心血管系统机能的作用

经常从事武术活动的人，其安静时明显地出现脉搏徐缓和低血压现象。一般人脉搏为70~80 次/分，而从事武术活动的人为 56~60 次/分，一般人血压为（110－125）/（70~80）（mmHg），从事武术活动的人为（106~109）/（67~71）（mmHg）。

2. 对呼吸系统机能的作用

武术动作常常是在缺氧情况下完成的。实验表明，练习后呼吸频率为 31~34 次/分，肺通气量达 20~29 L。由于武术动作有一定的静力性工作，所以氧债的百分率较高。氧债完全取消需 6~9 min。因此，对提高人体的无氧代谢能力也有良好的影响。

3. 对中枢神经系统的作用

武术动作要求各运动中枢之间的高度协调，经常从事武术练习，不仅可以改善大脑皮层各中枢之间的协调关系，还能改善大脑皮质神经过程得强度，均衡性和灵活性。如长拳或器械演练，是在两分钟之内完成 50 多个动作，并要求动作之间转换迅速，就是要提高神经过程的灵活性。

通过武术套路练习，掌握踢、打、摔、拿、劈、砍、击、刺等攻防技术，提高防身自卫能力，拳术、器械套路的演练具有强身健体、陶冶情操、娱乐欣赏价值。

五、中国武术段位制

“中国武术段位制”是中国武术协会制定并实施的一种全面评价习武者武术水平等级的制度。根据个人从事武术锻炼和武术活动的年限，掌握武术套路技术和理论的水平、研究成果、武德修养，以及对武术发展所做出的贡献，设晋级和晋段两部分 。

（一）段前级

由低至高依次设置为：一级、二级、三级。

（二）段位

初段位、中段位、高段位，由低至高依次设置分别为：

初段位：一段、二段、三段。

中段位：四段、五段、六段。

高段位：七段、八段、九段。

（三）徽饰图案

段前级：一级（蓝色熊猫）、二级（银色熊猫）、三级（金色熊猫）。

初段位:一段(青鹰徽)、二段(银鹰徽)、三段(金鹰徽)。
中段位:四段(青虎徽)、五段(银虎徽)、六段(金虎徽)。
高段位:七段(青龙徽)、八段(银龙徽)、九段(金龙徽)。

第二节　武术运动的基本功和基本动作

一、手型

拳:四指并拢卷曲握紧,拇指扣在食指、中指第二关节面上,如图 18-1 所示。拳心朝下为平拳,拳眼朝上为立拳。

掌:四指并拢伸直,拇指弯曲,紧扣在虎口处,如图 18-2 所示。

勾:五指尖捏拢,屈腕用力,如图 18-3 所示。

图 18-1　拳

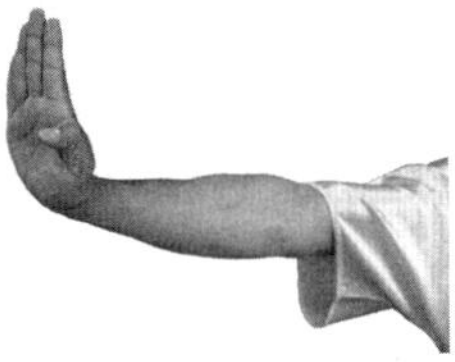

图 18-2　掌

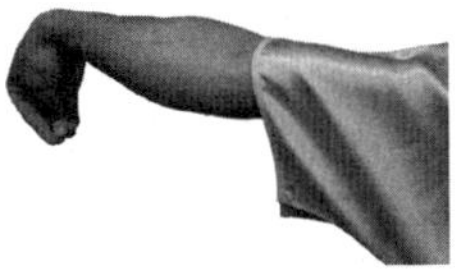

图 18-3　勾

二、手法

冲拳:开步抱拳,拳从腰间贴肋向前快速冲出,肘过肋时,前臂内旋加速,拧腰顺肩,臂伸直,高与肩平,拳心朝下,力达全面(图 18-4)。

推掌:一掌从腰间向前推出,肘贴肋运行,过肋时前臂内旋加速,臂伸直,高与肩平(图 18-5)。

图 18-4　冲拳

图 18-5　推掌

三、步型

弓步:两脚前后开立,前腿屈膝,大腿接近水平,脚尖微内扣,膝关节与脚尖在一条垂直线上;后腿挺膝伸直,脚尖内扣斜向前(图 18-6)。

马步:两脚左右开立(约 3 倍脚长),脚尖朝前,两脚基本平行,屈膝下蹲,大腿接近水平,膝关节内扣,膝盖与脚尖约在一条垂线上,重心落于两脚中间(图 18-7)。

歇步:两腿左右交叉,靠拢全蹲,前脚全脚掌着地,脚尖外展,后脚前脚掌着地,臀部坐于后腿小腿上(图 18-8)。

图 18-6　弓步

图 18-7　马步

图 18-8　歇步

仆步:一腿屈膝下蹲,大小腿贴紧,另一腿伸直平仆,脚尖内扣,两脚全脚掌着地(图 18-9)。

虚步:一腿屈膝下蹲,大腿接近水平,脚尖外展,另一腿微屈膝,以脚尖内侧向前虚点地面,重心落于后脚(图 18-10)。

图 18-9　仆步

图 18-10　虚步

四、腿法

弹腿:一腿直立,另一腿由屈到伸向前弹出,脚面绷平,力达脚尖(图 18-11)。

蹬腿:一腿直立,另一腿由屈到伸向前蹬出,脚尖勾起,力达脚跟(图 18-12)。

五、平衡动作

提膝平衡:一腿直立,另一腿屈膝提起,尽量贴近胸部,膝关节内扣,脚面绷平(图 18-13)。

图 18-11　弹腿

图 18-12　蹬腿

图 18-13　提膝平衡

第三节　武术运动的套路

一、三段长拳

三段长拳是由国家体育总局武术研究院编制，中国武术协会审定并颁布实施的武术段位制初段位三段的教学和考评套路，分为单练、对练和拆招。

(一)动作名称

动作名称，见表 18-1。

表 18-1　动作名称

预备式:并步直立					
第一小节					
1	起势	2	右弓步格挡	3	抱拳弹踢
4	金丝缠腕	5	马步冲拳	6	转身平扫推掌
7	右弓步抄拳	8	翻腰提膝推掌	9	旋风脚
10	虚步护身掌	11	歇步冲拳		
第二小节					
12	右弓步格挡	13	马步切掌	14	右弓步冲拳
15	左弓步斜推掌	16	震脚弓步双推掌	17	左弓步推掌
18	翻身劈掌	19	腾空飞脚	20	右弓步冲拳
21	马步看拳	22	收势		

(二)动作图解

预备式:并步直立。

1.起势

(1)并步抱拳

并步抱拳如图 18-14(a)所示。

(2)抡臂砸拳

①左脚上步,脚尖内侧点地,身体右转约 45°,右膝微屈;左掌向左下方支臂伸掌,拇指一侧向下,目视左掌方向(图 18-14(b))。

②身体左转约 45°,左臂逆时针抡臂一周至身体左侧抡右臂,右拳上举,拳面朝上;右膝高提,脚面绷平,目视前方(图 18-14(c))。

③右脚下落向左脚并步,屈膝震脚;左掌外旋翻转,掌心朝上,摆于腹前;右臂外旋,右拳向左掌心下砸,力达拳背,拳心向上,目视前方(图 18-14(d))。

(3)弓步看拳

①右脚向右前方上步,两臂弯曲,左掌变拳,两拳胸前交叉,左拳在上,拳心朝下,右拳在下,拳心朝上,目视两拳方向(图 18-14(e))。

②右腿屈膝成右弓步,左拳向左侧冲出,拳心朝下,力达拳面;右拳外旋收抱于右腰间,拳心朝上,目视左冲拳方向(图 18-14(f))。

(a) 并步抱拳 (b) 二步摆臂 (c) 提膝举臂 (d) 并步砸拳 (e) 两臂交叉 (f) 弓步看拳

图 18-14 动作图解

2.右弓步格挡

左拳收抱腰间,右脚上步成右弓步;右臂内旋,向下、向内划弧内格,再向前、向外划弧屈肘横格,拳面朝上,高与眉平,力达右前臂外侧,目视前方(图 18-15)。

3.抱拳弹踢

重心前移,身体微右转,左脚向前弹踢;右拳收抱腰间,拳心朝上,目视前方(图 18-16)。

动作要点:弹腿时,大腿带动小腿,力达脚尖,右腿支撑可微屈。

4.金丝缠腕

重心前移,左脚前落,右膝提起;右拳变掌前摆后翘腕,顺时针向外旋掌握拳,左掌抓握右手腕,目视前方(图 18-17)。

(a) 弓步下格　(b) 弓步上格

图 18-15　右弓步

图 18-16　抱拳弹踢

图 18-17　金丝缠腕

5. 马步冲拳

右脚落地震脚,身体略右转;右臂屈肘回带至右腰际,左掌附于右手腕处,目视前方(图 18-18(a))。左脚上步,身体右转,两腿屈膝内扣成马步;左掌变拳向左冲出,拳眼朝上,力达拳面,目视左拳方向(图 18-18(b))。

6. 转身平扫前推掌

(1)重心移至左脚,右膝提起,以左脚为轴右转 180°;左拳收抱腰间,右拳变掌,随转体直臂平扫后收至腰间,目随视右掌(图 18-19(a))。

(2)右脚向前落步成右弓步,右掌从腰间向前推出,掌心朝前,力达掌根,目视前方(图 18-19(b))。

动作要点:转身迅速、稳定,扫掌要快,落地、推掌同时完成。

(a) 震脚抱拳　(b) 上步冲拳

图 18-18　马步冲拳

(a) 转身提膝平扫　(b) 弓步推掌

图 18-19　转身平扫前推掌

7. 右弓步抄拳

(1)重心移至左腿,右膝提起;右掌上挑,目视前方(图 18-20(a))。

(2)右脚前落成右弓步,右臂顺时针划弧,外旋向前抄拳;左掌附于右前臂,掌心朝下,目视前方(图 18-20(b))。

动作要点:抡臂要圆,抄拳要稳。

8. 翻腰提膝推掌

(1)重心前移,身体左转,左脚经右脚后插步,前脚掌撑地;右拳变掌,两臂体前交叉,目视右后方(图 18-21(a)(b))。

(2)身体向左后仰翻转,左右两臂依次沿顺时针抡臂成侧平举(图 18-21(c))。

(3)身体继续左转,两腿交叉拧腰;两臂随体转抡摆展臂(图 18-21(d))。

(a) 提膝上挑　　(b) 弓步抄拳

图 18-20　右弓步抄拳

(4)右脚向前上步,身体左转成左弓步;右掌随转体前撩,掌心朝上,左掌附于右前臂,掌心朝下,目视右掌(图 18-21(e))。

(5)重心移至右腿,左膝高提,脚面绷平;左掌推出,掌心朝前,右掌变拳收抱腰间,拳心朝上,目视推掌方向(图 18-21(f))。

动作要点:翻腰时身体后仰,立圆抡臂。

(a) 插步正面　(b) 插步背面　(c) 翻腰　(d) 叉步展臂　(e) 弓步撩掌　(f) 提膝推掌

图 18-21　翻腰提膝推掌

9. 旋风脚

(1)重心前移,左脚前落,右脚扣脚上步,向右拧腰;左掌摆至右胸前,右臂摆至右上方,目视右下方(图 18-22(a)(b))。

(2)右脚蹬地,左脚高抬,身体向左腾空翻转 360°;空中右腿里合,左手击拍右脚,两臂随转体自然摆动。两脚依次(或同时)落地后成马步,右臂屈肘里格,左拳收抱腰间,目视右拳(图 18-22(c)(d))。

10. 虚步护身掌

(1)身体右转,左脚并右脚;两拳变掌前摆下按后收至腰间,掌心斜朝上(图 18-23(a))。

(2)右腿屈膝下蹲,左脚尖前点成左虚步;两掌向前推出,右掌附于左肘内侧,目视推掌方向(图 18-23(b))。

动作要点:虚步稳定,两掌前推要有内合之力。

11. 歇步冲拳

(1)重心后移,身体微右转,左脚向左后活步;左掌向右回带下按,右掌随转体向右回带后收抱腰间,目视左掌(图 18-24(a))。

(a) 左脚前落　(b) 上步摆臂　(c) 翻身击响　(d) 马步格肘

图 18-22　旋风脚

(2)身体左转,右脚向左后插步,两腿交叉屈膝下蹲成左歇步;右拳从腰间向前冲出,拳心朝下,力达拳面,左掌外旋握拳收抱腰间,拳心朝上,目视冲拳方向(图 18-24(b))。

动作要点:拿带要柔和,歇步要稳定。

(a) 并步收掌　(b) 虚步护身掌

图 18-23　虚步护身掌

(a) 左掌下按　(b) 歇步冲拳

图 18-24　歇步冲拳

12. 右弓步格挡

右脚上步成右弓步,右臂先内旋向下、向内格臂,再外旋向外、向上格挡,目视右拳(图 18-25)。

(a) 下格臂　(b) 上格臂

图 18-25　右弓步

动作要点:格挡力达前臂内外两侧,动作迅速,力点准确。

13. 马步切掌

重心后移，身体右转，右脚后退一步，两腿屈膝成马步；左拳变掌向左前下方推切，力达掌外沿，右拳收抱腰间，目视切掌方向（图 18-26）。

14. 右弓步冲拳

身体左转，右脚上步成右弓步；右拳向前冲出，左掌变拳收抱腰间，目视冲拳方向（图 18-27）。

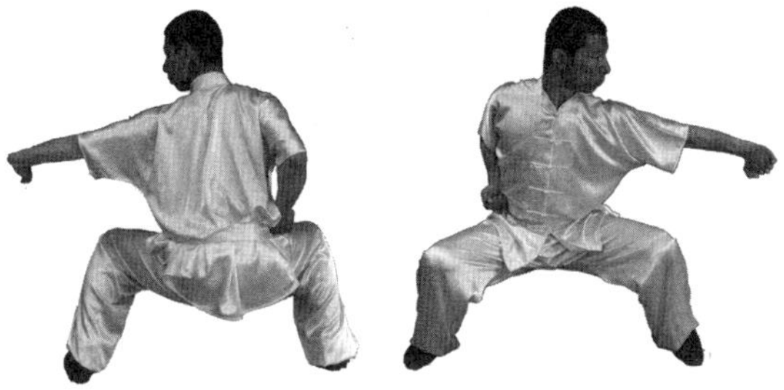

(a) 马步切掌正面　(b) 马步切掌背面

图 18-26　马步切掌

图 18-27　右弓步冲拳

15. 左弓步斜推掌

（1）重心左移，身体左转成左弓步；右拳变掌屈臂回摆至右胸前后内旋下按，左拳变掌弧形摆至右肩前，目视右掌方向（图 18-28（a））。

（2）重心右移，左脚向右脚后插步；左臂内旋上架，右掌向前划弧后变拳收至腰间（图 18-28（b））。

（3）重心左移，右脚向左脚后撤步成左弓步；左臂外旋，左掌经体前拿带后变拳收抱于腰间，右拳变掌从腰间向前下方斜推，目视推掌方向（图 18-28（c））。

(a) 弓步闪身　(b) 插步上架　(c) 弓步斜推掌

图 18-28　左弓步斜推掌

16. 震脚弓步双推掌

（1）重心移至左腿，身体右转，提右膝；两掌摆至额前上方合击，目视前方（图 18-29（a））。

（2）右脚向左脚内侧落地震脚，左脚略抬，两掌下按后收于腰间，目视前方（图 18-29（b））。

（3）左脚上步成左弓步，两臂内旋，两掌向前推出，目视前方（图 18-29（c））。

动作要点：震脚与按掌同时，弓步与双推掌同时完成。

(a) 提膝摆臂　　(b) 震脚按掌　　(c) 弓步双推掌

图 18-29　震脚弓步双推掌

17. 左弓步推掌

(1)重心后移至右脚,左膝提起;两掌经上左右分开成侧平举,掌指朝上掌心朝外,目视前方(图 18-30(a))。

(2)左脚前落成左弓步,右掌经腰部向前推出,掌指朝上,力达掌根,左掌下按于左膝上方,目视推掌方向(图 18-30(b))。

动作要点:左腿提膝与左脚前迈衔接紧密,弓步与推掌同时完成。

(a) 提膝分掌　　(b) 弓步推掌

图 18-30　左弓步推掌

18. 翻身劈掌

(1)身体右转闪身,左掌下按,右掌成立掌摆至左肩前(图 18-31(a))。

(2)左脚蹬地,身体向左腾空翻转一周,两臂呈立圆随翻身抡臂,目视前方(图 18-31(b))。

(3)右脚前落,左脚后撤成右弓步;左掌自上而下向前劈掌,力达掌外沿,左掌变拳收抱腰间,目视劈掌方向(图 18-31(c))。

动作要点:翻转轻灵,上步迅速,劈掌有力。

19. 腾空飞脚

(1)重心前移,左脚跟进;两臂前后抡摆,右臂向后,左臂向前,目视前方(图 18-32(a))。

(2)右腿蹬地,左腿提膝高抬,身体腾空跃起;右臂前上抡带,右掌背与左掌心在前额上方击响。右脚迅速向前上方摆起,右掌心快速击拍右脚面,左掌平摆至体侧,且视前方(图 18-32(b)(c))。

(a) 右闪身　　(b) 翻身跳　　(c) 弓步劈掌

图 18-31　翻身劈掌

(a) 两臂抡摆　　(b) 提膝带臂　　(c) 空中拍脚　　(d) 落地

图 18-32　腾空飞脚

(3)两脚依次(或同时)落地(图 18-32(d))。

动作要点:右脚蹬地有力,腾空要高,击拍连接紧密,声音响亮。

20. 右弓步冲拳

右脚上步成右弓步,右拳向前冲出,拳心向下,左拳收抱腰间,目视冲拳方向(图 18-33)。

图 18-33　右弓步冲拳

21. 马步看拳

(1)重心后移,左脚蹬地,身体腾空右转,左脚前摆,右脚后摆,两脚在空中绞剪,右臂外旋屈肘回摆,目视前方(图 18-34(a))。

(2)两脚左右分开落地成马步,左拳向左侧打出,拳心向下;右拳收至腹前,拳心朝上,目视左拳方向(图 18-34(b))。

动作要点:跳转动作轻灵,左冲拳有力,马步稳定。

22. 收势

(1)两拳变掌平伸,掌心朝上,目视右掌(图 18-35(a))。

(2)左脚并右脚,两臂内旋下按于两腰间,目视左方(图 18-35(b))。

(3)两掌放下,头右转向前,并步直立,目视前方。

(a) 腾空跳转　　(b) 马步看拳

图 18-34　马步看拳

(a) 马步分掌　　(b) 并步按掌

图 18-35　收势

第十九章　巴西柔术

第一节　巴西柔术运动简介

一、巴西柔术简介

巴西柔术是一种专攻降伏，以擒技见长，综合格斗竞技与系统自卫于一身的武术。20世纪初，肩负拓展殖民巴西使命，来自日本讲道馆嘉纳治五郎门下的前田光世，将包括(讲道馆柔道)寝技(降伏)战术在内的柔术，传授给了巴西人卡洛斯·格雷西与鲁伊兹佛朗萨。此后，前者家族中的名将——艾里奥·格雷西，从竞技和实战角度出发，总结出以摔、拿为基础技能，循环、渐进式降伏为基本战术，"以柔克刚""以弱胜强"为指导性战略方针的柔术新流派。如今，巴西柔术不但占据降伏式摔跤战技的半壁江山，更成为综合格斗摔、拿等技战术中的基本元素和组成部分，因此享誉全球、风靡武林。

二、巴西柔术的起源

巴西柔术源于日本柔道，寓意"柔的法则"。它适用于所有日本武术体系，"柔"即利用灵活性。柔术的特点在于充分利用杠杆，而非与对手抗力、比力。柔术练习者会选择使用技术，让对手屈服或耗尽其体力，最终将其制服。然而，在古时柔术被视为次要的格斗术。因为多数武士首先使用刀剑，并将刀剑术视为最重要的武术。因此，日本柔术形成多种打斗体系，各自体现一部分最原始的技术及策略。有两个例子，柔道，侧重于摔；而空手道则重视踢、打。在德川幕府时期，随着内战的结束，柔术开始流行。经过几百年的战争，武士们已精通武术，在战争中使技艺更精湛。柔术在劳动阶层出现了，并且成为日常的必需品，许多技术开始适用于日常生活中出现的情况，曾在战场上使用的自卫术现在在赌馆、市场、茶楼中使用。19世纪，柔术已成为成形的徒手格斗术，用来对付持械或徒手的对手，有些侧重于地面扭斗，有些则重视踢打。19世纪以来，日本共有700多种柔术门派。战争对柔术发展起了很大影响，将打斗术变成武艺，并带来技术的革新。由于缺少实战机会，很多柔术派别逐渐失去了实用性。没有了战争，武士阶层及战斗性武术也不再需要，剩下的仅仅是日常生活中的自卫术。

三、巴西柔术在我国的发展现状

随着巴西柔术在世界上的发展，以及综合格斗的影响，我国也逐渐有越来越多的爱好者和专业体育运动员开始参考学习，同时也成立了众多的教学机构。例如，北京进化(E. T)训练馆，北京拳天下俱乐部，上海巴西柔术学院，天津K-1 CLUB，西安黑带馆，南京巴西柔术学院原南京边疆，长沙巴西柔术学院，重庆鳄鱼柔术馆，南京知行合巴西柔术馆等。

四、巴西柔术风格特点

巴西柔术拥有大量格斗技术，包括打、投、关节技及绞杀技。巴西柔术的技术和策略都基于对地面打斗的深入研究。看着柔术练习者，以各自不同的招式将对手拖向地面，然后在地面上，获得控制的姿势。而后使用关节技、绞技或击打技术等多种攻击手段，将对手制服。在这样一个无规则的扭动过程中，肌体形成了点与面，力与美的均衡，而流淌之中的脉络却是深藏不露的柔。在 1993 年第一次终极格斗大赛上（UFC），霍易斯·格雷西获得冠军，巴西柔术开始引起世人的关注。终极格斗大赛，使不同门派的武术家，进行无限制规则的比赛。尽管霍易斯·格雷西体重最轻，他还是接着又赢得了三次终极格斗大赛的冠军，并且是在终极格斗大赛历史上唯一一位在一晚上连续赢得四场比赛的选手。从这种独特的扭斗技术，被称作“格雷西柔术”或“巴西柔术”的那一天起，其事实上就有了刚柔相济的真实属性，来练习者中，绝大多数是人高马大的欧洲人。但是小个子、体重轻、柔弱的选手，却对此有着更多的优势。他们说这可以保护自己不受个子大、体重大、身强力大者的侵害，多数擅长综合格斗技的爱好者，也来兼练柔术，足以证明这种巴西柔术以其刚柔相济的底蕴形成其在赛场内外的实用性、有效性。

巴西柔术练习者经常练习的有：摔投技术、上位压制技术、背部控制技术、基于各种优势位置下的降服技术、处于不利位置时的逃脱技术。处于下位的各种防守姿势，是巴西柔术区别于柔道、桑搏、摔跤等其他缠斗类武术的最大特征，所谓“防守姿势”就是自己倒地时用腿去控制住对方身体并开展反击的各种姿势。巴西柔术中的防守主要分为开放式防守、封闭式防守、半防守姿势三大种类。与防守姿势对应的是过腿技术，即摆脱对方下位防守姿势的控制取得优势位置——它们就像硬币的两面，构成了巴西柔术比赛中的攻防技术转换体系。

第二节　巴西柔术运动的基本技术

要想了解巴西柔术在自卫方面的有效性，有必要介绍这种武术的基本原理和策略。

一、巴西柔术技术原理和策略

（一）你的对手可能比你高大、强壮

古希腊著名哲学家阿基米德曾有过一句名言：“给我一个支点，我能单手撬起整个地球。”柔术是建立在你的对手比你高大、强壮的前提下的。一个比你弱小，没有你高大的人多不会在街头向你挑衅。即使他同你动手，在个头和力量上都会处于劣势。所以，如果在街头发生争执，多数对手可假设为比你强壮、高大。你是弱者，因此同对手比力气非明智之举。喜欢使用蛮力的对手，很容易受到技术高超的打斗者的攻击。尽管力量和力气是非常重要的，但每个人应该首先拥有技术优势。一个技术精湛的人比用蛮力的人更省体力。在恰当的地方、恰当的时机使用杠杆的原理，可以非常省力地达到预期的目的。杠杆原理会让你大大的省力。柔术练习者可使用全身的力量产生杠杆力，对对手最薄弱的部位进行毁灭性的打击。柔术的核心在于使用有效的技术对付蛮力和侵犯。柔术的哲学提倡预期使

用更大的力量抵抗,柔术练习者更喜欢"化"劲,改变对手进攻用力的方向,再反作用给对手。记住:除非你是世界第一壮汉,否则这个世界上肯定有比你更壮、更重、更大的对手。

(二)不要试图同比你高大、强壮的对手斗拳

如果你觉得你可以同比你高大、强壮的对手拼拳脚,那就大错特错了。在所有拳赛中,选手是按照体重划分级别的。在街头,没有质量限制,通常是大个子欺负小个子。对于体重超过你两倍的对手,拳击是否能起作用呢?为了避免这种冲突,最好的选择是缩短你同对手之间的距离,更好地控制他。一旦你把他拉倒到地面,你的柔术技术就可以保护你自己。柔术是极好的让你精通地面上的打斗技术的自卫武术。

(三)多数街头殴斗是在纠缠后,倒向地面结束的

统计显示多数街头殴斗是在纠缠后倒向地面结束的,有的是故意的,有的则是意外的。打斗的一方可能故意将对手摔到地上,或者一方失去平衡摔倒在地。经常发生的是个头大、力量强的人将小个子弄倒在地,然后骑在他的背上狠揍。即使在职业搏击比赛中,选手在遇到麻烦或想休息的时候,也会采用靠紧或箍住对手的方法。在开场就被击倒的场面是非常少见的。在拳击比赛中,缠抱是犯规的,一旦出现缠抱,裁判会立刻分开双方。拳手也不允许摔倒对手,在地面上继续打斗。因此,拳手不会接受对付擅长"缠抱"和不与他拼拳的选手的训练。

(四)缩短与对手的距离

对于柔术选手来说,最危险的障碍就是无法缩短同对手的距离。在此距离段,攻击者可以发出强劲的拳脚。柔术选手的目标是缩短同对手的距离,而不会被他击倒。想象自己能够阻挡或躲避对手的所有击打是不现实的,因此,柔术练习者的第一目标是靠近对手,不被击倒,通过缩短距离,柔术练习者会"憋"住对手的拳脚。快速移动,进入对手无法发出强有力的打击、重创你的距离。柔术练习者有多种策略可以靠近对手。最常见的是先用拳脚骚扰对手,拳脚的进攻会使对手要么靠近缠抱,要么后移,这正是柔术练习者需要的。柔术练习者不需要成为一名打斗专家,但应该精通几种拳法和踢法,同时擅长一些步法移动和头的躲闪。这些技术在站立打斗时可以保护自己,另外还需要掌握从站立到倒地的转换。物理学揭示,打击的力度取决于距离和接触目标的角度。通过消除这两种致命的因素,柔术练习者大大削弱了对手的攻击性。因为多数击打型选手面对的对手也是击打型的,他们不知道如何对付擅长缠抱和摔跤的选手。由于缺少这方面的训练,扭斗手很容易迫使拳击手进行摔跤决斗。一旦柔术练习者将对手固定住,接下来就是花时间、创造机会将对手扭倒到地面。除非对手接受过防摔倒的训练,或者体重过重,将对手扭倒在地比人想象得要容易得多。

(五)争取一个占控制地位的姿势

一旦进入地面格斗,击打手的主要武器——拳和腿被有效地弱化了。在地面上,某些姿势远远胜于其他姿势,因为它们可以提供不同的防御和进攻机会。在地面上,打斗者可以进入不同的位置姿势。柔术练习者的策略是处于比对手更有利的位置姿势。一旦实施控制性的位置姿势,柔术练习者可以有多种进攻选择:击打对手、使用关节技和绞技。柔术

的技术可以用来使对手投降，而不造成伤害。由于击打型选手不熟悉基本的地面格斗技巧，柔术练习者可以轻松地在地面上控制他。世界上有很多种扭斗式的武术，但没有一种像巴西柔术这样如此强调地面姿势的控制权。

二、基本功

（一）腰带扎法

腰带扎法如图 19-1 所示。

图 19-1　腰带扎法

（二）前滚翻

前滚翻如图 19-2 所示。

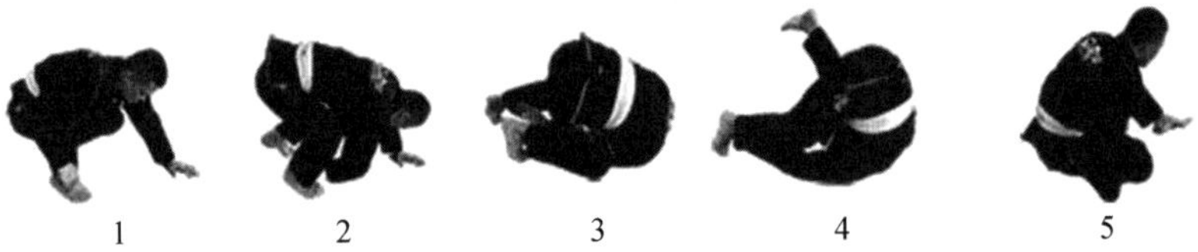

图 19-2　前滚翻

（三）后滚翻

后滚翻如图 19-3 所示。

（四）后倒地

后倒地如图 19-4 所示。

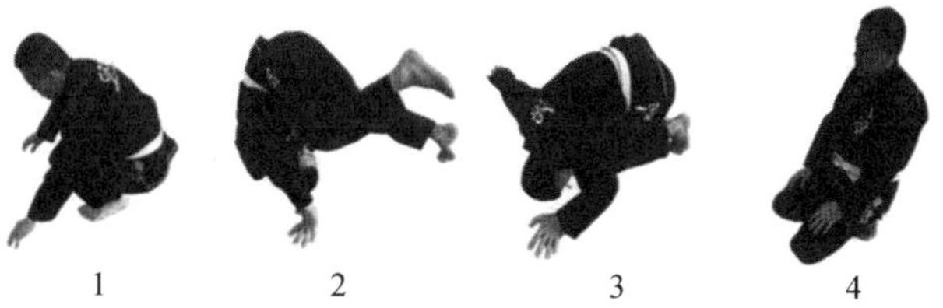

图 19-3 后滚翻

图 19-4 后倒地

（五）站立起身

站立起身如图 19-5 所示。

图 19-5 站立起身

（六）单肩起桥

单肩起桥如图 19-6 所示。

图 19-6 单肩起桥

(七)三角

三角如图 19-7 所示。

1 2 3 4

图 19-7 三角

(八)虾行

虾行如图 19-8 所示。

1 2 3 4

图 19-8 虾行

三、进阶技术

(一)站立技术

1. 抱单腿

抱单腿如图 19-9 所示。

1 2 3 4

图 19-9 抱单腿

2. 抱双腿

抱双腿如图 19-10 所示。

1 2 3 4

图 19-10 抱双腿

(二)骑乘劣势位

骑乘劣势位如图 19-11 所示。

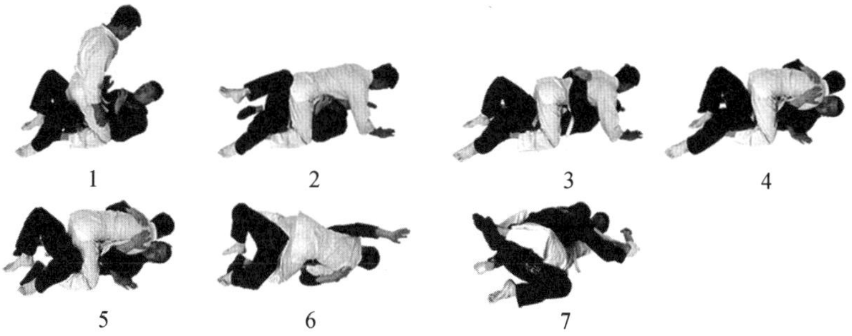

图 19-11 骑乘劣势位

(三)骑乘优势位

骑乘优势位如图 19-12 所示。

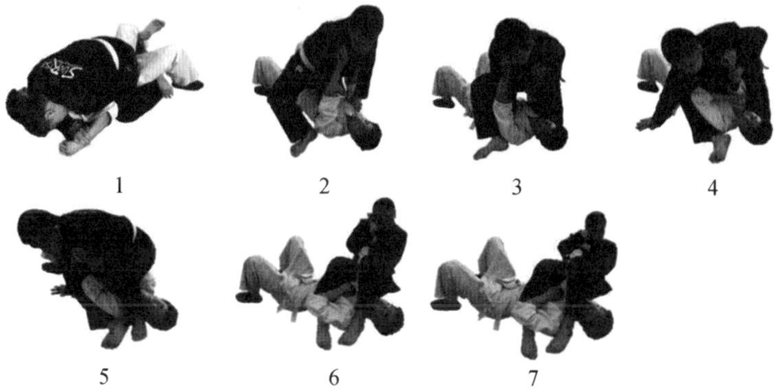

图 19-12 骑乘优势位

(四)Guard 劣势位

Guard 劣势位如图 19-13 所示。

(五)Guard 优势位

Guard 优势位如图 19-14 所示。

(六)侧控劣势位

侧控劣势位如图 19-15 所示。

(七)侧控优势位

侧控优势位如图 19-16 所示。

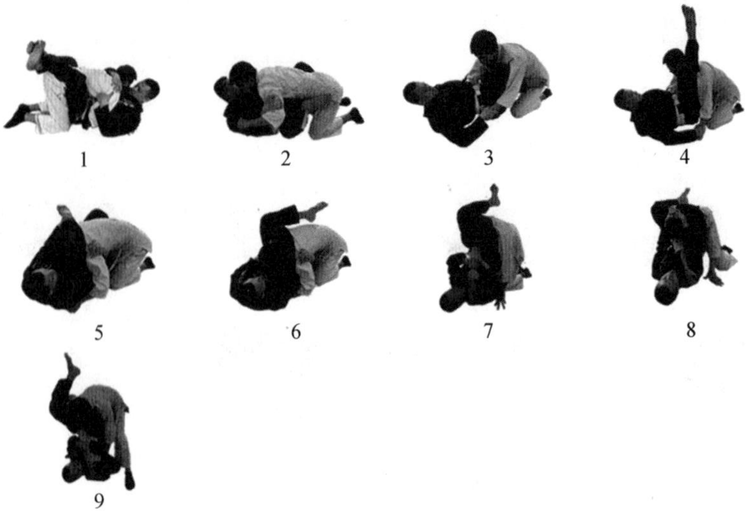

图 19-13　Guard 劣势位

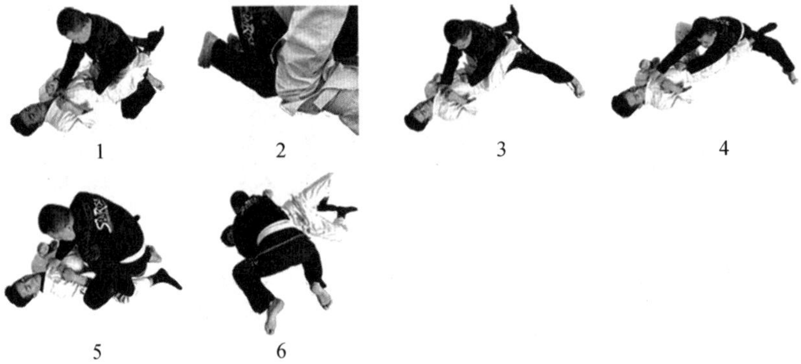

图 19-14　Guard 优势位

图 19-15　侧控劣势位

(八)站立解脱技术

1. 逃夹颈

逃夹颈如图 19-17 所示。

2. 逃断头台

逃断头台如图 19-18 所示。

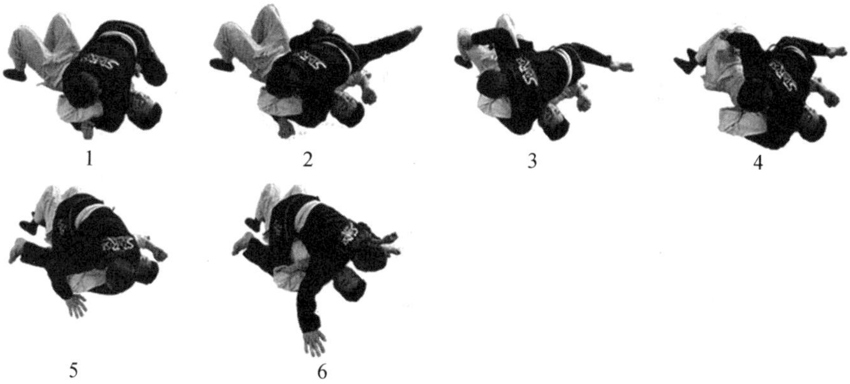

图 19-16　侧控优势位

图 19-17　逃夹颈

图 19-18　逃断头台

第三节　巴西柔术运动的基本战术

学习柔术,必须先了解柔术的“两大核心理论”,只有把这些理论理解,你才能了解柔术的真正内涵所在,也知道该如何去学习柔术。这两个法则也是让柔术称霸天下的“核心秘密”。

一、第一大核心理论——格斗阶段理论

任何真实的格斗都分为三个阶段且每个阶段都有其相对应的格斗技巧。某人(比如一个拳击手)可能非常熟悉其中一种技巧,但未必熟悉另外两种。这三个阶段分别是:①自由移动阶段;②近身缠抱阶段;③地面格斗阶段。

(一)自由移动阶段

在这个阶段,战斗的双方并未彼此控制对方,都在自由地移动。这时候可以用到的格斗技巧有拳打脚踢、膝击肘击等。格雷西柔术并不区分在这个阶段攻击距离的“近”或“远”,因为这并不能明确表示对手的攻击模式。你的对手可以在长距离做个泰式飞膝,也可以在近距离踩你的脚,这对你的对手来说是同样简单的。当格斗的双方在这个阶段对攻时,他们可能会使用各种不同的格斗技巧,世界上绝大多数的武术、格斗、功夫都在花大量的时间研究这个阶段的技巧。

(二)近身缠抱阶段

当格斗双方的其中一方找到机会贴近对手,就进入了格斗的近身缠抱阶段。一方可以利用自己的身体控制住对手,这时候的技巧包括摔法以及近身的打击技术。摔跤手以及其他缠斗类武术练习者最擅长这个阶段的技巧。在这个阶段也很容易将格斗引入第三个阶段——地面格斗阶段,特别是在格斗双方体形差距特别巨大的时候。

(三)地面格斗阶段

当格斗的双方都倒地时,就进入了地面格斗阶段。大多数情况下,一个身高体重占优势的人非常容易在地面中拿到上位优势位置,这时他就可以用自己的体重来控制下面的对手,一旦形成控制,处在优势位置的人可以使用关节技、绞技、打击技术攻击下面的人。自由跤、柔道、桑博、柔术的练习者在这个位置有大量的相关技术。格雷西柔术之所以如此有效率是因为它最接近真实的格斗。跟其他武术不同的是,格雷西柔术将打斗过程看成一个整体,它意识到在真实的格斗中,上述三个阶段是各有不同且都有可能发生的。而且更重要的是,决定这三个阶段如何发生,该是什么时候发生,并不是水平最高的那一方决定的,而往往是由体重比较重、比较壮的那一方决定的。格雷西柔术分析了各个武术种类的优势和劣势,并着重寻找它们的劣势。对于击打系的武术(拳击、泰拳、跆拳道、空手道等)最大的缺点在于他们没有策略应对比自己重比自己壮的对手,而且他们对于“近身缠斗阶段”和“地面格斗阶段”几乎没有任何相应的格斗技术,但这两个阶段在真实的格斗中是很难避免的,特别是其中一方比你重比你壮的时候。

二、第二大核心理论——地面位置理论

“位置”永远高于“击打”。格雷西柔术把地面格斗细分成几种位置,而且是按优势到劣势依次排列的。

如果你可以在地面中占据优势位置,即使你的对手比你重比你壮也无所谓,在地面格斗阶段,胜利往往倾向于占据优势位置的人,而并非体格健壮的人。关于这一点已经在无数格雷西柔术练习者们的真实打斗中得到过验证,这也是为什么全世界所有综合格斗的运动员都学习柔术的原因。

第二十章　体育舞蹈

第一节　体育舞蹈运动简介

一、体育舞蹈运动的起源与发展

1924年，由英国人发起欧美舞蹈界人士参与，对传统宫廷舞，交谊舞及拉美国家的各式土风舞进行了广泛研究，并对此进行了规范和美化加工。在此基础上，于1925年正式颁布了华尔兹、探戈、狐步、快步四种舞的步伐，总称摩登舞。

1950年，由世界舞蹈组织(ICBD)主办了首届世界性的大赛“黑池舞蹈节”，并把规范后的舞蹈命名为国际标准交谊舞，同时摩登舞中又增加了维也纳华尔兹。

1960年，在对非洲和拉美一些国家的民间舞进行规范和加工后又增加了拉丁舞的比赛，拉丁舞也有五种舞，即伦巴、恰恰恰、桑巴、牛仔、斗牛。

1994年，国际标准舞也正式更名为“体育舞蹈”。

目前，国际上存在以下两个国际体育舞蹈组织：

WDDSC——世界舞蹈及体育舞蹈理事会。1950年9月22日在英国苏格兰的爱丁堡成立，现有52个会员协会，注册地为英国伦敦。

IDSF——国际体育舞蹈联合会。1935年成立于布拉格，现有79个会员协会，注册地为瑞士洛桑，于1997年获得国际奥委会的正式承认

20世纪80年代随着改革开放，体育舞蹈也在我国蓬勃发展起来，尤其在高校中深受学生们喜爱，1992年成立了北京市高校体育舞蹈协会，1993年，在北京医科大学举办了首届高校体育舞蹈比赛，时隔一年北京医科大学成功地举办了第二届北京市高校体育舞蹈大奖赛，参赛的学校有10余所，这些充分说明体育舞蹈已在高等院校蓬勃地开展起来了。

二、体育舞蹈重大赛事

(一)UK公开赛

UK公开赛是英国乃至世界上历史最为悠久的舞蹈赛事，它定于每年的1月下旬在英国伦敦南面小镇波密司国际中心举行。

(二)黑池舞蹈节

黑池是英国的一个地名，因地有湖水呈黑色而得名。黑池舞蹈节于每年的5月底在黑池的冬季花园举行。

(三)国际锦标赛

国际锦标赛于每年10月中旬在英国举行，历时3天。

三、体育舞蹈运动特点和锻炼价值

体育舞蹈,它兼有艺术和体育的特点。具有健身、娱乐、社交、竞技表演等多种社会功能,它融健身、健心于一体,它不受场地器材的限制,运动负荷量也可随大随小,适合于不同年龄、不同体质、不同层次的人群。体育舞蹈运动的价值在于可以使全身各关节都得到充分的活动,各部位的肌肉得到均衡的发展,更好促进新陈代谢加强心血管功能,增强体质,还能塑造良好的体形体态,它不仅强调健,而且还强调美,对提高韵律及身体协调性有着特殊的作用,还可以提高人的内在气质、陶冶情操,是体育与艺术完美结合的运动。尤其在现在学生高强度、快节奏的学习当中,体育舞蹈以它优美的动作、鲜明的节奏、欢乐的音乐将是你调节身心健康的最好运动之一。

第二节 体育舞蹈运动的基本术语

一、滑步(侧行)位置

当男士的右侧和女士的左侧碰触时,身体的另一侧岔开而形成一个 V 字形,脚步通常配合身体的旋转,侧行位置就是合并双脚的位置。

二、反身动作之位置

摩登舞反身动作是指移动足不论是前进还是后退往另一脚的方向或跨越的动作,但并不转动身体。

三、方位

方位是指一个舞步结束时,双脚(而非身体)在舞池中所面对、背对所指示的方向。

四、姿势

(一)男士

自然站立,双膝稍屈,双脚至身体往前倾,腰部撑紧,两肩自然放松,胸部必要拉紧,身体的重力放在脚掌上,两脚平放。

(二)女士

基本上与男士姿势相同,除了女士在腰部以上,姿势须稍向后,但不要太夸张。

五、握姿

(一)男士

男士面向女士站立,右手并拢,放在女士左肩胛骨下方。从肩膀到手肘整个右臂向下倾斜,肘到手指间应呈直线(图 20-1)。

左手握住女士右手的拇指与食指指间,交叉相握。手肘与手呈直线,掌心斜向地面右上臂稍向下倾斜,手臂在手肘的部位弯曲明显,手至手肘向斜上倾斜,左手的高度与女士耳齐前臂稍向外倾斜(图 20-2)。

图 20-1　姿势

图 20-2　握姿

(二)女士

左臂轻轻放在男士的右臂上,左手五指并拢放在男士三角肌上,右臂从肩膀到手肘间稍向下倾斜,然后手肘往上向倾斜朝向男士的左手,手指轻稍折握在男士左手的拇指与食指之间。

六、舞程线

舞程线是指沿着舞池以逆时针前进的方向,如图 20-3 所示。

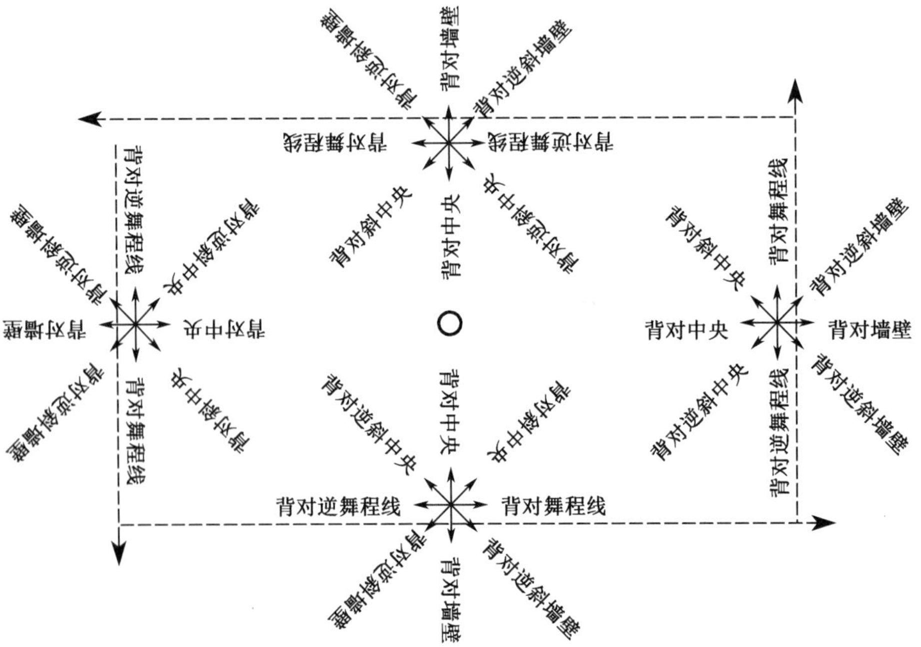

图 20-3　舞程线

第三节 体育舞蹈运动的基本技术

一、社交舞

(一)慢四步

慢四,原名布鲁斯,是老国际标准舞中的一个项目,动作平稳端庄,运步自由,行如走步。音乐是4/4拍或2/4拍舞曲,速度为每分钟28~30小节,六拍走四步,节奏是“慢、慢、快、快”。第一步占两拍,第二步占两拍,第三步、第四步各占一拍,每步脚落地应踩在重音拍上。每小节四步,男步第一步应先出左脚,女步第一步应先出右脚。

1. 动作要领

(1)舞伴架型,站位,头部要稳定,保持五个接触点。

(2)运步时大腿带小腿,膝盖自然弯曲,脚趾尖沿地面擦过;当重心移动过支撑脚,不能维持住平衡时,用脚跟部着地,两脚之间距离为两脚长。

(3)在第三步、第四步并脚时,足跟稍提起,前脚掌着地。

2. 要点提示

(1)保持架型身体姿态(5个接触点,头部位置:男25°,女45°,女士背弓2°,女士两侧大臂和肩呈一字形)。

(2)运步要平稳,手切勿上下摆动。

(3)动作流畅,运步过程不能停顿等拍。

(4)每次运步要落在重音拍上。

(5)每四步为一小节,男士第一步出左脚,女士第一步出右脚。

3. 基本步组合

①直进、直退并步;②右、左90°转;③右外侧锁步;④前进、后退横并步;⑤向后转体180°;⑥前、后犹豫步;⑦前进、后退常步;⑧左转犹豫步;⑨转体360°。

(二)平四步

舞厅中最常见最简单的一种自由舞,以四步为一个组合单位,使用乐曲4/4拍,每分钟50~52小节,每一步占一拍进行的舞蹈动作。

特点:随意,身体位置可握抱也可散式拉开做各种变换动作。

1. 动作要点提示

(1)四拍走四步,每拍走一步。

(2)重音拍必须是男左脚女右脚。

(3)两脚间距为一脚长。

(4)做手拉花动作时,三步一踏,踏拍脚为弓步是男左脚女右脚。

(5)做手拉花动作时,女步在第二拍转体,男步在第三步转体,第四步为踏。

(6)做手拉花动作时,舞伴间表现欢快、自然、亢奋、激情。

2. 基本步组合

①行走;②折步;③八步;④十四步;⑤推尺步;⑥单平换位;⑦背对行走换位;⑧交叉手换位;⑨犹豫荡步;⑩双平套对;⑪反弹琵琶;⑫西藏步;⑬新疆步;⑭牡丹花开;⑮背后换。

二、摩登舞

(一)华尔兹

华尔兹起源争议较多,德国、法国、美国等多数国家认为其起源于德国。它的风格是典雅大方、动作流畅、旋转性强、热烈兴奋、配合华丽多彩的舞曲,至今保持舞蹈皇后的美称。

1. 华尔兹的特点

华尔兹音乐节拍为3/4拍,音乐速度为每分钟30~32小节。

①升降起伏;②倾斜动作;③摆荡动作;④反身动作;⑤舞蹈运步变化多;⑥优美造型在流畅动作中体现。

2. 动作要求提示

(1)重音拍重心下降,二,三拍重心随身体升起移动,到第三拍后半拍时重心开始下降。

(2)运动过程中注意,身体倾斜和摆荡要结合。

(3)基本步前进时第一步落地顺序是跟、掌,第二步前脚掌,第三步前脚掌、并拢、落足跟。

(4)基本步后退时第一步落地部位是前脚掌、落跟,第二步是前脚掌,第三步是前脚掌、并拢、落跟。

(5)前进、后退运步过程中主力腿要有蹬地过程,且动作要流畅。

(6)舞伴间身体不能分开,保持1/3重叠,运动过程中身体中段不能分开。

(7)舞姿中握抱两手位置要正确(闭式、开式)。

3. 基本步

①方步练习;②并脚换步;③右转;④左转;⑤外侧换步;⑥犹豫步;⑦右旋转步;⑧左侧步;⑨后叉形步;⑩叉形步。

4. 基本步组合

①右旋转;②基本步;③左转;④叉形步;⑤侧行并步;⑥外侧右转;⑦开式推转;⑧左纺织步;⑨右外侧转;⑩后叉形步;⑪翼步;⑫开式电形步;⑬360°右旋转;⑭转锁步;⑮追逐步;⑯旋转纺织步;⑰螺旋步;⑱兰花造型;⑲前进锁步;⑳箭步造型。

(二)探戈

探戈是西班牙文化与黑人文化的结合体,特点是潇洒奔放、动静交织、头部左顾右盼,被称为舞中之王。舞曲是2/4拍,每分钟30~34小节,基本节奏为:“慢、慢、快、快、慢”“快、快、慢”。舞步大部分是斜行横进,被称为“蟹行猫步”。蟹行指出步方向不和身体同向,而是横斜向左、右的行走;猫步是形容走步时脚步有控制地柔和迈步如猫之探步而行。

1. 动作提示

(1)头部转动,一般在pp位置和倒步时运用,动作要小而短促,头不可乱转。

(2)舞伴左右手相握时夹角小于90°(含90°),身体重叠1/2,男士右手在女士左肩胛骨下方,过脊柱中央,女士左肘关节内端包在男士右肘关节外端,并在一条水平线上,手托在男士右腋下方。

(3)舞伴间中段身体接触不准分开。

(4)重心下沉,运步走弧线,两膝相挟、平稳。

(5)动作强调顿挫、内在力、舞姿刚健。

2. 基本步

①走步;②行进连接步;③并进连接步;④快步;⑤右狞步;⑥外侧滑旋步;⑦追步;⑧左右摇步。

3. 步组合

①常步分身;②连步;③侧行并步;④后撤步;⑤左转;⑥四快步;⑦后分侧行步;⑧外侧滑旋步;⑨左右摇步;⑩刷点步

三、拉丁舞

(一)恰恰

恰恰舞起源于古巴,是从企鹅走路动作当中得到灵感结合舞蹈动作演变过来的,表现欢快、俏皮、洒脱、臀胯扭动明显。

音乐为4/4拍,节奏每分钟32小节,四拍走五步,是由单步和并合步所组成。即第一、二步为单步,第三、四、五步为并合步,舞步不宜过大,但要掌握正确节奏与时间值。在第二拍起步。第一、二步各占一拍,第三、四步紧凑占一拍,第五步占一拍。节奏:慢、慢、快快、慢,口令:2-3-4n-1。

1. 动作要领

单步 :带胯移动膝伸直、步脚掌擦伸平、脚瞬间辗踩蹬、进不忘手位移。

并合步:三步两拍不能拆、腿夹紧要紧靠、掌落地成丁字、后一步蹬出去。

2. 动作要点提示

基本步由“慢慢快快慢”五步组成,步伐必须利落、紧凑、风趣(口令:2-3-4n-1)。

慢步占一拍,快步占半拍,但第一个拍要短促一些。

第一拍动胯,第二拍起步。

前移腿膝盖伸直出脚,带胯前摆。后蹬地脚掌瞬间外八字辗、踩、蹬。

第三、四步快快注意胯回到中间即可,切忌不要摆向另一边。

手臂动作是身体的延伸,注意大臂带小臂随身体自然律动,一般有三个位置:①手在腰部伸开;②手在肩膀平伸;③手高于肩45°位置自然伸开。

3. 基本步

①律动;②时间步;③原地移动步;④前后追步;⑤1/4 转步;⑥库克拉卡;⑦纽约步;⑧郎得追步;⑨分展步;⑩手接手;⑪定点转。

4. 基本步组合

①原地基本步;②扇形位打开;③扭臀并合步;④曲棍球棍步;⑤三联步;⑥臂下转;⑦右陀螺转;⑧高级扭腰步;⑨纽约步;⑩定点转;⑪手接手。

(二)伦巴

伦巴舞起源于古巴,它的舞蹈动作是从雄鸡走路中得到启迪,后来经过多年的升华,吸收了西班牙的“波莱罗”古老舞蹈动作，融洽在古巴的舞蹈中发展成为伦巴舞。它有特殊的音乐舞蹈节奏，空掉第一拍而重踏在第二拍上起步。

伦巴舞的音乐浪漫、缠绵，舞蹈风格柔媚而抒情，多数表现情侣的爱情生活，被称为“拉丁舞之魂”。

音乐为 4/4 拍，速度为每分钟 27～31 小节，第一步占一拍，第三步和髋转动占两拍，口令：2-3-4-1。

1. 动作要领

预备动作颈部到脊背保持自然笔直，两人相距 30 cm 左右相对站立。

基本步臀、髋、膝、踝有机配合，动作脚的膝先是柔和的弯曲，使脚踝直提起，脚趾间延地面向前行走，然后向前移动重心、脚掌先着地过渡到全脚膝盖伸直，然后臀、髋向后压转动，支撑腿超直放松，准备第二步行进。

2. 音乐与舞步关系

拍压转胯动作，第二拍第一步，第三拍第二步，第四拍第三步，音乐每小节四拍，三步，八个过程，动作要求流畅有序。

3. 动作要点提示

正确运用胯的摆动。

音乐第二拍为第一步。

前进蹬地腿，按辗、踩、蹬顺序进行。

行走时，脚前掌先着地，重心始终偏重在脚掌上。

腰部以上身体始终领先于脚。

第三步和胯扭动要占第四拍和第一拍的一拍半时间。

动作要流畅缠绵，有拉美气息。

4. 基本步

①基本形态；②前进后退基本不；③原地移动步；④库克拉恰；⑤1/2 转步；⑥纽约步；⑦轴心转；⑧并腿上下步；⑨分腿并步；⑩1/2 转步；⑪纽扣步。

5. 套路

①基本步 1/4 转；②扇形步；③曲棍球步；④右陀螺转；⑤高级扭腰步；⑥左陀螺转；⑦阿依达；⑧库克拉恰；⑨剑刺步；⑩臂下转；⑪定点转；⑫阿里玛娜；⑬套索步；⑭左右分展步；⑮螺旋转；⑯结束步。

第二十一章　健　美　操

第一节　健美操运动简介

健美操是融体操、音乐、舞蹈、美学为一体的追求人体健与美的体育项目。它的起源应追溯到两千多年前,在古希腊人们喜爱采用跑、跳、投掷、柔软体操和健美舞蹈等各种体育项目进行人体美的锻炼。他们提出了“体操锻炼身体,音乐陶冶精神”的主张,这就是健美操的雏形。现代健美操是从20世纪60年代初开始萌芽的,1969年杰姬·索伦森综合了体操和现代舞创编了健美操,深受人们的喜爱。20世纪70年代在美国迅速掀起健美操热潮。

根据健美操运动的目的和性质,主要可分为健身性健美操、竞技性健美操和表演性健美操三大类。经常从事健美操锻炼,能使心肌增厚,心腔容量增大,血管壁弹性增强,进而提高心脏的功能;能提高呼吸深度,增加每次呼吸时的气体交换量,从而保证在激烈运动时满足气体交换的需要,提高机能水平;能提高消化系统的机能,有助于营养物质的吸收和利用,从而提高对疾病的抵抗能力。健美操运动除了具有增强体质的作用外,还具有塑造健美体形的功能,使体态变得丰满、线条优美、美丽动人。

第二节　健美操运动的术语和基本动作

一、健美操基本术语

健美操的基本术语主要是用来说明动作的,主要包括场地方位术语、运动方向术语、动作关系术语、运动形式术语、动作连接术语和运动轴与运动面的术语。

(一)场地方位术语

健美操学练需要场地支持。在健美操学练过程中,为了表明人的身体在场地上所处的方位,可借鉴舞蹈中基本方位的术语。把开始确定的某两面(主席台、裁判席)定为基本方位的第一点,按顺时针方向每45°为一个基本方位,将场地划分为8个基本方位,即1,2,3,4,5,6,7,8。

(二)动作关系术语

健美操的动作关系术语主要用来表示不同动作之间的关系,常见的健美操动作关系术语主要有以下几个。

同时:不同部位动作要在同一时间内完成。

依次:肢体不同个体相继做相同性质的动作,如右、左脚依次做并步。

交替:不同肢体或不同动作反复进行。
同侧:同一侧的上肢和下肢动作的配合。
异侧:不同侧的上肢和下肢动作的配合。
对称:左、右肢体做相同的动作,但方向相反。
不对称:左、右肢体做不同方向的动作。

(三)动作连接术语

动作连接术语用于描述一个连续动作过程时,用以表达动作的先后顺序及关系,是表示动作间联系的用语。

由:动作开始时的方位,例如由左向右。
经:动作过程中须强调经过某一特定位置,例如两臂经胸前交叉向外大绕环。
接:两个单独动作之间强调要求连续完成,如交叉步接迈步后屈腿。
至:用以指明动作须到达的某一特定部位,如两臂还原至体侧。
成:用以指明动作应完成的结束姿势,如右腿向侧迈一步成分腿半蹲。

(四)运动方向术语

健美操的动作方位术语具体是指运动者身体各部位运动的方向,运动方向是根据人体直立时的基本方位来确定的。在健美操运动中,通常用以下术语表示运动者的运动方向。

向前:向胸部所对的方向做动作。
向后:向背部所对的方向做动作。
向侧:向肩侧所对的方向做动作,必须指明左侧或右侧。
向上:向头顶所对的方向做动作。
向下:向脚底所对的方向做动作。
向内:肢体由两侧向身体正中线的运动。
向外:肢体由身体正中线向两侧的运动。
同向:不同肢体向同一方向运动。
异向:两个肢体向相反方向运动。
中间方向:指两个基本方向之间45°的方向。如前上方、前下方、侧下方等。
斜方向:3个互成90°的基本方向之间的方向,如前侧上、前侧下等。
顺时针转动过程与时针运动方向相同,逆时针转动过程与时针运动方向相反。

(五)运动形式术语

健美操的动作形式术语是健美操运动中使用最多的对动作的具体描述用语,常见的健美操运动形式术语主要有以下几种。

举:手臂或腿向上抬起,停在一定位置,如臂上举。
屈:身体某一部位形成一定角度,如体前屈。
伸:身体某一部位形成一定角度后伸直,如伸臂。
踢:腿由低向高做加速有力的摆动动作,如侧踢。
撑:手和身体某部分同时着地的姿势,如俯卧撑。
卧:身体躺在地上的姿势,如仰卧。

跪:屈膝并以膝着地的姿势,如跪立。
坐:以臀部着地的姿势,如并腿坐。
蹲:两腿屈膝站立的姿势有半蹲和全蹲。
摆:臂或腿在某一平面内由一个部位运动到另一个部位动作,不超过180°,如后摆。
绕:(环绕)身体部分转动或摆过180°以上(360°以上称环绕),如肩环绕。
提:由下向上做运动,如提臀。
沉:身体某部分放松下蹲的动作,如沉肩。
含:两肩胛骨外开,胸部内收,如含胸。
挺:一般指胸部或腹部向前展开,如挺胸。
振:臂或上体做大幅度的加速摆动作,如振臂。
夹:由两侧向中间收紧,如夹肘。
收:向身体正中线靠拢或还原到起始位置,如收腿。
推:以手作用于地面或对抗性用力,如前推。
蹬:腿部由屈髋到伸直发力的过程,如蹬地。
倾:身体与地面形成一定角度,如前倾。
控:身体或肢体抬在一定的高度上,并保持一定的时间,如控腿。
交叉:肢体前后或上下交叠成一定角度,如手臂交叉、交叉步。
转体:绕身体纵轴转体的动作,如单脚转体、水平转体。
水平:身体保持和地面平行的一种静止动作,如分腿水平。
波浪:身体某部分邻近的关节按顺序做柔和屈伸的动作,如手臂波浪、身体波浪。
跳跃:双脚离地,身体腾空并保持一定的姿势,如团身跳、开合跳。
劈叉:两腿分开成直线着地的姿势,如横戈、纵叉。

(六)基本手型术语

并掌:五指伸直,相互并拢。拇指微屈,指关节贴于食指旁。
立掌:手掌用力上屈,五指自然弯曲。
分掌:五指用力伸直,充分张开。
花掌:五指用力,小指、无名指、中指自掌指关节处依次屈,拇指稍内扣。
芭蕾舞手型:五指微屈,后三指并拢、稍内收,拇指内扣。
拳:握拳,拇指在外,指关节弯曲,紧贴于食指和中指。
剑指:食指、中指并拢伸直,其余三指相叠。
响指:无名指与小指屈握,拇指与中指、食指摩擦后击打大鱼际肌处产生响声。
指:食指、中指伸直分开,其余三指相叠。

(七)步伐术语

半蹲:两腿有控制地屈伸,可分为并腿半蹲和分腿半蹲。
提踵:两脚跟提起,脚跟落下时稍屈膝。
踏步:包括原地踏步、踏走步等动作。两腿原地依次抬起,依次落地,手臂前后自然摆动。
走步:踏步移动身体。

漫步:一脚向前迈出屈膝,重心随之前移,另一脚稍抬起然后原地落下。

跑步:两腿经过腾空,依次落地缓冲,两臂屈肘摆臂,要求小腿向后屈膝折叠。

并步:一脚迈出,另一脚随之并拢屈膝点地,再向反方向迈步。

弓步:两腿前后分开,两脚平行站立,蹲下,起来。

迈步点地:一脚向侧迈一步,两腿经屈膝移重心,另一腿再向前、侧或后脚尖点地。

迈步吸腿:一脚迈出一步,另一脚屈膝抬起,然后向反方向迈步。

迈步后屈腿:山一脚迈出一步,另一腿后屈,然后向反方向迈步。

一字步:一脚向前一步,另一脚迈步并于前脚,然后再依次还原。

V 字步:一脚向左(右)前迈一步,另一脚随之向右(左)前侧方迈步,呈两开立。屈膝,然后再依次退回原位。

侧交叉步:一脚向侧迈一步,另一脚在其后交叉,随之再向侧迈一步一脚并拢,屈膝点地。

脚尖点地:一腿稍屈膝站立,另一腿伸出,脚尖点地,然后还原到并腿姿势。

脚跟点地:一腿稍屈膝站立,另一腿伸出,脚跟点地,然后还原到并腿姿势,可做向前和向侧的脚跟点地。

吸腿:一腿屈膝抬起,落下还原。

摆腿:左腿屈膝支撑,右腿向左前方摆动,接着再向右后方摆动。

踢腿:一腿稍屈膝站立,另一腿抬起,然后还原。

弹踢腿(跳):一腿站立(跳起),另一腿先后屈,然后向前下方弹踢,还原。

后屈腿(跳):一腿站立(跳起),另一腿向后屈膝,然后放下腿还原。

并腿跳:两腿并拢跳起。

分腿跳:分腿站立屈膝半蹲,向上跳起,分腿落地屈膝缓冲。

开合跳:由并腿跳起,分腿落地,然后再由分腿跳起,并腿落地。

二、健美操基本动作

(一)基本手型

1. 合掌:五指并拢伸直。
2. 分掌:五指用力分开,手腕保持一定的紧张程度。
3. 拳:五指弯曲紧握,拇指压在食指弯曲部位。
4. 推掌:手掌用力上翘,五指自然弯曲。
5. 西班牙舞手势:五指用力,小指、无名指、中指自掌指关节处依次弯曲,拇指稍内扣。
6. 芭蕾手势:五指微屈、后三指并拢,稍内收,拇指内扣。
7. 一指式:握拳,食指伸直或拇指伸直。
8. 响指:拇指与中指摩擦与食指打响,无名指、小指弯曲至握。

(二)头、颈部动作

1. 屈:头部向前、后、左、右 4 个方向分别做颈部关节弯曲的运动。

动作要点:身体正直,做动作时应缓慢,充分伸展颈部肌肉。

动作变化:前屈、后屈、左侧屈、右侧屈。

2. 转:头保持正直,然后头颈部沿身体垂直轴向左、右转动 90°。
动作要点:注意下颌平稳地左右转动。
动作变化:左转、右转。
3. 环绕:头保持正直,然后头颈部沿身体垂直轴向左或右转动 360°。
动作要点:转动时,头部要匀速缓慢,不要过快。动作要到位,向后转时头要后仰。
动作变化:左或右环绕,两动作一致,方向相反。

(三)肩部动作

1. 提肩:脚开立,身体保持正直,然后肩部沿身体垂直轴向上提起。
动作要点:尽可能向上提起,提肩时,身体不能摆动。
动作变化:单提肩、双提肩。
2. 沉肩:脚开立,身体保持正直,然后肩部沿身体垂直轴向下沉落。
动作要点:尽可能向下沉落,沉肩时,身体不能摆动,头尽量往上伸展。
动作变化:双肩下沉。
3. 绕肩:脚开立,身体保持正直,然后肩部沿身体前、后、上、下 4 个方向进行绕动。
动作要点:绕肩时,身体不要摆动,动作尽量大,要舒展开。
动作变化:单肩环绕、双肩环绕。

(四)上肢动作

1. 举:以肩关节为中心,手臂进行活动。
动作要点:注意动作到位,有力度。
动作变化:前举、后举、侧举、侧上举、倒下举、上举。
2. 屈:肘关节由弯曲到伸直或由伸直到弯曲的动作。
动作变化:胸前平屈、肩侧屈、肩侧上屈、肩倒下屈、胸前上屈、头后屈。
3. 绕和环绕:两臂或单臂以肩为轴做弧线运动。
动作要点:路线清晰,起始和结束动作位置明确。
动作变化:两臂或单臂向内、外、前、后绕或环绕。

(五)胸部动作

1. 移胸:髋部位置固定,腰腹随胸部左右移动。
动作要点:注意移胸时,腰腹带动胸部移动,动作要尽量大。
动作变化:左右移胸。
2. 含胸、挺胸:含胸时低头收腹,收肩,形成背弓,呼气挺胸时,抬头挺胸,展肩,吸气。
动作要点:注意含胸时身体放松,但不松懈。挺胸时,身体紧张但不僵硬。
动作变化:手臂胸前平屈含胸,手臂侧平举展胸。

(六)腰部动作

1. 屈:腰部向前或向侧做拉伸运动。
动作要点:充分伸展,运动速度不宜过快。
动作变化:前屈、后屈、侧屈。

2. 转:腰部带动身体沿垂直轴左右转动。
动作要点:身体保持紧张,腰部灵活转动。
动作变化:迈步移动重心与转腰运动结合。
3. 绕和环绕:腰部做弧线或圆周运动。
动作要点:路线清晰、动作圆滑。
动作变化:与手臂动作相结合进行腰部绕和环绕。

(七)髋部动作

1. 顶髋:两腿开立,一腿伸直支撑,另一腿屈膝内扣,上体保持正直,用力将髋顶出。
动作要点:动作用力且有节奏感。
动作变化:双手叉腰顶髋,前、后、左、右顶髋。
2. 提髋:髋向上提。
动作要点:能与腿部协调向上。
动作变化:左提、右提。
3. 绕和环:髋做弧线或圆周运动。
动作要点:运动轨迹要圆滑。
动作变化:左、右方向进行绕和环绕动作。

(八)下肢动作

1. 立
(1)直立、开立
身体直立,再双腿打开,做开立动作。
动作要点:直立时身体要抬头挺胸开立时,脚的间距约与肩相等。
动作变化:结合手臂动作的直立、开立。
(2)点立:
先直立,再伸出一条腿做点立或双腿提起做提踵立。
动作要点:动作要舒展。
动作变化:侧点立、前点立、后点立、提踵立。
2. 弓步
直立后,大步迈出一腿,做屈膝动作。
动作要点:步子迈出不能太小,当然也不能太大。
动作变化:前弓步、侧弓步、后弓步。
3. 踢
双腿交换做踢腿动作。
动作要点:动作干净利落。
动作变化:前踢、侧踢、后踢。
4. 弹
双腿进行弹动动作。
动作要点:双腿弹动要有弹性。
动作变化:正弹腿、侧弹腿。

5. 跳

做各种姿势进行腿部练习。

动作要点:跳的时候要有力度和弹性。

动作变化:并腿跳、开并腿跳、踢腿跳。

第三节 健美操运动的成套动作

一、第三套大众健美操三级动作组合

(一)组合一

1. 第一个 8 拍(图 21-1、图 21-2)

1 2 3 4

图 21-1 第一个 8 拍(1~4)

1 2 3 4

图 21-2 第一个 8 拍(5~8)

预备姿势:站立。

下肢步伐:后屈腿同时转体 270°。

上肢步伐:1~4 拍左臂胸前平曲,右臂伸直;5~8 拍两手叉腰。

2. 第二个 8 拍(图 21-3)

下肢动作:V 字步和 baby 漫步,第 1 拍向右转体,第 7 拍转身 90°面向正前方。

上肢动作:两手斜前方上举,并收回。

图 21-3　第二个 8 拍(1~8)

3. 第三个 8 拍(图 21-4)

图 21-4　第三个 8 拍(1~8)

下肢动作:交叉步第 5 拍向右转体 90°继续向左做交叉步。

上肢动作:胸前平举收回。

4. 第四个 8 拍(图 21-5)

图 21-5　第四个 8 拍(1~8)

下肢动作:1~4 拍侧并步跳,5~8 拍向左转体 90°,小马跳。

上肢动作:1~4 拍手臂上举收回,5~6 拍一侧手臂上举,7~8 拍同 5~6 拍方向相反。

第五至八个 8 拍,动作相同,但方向相反。

(二)组合二

1. 第一个 8 拍(图 21-6)

1 2 3 4 5 6 7 8

图 21-6 第一个 8 拍(1~8)

下肢动作:1~4 拍右脚迈步提膝,5~6 拍向后退两步,7~8 拍提膝。

上肢动作:左、右臂自然摆动。

2. 第二个 8 拍(图 21-7)

1 2 3 4 5

图 21-7 第二个 8 拍(1~8)

下肢动作:右脚 1~4 拍交叉步,5~8 拍漫步。

上肢动作:1~4 拍随身体自然摆动,5~6 拍手臂曲臂侧举,7~8 拍手臂下垂。

3. 第三个 8 拍(图 21-8)

1 2 3 4 5 6 7 8

图 21-8 第三个 8 拍(1~8)

下肢动作:左脚 1~2 拍 V 字步,3~4 拍左转体 90°漫步,5~6 拍左脚并步跳,7~8 拍右脚并步跳。

上肢动作:手臂自然摆动。

4. 第四个 8 拍(图 21-9)

1　2　3　4　5

图 21-9　第四个 8 拍(1~8)

下肢动作:1~4 拍左脚漫步,5~6 拍向左转体 90°左脚漫步。

上肢动作:1~2 拍手臂平举,3~4 拍收回腰间,5~8 拍同 1~4 拍。

第五至八个 8 拍,动作相同,但方向相反。

(三)组合三

1. 第一个 8 拍(图 21-10)

1　2　3　4　5　6　7　8

图 21-10　第一个 8 拍(1~8)

下肢动作:1~6 拍左、右侧弓步,7~8 拍踏步两次。

上肢动作:1~6 拍手臂直臂下举,7~8 拍胸前击掌两次。

2. 第二个 8 拍(图 21-11)

1　2　3　4　5　6　7　8

图 21-11　第二个 8 拍(1~8)

下肢动作:1~3 拍右腿提膝抬腿,4 拍向后落腿,5~6 拍提左膝后迈腿,7 拍向左转身 90°,8 拍提膝抬右腿。

上肢动作:1~4 拍手臂斜 45°上举,5~8 拍手叉腰。

3. 第三个 8 拍(图 21-12)

图 21-12 第三个 8 拍(1~8)

下肢动作:1~3 拍左脚向前走三步,4 拍提右膝向左转身 180°,5~8 拍向前走三步提膝。

上肢动作:1~4 拍手叉腰,5~7 拍手臂伸直,由上逐渐向下,8 拍胸前击掌。

4. 第四个 8 拍(图 21-13)

图 21-13 第四个八拍(1~8)

下肢动作:迈步点地,第 3 拍和第 7 拍分别向左向右转 90°。

上肢动作:手臂胸前平曲。

第五到第八个 8 拍,动作相同,但方向相反。

(四)组合四

1. 第一个 8 拍(图 21-14)

下肢动作:1~4 拍右脚上步提膝,5~8 拍向前走三步,8 拍提膝。

上肢动作:1~4 拍直臂前举收回,5~8 拍手臂自然摆动。

2. 第二个 8 拍(图 21-15)。

下肢动作:1~4 拍右脚向右落地,baby 漫步,5~8 拍向左转体 90°漫步。

上肢动作:手臂自然摆动。

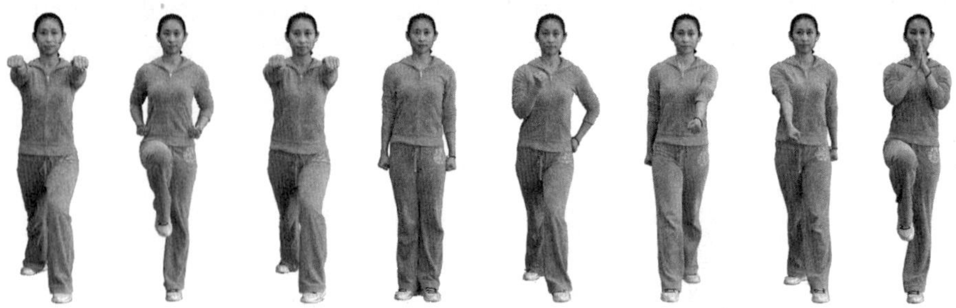

1 2 3 4 5 6 7 8

图 21-14 第一个 8 拍(1~8)

1 2 3 4

图 21-15 第二个 8 拍(1~8)

3. 第三个 8 拍(图 21-16)

1 2 3 4 5

图 21-16 第三个 8 拍(1~8)

下肢动作:1~2 拍右脚向前落地,上步提膝,3~6 拍动作相同,但方向相反,7~8 拍漫步。
上肢动作:1 拍曲臂侧举,2 拍胸前击掌,3~6 拍同 1~2 拍,7~8 拍,手臂自然摆动。
4. 第四个 8 拍(图 21-17)

1 2 3 4 5 6 7 8

图 21-17 第四个 8 拍(1~8)

下肢动作:1~4 拍左脚向左转体 90°交叉步,5~8 拍向右转体 180°交叉步。
上肢动作:1~4 拍手臂侧平举体前交叉,5~8 拍同 1~4 拍。
第五至八个 8 拍,动作相同,但方向相反。

二、全民有氧健身操二级表演轻机械(花球)组合

(一)组合一

1. 第一个 8 拍(图 21-18)

1　　2　　3

图 21-18　第一个 8 拍(1~8)

预备姿势:
下肢动作:1~4 拍站立,5~8 拍拍马步蹲立。
上肢动作:1~4 拍两手持球放在身体两边,5~8 拍手臂左右曲臂摆动。
2. 第二个 8 拍(图 21-19)

1　　2　　3　　4

图 21-19　第二个 8 拍(1~8)

下肢动作:1~4 拍转身直立,5~8 拍右脚虚点地四次。
上肢动作:1~4 拍由交叉经两侧伸直下举,5~6 拍左肩上击掌,7~8 拍手叉腰。
3. 第三个 8 拍(图 21-20)
下肢动作:1~2 拍屈膝半蹲,3 拍向上跳起,4 拍屈膝落地,5~6 拍右腿屈膝,左腿甚至脚跟点地,7~8 拍同 5~6 拍方向相反。

1　2　3　4　5　6

图 21-20　第三个 8 拍(1~8)

上肢动作:1~4 拍手臂上举经由前交叉绕环一周,5~6 拍右臂直臂向左斜前方,左臂叉腰,7~8 拍右臂像右侧上举。

4. 第四个 8 拍(图 21-21)

1　2　3　4　5

图 21-21　第四个 8 拍(1~8)

下肢动作:1~4 拍两脚开立,上体俯身向前,5~8 拍右脚屈膝,左脚脚跟点地。

上肢动作:1~4 拍手臂向前伸直,由右向左经前,5~8 拍左臂屈臂于脸前,右臂叉腰。

(二)组合二

1. 第一个 8 拍(图 21-22)

1　2　3　4

图 21-22　第一个 8 拍(1~8)

下肢动作:1~4 拍左脚右脚提膝跳,5~8 拍两腿开立左右移动重心。

上肢动作:1~4 拍手臂体前自然摆动,5~6 拍右臂直臂上举,左臂叉腰,7~8 拍同 5~6 拍。

第二个 8 拍同第一个 8 拍,动作相同,但方向相反。

2. 第三个 8 拍(图 21-23)

图 21-23　第三个 8 拍(1~4)

下肢动作:1~2 拍左脚提膝,3~4 拍左脚落地移动重心,5~8 拍同 1~4 拍方向相反。

上肢动作:1 拍右臂斜上举,左臂叉腰,2 拍右臂曲臂,3~4 拍两臂曲臂左右肩,5~8 拍同 1~4 拍方向相反。

3. 第四个 8 拍(图 21-24)

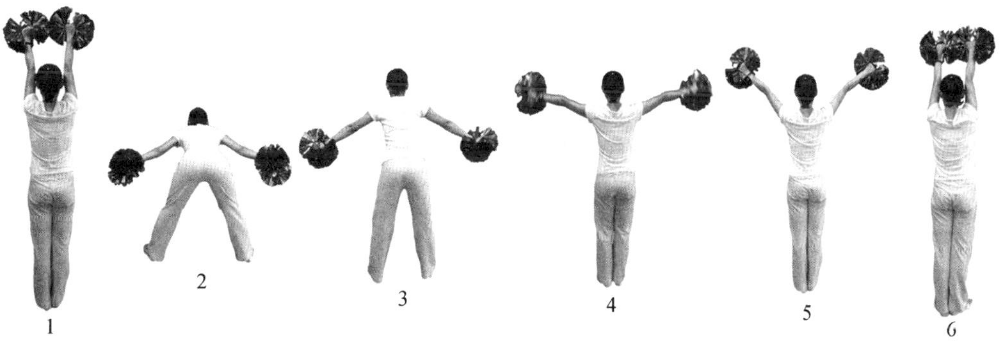

图 21-24　第四个 8 拍(1~8)

下肢动作:1~2 拍转身 180°两腿并拢,3~4 拍两腿迅速分开,上体俯身向前,5~8 拍两腿碎步收回。

上肢动作:1~2 拍手臂上举,3~4 拍手臂体侧打开,5~8 拍手臂经由下侧到上举。

(三)组合三

1. 第一个 8 拍(图 21-25)

下肢动作:1~2 拍单膝跪地,3~4 拍直立,5~8 拍两脚开立上体俯身向前。

上肢动作:1~2 拍手臂斜下举,3~4 拍手臂斜上举,5~8 拍手臂曲臂胸前绕环由右经前至左。

图 21-25　第一个 8 拍(1~8)

2. 第二个 8 拍(图 21-26)

图 21-26　第二个 8 拍(1~8)

下肢动作:1~2 拍两腿交叉,3~4 拍踢左腿,5~6 拍单膝跪地,低头,7~8 拍站立。

上肢动作:1~2 拍手臂胸前交叉,3~4 拍手臂斜上举,5~6 拍两手撑地,7~8 拍两臂侧下举。

3. 第三个 8 拍(图 21-27)

图 21-27　第三个 8 拍(1~8)

下肢动作:1~2 拍并步跳,3~4 拍同 1~2 拍方向相反,5~6 两腿开立,左右顶髋,7~8 拍同一方向顶髋两次。

上肢动作:1~4 拍手臂自然摆动,5~6 拍两臂依次胸前交叉,7~8 拍叉腰。

4. 第四个 8 拍(图 21-28)

图 21-28　第三个 8 拍(1~8)

下肢动作:1~2 拍两腿并拢,3~4 拍两腿开立,5~8 拍两脚并拢小碎步向前。

上肢动作:1~2 拍上体俯身前倾,手臂交叉于胸前,3~4 拍两手臂斜上举,5~8 拍手臂向前举。

(四)组合四

1. 第一个 8 拍(图 21-29)

图 21-29　第一个 8 拍(1~8)

下肢动作:1~2 拍两脚并拢,3~4 拍单膝跪地,5~8 拍双膝着地。

上肢动作:1~2 拍手臂斜上举,3~4 拍手臂斜下举,5~8 拍手臂胸前绕环由右经前至左。

2. 第二个 8 拍(图 21-30)

下肢动作:1~2 拍侧身向右侧倒地,3~4 拍踢左腿,5~8 拍站起。

上肢动作:1~4 拍手撑地面,5~8 拍两手臂侧下举。

第三、第四个 8 拍同组合第三、第四个 8 拍。

1　　2　　3　　4

图 21-30　第二个 8 拍(1~8)

(五)组合五

1. 第一个 8 拍(图 21-31)

1　　2　　3　　4

图 21-31　第一个 8 拍(1~8)

下肢动作:1~2 拍马步站立,3~4 拍提左膝,5~8 拍弓步。

上肢动作:1~2 拍两手曲臂腰间 3~4 拍右臂上举左臂胸前平曲,5~6 拍手臂经下向前冲拳左臂在前,7~8 拍右臂在前冲拳。

2. 第二个 8 拍(图 21-32)

1　　2　　3　　4　　5　　6

图 21-32　第二个 8 拍(1~8)

下肢动作:1~2 拍两腿交叉,3~4 拍两腿开立,5~6 拍交叉开立各一次,7~8 拍两脚开立左右顶髋。

上肢动作:1~2 拍右臂曲臂上举,左臂曲臂平举,3~6 拍手臂侧下举,7~8 拍左右臂各上举一次。

3. 第三个 8 拍(图 21-33)

下肢动作:1~4 拍可随意摆造型,5~8 拍两脚并拢向上跳起。

上肢动作:1~4 拍可随意摆造型,5~8 拍手臂伸直收回四次。

1 2 3 4

图 21-33 第三个 8 拍(1~8)

4. 第四个 8 拍(图 21-34)

1 2 3

图 21-34 第四个 8 拍(1~8)

下肢动作:1~2 拍提左膝,3~4 拍左腿伸直向前踢,5~8 拍小碎步向前跑。

上肢动作:1~2 拍手臂胸前曲臂,3~4 拍左臂上举,右臂侧平举,5~8 拍上体俯身向前,左臂叉腰,右臂向前平举。

(六)组合六

1. 第一个 8 拍(图 21-35)

下肢动作:1~2 拍向右转体 90°,3~4 拍向左转回 90°两脚并拢,5~8 拍同 1~4 拍,但方向相反。

1 2 3 4

图 21-35 第一个 8 拍(1~8)

上肢动作:1~2 拍左臂侧平举伸直,3~4 拍胸前击掌两次,5~8 拍同 1~4 拍,但方向相反。

2. 第二个 8 拍(图 21-36)

1 2 3 4

图 21-36 第二个 8 拍(1~4)

下肢动作:1~4 拍两脚开立,左右顶髋,5~8 拍左右小马跳。

上肢动作:1~4 拍两臂胸前曲臂左右摆动,5~6 拍左臂曲臂上举,右手叉腰,7~8 拍右臂曲臂与肩同宽,左手叉腰。

3. 第三个 8 拍(图 21-37)

1 2 3 4 5 6

图 21-37 第三个 8 拍(1~8)

下肢动作:1~4 拍小马跳,5~8 拍迈步后屈腿。

上肢动作:1~4 拍手臂上举左右摆动,5~8 拍手臂前举收回。

4. 第四个 8 拍(图 21-38)

图 21-38 第四个 8 拍(1~8)

下肢动作:1~4 拍两脚开立,身体由上到下成前屈,5~8 拍两脚并拢,成屈膝直立状态。

上肢动作:1~4 拍两手由上至下曲臂绕环,5~8 拍两臂胸前平曲到斜上举两次。

(七)组合七

1. 第一个 8 拍(图 21-39)

图 21-39 第一个 8 拍(1~8)

下肢动作:1~3 拍,左右脚交替向前迈步,4 拍提右膝,5~6 拍右脚先落地做恰恰步,7 拍左脚向右弹踢,8 拍成马步蹲立。

上肢动作:1~2 拍胸前曲臂于肩上各一次,3 拍右臂曲臂于肩上,左臂侧平举,4 拍两直臂斜上举,5~6 拍两直臂斜下举,7~8 拍两臂体前绕环至上举交叉。

2. 第二个 8 拍(图 21-40)

下肢动作:1~4 拍两脚开立成马蹲立,5~8 拍右脚向右迈步脚跟着地,然后并拢,做两次。

上肢动作:1~2 拍手臂依次下落,3 拍手臂胸前交叉,4 拍两手放于膝盖上方,5~8 拍右臂曲臂侧举,左手叉腰。

图 21-40　第二个 8 拍(1~8)

3. 第三个 8 拍(图 21-41)

图 21-41　第三个 8 拍(1~8)

下肢动作:1~4 拍左右腿分别并步跳,5 拍提左膝,6 拍两脚并拢,7 拍两脚开立重心移到右腿,左腿脚跟着地,8 拍恢复到直立状态。

上肢动作:1~4 拍手臂自然摆动,5 拍手臂胸前屈,6 拍手臂放于体侧,7 拍右臂上举,左臂侧平举,8 拍恢复到直立状态。

4. 第四个 8 拍(图 21-42)

图 21-42　第四个 8 拍(1~8)

下肢动作:1~4 拍向前走四步,5~6 拍两脚并拢屈膝下蹲,7~8 拍左脚向右侧迈出脚跟着地。

上肢动作:1~2 拍左臂由右肩至斜下举,3~4 拍抖肩,5~6 拍两臂胸前平曲,7~8 拍两臂经上至斜下举。

第二十二章　轮　　滑

第一节　轮滑运动简介

轮滑运动最早诞生于荷兰。当时荷兰的一位滑冰运动员为了能够在不结冰的时候进行训练,就尝试把木线轴安在皮鞋下,试图在平坦的地面上滑行,多次尝试后,这位运动员最终滑行成功,轮滑运动也因此出现了。

真正的轮滑鞋是由美国的詹姆斯·普利姆普顿于1863年发明的。他用金属来制造轮滑鞋的轮子,代替了之前的木质轮子。金属轮子的轮滑鞋滑行起来具有更多的优越性,深受大家的欢迎。

1861年,轮滑项目在巴黎世界博览会上的精彩表演,确立了其在体育运动大家庭中的地位。

1866年,轮滑运动被列入正式的体育运动比赛项目。从此,轮滑运动在欧洲各地风靡起来。19世纪末,轮滑比赛在西方各国相继兴起,各种轮滑协会也纷纷成立。

20世纪30年代左右,轮滑运动传入我国。这时候轮滑已经发展成熟,分为花样轮滑、速度轮滑和轮滑球三种。

1980年,我国轮滑协会成立,并被正式批准为国际轮滑联合会会员。1985年,在我国河南省安阳市举行了首届全国速度轮滑和花样轮滑锦标赛。从此,轮滑运动正式成为我国的一项体育运动项目并不断得到发展。1989年,“第三届亚洲轮滑锦标赛”在我国杭州举行,我国轮滑运动员获得了速度轮滑、花样轮滑、轮滑球三项团体总分第一名。在1999年的“第八届亚洲轮滑锦标赛”上,我国又再次在这三项轮滑比赛项目中夺冠。

第二节　轮滑运动的基本技术

一、轮滑的预备技术

(一)热身活动

和参加任何活动一样,每次练习前都应先做准备活动,让全身主要关节动一动,拉拉筋,尤其是脚踝、膝盖、大腿关节与腰部。进行热身跑,慢跑两圈,并做原地徒手操,跟随节拍,动作到位,充分拉伸,防止损伤,之后迅速穿戴好轮滑鞋和护具。

(二)坐姿前后推鞋

练习目的:了解鞋和场地的性能。

动作要领：当头盔、护具和轮滑鞋穿戴完毕后，坐在椅子上，两脚平行分开，相距15~20 cm，在原地做两脚交替前后推动，体会4个轮子在脚的位置和滚动时的感觉。

关键环节：①两脚平行，鞋底部与地面平行，轮子与地面垂直；②两脚前后推动成直线。

自我过关测试：在眼睛平视前方，不低头看两脚的情况下，按1 s两次的频率，两脚前后直线推动30~40 cm，并各完成20次。

（三）坐姿左右推鞋

练习目的：了解鞋和场地的性能。

动作要领：当头盔、护具和轮滑鞋穿完毕后，坐在椅子上，两脚平行分开，相距15~20 cm，以两鞋轮子稍内侧着地，在原地做两脚交替左右推动，体会轮子左右推动的摩擦力较大，甚至不能推移的感觉。

关键环节：①两脚平行，鞋底部与地面平行，轮子与地面垂直；②两脚前后推动直线。

自我过关测试：在眼睛平视前方，不低头看两脚的情况下，按1 s两次的频率，两脚前后直线推动30~40 cm，并各完成20次。

（四）由坐姿转变为站立姿势

动作要领：①鸭子步站立。由坐姿缓慢站起来，站好以后，可以试着两臂从体侧平举至肩高，左脚跟顶住右脚内侧，模仿鸭子，将两脚跟并在一起，成V字形或成T字形站立，保持双腿弯曲，不要绷直，弯腰，但不要把背弯下去，这是最基础的轮滑姿势。如果脚跟滑开了，就向后用力让脚跟重新靠在一起。②平行站立。在V字形或T字形站立的基础上，两脚跟分开，脚尖指向正前方，两脚互相平行。教练可以帮助拨动学生的脚，帮助其完成该动作。③空气凳。平行站立的基础上，微微弯曲膝盖，让臀部下沉，两手可以摸到膝盖，这是以后学习新动作第一步就要做到的平行站立空气凳。

自我过关测试：在眼睛平视前方，不低头看两脚的情况下，保持30 s稳定平衡，稍做移动。

（五）初级预备姿势

练习目的：保持站立和练习动作的稳定与平衡。

动作要领：上体微前倾，两手放于胸腹的侧前部，膝关节弯曲，小腿微前倾，脚踝成约80°，全身放松，两脚间距20~25 cm，身体重心落在两脚之间（稍靠前）。

关键环节：①重心稍靠前；②稳定，平衡。

动作要领：①两脚平行站立与肩同宽，两腿微曲，上体稍前倾，两臂自然下垂；②身体重心移至左腿，右腿稍抬起，放下，然后身体重心移至左腿，右腿稍抬起，放下。

自我过关测试：反复进行练习后，逐渐加快速度。

（六）实现单脚支撑平衡

动作要领：在掌握原地踏步的基础上，保持原来姿势，进行扶杆练习，手扶栏杆或同伴，将重心移至一条腿上，另一条腿向侧伸出再收回成开始姿势，换脚重复以上动作。学生自己体会前后滑动的用力以及重心的转换。

(七)站立前后推鞋

练习目的:控制重心,了解鞋和场地的性能。

动作要领:手扶栏杆或在教练的扶持和保护下,两脚相距15~20 cm,平行开立,在原地做两脚交替前后推动,体会4个轮子在脚下的位置和滚动时的感觉。

关键环节:①两脚平行,鞋底部与地面平行,轮子与地面垂直;②两脚前后推动成直线。

练习方法:①手扶双侧栏杆进行练习;②手扶单侧栏杆进行练习;③在教练或同伴的扶持和保护下进行练习;④独立完成。

自我过关测试:在眼睛平视前方,不低头看两脚的情况下,按1 s两次的频率,两脚前后直线推动40~50 cm,并各完成20次。

(八)站立左右推鞋

练习目的:控制重心,了解鞋和场地的性能。

动作要领:手扶栏杆或在教练的扶持下,两脚相距15~20 cm,平行开立,以两鞋轮子稍内侧着地,在原地做两脚交替前后推动,体会轮子左右推动的摩擦力较大,甚至不能推移的感觉。

关键环节:①两脚平行,鞋底部的轮子以稍内侧着地;②两脚左右推动直线。

练习方法:①手扶双侧栏杆进行练习;②手扶单侧栏杆进行练习;③在教练或同伴的扶持和保护下进行练习;④独立完成。

自我过关测试:在眼睛平视前方,不低头看两脚的情况下,按1 s一次的频率,两脚左右直线推动20~30 cm,各完成20次。

(九)向前滑行的基本预备姿势基础

练习目的:为掌握向前滑行技术打下基础。

动作要领:上体微前倾,膝关节弯曲,约140°,小腿微前倾,脚踝成约70°。全身自然放松,两脚间距20~25 cm,身体重心落在两脚之间(稍靠前)。为了帮助将身体重心向前移出身体之外,也可以将两臂前抬起,掌心朝前。

关键环节:为整个滑行的过程中保持身体重心靠前,必须遵循“三个对地投影点超前”原则,即保持膝关节对地面投影点向前超出脚尖对地面投影点,两肩对地面投影点向前超出膝关节对地面的投影点。

练习方法:①手扶双侧杆进行练习;②手扶单侧栏杆进行练习;③在教练或同伴的扶持和保护下进行练习;④独立完成。

自我过关测试:在眼睛平视前方,不低头看两脚的情况下,保持30 s稳定平衡,稍做移动后继续保持30 s。

(十)向后滑行的基本预备姿势

练习目的:为掌握向后滑行技术打下基础。

动作要领:上体微后仰,膝关节弯曲约150°,脚成约80°。全身自然放松,两脚间距20~25 cm,脚尖稍内扣,身体重心落在两脚之间(靠后)。

关键环节:为在整个滑行的过程中保持身体重心靠后,我们必须遵循“三个对地投影点后置”原则，即保持臀部对地面投影点向后超出脚跟对地面投影点，两肩对地面投影点向后超出臀部对地面投影点。

练习方法：①手扶双侧栏杆进行练习；②手扶单侧栏杆进行练习；③在教练或同伴的扶持和保护下进行练习；④独立完成。

自我过关测试：在眼睛平视前方，不低头看两脚的情况下，保持 30 s 稳定平衡，稍做移动后继续保持 30 s。

（十一）被动滑行

动作要领：①由基本预备姿势开始，两脚平行站立，身体重心保持固定，全身放松，在被动滑行的状态中体会滑行时的重心调整的方法；②牵引者应握住滑行者的双手向前牵引滑行人。

（十二）模仿滑行姿势的蹲起练习

速度轮滑的滑跑姿势直接关系到滑行速度的快慢。正确的滑跑姿势，是上体前倾接近水平，肩稍高于臀部，腿部弯曲，上体与地面成 15°～20°，大腿和小腿成 90°～110°，踝关节成 50°～70°，两手互握放于背后或在体侧自然摆动，头部自然抬起，眼向前看 5～10 m 处。

（十三）原地左右移动重心

练习目的：控制重心，体会重心的左右移动。

动作要领：由基本预备姿势开始，两脚相距 5～10 cm 米平行开立或成“V”形，两眼看前方 4～5 m 处，上体微前倾，腰背部放松，含胸收腹，两臂自然下垂或背于腰后，重心落在两脚中间，然后逐渐将重心移至一脚，另一脚帮助维持平衡保持 1～2 s 后恢复预备姿势。当离地脚放下时，要注意 4 个轮子同时着地。以同样的方法将重心移向另一侧并保持 1～2 s 后，再回复预备姿势。

关键环节：①两脚平行，鞋底部与地面平行，轮子与地面垂直；②膝关节微屈；③稳定，平衡。

练习方法：①手扶栏杆进行练习；②在教练或同伴扶持和保护下进行练习；③由基本预备姿势开独立完成；④逐渐加大重心移动的幅度。

自我过关测试：在左腿的帮助下，右腿支撑重心并保持 15 s，然后重心移向左腿，在右腿的帮助下，左腿支撑重心并保持 15 s。

（十四）原地左右脚尖转换重心移动

练习目的：控制重心，体会重心的左右移动。

动作要领：由基本预备姿势开始，两脚相距 5～10 cm 平行开立或成“V”形，两眼看前方 4～5 m处，上体微前倾，腰背部放松，含胸收腹，两臂自然下垂或背于腰后，重心落在两脚中间。逐渐将重心移至一脚，另一脚以 4 个轮子同时离开地面的方式抬起，并保持鞋底部始终与地面平行，1～2 s 后恢复预备姿势。当离地脚放下时，要注意 4 个轮子同时着地。然后再以同样的方法将重心移向另一脚，保持 1～2 s 后再恢复预备姿势。

关键环节：①两鞋底部始终与地面平行，轮子与地面垂直；②膝关节微屈；③稳定，平衡。

练习方法：①在教练或同伴的扶持和保护下进行练习；②由基本预备姿势开始独立完

成;③逐渐加大重心移动的幅度。自我过关测试在左腿抬起的情况下,腿在轮子没有滚动的情况下,支撑重心并保持 15 s。

(十五)原地抬腿

练习目的:控制重心,体会单腿支撑。

动作要领:由基本预备姿势开始,两眼看前 4~5 m 处,逐渐将重心移至一脚,另一脚以膝关节上提,4 个轮子同时离开地面的方式抬起,并保持鞋底始终与地面平行。1~2 s 后恢复预备姿势。当离地脚放下时,要注意 4 个轮子同时着地。然后再同样的方式将重心移向另一侧,提膝抬起另一条腿,保持 1~2 s 后再恢复预备姿势。

关键环节:①鞋底始终与地面平行,轮子与地面垂直;②支撑腿膝关节微屈;③抬腿至与地面平行或更高;④稳定,平衡。

练习方法:①在教练或同伴的扶持和保护下进行练习;②由基本预备姿势开始独立完成;③逐渐加大抬腿的高度。

自我过关测试:在左腿抬起,大腿与地面平行或更高的情况下,右腿在轮子没有滚动的情况下支撑重心并保持 1~2 s。然后重心移向左腿,在右腿抬起的情况下,左腿在轮子没有滚动的情况下支撑重心并保持 1~2 s。

(十六)左右跨步移动

练习目的:控制重心,体会侧向移动。

动作要领:由基本预备姿势开始,重心移至左腿,右腿以抬膝、脚"平抬平落"的方式向右侧跨 30~50 cm,迅速将重心移至右腿,左腿以同样的方式并支撑重心。如此反复向右侧移动 5~10 步,然后向左侧移动。

关键环节:①鞋底始终与地面平行,轮子与地面垂直;②支撑腿膝关节微屈;③脚落地后能够迅速支撑重心;④稳定,平衡。

练习方法:①在教练或同伴的扶持和保护下进行练习;②由基本预备姿势开始独立完成;③逐渐加大重心移动的幅度。

自我过关测试:①在保持鞋底与地面平行,轮子与地面垂直并没有滚动的情况下,能够向左右移动 10 大步;②能够随时且自如地变换跨步的方向。

(十七)向前踏步移动

练习目的:控制重心,体会向前移动。

动作要领:由基本预备姿势开始,重心移至左腿,右腿以抬膝、脚"平抬平落"的方式向前踏出 10~15 cm,落地后迅速将重心移至右腿,同时,左腿以同样的方式向前踏出一小步落地并支撑重心。

关键环节:①鞋底始终与地面平行,轮子与地面垂直;②支撑腿膝关节弯曲并放松;③脚落地后能够迅速支撑重心;④落脚的距离以落地脚的脚跟向前不超过支撑脚的足弓为准,并迅速将重心移到落地脚上。

练习方法:①在教练或同伴的扶持和保护下进行练习;②由基本预备姿势开始独立完成;③逐渐加快向前踏步的频率,但步幅不要加大。

自我过关测试:在保持鞋底与地面平行、轮子与地面垂直并没有滚动的情况下,能够以每秒两步或更快的速度向前小步幅踏步。

(十八)向后踏步移动

练习目的:控制重心,体会向后移动。

动作要领:由向后滑行的基本预备姿势开始,重心移至左腿,右腿以抬膝、脚"平抬平落"的方式向后踏出 10~15 cm,即右脚的脚尖落放在左脚的足弓附近。落地后迅速将重心移至右腿,同时,左腿以同样方式向后踏出一小步,落地并支撑重心。

关键环节:①鞋底始终与地面平行,轮子与地面垂直;②支撑腿的膝关节弯曲并放松;③当脚落地时能够迅速支撑重心;④落脚的距离以落地脚的脚尖向后不超过支撑脚的足弓为准,并迅速将重心移到落地脚上。

练习方法:①在教练或同伴的扶持和保护下进行练习;②由基本预备姿势开始独立完成;③逐渐加快向后踏步的频率,但步幅不要加大

自我过关测试:在保持鞋底与地面平行、轮子与地面垂直并没有滚动的情况下,能够以每秒两步或更快的速度向后小步幅踏步。

(十九)滑行

站立,用右脚内刃向侧后方蹬地,把身体重心移到左脚上,蹬地后的迅速收回与左脚平行成双脚向前滑行。当向前滑行将要停止时,再用左脚内刃向侧后方蹬地,蹬地后迅速收回与右脚平行成双脚向前滑行。两脚依次蹬地连续向前滑行。

动作要领:①原地两脚分成"八"字形站立,先做左脚内刃向侧后方蹬地的双脚滑行。②两臂向侧前方伸出,以便维持身体平衡。开始时,左脚内刃蹬地的力量要小些,蹬地时步幅小一些,逐渐加大。当左脚蹬地双脚滑行有一定技术时,应换右脚蹬地的双脚滑行。③当上述练习熟练后,即进行双脚轮换蹬地的双脚滑行。

二、中级平花技术

(一)前画葫芦

动作要领是首先双脚平行滑行,然后双脚同时向外推出,推到比肩宽时,逐步双脚同时向内收,当双脚快靠拢时,重复双脚同时向外,交替进行,直到能画出一串流畅的葫芦(图 22-1)。此动作需练习一下分解动作。

内八韧带:身体略向前倾斜,双手扶膝,脚尖合拢,后跟尽量张开。时间保持一分钟

外八韧带:身体略向前倾斜,双手扶膝,后跟合拢,脚尖尽量张开,时间保持一分钟。

原地画圆:以桩为中心,外八字滑出,划直与桩平行时,脚尖逐步内收,以内八字收回合拢,要按照滑出的弧线收回,动作不变形。

(二)双鱼

身体略前倾,双腿弯曲,双脚从桩侧面同时进桩,双脚平行呈 S 形状在桩与桩之间游动,同时,身体配合双脚的运动有节奏地扭动起来。注意:脚与脚之间距离不超过 15 cm,转方向的时机是在桩与桩的中点,另外绕桩时脚和桩要保持一定距离,不然,就容易碰桩,如图 22-2 所示。

1　　2　　3

图 22-1　前画葫芦

1　　2　　3

图 22-2　双鱼

（三）正蛇

距离桩路约 1 m 处，借助外八字滑行动力，双脚平行，右脚前伸，并调整双脚位置，一前一后呈一条直线，然后进桩，右脚脚尖控制好方向，呈 S 形状在桩与桩之间游动，左脚紧跟其后，成为一个整体，像一条有游动的蛇一样，身体配合双脚的运动优美地摆动起来。此动作需练习以下分解动作，保证练习效果：①双脚平行拉直线（不绕桩）；②双脚平行拉直线后，右脚脚尖控制好方向，呈 S 形状在地面滑动，左脚紧跟其后，成为一个整体，像一条游动的蛇一样（不绕桩）。正蛇动作如图 22-3 所示。

1　　2　　3

图 22-3　正蛇

（四）倒蛇

距离桩路约 1 m 处，身体背对桩路，桩前双脚呈内八字状态，侧头看后面，口令发出后，借助内八字滑行动力，双脚平行，右脚前伸，调整双脚位置，一前一后呈一条直线，然后进桩，右脚脚尖控制好方向，呈 S 形状在桩与桩之间游动，左脚紧跟其后，成为一个整体，像一条有游动的蛇一样，身体配合双脚的运动优美地摆动起来。此动作同样需练习以下分解动作，保证练习效果：①内八倒滑；②倒滑双脚平行拉直线（不绕桩）；③倒滑双脚平行拉直线后，右脚脚尖控制好方向，呈 S 形状在地面滑动，左脚紧跟其后，成为一个整体，像一条有游动的蛇一样（不绕桩）。与正蛇形绕桩的动作要领基本一致，只是正与倒的关系，倒蛇相对要难些。

（五）正剪

用前画葫芦步起步，在双脚即将并拢时交叉过桩，重心放在两脚之间，过桩后打开成八字站立准备进行下一个动作，需要注意压低重心，如图 22-4 所示。

1　　2　　3　　4

图 22-4　正剪

（六）倒剪

距离桩路约 1 m 处，身体背对桩路，桩前双脚呈内八字状态，侧头看后面，口令发出后，借助内八字滑行动力，双脚平行，调整双脚位置，以倒画葫芦进桩，在双脚即将并拢时交叉过桩，过桩后双脚成内八字站立准备进行下一个动作，重心需要放在两脚之间，上身保持正直，如图 22-5 所示。

1　　2

图 22-5　倒剪

（七）单脚

滑行时借助惯性上桩，抬起的一条腿为辅腿，另一条为支撑腿，滑动时支撑腿呈 S 形状在桩与桩之间游动，改变方向时依靠辅腿的带动和支撑脚的压韧，膝盖微微弯曲，双手打开，上身保持正直，如图 22-6 所示。

1 2 3 4

图 22-6 单脚

（八）"T"刹

动作要领：①前溜时两脚平行；②呈一前一后之弓箭步，重心在前；③身体前倾，膝盖下蹲，后脚斜贴在地（压内刃）；④后脚横向转动 90°，缓缓地施于后脚少许力道，并且缓慢向前脚跟靠拢（重心一定要放在支撑腿上），如图 22-7 所示。

图 22-7 "T"刹

第三节 轮滑运动的分类与装备

轮滑是一项休闲运动，但同时也是竞技项目。随着它的不断完善，目前已形成多项轮滑竞技项目。现代主流的轮滑运动分为速度轮滑、花样轮滑和轮滑球三大项，但随着轮滑运动的发展，轮滑项目也逐渐细化。目前，全球轮滑玩家主要从事以下项目的轮滑运动，即休闲轮滑、极限轮滑、速度轮滑、平地花式、自由式轮滑（FSK）、HOCKEY 球、花样轮滑、轮舞、越野型轮滑。其中，休闲轮滑主要以休闲刷街的形式，极限轮滑主要有街区表演及跳、卡杠、U 形池、跳跃等，FSK 主要有疯狂刷街、速降、平地速刹等形式。

一、运动分类

（一）休闲轮滑

一般指的就是刷街，这是休闲轮滑运动最流行的形式。在国外一些老龄化的都市人，他们把轮滑当作一种健身的方式，就像跑步一样，或是当作一种交通工具。所以对其而言，技术上没有什么要求，只要能向前滑，能停下来，会拐弯就可以了。另外，从一个城市滑到另外一个城市,这种户外轮滑活动和速滑的区别在于其速度居中,滑的距离一般来说小于40 km。

(二)极限轮滑

一般指的就是极限轮滑,这是轮滑运动中比较特别的运动形式。其中包括“STREET”(街区)和“RAMP”(U形池),每人通过各种技巧来演绎自己对“极限”的理解。

(三)速度轮滑

一般指的就是速度轮滑,其中包括场地赛、短道比赛和公路赛等。与其他轮滑的区别主要表现在其速度和专业配置上。世界锦标赛场地跑道正式比赛距离为男子1 000 m,5 000 m,10 000 m,20 000 m四项,女子500 m,3 000 m,5 000 m三项。公路比赛包括女子21 km半程马拉松赛、男子42 km马拉松赛。场地跑道像自行车场一样呈盆形。

(四)平地花式轮滑

这里指的是平花,其中主要包括花式绕桩和速度绕桩两类。目前流行的平花绕桩主要采用的是单排轮滑鞋,在欧洲一些城市也有用双排轮滑鞋玩平花绕桩的,这种用于平花双排轮滑鞋其轮子一般比较软,如78A,与我们常见的在室内木地板上练习花样轮滑的双牌轮滑鞋有很大的区别,主要是轮子一个适合室内用,另一个适合室外用。

(五)自由式轮滑

自由式轮滑是一种很新的轮滑项目,在欧洲兴起也不过二三年时间。其主要灵感来源是来自Fitness的速度与Aggressive的技巧,并结合了速降与速滑。特技滑是一种全新的,反映现代轮滑发展的玩儿法,目前在欧美已经成为一种都市轮滑精神的象征。速刹,这里指的是刹停技术,有时候也称为平地刹停,其目的是为了在不同情况下,短时间内停下来。其内容、风格和难度系数与平花式轮滑有较大区别,因玩法较为刺激,现代很多玩家将其归为自由式轮滑一类。速降,这里指的就是速降,从名字上来看就知道其应该是从一个高山上快速滑向山下终点的过程。其风险系数及其难度系数,哪怕是对于一个比较熟练的速滑选手来说也是一种挑战,从高山上冲下的速度常常可达到70~80 km/h,对于非训练有素的选手来说,很难承受这样快速度。就其装备而言,一般都采用速度装备,另外比赛时需要带上头盔以及全套护具。

(六)Hockey球

这里说的是轮滑球,关于轮滑球的Hockey种类主要有:Roller Hockey,Inline Hockey,Street Hockey,Ringettes。每种Hockey,都有场地、球、球杆、球刀等各细节的区别。看上去像是冰球和曲棍球的结合体,打法同冰球打法相似,比赛两队各上场5人,其中1名为守门员。运动员脚穿轮滑鞋,手执长91~114 cm的木制球杆在一块长22 m、宽12.35 m的长方形水泥质或花岗石制成的硬质地面球场上进行比赛。运动员可以传球、运球,通过配合把球攻入对方球门为得1分,得分多者为优胜队。球门高1.05 m,宽1.54 m,分置于球场两端线的中间。比赛用球形如棒球,质量为155.925 g。每场比赛分两局进行,每局20 min。

(七)花样轮滑

这里指的是花样轮滑,其中包括常见双排花样轮滑和直排花样轮滑,它们与花样滑冰有诸多相似之处。

二、轮滑鞋

为适应不同轮滑项目,轮滑鞋的分类逐渐细化,目前市面主要分为以下几类:儿童轮滑鞋、成人休闲轮滑鞋、平花轮滑鞋、FSK 轮滑鞋、速滑轮滑鞋、极限轮滑鞋和轮滑球鞋等。

(一)各种轮滑鞋及其性能

1. 平花鞋

上鞋高,轮子是香蕉轮,也就是中间两个轮子大,两边的轮子小。活动灵活,适合做各种平花动作。

2. 休闲鞋

休闲鞋就是最常见的轮滑的鞋,有儿童可调和成人固定鞋号两中,它们的轮子四个一样的,而且有的儿童鞋子是三个轮子。休闲鞋可以做简单的正滑和刹车等动作。

3. FSK 轮滑鞋

首先要说下 FSK 是什么意思,FSK 是自由式轮滑的意思,其宗旨就是自由,结合了极限、平花、速滑中的速降等动作,是极具危险的玩法。FSK 的鞋子,轮子四个一样大,或采用高低轮搭配,但是比休闲鞋要结实很多。

4. 速滑鞋

速滑鞋有四轮(直径 100 cm)和五轮之分。适用于在较平坦的路面上做竞速滑行,不宜做难度较高的极限动作,是中国目前的主要比赛形式。

5. 极限轮滑鞋

上鞋也高,但是轮子大都是平轮,而且是两边(一前一后)的轮子大,中间的轮子小,或者中间就没有轮子,最中间有凹槽,可以做滑竿等动作。极限轮滑鞋是最结实的。

6. 轮滑球鞋

轮滑球鞋在中国尚未普及。这个鞋子的最大特点是,前两轮小,后两轮大。鞋子重心靠前。

(二)轮滑鞋的构造

1. 鞋身(上鞋)

鞋身分硬壳和软面两种。硬壳材料,低档用 PVC 塑料,中档用 PP 工程塑料,高档用强化 PU 聚酯。塑料易老化,PP 工程塑料不易老化、强度高,强化 PU 聚酯既有强度又有韧性。PP 和 PU 又有低档与高档、国产与进口之分,质量性能及价格相差很大。

2. 鞋帮(CUFF)

鞋帮分硬帮壳和硬支架两种,材质同鞋身。

3. 内靴

布质内有海绵或高密度发泡材料,可脱卸,有厚薄之分,关系到舒适性及跟脚性。

4. 刀架(底座)

刀架是连接外壳与轮子的结构材质,有塑料、工程塑料和铝合金之分。几十元儿童玩具轮滑鞋用塑料刀架;工程塑料刀架强度高、质量轻、有一定缓冲弹性;铝合金刀架强度很高,但质量稍重,有低档与高档、国产与进口之分,质量性能及价格相差很大。花式竞赛用直排轮滑必须比普通休闲轮滑鞋更能承受冲击力,材料采用铝合金或强化塑料,但一般运动员多采用铝合金制底座。刀架距地面甚近的设计让运动员能保持低重心。同时底座与足部愈近,则可为运动员提供更大的摩擦力。现在的趋势是底座愈来愈贴近地面,而保持少于 50~67 mm 轮子大小的距离。底座与鞋之间的连接方面,由于特技表演摩擦力强,故采用铆钉(RIVETS)将两者连接。某些制造商亦开始安设隐性的铆钉以避免过早磨损。

5. 轮子

轮子分 PVC 塑料轮和 PU 聚酯轮。塑料轮没有抓地性和弹性,聚酯轮弹性抓地性好。轮子大小不一,由 44~82 mm 不等。轮子愈大,可以令速度提高,且有更多面积吸收震荡力。较小轮子让运动员的自主操纵性更大,加速愈快而滑行速度则较慢。而由于轮滑鞋底部空间较多,在做出摩擦性动作时可更得心应手。PU 轮上标有硬度表示耐磨性,硬度越高越耐磨,滑行较畅顺及吸震,但往往抓地性、弹性就降低,进口高档 PU 轮能做到高硬度与高抓地性高弹性同时具备,因此价格相差很大。特技直排轮滑运动员一般采用较小轮子,更有趋势在底座上装更小的轮子。软硬系数用作度量轮子的硬度。系数较高者较耐用且速度较高,但牵引力较小,从而抗震荡力较小。特技直排轮运动员一般采用高软硬系数的轮子。

(三)轮滑鞋的选购

选择轮滑鞋最重要的是要选择合适自己的,不同水平的轮滑者适用的鞋都是不一样的。初学者选购轮滑鞋时建议购买休闲轮滑鞋,这种鞋子的材料、构造等都比较适合初学者。选购轮滑鞋时要注意以下问题:首先要看轴承。好的轴承应该非常光滑,买鞋时可以用手转动轮子,然后看旋转速度。好的轴承可以旋转几十圈才停下来,而普通轴承,则转不了几圈。同时要看轮子上下的平动是不是在一条直线上,轮子的转速是不是一样的,这样才能保证滑行效果。

第二十三章 速度滑冰

第一节 速度滑冰运动简介

一、我国古代的滑冰活动

古代生长在北方寒冷地带的人们，在冰冻的江河湖泊中，用一些简单木制器具作为交通工具，在冰雪上滑动，以满足生活的需要。由于在冰雪上滑动所产生的情趣，逐渐形成了一种游戏，古代人称为“冰嬉”。

据史料记载，“冰嬉”始于唐代。公元649年，庸代李延寿在“北史”卷九十四“北室韦”（即现在大兴安岭一带）中写道：“南室韦北行十一日至北室韦……分为九部落，气候最寒，地多积雪，骑木而行……”这是我国古代关于冰雪活动的最早记载。

在宋、元朝代“冰嬉”更为盛行。到了明代有了“冰床”“冰擦”的记载。清代乾隆年间，设置了“技勇冰鞋营”，对其实行管理和指导训练。据《清代文献通考》记载：每年十月，各族选善走冰者二百名，内务府预备冰鞋、行头等项，每到冬至后，皇帝到瀛台各处观看表演“冰嬉”。

二、欧美国家的早期滑冰运动

滑冰运动在国际上也称得上是一项古老的运动，早在公元10世纪，欧洲一些国家就出现了骨制的冰刀。到了公元1250年左右，荷兰已经很盛行钉在木板上的铁制冰刀了。17世纪，有人发明了管式铁制冰刀，促进了滑冰运动的快速发展。

据有关资料记载，滑冰活动最早起源于荷兰，后来传入斯堪的纳维亚国家和英国。1742年在英国爱丁堡成立了国际上第一个滑冰俱乐部，1763年2月4日，英国首次举行了24.140 2 km速度滑冰比赛，这象征着竞技速滑运动的开始。

从19世纪40年代开始，速滑运动从荷兰、英国迅速传入俄国、挪威、德国、美国、法国、奥地利和捷克等国家。

三、国际滑联的成立并领导国际速滑运动

1892年7月，在荷兰的倡议下，于鹿特丹北部一个小镇（Scheveningen），召开了由五个对国际滑冰运动感兴趣的国家参加的会议。在这次会议上成立了国际滑冰联合会（ISU），并选出了领导机构。

国际滑联成立后，就担当了对国际滑冰运动项目（速度滑冰和花样滑冰）的组织和领导任务。其主要职能是：组织和监管国际大型滑冰比赛活动；召开所属会员国成立所属协会参加国际滑联大会，制定、修改章程和竞赛规则；组织、领导国际滑冰运动的发展项目，如培

训班、训练营等活动;与国际奥委会等国际体育组织协调配合;为国际滑冰运动筹集资金。

在国际滑联成立一百多年的发展道路上,经历了多次起伏跌宕的过程,从协会成立之初的5个成员发展到如今的63个;从单一的组织比赛活动,到多功能地对国际滑冰运动实施组织和监管,说明国际滑联已经成为国际滑冰运动改革和发展的主体领导机构。

四、新中国速滑运动的发展历程

19世纪末,滑冰运动从欧洲传入中国,并逐渐成为北方人们所爱好的冬季运动项目。

新中国成立后,参加速滑运动的青少年逐渐增多,特别是吉林、黑龙江的群众性冰上运动非常活跃。按速滑运动发展情况可分为以下几个时期:

(1)1949—1965年为初创与蓬勃发展时期。创造优异成绩的运动员有王金玉、罗致焕、王淑媛和刘凤荣等。

(2)1966—1971年是停滞时期。

(3)1972—1984年为恢复与学习时期。

(4)1985年至今,是深化认识速滑运动奋进发展时期。有一批选手在这个时期取得了优异的成绩,主要有叶乔波、王秀丽、刘洪波、薛瑞红等。

第二节 速度滑冰运动的基本技术及其教学

一、速度滑冰的滑跑基本姿势

速度滑冰有其独特的滑跑姿势,那就是在滑跑时,上体向前倾倒,几乎要达到接近水平面状态,腿部则深深地弯曲,呈半蹲姿势,两臂有时要背起手来。

髋部要弯曲,使上体接近水平状态,但肩部的高度绝对不能低于臀部,背部肌肉要自然放松,并稍微呈圆形背或有些驼背。这种姿势仿佛是要把身体悬挂起来似的,它能使上体非常放松。上体前倾可以有效地减少滑跑时迎面所遇到的空气阻力,有利于打乱和调整滑跑时身体的平衡,移动身体重心,目的是为有力蹬冰创造条件,特别是上体前倾能使蹬冰脚与冰面所成的角度变小,有助于向体侧方向做强而有力的蹬冰动作。但是,不是所有人都容易做到正确的上体前倾滑跑姿势,大部分初学者往往在做上体前倾时,易犯如下的错误:挺胸而呈直背或者是凹背。这样做的后果使背部肌肉十分紧张、僵化,滑跑动作变得异常拘谨,体力消耗大、易于疲劳,还有一些人在滑跑时容易犯上体向前倾倒过度的错误,把头扎下去猛跑,致使肩部高度低于臀部,身体重心移到了刀尖上,妨碍了快速向前滑行和正确蹬冰动作。

上体前倾时,头部要自然抬起,颈、肩和背部都要充分放松,两眼朝前,看到5~10 m左右处即可。滑行中不允许东张西望和向后看,因为这样容易分散注意力,影响动作的协调,甚至会使两脚绊在一起而跌倒。

优秀的速滑运动员在滑跑时,上体前倾到与水平面成5°~20°左右,但这一标准也不是绝对不可改变的,它还需要视具体情况而定。训练有素的速滑运动员上体前倾程度也许会深一些;反之就高一些。同是一个运动员,在滑跑长距离时,上体前倾几乎接近水平面。但是在滑跑短距离时,上体前倾相对来说就会小一些;在顶风滑跑时,上体要尽可能地向前倾倒,而在顺风滑行时则可以高一些。不过,对于优秀速滑运动员来说,滑跑长距离与滑跑短距离,上体前倾程度差别不是十分明显,都是尽可能地使上体前倾接近于水平面。但对于初学者和水平不太高的学生来说,这种差别就比较明显,特别是当滑跑短距离时,上体前倾明显高于长距离。一般来说,滑跑短距离时上体前倾与水平面约成45°左右就够了。当然,滑跑长距离时上体也尽可能地前倾深一些为好。

滑跑短距离时,上体向前倾倒的程度之所以相对来说要小一些,是因为滑跑短距离时的动作频率必须加快,而上体前倾程度减小能加快收腿动作。同时,这种姿势也有助于快速摆动两臂,使身体尽快失去平衡、恢复平衡和移动身体重心,加速蹬冰动作的频率。在速度滑冰的滑跑姿势中,最为重要的是髋、膝和踝三关节处的弯曲程度,即身体下半部分半蹲姿势的正确性,它们是直接影响速滑技术的关键,也是较难掌握的技术环节。通常,人们谈论速滑技术中的所谓高姿势或低姿势,也主要是指滑跑时腿部弯曲程度而言。优秀速滑运动员在滑跑时,上体前倾与大路形成45°~80°,并腿弯曲,膝关节夹角为90°~110°,小腿与冰面的夹角为50°~70°,目视前方10~20 m处,身体重心投影位于两脚中间。这种深屈的滑跑姿势,足以保证蹬冰强而有力,以及随惯性向前滑行时,身体重心合适地落在冰刀的中部稍靠后一点儿的位置上(图23-1)。

图23-1　深屈滑跑姿势

滑跑任何距离时,深屈膝的低滑跑姿势无疑都是非常有利的,它给蹬冰以最大的力量和效果,同时使蹬冰的时间和蹬冰的幅度延长,滑跑的步伐也会变得很大。因此,速滑运动员在训练时,总是力求采用低的滑跑姿势,并尽可能地在滑跑中保持这种姿势。但是由于每个运动员的滑跑风格、身材特点以及临场技战术要求不同,采用的滑跑姿势也不可能是千篇一律。一般来说,身材较为矮小、腿部力量好、爆发力强、蹬冰幅度大且水平较高的运动员在滑跑长、短距离项目时,最好采用低姿势滑跑。反之,身材较瘦高、腿部力量单薄、蹬冰动作频率较快,或者水平不是很高的运动员滑跑时,其滑跑姿势相对来说就应高些。所谓高姿势或低姿势是相对而言的,不能一概而论。例如,同样的蹲屈程度,对初学者来说是低姿势,对技术水平高的运动员来说可能是高姿势,对高个运动员来说是低姿势,对矮个运动员来说又是高姿势。因此,简单地以髋、膝和踝关节三处弯曲角度的大小来评定滑跑姿势正确与否并不十分科学。特别是对初学者或是水平不太高的学生来说,更应该根据具体情况和条件来选择适合自己的滑跑姿势。低姿势滑跑要经过长期的练习,循序渐进地掌握,不要盲目追求。正确、合理的滑跑姿势,应该使滑冰者感到非常的舒适和自然,并以不影响其技术发挥为前提。早在半个世纪前,一位著名的挪威世界速滑冠军就曾经说过:"正确的滑跑姿势不仅能使滑跑十分得力。而且还要像躺着一样的舒服。"因此,根据每个人的身体条件、训练水平、滑跑风格和滑跑的不同距离,来确定合理的滑跑姿势,才是正确的。

滑跑时,两臂可以伸直,双手互握,放在背后腰部,也就是背着手。背手时,应当注意不要端起肩膀,肘部不要抬起来,要放松下垂。当然,在滑跑短距离或是在长距离途中需要加速、冲刺时,还是需要双臂摆动的。

二、速度滑冰直道滑跑技术

初学速度滑冰的人，一定要先从学习直道滑跑技术开始，在较好地掌握正确直道滑跑技术以前，不要急于去学弯道、起跑等复杂技术，否则将有碍速滑技术的全面进步和提高。即便是已经具备了一定技术水平的大学生，每当新的运动季节到来的最初一段日子里，也要先从直道入手，熟悉了直道技术以后，再去练习弯道、起跑等技术，甚至在以后的日常训练课里也都先从直道练起。常常见到一些初学者，在尚未掌握直道的滑跑要领、并没有建立正确的滑跑技巧前，便急不可待地练习弯道、起跑等技术，其结果往往是使练习者进步缓慢，而且养成日后难以改正的许多错误动作。

在直滑跑技术练习当中，长距离慢滑练习是最基本的内容，因此，我们应该先从慢滑，也就是学习长距离直道滑跑技术开始。图 23-2 所示为长距离直道滑跑动作中的一个连续动作，现分析说明如下。

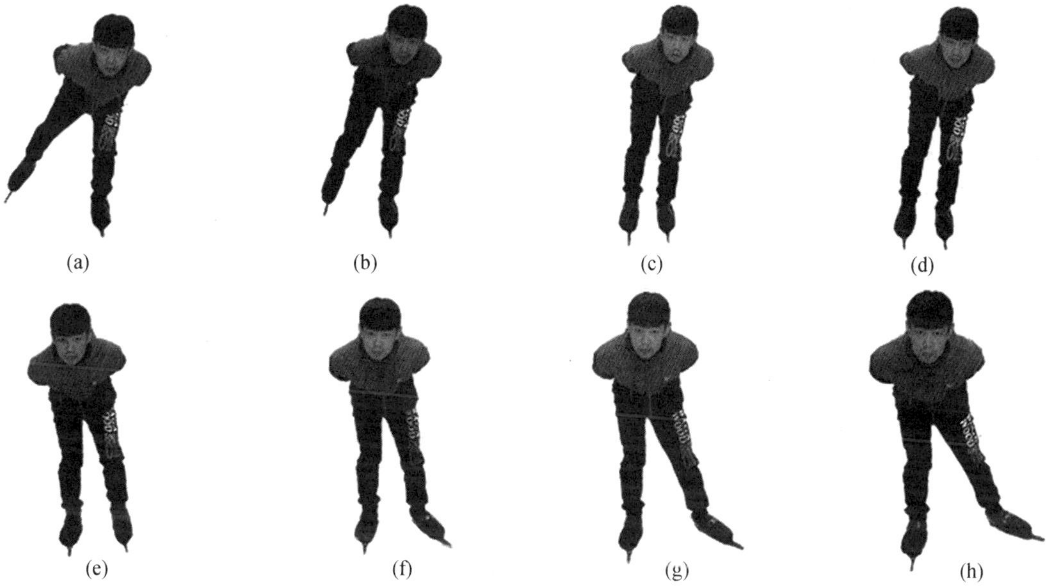

(a)　(b)　(c)　(d)　(e)　(f)　(g)　(h)

图 23-2　长距离直道滑跑

图 23-2(a)：左脚是处在蹬冰极限时的最大蹬冰动作。此时，左腿膝部已经伸直，左脚冰刀是在身体的侧后方，冰刀尖稍有些外转。身体的重力已落在右脚冰刀上，其位置是冰刀中间并稍靠后一点的地方，即脚心处。右脚的冰刀已从外刃转换成正刃，右小腿垂直于冰面，膝部刚好在右胸的下面，头朝向前方，这个动作容易出现的错误是右膝向内或是向外倾斜而不能直对着右胸。如果右膝向内倾斜，即右小腿是垂直于冰面，右脚冰刀必然是内刃着冰，使身体重心落到两脚之间；右膝向外倾斜，则容易使外刃着冰，导致重心移动过度而影响身体的稳定性。造成以上错误的原因，是不了解和没有掌握好正确的平衡滑行姿势和动作，再者是蹬冰时间太晚或蹬冰无力，其结果将使接下来的单脚平衡滑行不稳，并明显地降低滑行速度。

左脚蹬冰结束后抬离冰面，要充分放松左小腿的肌肉，冰刀尖朝下，不要抬离冰面过高。常见的错误动作是左脚甩得很高，或者刀尖未离开冰面，而是拖拉着在冰上。有时，优秀运动员在放松、休息时,冰刀尖稍稍拖在冰上滑行,但这不是正规滑行动作,初学者不要盲目效仿。

图 23-2(b):左腿开始做收腿动作。左腿要自然向后引伸同时屈膝,这一动作的要领是:用大腿带动小腿去做,使小腿肌肉放松,冰刀尖朝下,并不要离冰面过高,但绝不能用冰刀尖刮着冰面。在整个收腿过程中,大腿和冰刀要始终保持在同一个平面上。另外,在收腿时,要收拢膝关节,使左膝向右腿靠拢。上体和肩部要保持平稳和放松,不要晃动,右脚的冰刀是用平刃做平衡滑行。

左腿继续收拢,左大腿垂直于冰面,而小腿则平行于冰面。收腿动作的关键是要用大腿来带动小腿动作,两腿不要离得太远,身体重力仍在右腿上,右脚冰刀继续用平刃向前平衡地滑行。

图 23-2(c):在左腿收拢连续动作中,上体不允许有任何扭曲和忽左忽右的摇晃现象。右小腿垂直于冰面,右脚冰刀用平刃做平衡滑行。事实上,这一左腿收拢和右脚冰刀用平刃做平衡滑行是直道滑跑技术中最重要的环节。也是最难掌握的动作。因为,上体扭曲或晃动会破坏平衡滑行,从而使滑行减速。两膝分开过远或者大腿和冰刀不在同一个平面上,也会出现两脚冰刀绊在一起而跌倒的事故。

图 23-2(d):准备做蹬冰动作。身体开始向左倾倒,同时右脚冰刀由平刃转为内刃。

图 23-2(e):随着左腿继续收拢,左膝已靠近右膝,左脚冰刀开始紧挨右脚旁着冰。冰刀尖先着冰,并用外刃着冰滑行,左右两脚间的角度要小。与此同时,肩部、臀部同时向右倾倒,保持好上体的平稳,不要使右肩比左肩部位高,也不要向左摆动肩部。在做上述动作时,应将注意力放在向左倾倒臀部上。配合倾倒动作,已由平刃换成内刃的右脚冰刀,利用体重移动和右脚牢靠的支撑点,做强有力的蹬冰动作。这个蹬冰动作的特点是身体向左倾倒,向左移动臀部,右脚向右侧方向用力蹬冰要同时进行。紧跟着便是左脚下刀,冰刀着冰。初学者常常犯的错误是身体向左先倾倒,先下刀,然后才做蹬冰动作,导致蹬冰无力。另一种常见的错误是不能将肩、臀部同时向左倾倒,而是把肩部用力摆向左方,臀部却未动,蹬冰也无力量。两种错误都是没有利用体重来增强蹬冰力量。另外,左脚下刀时一定要注意方向,即左右两脚要贴近,二者之间的夹角要小,避免大外八字。

图 23-2(f):已着冰的左脚冰刀用的是外刃向前滑行,右脚继续用力向侧方做蹬冰动作,肩、臀部继续向左平移。初学者经常出现以臀部为轴摆动肩部的错误动作,就是在此时最容易发生。

右脚用内刃以最大力量向侧方蹬冰,用大腿发力,加大蹬冰幅度,直至膝部伸直为止。此时,左脚冰刀由外刃滚动成为平刃向前滑行,身体重力全部移到左脚上。

图 23-2(g):右脚冰刀抬离冰面。左脚平刃支撑身体做快速向前平衡滑行。下一个连续动作与上面完全一样,只是方向相反,即左脚开始蹬冰,右脚向前滑行,如此反复,构成直道滑跑循环动作。在了解直道滑跑技术动作以后,就可以到冰上练习。在练习时,你会发现要正确地掌握这一套动作并非易事,得要经常不断地去练习。在按照正确滑跑动作要求练习时,要注意逐渐把步伐滑得长一些,即动作尽量舒展、幅度大一点。初学时每步只能滑 2 m 左右,随着技术的熟练和正确,至少要达到每步长 6~7 m。

通过以上分析可以说明,直道滑跑就是用一只脚蹬冰、另一只脚冰刀向前滑行的反复循环动作。为了保持已经取得的滑行速度,就要尽力维持好身体的平衡,为此必须把身体重力放在滑行脚上,同时必须用力蹬冰。因此,直道滑跑技术主要是由两部分组成,即蹬冰

和平衡滑行。二者相比较,平衡滑行显得更为重要,也更难掌握,所以在练习直道滑跑技术的同时,要经常做如下的补充练习:

滑跑中取得一定的速度后,用单脚支撑做图 23-2(c)的动作,保持姿势不变,沿直线滑行,滑行要求是身体姿势平稳,滑行路线要直。开始练习时,可能滑行距离不长身体便失去平衡,或者无法滑行较长的笔直路线。但要经常练习,直到能按要求滑行 100 m 以上时为好。而且,由于这种平衡滑行对于直道滑跑技术的提高有很大的好处,因而每次练习课都要坚持做。

蹬冰一定要利用身体的重力,这样才能有力量。另外,蹬冰腿的膝部弯曲角度小,蹬冰则有力量,滑行得也越快。但在图 23-2(d)至图 23-2(g)蹬冰过程中,用力时间大小并不是绝对平均的:图 23-2(d)、图 23-2(e)为准备开始蹬冰,先找到合适的蹬冰角度,不要仓促用力蹬冰,而是有牢靠的支撑点后蹬冰;图 23-2(f)、图 23-2(g)为逐渐增大蹬冰用力程度;图 23-2(h)为蹬冰动作结束,刀离开冰面,蹬冰用力和身体倾斜动作要配合好。另外,蹬冰动作是在滑行中进行的,是用腿部力量的撑冰动作进行蹬冰,而不是离开冰面进行蹬踏动作。

同时,在蹬冰过程中绝对不允许上体扭曲、左右摇摆、上下起伏,蹬冰用力方向是侧方,而不是后方。蹬冰动作的支撑点在冰刀中部,即用整个刀蹬冰,而不能用刀尖。

蹬冰后的腿要后伸,脚离开冰面后要先引向后方再引向前方滑行脚近旁,这个动作要注意保持冰刀和大腿始终在同一平面上,要用大腿带动小腿动作,向前方提拉膝部,冰刀着冰,要先是刀中后部再到冰刀全刀刃;冰刀滑行要先外刃,再平刃,转内刃时便是新的蹬冰开始。

直道滑跑中,应保证滑跑的直线性,但事实上由于滑跑动作本身的特点,不可能笔直地向前滑行,而是左右飘忽似的飞行。不过要记住,左右摆动滑行时,头、肩和臀部必须平行,左右移动。不允许头、肩悠的幅度大而臀部不动或左右移动幅度小,要上体成一个整体悠起来。

练习直道滑跑技术时,要从长时间慢滑开始,动作要努力做得准确、自然、协调,速度不要求太快,蹬冰脚一经离开冰面,腿部肌肉便要完全放松,用错误的动作拼命滑跑也是滑不快的,而当你的动作合理、准确、流畅时,速度将不知不觉地来临,这也就是为什么优秀的速滑运动员的滑跑总是给人以轻松、优美感觉的缘故。

三、速度滑冰弯道滑跑技术

弯道滑跑技术比起直道滑跑技术来,动作显得复杂些,也较难掌握,但是二者的技术动作原理却是一样的。所不同的是:直道滑跑时,左右两脚要向左右两个方向蹬冰,身体为此要向两个方向倾倒和移动身体重心;而弯道滑跑时,左右两脚都要向右侧一个方向蹬冰,身体朝左侧一个方向倾倒。此外,弯道滑跑时,单脚平衡滑行几乎是不存在。

速度滑冰的弯道滑跑,是沿半圆弯道弧线做逆时针方向滑跑。为克服圆周运动时的离心力,滑跑者的身体必须随速度的增长而尽力向左方圆心倾斜,左右两脚冰刀轮流向圆周右外侧蹬冰,以便提供一个向心力来保证身体沿弯道弧线滑行。弯道弧度越小,身体倾斜程度就越大,蹬冰力量也要求更强些,所以,弯道滑跑的速度要比直道滑跑快,速滑运动员在需要加快滑跑速度时往往选择在弯道地段,如果弯道滑跑技巧欠佳,不仅不能加速,反而会使全程滑跑速度减慢,通常认为直道滑跑是速滑技术的基础,弯道滑跑则是提高滑跑速度的关键。

弯道滑跑时,左脚冰刀无论是蹬冰还是滑行,始终是在使用外刃,而右脚冰刀总是使用内刃。左、右两脚都要朝向同一个方向——身体的右侧方向蹬冰,因此在左脚蹬冰时必然要形成一个交叉步,即左腿要在右腿后面进行左脚蹬冰动作,这就是人们经常说的倒脚或压步。身体的重心随身体倾斜一直是落在身体的左侧。

图 23-3 是弯道滑跑时连续动作中的一个交叉步。

(a) (b) (c) (d)

图 23-3　弯道滑跑时连续动作中的一个交叉步

图 23-3(a):右脚最大限度地做蹬冰动作。右脚冰刀用的是内刃,蹬冰方向是侧方向,冰刀尖稍微有点外转;左脚冰刀是用外刃支撑身体,并沿弯道弧线的切线方向滑行,身体(头、肩、臀、左腿)成一条直线而向左倾斜。身体的重心在身体左侧,与直道滑跑身体倾倒时十分相似。上体前倾与冰面几乎平行,但肩高不能低于臀部,也不要使左肩低下而把右肩翘翻起来。为了能使动作准确无误,练习弯道滑跑时,要努力用左胯朝向弧线圆心方向贴近,这样做就能比较容易地使整个身体成一条直线向左倾斜,头朝向弯道弧线的切线方向,两眼向前看,这样做,也容易使身体成一直线向左倾斜。头、肩、臀、腿成一条直线向左倾斜,是掌握正确的弯道滑跑技术的最重要保证。

图 23-3(b):右脚冰刀抬离冰面向左脚方向摆动靠拢,身体大大向左倾斜,右腿肌肉放松,冰刀尖朝下,提起脚后跟,冰刀尖距离冰面越近越好,但不应拖落在冰上。要使用大腿的力量来摆动小腿并提脚后跟,右膝朝向左膝靠近,摆动小腿来使右脚冰刀引向左脚。在摆动右小腿和身体向左倾斜的同时,左脚冰刀用外刃开始做强而有力的蹬冰动作。这个动作的原理和直道滑跑时的道理是一样的,即要充分利用体重来加强蹬冰力量。因此,左脚应有良好的支撑点。这时容易出现的错误动作,仍然是头朝向了弧线圆心,而臀部则向外扭转。其纠正办法之一,就是用左胯尽力向圆心方向贴近。另外,要使右大腿与离开冰面的右脚冰刀处在同一个平面上。

图 23-3(c):与右脚冰刀逐渐靠紧左脚并着冰的同时,左脚开始用外刃做强而有力的向右侧方蹬冰。蹬冰时,左脚应感到有十分坚实的支撑点,右脚冰刀要放在左脚冰刀的右前方,冰刀的中后部先着冰,然后顺序是全刀放落在冰面上。但是,由于此时左脚已开始做向右侧方蹬冰动作,所以右脚冰刀是在左脚的左侧方落下全刀的,实际是向左做一个侧跨交叉步。右脚冰刀着冰时用的是内刃,向前滑行时也用内刃。右脚冰刀着冰时与左脚冰刀贴得很近,而且几乎是相互平行。初学者容易出现的错误是右脚着冰时刀尖朝上脚跟朝下,或刀尖先落在冰面上;再一个常见的错误动作是左、右两脚冰刀之间成很大的角度,右

脚冰刀尖朝向弯道圆心,同时臀部扭向右侧,头也跟着朝向圆心。为了避免出现这些错误,应准确地选好下刀的位置,可以有意识地用右脚的内踝骨向左脚贴近,有点儿像踢毽子似的,这样就容易做到两脚冰刀挨得比较近,并不致使它们之间成较大的角度。

右脚冰刀着冰后,随着左脚冰刀外刃用力向左侧方蹬冰,必然使右脚快速向前滑行。这样,虽然形成了交叉步,但却容易造成左脚冰刀落在后面,使向右侧方向蹬冰变成向后方蹬冰。为了避免这种情况,在左脚蹬冰时不妨有意识地向前上方做一个送蹬的动作,这一动作能保证向侧方蹬冰。另外,左脚蹬冰时不要使左膝离右膝太远。所有这一切,都是为了左脚蹬冰朝向右侧方。此时,身体仍主要由左脚支撑,这和直道利用体重蹬冰道理十分相似。因此,左脚应有良好的支撑感。

图 23-3(d):都是左脚用最大限度的力量蹬冰。左脚从滑行到蹬冰始终用冰刀外刃,但是有一点必须引起注意,就是左踝骨不要在做蹬冰动作时向内翻卷起来,即使冰刀底盘左侧触及冰面蹬冰,仍要保持左脚、左腿成一条直线。左脚蹬冰时,仍然是大腿用力,做向右侧方的推冰动作,蹬冰的幅度要尽可能大些,为了蹬得充分,在练习时甚至允许上体稍稍平行向右偏转,但不允许上体翻动,即右肩比左肩高,而是水平外转。

图 23-3(d)是左脚蹬冰结束,抬离冰面前要避免用刀尖做蹬冰动作。

在弯道滑跑全过程当中,图 23-3(c)至图 23-3(d)的右脚向左压步的动作节奏要比蹬冰时来得快些,给人感觉是一步紧逼一步往上压步。左脚外刃蹬冰比右脚内刃蹬冰在用力程度、蹬冰时间上都要大和长些。向左倾斜身体时,要把注意力放在尽量倾斜左胯上,并保持身体的垂直性;右脚做向左的压步时,冰刀尖要朝下,提脚后跟,并尽力向左方向提右脚的内踝骨;在弯道滑跑时,也不要忘记在直道滑跑时的要求;大腿和冰刀在任何部位时,都要保持它们始终在同一个平面上。以上这些,都是弯道滑跑技术的要点。

弯道滑行的动作节奏要比直道滑行快些,单脚滑行的距离,也比在直道上短得多。但是,通常弯道是加速和超越对手的好地段,因此速滑运动员都十分重视弯道滑跑的技术练习。有时,人们从弯道技术的好坏,就可以直接衡量出一个速滑运动员的水平、实力到底如何。另外,在速滑跑道上,大约有一半距离是在滑弯道,所以大家都在提高滑跑弯道技术上下较大的工夫。用夸张点的说法,弯道是在蹬冰加速滑跑,直道则是在保持不减速的情况下滑行。

四、蹬冰和单脚平衡滑行技术

蹬冰和单脚平衡滑行是速滑技术动作中两个主要的环节,其他一些动作都是为这两个主要动作环节服务的。因此,初学者一定要将它作为掌握技术的重要内容,并在练习中反复体会。

(一)蹬冰技术

蹬冰动作不能单纯理解为使足了劲蹬冰,谁的力气大谁就滑得快。事实上,蹬冰的内容是很丰富的,应当不断地去寻求省力、合理、有效的蹬冰动作。例如,怎样利用体重来加强蹬冰力量,蹬冰的时间、方向、用力性质、身体的悠动,等等。

利用体重蹬冰和蹬冰的时间:当浮脚由后朝前移到接近滑行脚的脚跟时,两脚靠得很近,此时身体应开始向浮脚一侧倾倒,即利用体重的压力做强有力的快速蹬冰动作。如果浮脚已经完全着冰并向前滑行时才开始蹬冰,那就晚了。不能利用身体重力蹬冰,蹬冰必然无力，如果浮脚还远离滑行脚正在向前收拢中就已经开始做蹬冰动作，则又太早了，其结果是缩短蹬冰的步伐，蹬冰也没有力量。所以蹬冰动作一定要和身体倾倒互相配合好。更确切地说，蹬冰是在身体刚失去平衡状态下开始的。初学者最容易出现的错误也往往是蹬冰不能利用体重的力量和蹬冰时间过晚，身体重心已经移到滑行脚上去了(着冰后的新滑行脚)，而另一只脚才刚刚开始蹬冰，这显然是二者没有配合好，因此在练习中应有意识地用臀部、大腿的力量来倾倒身体、移动身体重心(图 23-4)。

图 23-4　蹬冰动作 1

蹬冰的方向应该是滑跑方向的侧方，即用力的方向与冰刀滑行方向垂直，蹬冰脚与滑行脚之间的角度越小，则越容易做到向侧方向蹬冰。有时为了增强蹬冰的力量，在蹬冰动作开始前，蹬冰腿可以做一下附加的下蹲动作(深屈膝)，特别是姿势较高时，这样做更为有利(图 23-5)。

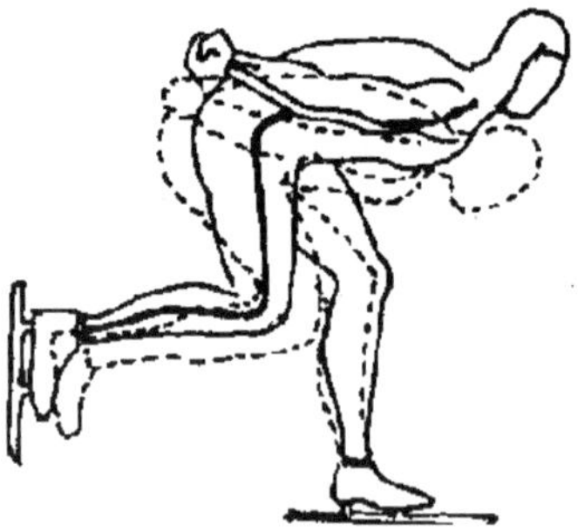

图 23-5　蹬冰动作 2

总之，蹬冰动作不仅是利用身体倾倒，移动身体重心、破坏身体平衡来加强蹬冰的力量，而且蹬冰动作也是有节奏的。开始时动作急剧、快和有力，接着是使蹬冰的步幅尽可能大，髋关节展开，两腿要拉开距离，当蹬冰结束时，动作要有弹性，利用反弹力结束蹬冰动作并收腿。

弯道滑跑的蹬冰与直道滑跑的蹬冰从原理上讲是一样的，只不过弯道蹬冰的方向始终是向左侧。

在弯道滑跑时，左脚的蹬冰动作应强而有力。为此，右脚结束蹬冰进行收腿时，动作不妨稍放慢一点，当左脚蹬冰进入最大用力时，右脚掠过左脚着冰。这个动作的关键是右脚能否配合左脚有牢靠的支撑点，这样左脚蹬冰才会有力量。左脚向右侧方蹬冰的幅度要大，尽可能向侧方，并且有明显向上的送蹬动作。右脚蹬冰时也要朝向右侧方，并且也应有向上送蹬动作。

(二)单脚平衡滑行技术

单脚平衡滑行一向容易被初学者忽视，事实上，滑跑动作就是由滑行和破坏蹬冰两部分构成的，因此二者具有同等重要的作用。通常，单脚平衡滑行可视为是速滑运动员技术水平的标志。

单脚滑行时,支撑身体的冰刀是用平刃向前滑行,小腿垂直于冰面,膝部在其相应的一侧下方,浮脚冰刀尖朝下,小腿平行冰面,大腿垂直于冰面。在整个滑跑循环动作中,在单脚滑行阶段时,动作节奏上要突然停顿一下,也就是不要急于收拢浮腿和过早倾倒身体、破坏身体平衡。但是,在蹬冰结束,浮腿由侧位引向后位时,动作要迅速。我们还是要强调一下,速度滑冰的滑跑动作,任何时候都不要忘记大腿和冰刀要保持在同一个平面上。

由于蹬冰动作要配合身体倾倒一并进行,所以滑跑时必然是左右摆动,即忽而向左前方、忽而向右前方滑行。但是,在悠摆的滑行过程中,上体必须保持相对的平稳,即整个身体必须一起悠,特别是上体要左右平行移动,不允许有扭曲或只摆动两肩的现象。初学者容易出现的错误是两肩左右摆动的幅度大,而臀部则几乎是不动的。纠正方法仍然是注意臀部的悠摆,上体跟随臀部一起动。

弯道滑跑时,单脚平衡滑行的时间非常短促,并且身体是处在向左倾倒状态,身体重心在身体左侧。因此,在弯道滑跑时左脚冰刀始终是外刃,右脚冰刀始终是内刃。另外,无论是左脚还是右脚做浮脚着冰时,都要和滑行脚尽量挨近,几乎平行,千万不能成很大角度。

弯道滑跑时,要十分注意上体的平衡,不能上下起伏,特别是不能使臀部在蹬冰时上跳。造成这些错误动作的原因,是身体重心太靠前的缘故,身体重心落在冰刀的前半截,从而使蹬冰必须使用刀尖,向侧蹬不出去;另外,身体向左倾斜程度不够、身体不是成一条直线向左倾斜、臀部向右扭转和头部使劲朝向左侧等,都是使身体不能稳定平衡的原因。

弯道的滑跑节奏,应当给人一种步步紧逼没有间歇的感觉。相比之下,直道似乎是悠闲很多,这就是速度滑冰的滑跑风格。

五、摆臂动作技术

速滑运动员为加速滑跑或是为了加强蹬冰的力量,往往在滑跑时要加进摇动双臂的动作。通常,短距离滑跑时,全程都要采用双臂摆动滑跑,在长距离滑跑时的起始段落和临近终点冲刺时,也采用双臂摆动滑跑。有时在弯道滑跑中,或是途中需加速追赶、超越对手时,也使用双摆臂的滑跑方法。

摆臂必须与蹬冰动作相配合,二者动作协调,相辅相成,当左脚蹬冰、右脚向前滑行时,左臂向前、右臂向后摆动;反之亦然。这点和陆地上跑步相似,蹬地脚一侧的臂向前摆,抬腿一侧的臂向后摆。但是,速度滑冰向后摆臂,是摆向后方的外侧,向前摆臂,是摆向头部前方。向后摆时,臂要伸直并可以高于肩部,向前摆时,肘部弯曲,但不可高于头部。

第二十四章　高 山 滑 雪

第一节　高山滑雪运动简介

一、高山滑雪运动的起源与发展

高山滑雪又称阿尔卑斯滑雪，是以滑雪板、滑雪鞋和滑雪杖为主要用具，在山上专设的线路上进行转弯和滑降的一种雪上运动项目。

高山滑雪起源于阿尔卑斯地区，是在越野滑雪基础上发展而成的。过去很多年的时间里，世界雪坛（特别是欧洲）一直把挪威称为“滑雪的故乡”。近年来，根据日本札幌市冬季运动博物馆所存资料的展示，以及国外著名史学家对人类滑雪起源的研究，最终得出结论，中国新疆阿勒泰地域的丁零族在远古就有滑雪活动，而且是人类最早的滑雪活动，因此，新疆阿勒泰地域也是滑雪运动的发源地之一。

1949 年中华人民共和国成立后，我国十分重视滑雪运动的发展。1957 年在吉林省通化市江南滑雪场举行了第一次全国滑雪比赛，1959 年我国举行了首届全国冬季运动会，1979 年 11 月国际滑雪联合会决定接纳中国成为临时会员，1981 年 5 月 16 日中国成为正式会员，1980 年 2 月我国第一次派队参加第十三届美国普莱西德湖冬奥会，1984 年 7 月中国滑雪协会正式成立。

二、世界重大滑雪赛事

现代滑雪诞生于 1850 年，在挪威奥斯陆举行了首次高山滑雪原始形式的速降比赛。1922 年在瑞士米伦举行了第一次正式的回转和速降比赛。1924 年 2 月 2 日，国际滑雪联合会在法国夏蒙尼创立，高山滑雪作为雪上项目的一个组成部分被纳入该联合会。1936 年高山滑雪运动被列为冬奥会的正式比赛项目。目前，冬奥会设有男子和女子（速降、超级大回转、大回转、回转、全能）共 10 个单项，共计产生 10 枚金牌。

高山滑雪比赛场地如图 24-1 所示。

三、滑雪运动的特点和锻炼价值

呼吸新鲜空气，你会觉得这是一项比其他任何活动都有趣与有益的活动。在多变的环境下灵活运用滑雪技术，不但使全身力量得到均衡发展，而且能够促进中枢神经系统和心肺功能、反应判断能力、平衡灵敏素质的提高。低温的滑雪环境能培养人们勇敢顽强的精神、不惧严寒的意志，以及提高身体对外界环境的适应能力。从滑学初学者成为滑雪高手并不是一件简单的事情。

滑雪运动如图 24-2 所示。

图 24-1　高山滑雪比赛场地

四、高山滑雪装备和安全意识

(一)高山滑雪装备

图 24-2　滑雪运动

1. 滑雪板

滑雪板按竞技滑雪项目分为回转板、大回转板、全能板和超级大回转板;按滑雪水平分为初学者板、中级板和高级板;按性别、年龄分为男板、女板、成人板与儿童板。滑雪板如图 24-3(a)所示。

2. 脱落器

高山滑雪脱落器是连接滑雪鞋和滑雪板的装置。脱落器的作用首先是将滑雪鞋固定在滑雪板上,其次是滑雪者摔倒时,滑雪板自动脱落,避免其受伤。

3. 滑雪鞋

高山滑雪鞋对脚和踝关节有固定、保护、保暖、缓冲等作用,由内、外两层组成。滑雪鞋如图 24-3(b)所示。

4. 滑雪杖

滑雪杖由杖杆、握柄、握革带、杖尖和雪轮组成。其主要分为大众滑雪杖和竞技滑雪杖。其作用是滑雪时用来引导变向、支撑加速和控制平衡等。滑雪杖的握法是手背朝上,由下向上穿越握革,手心朝下连同握革根部及握把同时握住。滑雪杖如图 24-3(c)所示。

5. 头盔

头盔由 PC(一体成型工艺)、ABS(注塑成型,专业竞技一般用 ABS 或者复合材料)、复合材料(玻璃钢或者碳纤维,兼具两者优点但价格较为高昂)压制而成。头盔里的缓冲层为聚苯乙烯或者其他类似材质有效吸收对头部的撞击力量,防风保暖,防止冻伤。头盔的作用是在摔倒时保护头部,有效防止因跌倒、相互碰撞等对头部造成的损伤。头盔如图 24-4 所示。

6. 滑雪手套

专用滑雪手套有保暖、防水、保护手的功能。滑雪手套如图 24-5 所示。

(a) 滑雪板

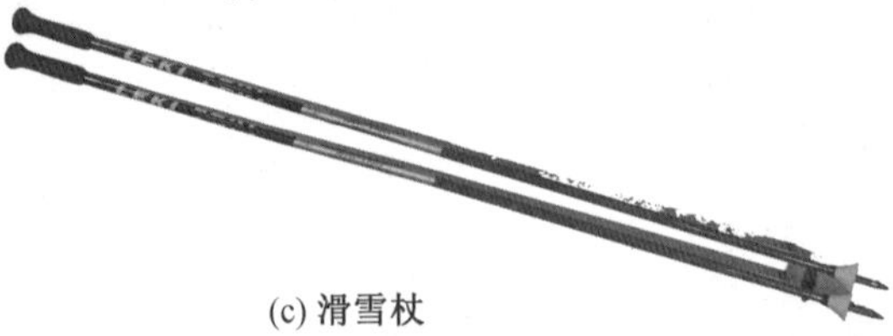

(b) 滑雪鞋　　(c) 滑雪杖

图 24-3　滑雪装备

图 24-4　头盔

图 24-5　滑雪手套

7. 滑雪镜

滑雪镜也叫风镜,它不仅可以防风、防止太阳光照射对眼睛的伤害和防雪盲,而且还可以自动除霜,具有安全、舒适、视野清晰等特点。滑雪镜如图 24-6 所示。

图 24-6　滑雪镜

8. 雪蜡

给滑雪板打蜡其实是一件非常简单的事情。滑雪者可以在滑雪商店里购买打蜡专用电熨斗,也可以使用家用电熨斗(不用蒸汽功能)。滑雪板底下的秘密就是雪蜡(图 24-7)。在同一条线路(300~500 m)的滑行中,打蜡与不打蜡相差近 2 s 的时间。

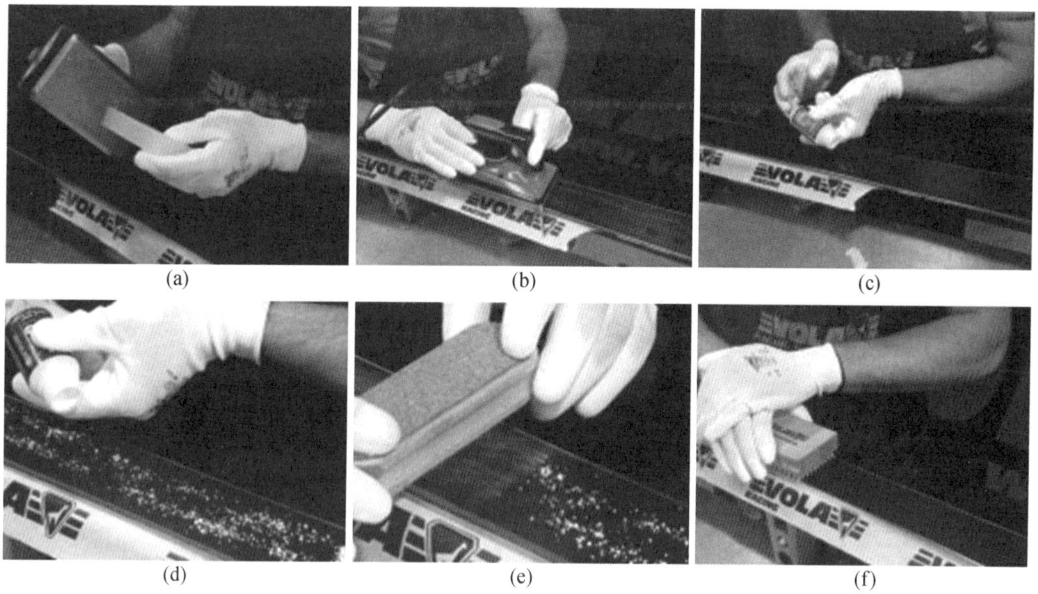

图 24-7　雪蜡

（二）安全意识

很多初学者都是抱着休闲娱乐的心态进行初次滑雪体验的，更多的人则是把滑雪当成一日游中的一种娱乐项目。虽然滑雪运动是以休闲娱乐为主要目的，但它是一门相对复杂、综合并带有一定危险性的运动，对受众群体的综合素质有更高的要求。滑雪运动是集心理素质、身体素质、滑行技巧以及安全意识、雪道规则、滑雪装备、救援救助等众多方面于一体的运动项目，在享受畅滑的同时，要大力普及雪道规则和安全意识，保障滑雪运动的有利发展。

第二节　高山滑雪运动的技术

一、专项身体素质及其练习方法

为了更好地为滑雪期打下良好的基础，更快地掌握和提高雪上技术，并防止伤害事故的发生，在非滑雪期需进行一些滑雪所需的身体素质练习，这不仅对滑雪有益，而且对提高健康水平也十分有效，可谓一举多得。非滑雪期的身体素质练习包含以下内容。

（一）核心肌群力量

身体直立的运动项目中，核心肌群的强弱是决定身体素质好坏的最重要因素。核心肌群是指位于腹部前后环绕着身躯、负责保护脊椎稳定的重要肌肉群，包括 6 块（或 8 块）腹肌，也包括其他肌肉。核心肌群能固定脊柱，保持身体的姿势。

（二）灵敏与协调性

灵敏素质表现在接收信息后身体迅速进行反应性动作的能力，而协调性一般可认为是调整能力,是指与自己目的相符并有效地进行运动的能力水平。灵敏、协调性素质在高山滑雪运动中都有其重要的作用。娱乐性高山滑雪时速一般都在数十千米,竞技滑雪最高时速可达 210 km 以上,这样的速度无论是对灵敏素质还是对协调性素质的要求都是很高的。

(三)平衡恢复能力

高山滑雪中的平衡恢复能力是指在滑行中由于某种原因破坏了身体平衡、改变了正常的滑行姿势、破坏了滑行节奏后极快地校正过来的能力。平衡恢复能力决定了校正失去平衡及改正“错误”动作的水平。平衡恢复能力在高山滑雪中是非常重要的能力。

(四)注意事项

在非滑雪期,为了更好地保持已获得的与滑雪相关的素质,要适当地进行一些身体练习。进行身体练习时应遵循循序渐进、全面发展和不间断的练习三原则。

二、高山滑雪基础技术练习

高山滑雪基础技术是指为了适应滑雪板、滑雪杖所要掌握的原地和行进的走、蹬坡、滑行、制动、方向变换及安全摔倒等基础性的技术动作。基础动作可以分为不着雪板、着单板和着双板三类练习。基础技术掌握得如何,对基本技术的学习与掌握将会起到不可低估的作用。

(一)不着雪板的练习

滑雪者穿上滑雪鞋后,由于滑雪鞋的鞋靿较高,因此踝关节的可动性很小、活动受限。为了尽快适应滑雪鞋及提高对雪的兴趣,可进行不持滑雪杖、只穿滑雪鞋的各种游戏,如打雪仗、捉人等,也可利用小坡进行滑下及打爬犁等活动。通过各种游戏及活动,使练习者在不知不觉中增加对滑雪鞋的适应性,以及提高对雪的兴趣。

两手持滑雪杖进行有支撑地走或慢跑的练习,体会滑雪杖与运动的配合,习惯后可以进行一些有关练习,如侧向并步走、利用坡面进行蹬坡的练习等(图 24-8)。

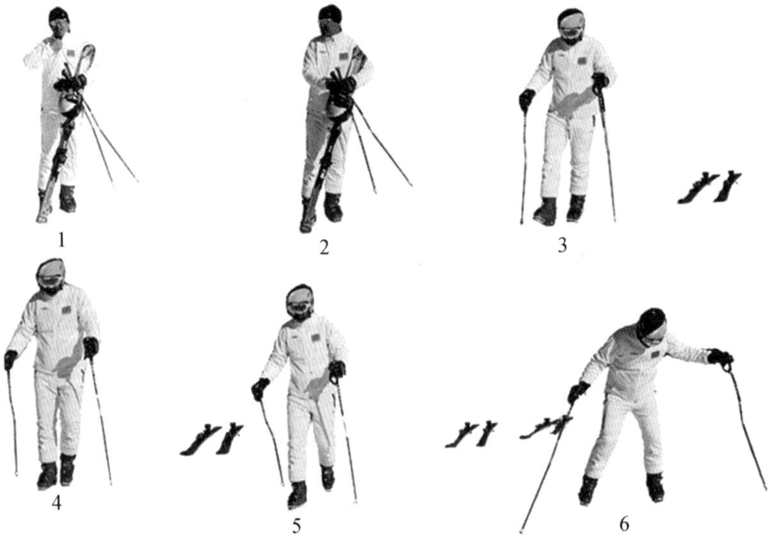

图 24-8 不着雪板

(二)着单板的练习

着单板的练习是指一只脚穿着滑雪鞋另一只脚穿着滑雪板,通过穿着滑雪鞋的脚的蹬动及穿着滑雪板的脚的支撑及滑进,循序渐进地提高对滑雪板和滑雪板着雪感觉的体会及支撑平衡能力。着单板的练习方法多样,有原地练习,有行进间练习(图 24-9)。

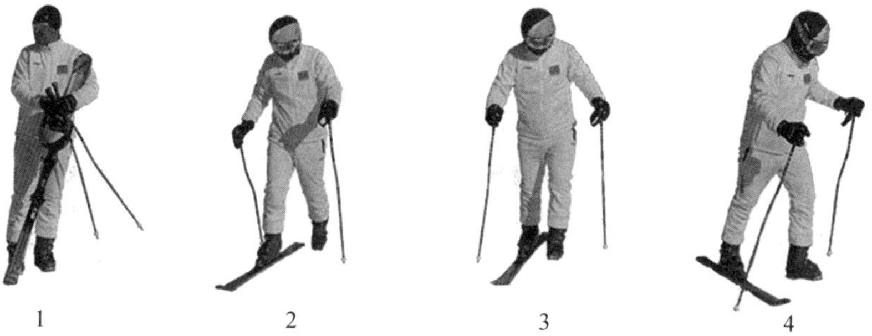

1　2　3　4

图 24-9　着单板

(三)着双板的练习

着双板的练习主要是指在平地上的练习。在穿滑雪鞋及着单板练习的基础上,可以进入着双板练习的阶段。此阶段的主要任务是在适应双板与雪的感觉的基础上,能够尽量地灵活运用雪杖。着双板的练习应包括原地动作、移动(滑行)、原地变向、蹬坡、停止、安全摔倒与站起。具体练习方法如下:

1. 原地动作

原地动作主要是指滑雪前的准备活动(图 24-10)。穿上双板后可进行如下练习来习惯滑雪板,提高适应和平衡能力:

(1)不同程度地蹲下站起。

(2)双板平行开立,上体向左右倾斜。

(3)双板并拢,身体不同幅度地前屈、后倾及后仰。

(4)双板平行,同时向左、右跳跃。

(5)双板并拢,双板尾向左、右跳动。

1　2　3　4　5

图 24-10　原地动作

2. 移动(滑行)

移动(滑行)应在平坦场地进行,目的是进一步适应滑雪板、滑雪鞋及滑雪杖,达到人与器材的协调一体。练习方法包括走、滑行、双杖推进滑行和侧向移动练习等(图 24-11)。

1 2 3 4 5 6 7 8 9 10 11 12

图 24-11　移动

3. 原地变向

原地变向是指滑雪者在平地或坡面上处于非滑进状态的改变方向。初学者只有掌握了原地改变方向之后,才能比较自如地进行各种练习。原地变向的方法有很多,既有板尾、板尖展开变向的方法,也有一次能完成较大角度的变向,还有原地跳跃变向。这里主要介绍板尾、板尖展开变向和 180°变向的方法(图 24-12)。

1 2 3

图 24-12　原地变向

(1)板尾、板尖展开变向

板尾展开变向和板尖展开变向运用于较平坦的雪面,其方法相近,也有人将这两种变向方法称为踏步式变向。

动作要领:无论板尾展开变向还是板尖展开变向,都要注意滑雪杖的位置。板尖展开变向时,滑雪杖支撑位置应在体前。滑雪板一次展开距离不宜过大,随着对滑雪板的适应再逐渐加大展开的距离。在展开滑雪板时,体重要明显地移动到支撑腿上,而且移动得要快。

(2)180°变向

180°变向多用于中等坡和陡坡,其特点是变向速度快。

动作要领:由双板平行站立开始,将一侧滑雪板在身体前方立起,滑雪板着雪,另一侧滑雪板支撑体重,伴随着向立起滑雪板外刃方向的转体,以立起滑雪板的板尾为支点,滑雪板向后转至 180°着雪,此时形成双板体前交叉着雪,接着重心转移到转动脚上,提起支撑体重的滑雪板平转至双板平行并着雪。其变向动作还可分为前转 180°变向和后转 180°变向。将前转 180°变向动作由结束部分依次向开始部分相反进行,即为后转 180°变向。

4. 蹬坡

蹬坡是指滑雪者穿着滑雪板蹬上山坡的技术动作(图 24-13)。蹬坡因技术水平、雪质、坡度和滑雪者体力的不同而采用不同的方法。蹬坡从雪痕上可分为直蹬坡、斜蹬坡和 Z 字形蹬坡;从滑雪板的形状上又可分为双板平行阶梯式蹬坡和滑雪板成 V 字形蹬坡或称开脚蹬坡。

1　　　　2

图 24-13　蹬坡

5. 停止

初学者在坡上滑下时一般都是越滑越快,即使是较理想的场地有时也难免会发生摔倒或冲撞。因此,掌握停止方法无论是对自己或是对他人的安全、增强对雪板的控制能力,还是学习其他技术动作都是有益的。从山上向下滑的关键是保持平衡,减速或停止是滑雪者通过对滑雪板的控制,使滑雪板与前进方向成一定的角度或完全横对前进方向的同时,增加立刃以加大摩擦力来完成的。停止的方法很多,初学者多用比较容易掌握的犁式停止法。

动作要领(图 24-14)：

图 24-14　停止

(1)在滑行中使滑雪板成犁式状态。

(2)重心稍向后移,形成稍后坐姿势的同时两板尾蹬开,两侧内刃逐渐加大刮雪力量。

(3)逐渐加大板尾向外侧的立刃和蹬出力量,直到停止。

(4)水平较高的滑雪者多用双板内外刃急停方法进行停止。

6. 安全摔倒与站起

(1)安全摔倒是滑雪中不可避免的

无论是优秀运动员还是初学者,在摔倒时既有内因也有外因。摔倒是产生外伤的主要原因。对初学者来说,重要的是掌握安全的摔倒方法及摔倒之后站起的方法。

安全摔倒方法:在失去重心的情况下,尽量不挣扎,迅速屈膝降低重心,两臂自然伸直,臀部向山上侧坐,两滑雪板稍举起,防止滚动。在完全停止前勿伸腿或使滑雪板着雪,并保持稍团身姿势。

(2)摔倒后如何站起来也是初学者要解决的问题

在无人帮助的情况下,移动身体使头朝山上、雪板朝山下方向,形成侧卧状态,然后抬起上体成侧坐,收双板时使双板横对山下侧,尽量使双板靠近臀部,并用山上侧板外刃刻住雪面,再用手或滑雪杖支撑站起。

三、高山滑雪基本技术

(一)滑降技术及其学练

滑降,从板形上可分为双板平行滑降和犁式滑降;从滑行状态上可分为直滑降、斜滑降和横滑降。这里所说的滑降技术不是高山滑雪竞技项目的滑降(downhill)技术,而是指滑雪基本技术中,从山上向山下滑行时所采用的不同动作所构成的技术。

基本滑降技术包括直滑降、犁式滑降、斜滑降和横滑降。通过各种滑降练习,主要掌握滑降的基本姿势、基本动作、用刃方法及用力顺序。通过反复练习来适应不同坡度、不同雪质和凹凸雪面上的重心移动及不同速度情况下提高对滑雪板的控制能力,逐步达到用力经济、动作准确和自如的目标(图 24-15)。

图 24-15　滑降

1. 直滑降

直滑降是指双板平行,面对垂直落下线直线下滑的技术。通过直滑降的练习主要掌握基本滑行姿势,体会速度、滑行感觉及重心位置,提高对不同坡度的适应能力及对滑雪板的控制能力。直滑降的技术重点是用腿部的屈伸来调节,并保持正确的滑行姿势。

(1)动作基本要领

①双板平行稍分开,体重均匀地放在两腿上,两脚用力。

②上体稍前倾,髋、膝、踝关节稍屈,呈稳定的稍蹲姿势,保持腿部随时可以屈伸的状态。

③两臂自然垂放两侧,肘稍屈,肩部始终处于放松状态。

(2)重点难点

滑行时,重心移动到前脚掌。

(3)常见的错误动作

①双板呈外八字滑行。

②重心后坐滑行。

③低头看滑雪板,不观察场地及前方情况。

(4)常用的学练方法

①从滑坡的小平台上出发,不持滑雪杖,保持正确姿势滑下。

②在滑降中做重心前后移动并保持滑行方向不变的练习。

③在滑降中进行深蹲,用左手摸左脚或右手摸右脚,并保持滑行直线不变。

④在缓坡下滑中变换高低姿势,并保持滑雪板平衡及滑行方向不变。

(5)注意事项

①在练习中要注意体会重心上下、左右、前后移动时对滑雪板产生的影响及掌握对滑雪板的控制方法,防止一味追求速度的倾向。

②注意在中坡上起滑时的突然加速造成的重心落后而摔倒。

③膝部屈伸动作是保持正确动作的关键,必须给予重视,并加强对膝部屈伸动作的训练。

2. 犁式滑降

犁式滑降技术是将两只滑雪板后部向外推出,呈内八字状,用两只滑雪板的内刃卡住雪面向山下直线滑行。滑雪板八字角度的大小决定阻力的大小和滑行快慢。

通过犁式滑降技术动作的学习,应主要掌握板尾蹬开的动作及正确的身体姿势,提高滑降中用刃的能力及对方向、速度的控制水平。

(1)动作基本要领

①双膝稍屈并略有内扣,重心在两板中间,两脚跟同时向外展,推开板尾,使滑雪板成内八字形。

②上体稍前倾,上体、双臂及肩部放松,两手握滑雪杖自然置于体侧,滑雪杖尖朝后方。

(2)重点难点

板尾开角大小的控制。

(3)常见的错误动作

①初学者应防止八字过大而造成外伤。

②防止练习时速度过快而难以控制。

③上体僵硬、臀部过于后坐、重心不在两板正中间、膝关节控制不稳。

(4)常用的学练方法

①从直滑降开始转换犁式直线滑降到犁式滑降停止。

②按小犁式滑降转换中梨式滑降到大犁式滑降的顺序练习。

③在中缓坡上进行保持犁式板形将重心分别向左右腿移动,体会改变方向后再恢复犁式滑降。

(5)注意事项

(1)板尾展开大小的控制要反复练习,力求达到随心所欲(图 24-16)。

(2)反复体会板尾推雪的感觉。

图 24-16 板尾展开较大的犁式滑降

3. 斜滑降

用直线斜着滑过坡面称为斜滑降。斜滑降的板形有双板平行，也有犁式。通过斜滑降的练习主要体验双板平行转弯技术的初步感觉，为学习双板平行转弯创造条件。

（1）动作基本要领

①呈滑雪基本姿势，在坡面上斜对山下站立，山上侧板稍向前半脚。

②为了维持平衡，肩、髋稍向山下侧扭转，上体也稍向山下横倾，形成反弓反向姿势。

③在保持反弓型姿势的同时，要想象成双肩、髋部的两侧、两膝的三条连线与山坡形成四线基本平行。

（2）重点难点

①上体加大向左、向右的转体动作，以增强对板的控制能力。

②反弓型姿势变化与用刃是协调一致的，共同控制用刃的强弱及速度。

（3）常见的错误动作

斜滑时，身体正面姿势正对滑雪板方向。

（4）常用的学练方法

①扩大或缩小两板左右之间距离的斜滑降练习。

②在中缓坡上进行改变用刃强度的滑行。

③双手胸前平举滑雪杖或把滑雪杖平置于两肩之上，进行正确的斜滑降练习。

双板平行斜滑降的最大的特点是身体姿势的外向（上体稍转向山下侧和外倾（膝、踝向山上侧倾，上体稍向山下倾）。由于外向外倾构成了身体的“<”形，也称反弓形。在斜坡滑降时为了防止向山下侧横滑，两踝、两膝向山上侧倾倒产生一种由上向下踩住滑雪板的感觉，也就产生了前面讲过的两板山上侧负重的结论（图 24－17）。

图 24－17　斜滑降

4. 横滑降

横滑降是指滑雪板横着沿垂直落下线方向直线或斜线的滑下（图 24－18）。通过这种技术的练习,提高对整个雪板方向的控制水平及调整相对应的身体姿势的能力。

(1)动作基本要领

①双板平行,上侧板稍向前约半脚。

②身体侧对滑下方向,上体更大的向山下侧扭转。

③通过调节两滑雪板与雪面的角度向山下滑进。

(2)重点难点

雪板垂直于山坡的直线横滑行。

(3)常见的错误动作

①身体正面等同于滑雪板方向。

②滑雪板刃立刃过大。

(4)常用的学练方法

①在缓中陡坡上进行单双板改变重心高度慢速横滑降的练习。

②在小的凹凸坡上进行斜线的横滑降练习。

(5)注意事项

①除用板刃控制方向及速度之外,还应结合上体的扭转来调节方向。

②用大量的练习来克服恐惧心理。

1

2

图 24-18 横滑降

二、高山滑雪转弯技术

(一)转弯技术的动作及构成

转弯是高山滑雪技术中的重点、关键和精华,蕴涵着无穷魅力,在下滑过程中要想改变方向,就必须依靠改变雪板对雪的阻力和重心向弧内方向的移动来完成。

1. 身体的位置

滑雪转弯是身体各部位相互协调的运动。我们要有下肢的发力驱转,还要有上体控制重心与转弯达到平衡,并完成转弯所需要的肌肉力量。优秀的驱转动作是上体保持稳定,转髋(顶髋)下肢转膝和大腿(锁跨),立刃角度和重心前冲压力的控制融合而成的。

(1)身体姿势高低:由低逐渐升高之后又逐渐降低。

(2)身体姿势髋膝:转弯中,外腿直,里腿曲,髋曲。交换期,双腿曲,髋直。

(3)重心前后:逐渐靠前保持到释放后期重心靠后(重心切换)。

(4)重心左右:交换期重心移动。

2. 转弯技术的阶段划分

一个完整的转弯技术应该包括四个阶段,即交换期、准备期、发力期和释放期(图 24-19)。交换期是从上一个转弯动作的即将结束起,到下一个转弯动作即将开始为止,准备期、发力期、释放期是转弯技术的完成阶段。

释放期,转弯的关键阶段,别误会是转弯的结束,重心逐渐在低点升起,滑雪板压力最大,雪板向上的弯曲度也最大,重心压在外板上,应充分利用发力期阶段形成的惯性、速度,克服离心力,维持住转弯的态势,完成转弯后进入下一个转弯的准备阶段。

图 24-19 交换期、准备期、发力期和释放期

(二)转弯技术及其学练方法

转弯是指改变方向的滑行。转弯方法很多,作为基本技术的转弯大体可分为犁式转弯、半犁式转弯、半犁式连续转弯、双板平行转弯及双板平行连续转弯等。

1. 犁式转弯

犁式转弯是高山滑雪转弯技术的基础技术,其方法为两侧板尾分开,滑雪板呈八字形,在下滑过程中保持滑雪板的八字形不变,依靠体重向一侧移动或加大一侧板的立刃或蹬雪力量来改变方向。此技术动作虽为基础性转弯技术,但却有相当高的使用价值,而且对掌握其他雪上技术也有重要意义,通过犁式转弯技术的学习可逐步掌握重心的控制、移动的方法及滑雪板的控制要领、立刃技术的要领及身体的基本姿势,犁式转弯适用于缓坡、中坡的一般速度中,并可适应薄冰雪面之外的各种雪质。

(1)动作基本要领

在犁式滑降姿势的基础上将体重逐渐向一侧板上移动,保持滑雪板外形不变,进行自然转弯:单侧腿加力伸蹬是在犁式滑降动作基础上保持八字形不变,单侧腿加力伸蹬也会自然形成转弯。立刃转弯也同样,无论是移重心、单腿加力伸蹬还是单板加强立刃的转弯,都必须注意滑雪板外形,身体姿势不改变。连续动作如图 24-20 所示。

两板尾逐渐展开,体重向外板移动,滑雪板自然开始进入转弯状态。进入转弯后,板尾展开动作结束,体重依旧大部分放在外腿上,上体稍微有一点向转弯内侧转,两雪板逐渐滑向垂直落下线,进入垂直落下线滑行方向。此时应逐渐将体重向右板上移动,准备向反方向转弯,并应注意提高重心和放松。

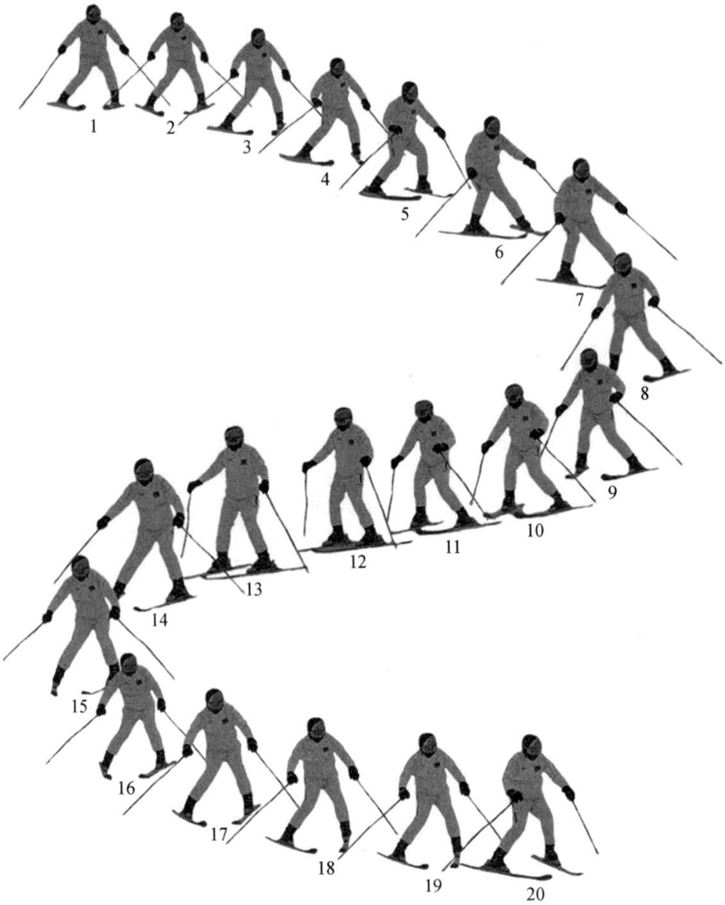

图 24-20　连续动作

评价犁式转弯质量应包括用刃效果、重心移动、膝的屈伸幅度与时机的掌握、膝的扭转及用力大小的控制、双板的同时运动及正确的身体状态等内容。

掌握了犁式转弯基本动作以后就可以进行犁式连续转弯练习了。犁式连续转弯的重点应放在进一步提高动作质量上，主要考虑弧的圆滑程度、用刃和移动重心及身体姿势。

(2)常见的错误动作

犁式转弯重心左右移动和滑雪板蹬动不到位，身体跟转过大滑行。

(3)常用的学练方法

①双手叉腰移动体重后，加大单侧伸蹬力量的转弯练习。

②随着移动体重转弯，伸单杖在外弧雪上画出圆滑的弧形痕迹。

③通过利用旗门进行有限制的左右深、浅弧的转弯练习。

④在平整的缓坡上不持滑雪杖滑行，用左手触按左膝或右手触按右膝使其自然转弯的练习。触按膝可使体重在左右腿上形成大约为 7∶3 的比例，因而形成转弯。

⑤保持滑雪板八字形，轻跳起 3~5 cm 进行转弯练习。

(4)注意事项

①经常注意保持外向动作，防止肩的过大摆动。

②注意体会滑雪板蹬出与立刃的结合及对转弯质量的影响。

2. 半犁式转弯

半犁式转弯(图 24-21)是滑雪板呈内八字形进行转弯的一种方法,两滑雪板中一个是直滑降板形,一个是犁式滑降板形。呈直滑降板形的滑雪板一般称为从动板,而呈犁式滑降板半犁式转弯形的雪板则称为主动板。向主动板上移重心、加压、立刃都可以进行转弯。半犁式转弯是半犁式连续转弯的基础。通过半犁式转弯的练习,主要掌握重心移动、用力顺序、雪板蹬出的方向等技术。半犁式转弯的动作要领、练习方法,可参照半犁式连续转弯的有关内容。

图 24-21 半犁式转弯

3. 半犁式连续转弯

半犁式连续转弯从雪板外形上可以理解为:半犁式—双板平行—半犁式—双板平行。山侧板蹬出连续转弯是由转弯的外侧板蹬出,可以直接进入转弯的调节阶段,半犁式动作的蹬出是转弯阶段的开始,而内板收腿动作是在转弯的调节阶段进行。由于山侧板蹬出的转弯动作是在下一个转弯的外侧展开雪板,体重的移动是左右方向,所以易在转弯的调节阶段出现滑雪板滑脱现象。山侧板蹬出进行转弯易进行速度控制,使用范围也较广。由于转弯处的开始是外侧雪板蹬出,所以也能较容易地进行圆滑的转弯。但转弯的调节阶段也较长,直至转弯结束。

半犁式连续转弯技术是非常重要的转弯技术,通过这项技术的学习可掌握不同情况下蹬开雪板的动作方法及收回、变刃、移动重心、变化重心高低的节奏、转弯时身体姿势的调节等。半犁式连续转弯运用于中坡、陡坡,可在高、中速度中灵活运用,对雪质的适应性也很强。

(1)重点难点

滑行中上体保持正直与前倾,重心移动外侧(8~9 成),膝髋保持不动,移动里侧腿靠拢(1~2 成)平行,转弯滑行。

(2)常见的错误动作

①转弯时上体起伏过大、过直。

②坐着滑行的动作。

③上体过度外倾和撑杖位置离身体过远。

(3)常用的学练方法

①用犁式滑降技术进行滑降的练习。

②用犁式滑降技术从斜滑降过渡到横滑降的练习。

③在中、缓坡上进行山侧板和谷侧板蹬出的练习。

④用旗门限制在缓坡上进行两种蹬开方式的练习。

⑤分别用两种蹬开方式进行快速的练习。

⑥快节奏地分别采用两种蹬开方式的练习。

⑦在转弯后半部的双板调节阶段进行双板“切入”的练习。

⑧在较长的线路上交替使用两种蹬开方式进行练习。

⑨中坡上变化旗门难度的连续过门转弯练习。

(4)注意事项

①注意完成动作的到位性和准确性。

②转弯时注意蹬板及重心移动的速度。

4. 双板平行(摆动)转弯及双板平行(摆动)连续转弯

双板平行转弯是指两滑雪板保持平行状态进行的转弯。转弯的转换方法大体有两种:一种是转弯的要素(重心、用刃、加压等)同时转换,另一种是转弯的要素依次进行转换。双板平行进行转弯与半犁式连续转弯技术的后部分有相同之处。

(1)动作基本要领

①双板平行(摆动)转弯是身体各部位相互协调的运动。我们要有下肢的发力驱转,还要有达到平衡,并完成转弯所需要的肌肉力量。

②加压、减压与动作节奏时机非常重要。转弯动作的完成阶段,立刃加强找到支点的加压使雪板成弓形,此时为加压阶段;减压雪板恢复原形,此时为减压阶段(加速、释放压力、双腿放松、重心由前移动到中后部)。时机准确与否决定了滑行节奏的优劣。

③膝关节的动作是下一个转弯开始的先导。

④点杖的时机、节奏非常重要。点杖的时机应是在完成转弯变换重心时(逆手滑行,逆手打杆动作后),单肘摆至体前、两前臂稍展开时用小臂点杖。

⑤提重心。每个转弯滑行时要有明显的提重心的动作,有利于转弯滑行。

⑥在滑行中有意识地对前后、左右进行观察,对可能发生的情况加以预测,可以防患于未然。

(2)重点难点

①转弯时,上体保持正直,发力点在里脚小脚趾骨上,外脚大脚趾骨上,重心前倾左右摆动滑行。

②被动转弯:重心只是静止放在滑雪板上(中间),立刃由板型来进行转弯滑行,适合初

级者练习。

③主动转弯：转弯时，立刃，顺势重心侧前冲直至转弯结束后移，下肢扭转驱动发力，走步式摆臂配合，向切菜一样的动作（俗称沽涌），适合中高级者练习。

双板平行转弯属于具有较大实用价值的转弯技术，其优点是能够较大限度地保持速度，通过腿的强有力的回旋动作和双板立刃能够完成较高质量的转弯（图24-22）。它是双板平行连续转弯技术的基础。

图24-22　双板平行转弯

（3）常见的错误动作

①转弯时上体跟转过大。

②腿型易形成K型腿、O型腿、里腿发力不实等动作。

③在雪况、坡度有难度的情况下，滑雪者对失控的畏惧心理会导致动作完成过急，尤其是弯间转换的动作，可能会导致上身参与转弯发力，进而导致换刃不同步，或是瞬时的Z字。通常时机掌握不佳会体现在驱转不均上，导致弯形不圆，Z字滑行。

④后坐滑行。

(4)常用的学练方法

①科学教法,对讲机耳麦教学,提高滑雪教学训练水平,及时揪错、跟近。一次滑行 N 次指导和纠正,快速提高技术水平,达到了事半功倍的效果。

②扶物练习,两侧两人手拿一个 2.5 m 旗杆,犁式或直线滑行,滑行者在中间扶着旗杆进行转弯练习。

③连续进行两个浅弧或深弧的练习。

④在坡上转弯时进行内板稍抬起、用外板转弯的练习。

⑤在坡上点杖换刃时用跳起动作进行练习,以提高踝关节对动作质量的控制。

⑥不持滑雪杖进行双板平行连续转弯练习。

⑦限制上体(双手体前水平持杖、双臂抱前胸、两臂侧举、背手等)的双板平行连续转弯练习。

⑧在转弯点杖时用双杖同时点杖动作的练习来保持上体与滑雪板动作的一致性。.

⑨在中坡上进行快速、快节奏的双板连续性转弯练习。

(5)注意事项

①在雪况、坡度对自己而言有难度的情况下,滑雪者对失控的畏惧心理会导致动作完成过急,尤其是弯间转换的动作,可能会导致上身参与转弯发力,进而导致换刃不同步,或是瞬时的八字。通常时机掌握不佳会体现在驱转不均上,导致弯形不圆。无论大弯小弯,弯形都应该是连续、圆润的。

②注意点杖时机与重心高度和节奏的关系。

③在转弯练习时,速度、转弯的弧度与身体倾斜角度吻合并注意整体姿势。

④在转弯时应注意主动性。

第三节　高山滑雪卡宾技术及回转旗门入门技术

一、卡宾板转弯的特点

使用卡宾滑雪板进行的转弯技术为卡宾技术。由于卡宾滑雪板的出现,使更多的滑雪者能够比较容易地掌握高质量的滑雪转弯技术:

(1)双板间的距离增宽,一般为肩宽。特别是在陡坡、斜坡、硬雪中的滑行,更不能收窄,应尽量在合理范围内增大支撑面积。

(2)转弯时双雪板的板刃始终是刻入雪面滑行,简化了引伸及“提并板”的过程,双雪板基本是“保持立刃”进行转弯。

(3)腰部以上的躯体稳定,增加了上体对转弯的控制。

(4)身体重心通常处于滑雪板的前部和中部。

(5)转弯的动作更向髋部、下肢集中。

(6)双雪板负重比例差缩小,根据实际情况调整两只雪板间的负重比例。

(7)卡宾雪板对回转最有利,使原本复杂、难以掌握的转弯技术变简单了,简化了转弯的过程。

卡宾板前部大小的顺序依次为回转、大回转、超级大回转。滑降板的大头不明显，初级滑雪板较中、高级滑雪板的头部明显增大。这样设计的优点在于，在转弯过程中，与车轮的道理类似，随着滑雪者对滑雪板的蹬动力的加大、滑雪板的弹性加大而使雪板产生了形变，即在板面的方向上，产生了中间凹两头翘的效果。这时就凸现出了卡宾板板刃侧弧的特点，由于板头与板尾都要比板腰宽，可以形成类似于车轮的效果。可以通过减小着雪面积而使转弯的幅度更大，更容易。

在脱落器的垫板上应用了减震材料。这些减震材料应用以后，从雪板传导到滑雪者的震动显著减小。值得注意的是，在应用减震材料时，它会以消耗传导有效性为代价，正像汽车减震器的作用一样，滑雪者转向运动的力没有完全传递给雪板，一部分作用力被脱落。由于高速运动中转弯技术动作非常紧凑、半径较小、用刃角度很大，就增加了滑行时的危险性，并且随着坡度的变大，危险性也在增加。由于用刃角度的加大，滑雪鞋与雪面之间的角度变小，而滑雪鞋与雪面接触会最终导致滑雪者跌倒。通过脱落器垫板升高站立平面，允许滑雪者有更大的立刃角度，从而减小了跌倒的可能性。另外，随着垫板高度的增加，总的滑行时间减少。整个转弯被分成一个变向阶段和一个非常短的变刃阶段(图 24-23)。变向阶段虽然是连续不变的，但变刃阶段却由于使用了较高的垫板而明显缩短。正是由于每个变刃阶段的缩短而使整个滑行时间相对减少。

图 24-23　卡宾变刃

二、运动形式的改变

在应用卡宾板滑雪的过程中,没有脱滑弧形转弯是最佳的转弯形式。卡宾技术中的弧形半径是滑雪板的中间部分、用刃角度、滑雪板屈伸度等因素综合作用的结果。对滑雪板的中间部分施加的压力越强,用刃角度越大,则雪板的弯曲程度就会越大。为了维持整个长度的板刃与坡面的接触,在全刃着雪的前提下,刻进雪面的弧形也就决定了弧形的转弯和转弯的半径。

用卡宾板滑雪可以使转弯动作的转弯半径变小,并且不出现脱滑。转弯半径的大小取决于雪板的板刃侧弧半径、雪板立刃、加压强度、倾倒角度、雪板坚硬度的大小以及雪道状况。但是,越小的转弯半径和越高的速度就会给滑雪者带来越大的负荷,会很快超出滑雪者的生理承受能力,增加滑雪者的危险。因此,相对于普通滑雪者,力量和专项素质突出的专业滑雪运动员更适宜于使用卡宾板(图 24-24)。使用卡宾滑雪板进行的转弯技术和使用传统滑雪板进行的转弯技术方面所表现出的异同如下。

图 24-24　卡宾滑雪

第一,在使用卡宾板转弯过程中,两腿的用力相对均衡,是双脚共同承重。而在使用传统滑雪板转弯过程中主要是外侧脚承重。

第二,卡宾板技术的转弯阶段相当短暂,而转弯的转换阶段却比传统的双板平行转弯转换阶段长。卡宾技术转弯的转换阶段在结构上与使用传统滑雪板进行的平行转弯非常相近,提重心与交换板刃是两种转弯技术中所共有的。

第三,应用卡宾技术转弯,对倾倒角度、立刃强弱、加压大小和变向的控制等能力要求,与传统转弯相比较更高了,而使用传统滑雪板进行高质量的转弯对技术要求是非常细腻的。

三 、回转旗门入门技术

(一)回转旗门技术

回转旗门技术是围绕设置的旗门做小半径的转弯,滑雪者从山顶沿线路连续转弯穿越旗门障碍滑行。

(二)视察线路

视察线路(看旗门),在正式滑行前,以横滑降或犁式滑行动作视察线路,不能模拟滑行,以保障正式滑行的顺利完成。

(三)回转旗门时机

1. 提前进门

在即将转弯完的时候进门,给下一个转弯和动作留出快速变向空间,适合陡坡。

2. 正常进门

在转弯过程中的时候进门,给下一个转弯和动作留出快速变向空间,适合中坡。

3. 晚进门

在开始转弯的时候进门,给下一个转弯和动作没有留出快速变向空间,适合缓坡。

(1) 动作基本要领

双板间的距离增宽,一般为肩宽。特别是在陡坡、斜坡、硬雪中的滑行,双板的板刃刻入雪面,“保持立刃”转弯滑行。回转旗门是膝髋导向,膝关节压杆,逆手顺势打杆滑行。

(2)重点难点

①走刃和转髋及逆手打杆滑行动作。

②旗门回转弹射滑行。

(3)常见的错误动作

①扫雪滑行。

②上体跟转打杆滑行。

③转弯的节奏速度缓慢滑行。

(4)常用的学练方法

①不持滑雪杖练习, 转弯时,双手同时摸外侧腿进行过门练习。

②不持滑雪杖练习,单手叉腰,里手平抬过门练习。

③不持滑雪杖练习,双手举过头顶过门练习。

④双手举过头顶,并横握滑雪杖的过门练习。

⑤持滑雪杖过门练习。

(5)注意事项

①入门练习采用先易后难法则,旗门采用短杆和毛刷过门为最佳。不破坏整体动作,待稳定熟练后再进行长杆练习。

②场地建议在缓坡和中坡或缓中坡练习,待技术成熟后再进行陡坡练习。

第四节　高山滑雪运动各项目竞赛规则及方法

冬奥会高山滑雪比赛项目包括速降、回转、大回转、超级大回转和高山全能五个项目。各分项之间的区别主要在于:第一,场地起点与终点的高度差和距离不同;第二,地形和坡度的要求不同;第三,所设旗门的方法和数量不同。各项目的竞赛方法及特点简介如下。

一、速降

速降是高山滑雪项目里线路最长、滑行速度最快的单项。

(一)场地要求

冬季奥林匹克运动会、世界高山滑雪锦标赛、高山滑雪世界杯和国际雪联洲际杯赛的速降场地起点与终点的高度差:男子线路是 800~1 100 m,国际雪联其他比赛线路是 500~1 100 m(青年为 700 m),女子线路是 500~800 m。确认的线路必须标出起点和终点位置。冬季奥林匹克运动会、世界高山滑雪锦标赛和高山滑雪世界杯赛速降线路须经特别检查,并附技术数据。这些线路的设计必须达到技术要求,并适合新闻媒体使用。

(二)场地安全

转弯线路的外侧应修整出摔倒区和安装安全设施。线路宽度通常应为 30 m,如有必要,可以加宽。根据线路和地形要求,在运动员滑出线路时有可能撞到的障碍物及危险区域,必须用安全网、安全护栏、安全护垫、雪墙、雪袋子或具有同样作用的其他手段尽可能地加以保护。

(三)线路及旗门

线路长度应用测量尺等工具测量得出,并在出发顺序和成绩公报上标明。线路长度的设计,在季冬奥林匹克运动会和世界高山滑雪锦标赛中应保证男子的最好成绩不少于 2 min,女子不少于 1 min 40 s。为确保比赛安全,除了在规定线路的边界用蓝线表示外,还必须在必要的地段(如危险地段、坡度转换、颠簸地带、转弯处以及运动员易于滑错方向的地段等)设置旗门。

旗门的设置应反映出理想的比赛线路。在有难度的飞跃坡前和有难度的旗门绕行前,应用适当的线路设置来对速度加以控制。

(四)竞赛方法

速降比赛成绩以各位参赛选手在同一条线路上滑行一次的时间决定,时间少者名次列前。

速降运动员和试滑员都须佩戴符合规定的头盔,运动员用规则中允许的方式过旗门方为有效,比赛时须有缆车或班车通向起点。

(五)正式训练

正式训练开始前,运动员应佩戴各自的号码对线路进行完全检查。仲裁委员会成员应到达终点,收集运动员、教练员对线路、训练等方面的要求和建议。正式训练前一天,整个设施(起点、线路、终点区)都须同正式比赛一样完全准备好。全部训练时间里,急救和医疗服务都须运行。运动员参加所有正式训练时,须同比赛一样佩戴训练号码。

(六)出发

起点裁判员或一名由仲裁委员会任命的官员,根据出发顺序表核查运动员是否按训练号码顺序进行训练,而且还应保持至少 40 s 的出发间隔时间。最后两天的训练中,至少有一天的时间成绩应被记录下来。

二、回转

回转比赛在高山滑雪项目中是线路最短、旗门最多、转弯技术要求最高和速度最慢的项目。

(一)场地要求

在冬季奥林匹克运动会和世界高山滑雪锦标赛上,回转比赛的场地应建在坡度为 20°~27° 的坡地上;在线路的一些很短的部分,坡度甚至可以小于 20°和超过 30°,场地宽度不小于 40 m;起点与终点的高度差:男子项目为 180~220 m。国际雪联其他所有的比赛要求起点与终点的高度差:男子项目为 140~220 m,女子项目为 120~200 m。

(二)旗门设置

回转比赛的旗门数量较多而且排列紧密,旗门杆柔韧易弯曲。国际雪联比赛要求旗门设置为男子 55~75 个,女子 45~60 个。回转比赛应允许运动员快速地完成转弯动作,其线路不应使运动员采用与正常滑行技术不相适应的杂技动作。线路应随地势巧妙地安排,由单个或多个旗门相连,保证运动员能流畅地滑行,但又可最大限度地发挥滑行技巧,包括滑行中进行半径范围不等的方向变化。

(三)线路要求

回转比赛应尽可能在较硬的雪面上进行。如比赛中降雪,线路长应保证雪被压实或有可能从线路上清除积雪。一旦线路设置完成,线路长和其他助手应立即把回转旗门杆安置到位,以便线路设置员能够督察整个过程。

(四)竞赛方法

回转比赛须进行两次滑行,并要采用不同的滑行路线。第 1 次滑行出发顺序应根据出发号码排列,第 2 次滑行出发顺序按第 1 次比赛成绩倒序排列,两次成绩相加,时间少者名次列前。

两条线路使用的先后顺序由仲裁委员会决定。如有可能,两次滑行应在同一天进行。

(五)出发安排

在回转比赛中,出发间隔是不固定的。在仲裁委员会同意的情况下,计时长或其助理应通知发令员每个运动员何时出发。

三、大回转

大回转是回转项目的回转技术和速降项目的速度相结合的项目。它比回转速度快,比速降更需要回转技术。

(一)场地要求

大回转比赛场地通常是多坡并呈波浪形,坡度为 33°~45°,其宽度至少为 30 m。起点与终点的高度差:男子项目为 350~400 m,女子项目为 260~350 m。旗门数应是高度差的 12%~15%。两旗门之间的宽度为 4~8 m。最近的两个上下连续门的旗门杆距离不得少于 10 m。

(二)竞赛方法

大回转比赛一般须进行两次滑行。两次滑行可在同一场地进行,但旗门必须重新设置。第 2 次滑行出发顺序按第 1 次比赛成绩倒序出发,两次成绩相加,时间少者名次列前。

四、超级大回转

超级大回转是一项结合了速降的速度和大回转大半径转弯技术的项目。它的线路比速降短,但转弯更多,旗门也更多。

(一)场地要求

超级大回转场地要求呈波浪起伏的地形。在冬季奥林匹克运动会、世界高山滑雪锦标赛和高山滑雪世界杯赛中,超级大回转比赛的起点与终点高度差:男子项目为 500~650 m,经高山线路委员会同意可以降低到 450 m;女子项目为 350~500 m;其他比赛为 350~600 m。每名参赛选手在同一线路上滑行一次,时间少者名次列前。

(二)线路要求

线路长度应由测量尺等工具测量得出,并公布在出发顺序表和成绩公报上。线路的地形最好是多坡和波浪形的,线路宽度约为 30 m。线路的准备与速降比赛相同,设置旗门的路段和运动员转弯的设置与回转比赛相同。

(三)旗门设置

超级大回转的一组旗门由 4 根回转标杆和两面旗帜组成。旗门之间宽度:开口旗门最少为 6 m,闭口旗门为 8~12 m。旗门数不得超过高度差的 10%,但男子最少不得少于 35

个,女子不得少于30个。旗门颜色应为红蓝交替设置。旗帜规格为75 cm×50 cm。

五、高山全能

高山全能比赛由速降和回转组成,分别进行一次速降比赛和两次回转比赛。比赛总时间最少者获得优胜。全能的速降比赛和回转比赛是独立的比赛项目。

参 考 文 献

[1] 韦巍. 新编大学体育健康教程[M]. 西安:西北大学出版社,2012.
[2] 兰自力,郝英,王义平. 大学体育与健康教程[M]. 3 版. 武汉:武汉大学出版社,2019.
[3] 樊小兵,吴红雨,李凤雷. 大学体育教程[M]. 北京:北京邮电大学出版社,2010.
[4] 王瑞平. 现代大学生体育教程[M]. 北京:北京体育大学出版社,2006.
[5] 彭聃龄. 普通心理学[M]. 4 版. 北京:北京师范大学出版社,2012.
[6] 张纪梅. 大学生心理健康教育[M]. 北京:人民卫生出版社,2010.
[7] 毛振明,甄志平. 大学生体育与健康教程[M]. 北京:北京师范大学出版社,2009.
[8] 张力为. 现代心理训练方法[M]. 北京:北京体育大学出版社,2004.
[9] 刘清黎. 体育与健康[M]. 北京:高等教育出版社,2002.
[10] 何永超. 体育理论教程[M]. 北京:北京体育大学出版社,2004.
[11] 纪烈维. 大学体育理论教程[M]. 哈尔滨:黑龙江科学技术出版社,2004.
[12] 常智,刘岩,何智强. 新编大学体育与健康[M]. 2 版. 天津:南开大学出版社,2017.
[13] 杨忠伟,李豪杰. 运动伤害防护与急救[M]. 北京:高等教育出版社,2015.
[14] 毛振明. 体育教学论[M]. 北京:高等教育出版社,2005.
[15] 吕庆祝,王胜超.《国家学生体质健康标准》实用教材[M]. 北京:中国传媒大学出版社,2008.
[16] 杨文轩,杨霆. 体育概论[M]. 北京:高等教育出版社,2005.
[17] 邹继豪,孙麒麟. 体育与健康教程[M]. 修订版. 沈阳:辽宁大学出版社,2007.
[18] 王仁周,朱志强. 冬季奥林匹克运动(1924~2002)[M]. 北京:人民体育出版社,2005.
[19] 全国体育院校教材委员会. 游泳运动[M]. 北京:人民体育出版社,2001.
[20] 吉村丰,高桥雄介. 游泳技巧图解[M]. 边静,李香,贾朝勃,译. 北京:北京体育大学出版社,1999.
[21] 何志林. 足球[M]. 北京:人民体育出版社,2005.
[22] 郭永波. 篮球运动教程[M]. 北京:北京体育大学出版社,2005.
[23] 练碧贞. 现代篮球教学方法[M]. 北京:北京体育大学出版社,2006.
[24] 黄汉升. 球类运动:排球[M]. 北京:高等教育出版社,2005.
[25] 贾纯良. 跟我学乒乓球 [M]. 成都:成都时代出版社, 2009.
[26] 贾纯良,穆亚楠. 乒乓球快速入门与实战技术[M]. 成都:成都时代出版社, 2014.
[27] 张勇. 羽毛球[M]. 北京:北京体育大学出版社,2003.
[28] 陶志翔. 网球[M]. 北京:北京体育大学出版社,2002.
[29] 周伟,陶冶,李明良. 大学体育:小球类[M]. 北京:高等教育出版社,2016.
[30] 赵学军,那顺格日乐. 散打[M]. 西安:陕西人民出版社,2005.
[31] 邱丕相. 中国武术教程:下册[M]. 北京:人民体育出版社,2004.
[32] 蔡仲林,周之华. 武术[M]. 北京:高等教育出版社,2005.

[33] 国家体育总局武术研究院. 长拳[M]. 北京:高等教育出版社,2010.
[34] 飞利浦. 巴西柔术[M]. 成都:成都时代出版社,2015.
[35] 刘智丽,夏红伟,庞博韬. 大学生健身运动之形体与健美[M]. 北京:中国商务出版社,2010.
[36] 黄荣,张鹏,王彦旎. 健美操[M]. 北京:清华大学出版社,2015.
[37] 刘佳. 轮滑入门[M]. 长春:吉林科学技术出版社,2013.
[38] 冯志远. 教你学滑冰[M]. 大连:辽海出版社,2010.
[39] 李相如,朱佳滨. 滑冰运动入门[M]. 北京:金盾出版社,2016.
[40] 贺慨. 滑雪[M]. 北京:北京体育大学出版社,2010.
[41] 王石安. 雪上运动[M]. 北京:人民体育出版社,2011.
[42] 佐佐木常念. 极速前进! 提高滑雪水平的 50 个基本要领[M]. 杨凡,王爽威,译. 北京:人民邮电出版社,2016.
[43] 马托斯. 双板滑雪完全指南[M]. 2 版. 张亦弛,译. 北京:人民邮电出版社,2016.
[44] 习近平. 习近平谈治国理政:第二卷[M]. 北京:外文出版社,2017.
[45] 尹俊. 从中华体育精神中汲取实现民族复兴的磅礴力量[N/OL]. 经济日报(2022-02-02)[2023-03-26]. https://dangjian. gmw. cn/2022-02/02/content_35491961. htm.
[46] 曹卫东. 青年强则中国强 国运兴则体育兴[EB/OL]. (2021-10-25)[2023-03-26]. https://m. gmw. cn/baijia/2021-10/25/35257277. html.
[47] 曾飙. 苏区体育资料选编:1929—1934[M]. 合肥:安徽体育史志编辑室,1985.
[48] 体育文史资料编审委员会. 体育史料:第九辑[M]. 北京:人民体育出版社,1983.
[49] 十四运西安市执委会. 红色体育精神传承不朽[EB/OL]. (2021-07-02)[2023-03-26]. http://news. cnwest. com/yanan/a/2021/07/02/19778363. html.
[50] 杨金田,贾文彤,张卫. 红色体育精神融入高校教育教学的价值、内涵与实施路径[J]. 河北经贸大学学报,2022,22(4):68-74.
[51] 毕金泽,郭振,陈芳. 中华体育精神的历史渊源:红色体育精神研究[C]//第十二届全国体育科学大会论文摘要汇编:专题报告(体育史分会). 北京:中国体育科学学会,2022:1752-1753.